젊은
인민의
초상

걸작
논픽션
029

젊은
인민의
초상

개혁개방에서
시진핑 시대까지
중국의 두 세대가 건너온 강

피터 헤슬러 지음 | 박경환 윤영수 옮김

OTHER RIVERS
Peter Hessler

글항아리

애리얼과 나타샤,
차이차이와 러우러우에게

차례

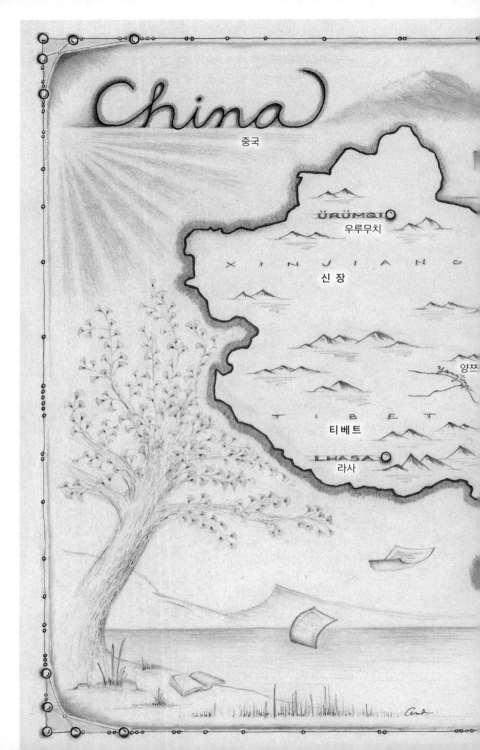

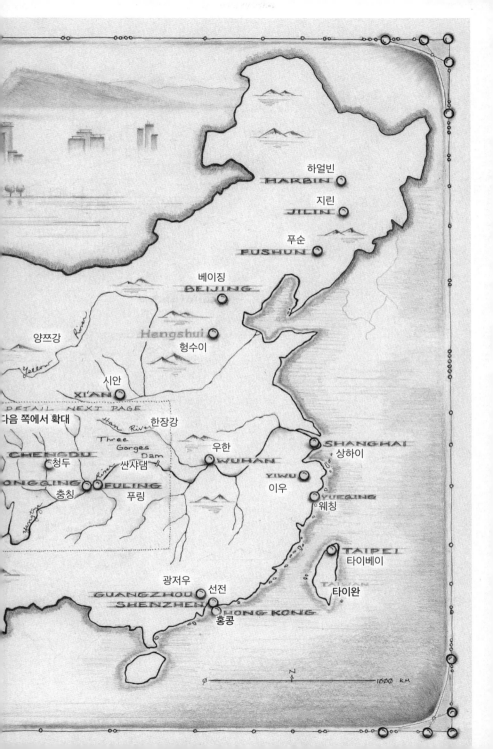

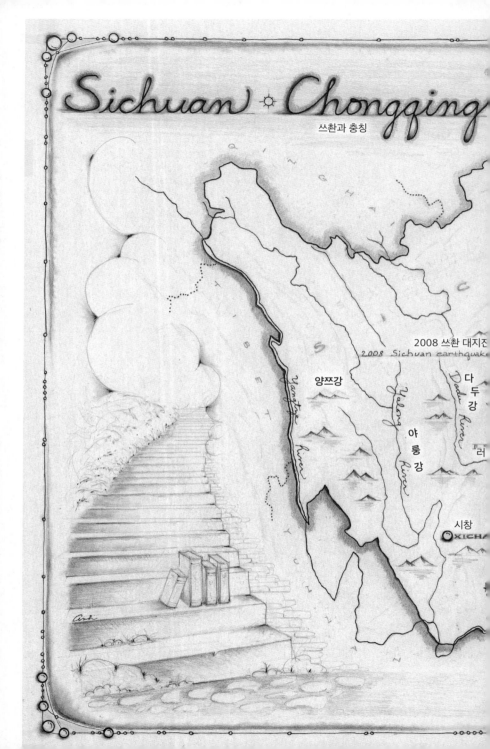

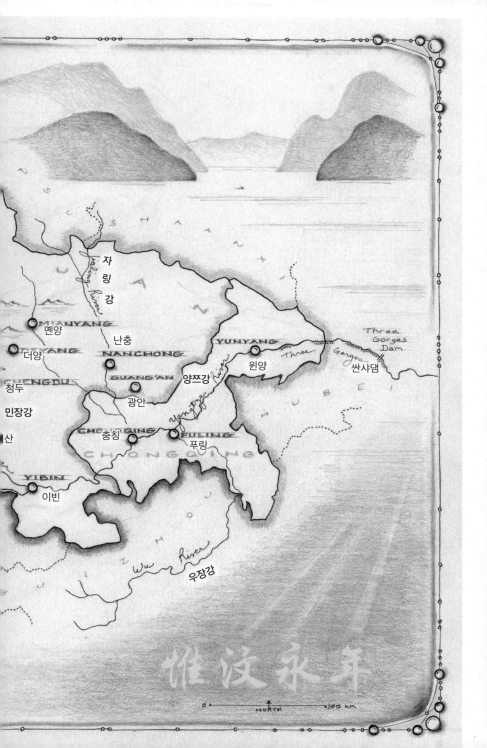

1부

1장   거절

2019년 9월

교사로서 가장 하고 싶지 않은 일이자 쓰촨대학 캠퍼스에 발도 디디기 전에 내가 가장 먼저 해야 했던 일은 학생들에게 내 수업을 들을 수 없다고 통보하는 것이었다. 물론 누군가는 중국의 젊은이들이 거절당하는 데 익숙하다고 할지도 모른다. 아이들은 초등학교를 시작할 때부터 줄곧 계속되는 시험과 등수 매기기와 커트라인을 통해 실패와 실망을 받아들이는 법을 배운다. 쓰촨대학 같은 곳에서는 그냥 숫자의 문제일 뿐이다. 쓰촨성 인구 8100만 명 중 1600만 명이 도시에 살고, 7만 명이 쓰촨대학에 다닌다. 내 수업의 수강 정원은 30명이다. 강의 제목은 "저널리즘과 논픽션 개론".[1] 제목을 이렇게 붙인 이유는 단순하고 직접적이기도 하거니와 너무 많은 걸 기대하도록 하지 않기 위해서다. 당시 중국의 정치 기류를 고려하면 이런 제목을 내건 강의에서 어디까지 가르쳐도 되는 것인지 가늠이 잘되지 않았다.

수강 신청생 중에도 비슷한 고민을 하는 학생이 있었다. 문학을 전공하는 한 여학생은 강의 제목에 있는 "논픽션"이라는 단어를 사용해 자기소개를 했다.

중국에서는 많은 걸 보게 되지만 본 것을 말하지 못하는 일이 흔하다. 소셜미디어에 민감한 내용을 올리면 삭제되고 만다. (…) 많은 사건에서 논픽션 형식의 묘사가 사라졌다. 나는 문학도이나 사실을 어떻게 글로 표현해야 하는지 모른다.

2년 전인 2017년 11월 18일, 베이징에서 화재가 발생해 19명이 사망했다. 화재가 있고 나서 베이징 시정부는 40일간의 "도시 하층 인구 정리" 작업에 착수했다. 그러자 "하층 인구 정리低端人口淸理"가 중국에서 금기어가 되었고 중국의 모든 매체는 이에 대해 보도할 수 없게 되었다. 나 역시 이 사건과 관련된 글을 쓰지 않았다. 이 일은 언제까지나 내 기억 속에서만 존재할 것이다.

중국문학을 공부하는 학생으로서 나는 쓰고 싶은 것을 쓰는 데 어려움을 느낀다. 내가 쓰는 글이 아마도 삭제되고 말 것이라는 두려움이 있기 때문이다.

수강 신청생은 각자 다른 방식으로 이 문제를 다루었다. 수강 신청할 때 영어로 쓴 글의 샘플을 제출하도록 했는데, 대부분의 학생은 다른 수업에서 작성했던 보고서를 제출했다. 어떤 보고서들의 제목을 보면 거리와 모호성 때문에 논란의 대상이 되지 않을 거라는 이유로 주제를 택한 듯했다. "욤 키푸르 전쟁의 해결에 있어서 신자유주의적 제도주의" "호주 원주민 여성 작가들이 생활문을 쓰는 동기"와 같은 것들이다. 어떤 학생들은 이와 정반대로 친숙한 주제를 택하되 정부의 노선을 따르는 접근법을 택했다. 한 신청생의 에세이 제목은 "인터넷 검열의 필요성"이었다. 사상을 논하는 것도 안전한 방법이었다. 문학과 언론 학부의 어느 학생은 『보바리 부인』에 대한 마르크스주의적 해석을 제출했다. ("자본주의는 프랑스 구질서의 기득권을 청산하고 경제와 사회 발전을 가로막는 다양한 저항을 어느 정도 해체했다.") 또 다른 학생은 정치, 경제, 문화, 문학과 같은 전통적인 주제를 모두 제쳐두고 캠퍼스에서 본 예쁜 여학생에 대해 어딘가 성경을 연상케 하는 500단어짜리 산문을 써냈다.

> 그녀는 정원이었습니다. 그녀의 새싹은 석류, 헤나, 사프란, 오동나무, 계피, 유향, 몰약의 과수원이었습니다. 그녀는 정원의 분수였습니다. 레바논에서 흘러나오는 모든 시냇물이었죠. 잔잔하고 에메랄드빛에 평화롭고 반짝였습니다……

첫인상은 이렇게 글로 다가왔다. 학생들을 만나기도 전에 그들의 글을 먼저 봤다. 이들의 영어는 좀 형식적이긴 해도 딱딱하지는 않았다. 감정과 패기가 드러나는 순간들이 있었다. 때로 기득권에 반발하는 내용도 있었다. ("아직 열여덟 살이 되지 않은 나는 바깥세상과 격리된 채 상아탑에 살고 있다. 그걸 바꾸고 싶다.") 모두 학부생이었고 대부분 밀레니엄의 전환기 무렵에 태어났다. 시진핑이 중국의 최고 지도자로 등극한 2012년에는 중학교에 다니고 있었다. 그 뒤로 시진핑은 마오쩌둥 시대 이후로는 볼 수 없었던 수준으로 권력을 강화했고 2018년에는 헌법을 개정해 국가주석의 임기 제한을 폐지했다. 이 대학생들은 시진핑이 평생 국가주석을 할지도 모르는 체제에서 성인이 된 첫 번째 세대였다.

내가 예전에 교사로서 쓰촨성에 왔던 것은 1996년. 중국의 시간 개념으로는 먼 고대나 마찬가지다. 학생들의 수강신청서를 읽으며 나는 교실로 다시 돌아가는 것은 어떤 기분일까 상상했다. 그러면서 눈에 띄는 문장들을 옮겨 적었다.

국가는 스스로의 역사를 알고 스스로의 문화를 인식할 때만 정체성을 갖는다.

사르트르가 얘기한 것처럼 인간은 자유라는 저주에 붙들려 있다. 고민되는 선택은 너무나 많고 방향을 알려주는 이는 드물다.

사실 우리는 모두 거대한 기계의 나사와도 같다. 작지만 없어서는 안 될 존재들이다. 모두 열심히 일해야만 조국에 밝은 미래가 있다.

글의 주제가 너무 다양했기 때문에 수강신청서를 서로 비교하기란 사실상 불가능했지만 나는 최선을 다했다. 수강 인원을 30명으로 제한해야 했는데, 집중적인 글쓰기 강의에는 그것도 많은 숫자였다. 학생들을 선발하고 나서 탈락한 모두에게 다음 학기에 다시 신청해볼 것을 권하는 메시지를 보냈다. 그러나 거절당한 여학생 한 명이 첫날 강의에 들어왔다. 아마도 앞쪽 자리에 앉았기 때문에 전혀 눈치채지 못한 것 같다. 몰래 청강하려는 학생들은 뒤쪽에 앉을 거라 생각했기 때문이다. 강의 2주 차의 마지막 날, 내게 긴 이메일을 보냈는데도[2] 나는 이 학생이 누구이고 어떻게 생겼는지 전혀 떠올릴 수 없었다.

교수님께,

제 이름은 세레나입니다. 쓰촨대학 영문과 학생이에요. 교수님의 수요일 저녁 수업에 청강생으로 참석할 수 있도록 허락해주십사 메일을 드립니다.

저는 수강 신청에서 탈락했습니다. 하지만 첫 주부터 지금까지 계속 수업에 들어갔기 때문에 강의실에 있어도 개의치 않아 하실 거라는 생각이 들었어요.

저는 글을 쓰고 싶습니다. 버지니아 울프는 글로 쓴 삶만이 진짜 삶이라고 했죠. 저는 삶 혹은 이상화된 이미지를 종이 위에 표현하는 노련한 관찰자가 되고 싶습니다. 부활이라든지 "당신은 이 불멸의 시 속에서 영원할 테니"(셰익스피어 소네트의 한 구절— 옮긴이)와 같은 것을요……. 저는 작가들의 글을 자연스러운 표현의 흐름이 아닌 신중한 전략과 노력으로 느끼기 시작했어요. 저를 작가의 입장에 대입시켜놓고 글의 소리를 듣는 귀를 키우기 시작했습니다. 협화음과 불협화음, 재즈, 코드, 그리고 마침내 교향곡을 들을 수 있는 귀를요.

아무도 저를 강의실에서 끌어내지 않을 텐데 제가 예민하게 구는 것일지도 모르겠네요. 청강을 허락하시지 않더라도 강제로 못 듣게 될 때까지 몰래 수업을 듣겠습니다.

중추절 잘 보내세요!

읽어주셔서 감사합니다.

세레나

나는 청강생은 받을 수 없다고 설명하는 회신을 작성했다. 그러나 '보내기' 버튼을 누르려고 하니 망설여졌다. 세레나의 이메일을 다시 읽어보고는 내 글을 지워버렸다. 그리고 이렇게 썼다.

강의는 정식으로 등록한 학생들에게 집중해야 하므로 대학은 청강생에 대해 우려를 갖고 있습니다. 하지만 학생의 열정을 높이 삽니다. 정식으로 등록한 학생으로서 모든 과제를 다 하며 수업을 들을 수 있을지 묻고 싶습니다.

스스로의 규칙을 위반하는 것이었지만 나는 그냥 이메일을 보내버렸다. 세레나의 답장은 정확히 3분 만에 도착했다.

쓰촨으로 학생들을 가르치러 돌아갈 계획이고, 아내 레슬리와 내가 두 딸을 공립학교에 보냈으면 한다고 중국 전문가들에게 얘기하면 어떤 이들은 왜 지금 같은 때에 거기로 돌아가려 하느냐고 반응했다. 시진핑 치하의 중국에서는 공적 영역에 대한 통제가 계속 강화되어왔고 수많은 활동가와 반체제 인사들이 체포되었다. 공산당은 과거 영국의 식민지였던 홍콩에서 안 그래도 제한되어 있던 정치적 자유를 더 줄이고 있었다. 중국 반대편에 있는 서쪽 끝자락 신장에서는 정부가 위구르족과 기타 무슬림 소수민족을 100만 명 넘게 강제 수용하는 정책을 실행 중이었다. 그리고 이 모든 일이 트럼프 정권이 중국을 상대로 무역전쟁을 벌이고 있는 와중에 발생하고 있었다.

예전에 쓰촨으로 이주해갔던 때와는 달랐다. 1996년의 나는 중국에 대해 거의 아는 것이 없었고, 내 업무의 거의 모든 기본적인 조건은 다른 누군가가 대신 정해주었다. 평화봉사단은 나와 또 다른 자원봉사자인 애덤 마이어를 양쯔강과 우장烏江강이 만나는 곳에 있는 외딴 도시 푸링涪陵(푸링시는 저자가 온 이듬해인 1997년 충칭시 푸링구로 편입되었다.—옮긴이)으로 보냈다. 언젠가 싼샤댐에 의해 부분 수몰될 예정인 지역이었다. 현지 사범대학의 관리들이 우리가 살 아파트를 제공해주었고 어떤 수업을 맡을지 정해주었다. 강의 제목이나 교재에 대해서도 전혀 의견을 낼 수 없었다. 학생들이 수강 신청을 통해 수업을 선택한다는 것은 생각조차 할 수 없었다. 내가 가르쳤던 모든 수업은 필수과목이었고 수업당 40~50명의 학생이 교실을 가득 채웠다. 대부분 마오쩌둥의 통치가 문화대혁명과 함께 저물던 1974년이나 1975년에 태어난 학생들이었다.

1996년에는 열두 명의 중국 청년 중 한 명만이[3] 고등교육 기관에 진학할 수 있었다. 내가 가르치던 푸링의 학생 대다수는 가문 전체를 통틀어 최초로 대학에 입학한 사람들이었고, 부모의 상당수가 문

23

맹이기도 했다. 중국인의 절대다수가 그랬듯 이들 대부분은 농촌에서 자랐다. 졸업반 학생들이 많이 태어났던 1974년, 중국 인구의 83퍼센트는 농촌 인구였다.[4] 1990년대 중반에는 그 비율이 빠르게 하락하고 있었는데 학생들이 이러한 변화의 일부였다. 대학에 등록하는 과정에서 중국 젊은이의 거주 등록, 즉 후커우戶口가 자동적으로 농촌에서 도시로 바뀌기 때문이다. 학생들은 대학에 입학하는 순간 법적으로 도시민이 되었다.

하지만 교실 안에서 보면 이들은 도시민과는 아직 거리가 멀었다. 대부분의 학생은 체구가 작고 볕에 그을린 피부에, 직접 손빨래하는 값싼 옷을 입고 있었다. 가진 옷이 뻔했기 때문에 나는 옷으로 학생들을 알아볼 수 있게 되었다. 동상이 뭔지도 알게 되었다. 영양 부족과 추운 생활 환경 탓에 학생들의 손가락과 귀에는 흔히 검붉은 발진이 보였다. 이 젊은이들에 대해 내가 처음 얻은 정보의 상당 부분은 외모에 관한 것이었다. 그런 의미에서 나중에 쓰촨대학에서 경험하게 되는 것과는 정반대였다. 처음 푸링에서는 학생들이 쓴 글보다 그들의 몸과 얼굴이 더 많은 것을 말해주었다.

이들의 마음을 여는 데는 오랜 시간이 걸렸다. 다들 수줍은 편이었고 대학 캠퍼스 생활이라는 변화에 압도당해 있었다. 우리는 나이가 비슷했다. 스물일곱이던 나는 졸업반 학생들보다 고작 몇 살 위였을 뿐이지만 학생 중 누구도 미국인을 만나본 적이 없었다. 7년 혹은 그 이상 영어를 배우긴 했으나 원어민과 접촉해본 경험이 없던 탓에 기본적인 대화를 하는 것조차 어려워하는 학생이 많았다. 쓰기 실력은 훨씬 더 탄탄했으므로 문학 시간에는 워즈워스의 시, 셰익스피어의 희곡, 마크 트웨인의 소설을 공부했다. 학생들은 에세이에서 스스로를 "농민"이라고 부르며 가족과 고향 마을을 아름답게 묘사했다.

중국에서 농민의 자식이 대학 입시를 통과하기란[5] 쉽지 않다. (…) 푸링으로 오기 전날 부모님은 나에게 당부하고 또 당부했다. "너는 이제 대학생이다." 아버지는 이렇게 말했다. (…) "지금 세대는 모두가 거친 바다에서 고기를 잡던 이전 세대와는 달라. 요즘에는 능력으로 먹고살아야 한다. 한 나라의 발전은 과학과 기술에 달려 있다."

어머니는 농민이었다.[6] 어머니의 걱정은 중국의 미래가 아니라 어떻게 가족을 먹여 살릴까 하는 것이었다. 정치에 대해서도 전혀 몰랐다. 어머니 눈에는 우리 모두가 더 잘 살면 나라가 제대로 된 것이다. (…) 하지만 내게는 사회의 수많은 썩어빠진 현상이 보인다. 현실과 이상 사이는 멀어 보이고 미약한 내가 그 거리를 줄일 수도 없다. 어쩌면 언젠가 나도 어른이 되겠지.

학생들과 이제 서로 잘 알게 되었다고 느낄 즈음이었던 1998년 여름, 평화봉사단의 활동이 끝났다. 푸링을 떠나기 전, 우리가 연락을 계속할 수 있을지 의문이었지만 내 수업을 듣는 모든 학생의 우편 주소를 받아두었다. 시골의 중국인들에게 미국행 우편 요금은 엄두도 못 낼 만큼 비쌌고 학생 중 누구도 휴대폰이나 인터넷을 사용할 형편이 아니었다. 대부분은 졸업 후 정부에서 정해주는 대로 시골 지역 중학교의 교사로 부임할 예정이었다.

헤어지기 전 학생들은 수업에서 사용했던 교재의 복사본이나 나와 애덤의 사진처럼 기념이 될 만한 것들을 모았다. 사진과 작별 메시지를 담아 추억 노트를 만들어주었다. 캠퍼스에서의 마지막 주에는 지미라는 남학생이 카세트테이프를 들고 찾아와 우리가 공부했던 시를 모두 녹음해줄 수 있겠냐고 물었다.

그는 이렇게 말했다. "특히 에드거 앨런 포의 「갈가마귀」, 그리고 셰익스피어의 시는 모두 읽어주셨으면 좋겠어요. 당신의 문학 수업을 기억할 수 있도록요."

지미는 싼샤에서 자랐고 그리로 돌아가게 되었다. 작고 물살이 빠른 양쯔강의 지류가 흐르는 강변의 중학교로 발령이 난 것이다. 지미는 추억 노트에 심각한 표정으로 시카고 불스 셔츠를 입고 캠퍼스에 서 있는 자기 사진을 붙였다. 불스 셔츠는 지미를 알아보게 만든 옷 중 하나였다. 바야흐로 마이클 조던의 시대였고 여러 남학생이 시카고 불스의 싸구려 짝퉁 옷을 입고 다녔다. 1998년 6월 나는 지미와 반 학생들을 위한 졸업 선물로 기말고사 시간을 바꿔주었다. 시험 시간을 몇 시간 뒤로 미뤄서 조던이 경기 종료 5.2초 전 점프 슛을 성공시키며 생애 여섯 번째이자 마지막 NBA 우승을 차지하는 것을 다 함께 생방송으로 볼 수 있었다.

지미는 딱히 성실한 학생이 아니었지만 마이클 조던과도 같은 면이 있었다. 운동을 잘했고, 밝은 성격을 타고났으며, 일이 언제나 그의 뜻대로 풀렸던 것이다. 지미는 추억 노트에 단정한 붓글씨 한자로 이런 글을 남겼다.

포기하지 말고 올라가요

안녕, 안녕, 나의 친구

카세트에 시를 녹음해달라는 말에 감동받아 그날 저녁 시를 녹음
해주겠다고 했다.

"그리고, 시를 다 읽고 나서는 말이죠", 지미는 씩 웃으며 말했다.
"알고 있는 모든 영어 욕을 테이프에 녹음해줘요."

미국으로 돌아오고 나서 종종 푸링의 학생들이 어떻게 살고 있을
지 궁금했다. 몇 달이 지나도록 아무런 소식도 들려오지 않았다. 내
게 남은 것이라곤 추억 노트에 있는 사진들과 주소록에 한자로 적힌
주소뿐이었다. 나는 시카고 불스 셔츠를 입은 지미가 싼샤의 절벽에
둘러싸여 중간중간 영어 욕이 섞인 에드거 앨런 포와 윌리엄 셰익스
피어의 시를 듣는 모습을 상상했다.

1999년, 나는 프리랜서 기자가 되어 베이징으로 이주했다. 이제는
교사가 아니었지만 내 삶의 일부는 여전히 중국의 학사 일정에 따라
돌아갔다. 매년 9월과 2월 학기가 시작될 때마다 나는 주소를 일일
이 손으로 적어 쓰촨과 충칭의 마을 수십 곳에 단체 편지를 보냈다.
이제는 내가 다시 중국에 거주하게 되었기 때문에 졸업생들이 쉽게
답장할 수 있었다. 답장이 담겨온 값싼 갈색 종이봉투에는 란장, 잉
예, 차위안처럼 한 번도 들어보지 못한 지명의 소인이 찍혀 있었다.
학생의 필체는 대개 아름다웠다. 이들은 대학에서 수없이 많은 시간
동안 중국의 전통 붓글씨를 의무적으로 연습한다. 우아한 글씨는 이

들이 편지에서 묘사하는 가혹한 현실과 대조를 이루었다.

아이들은 공부에 전혀 관심이 없습니다.[7] 현대사회와는 거리가 먼
제 고향의 농민들은 빈곤하고 어리석어요. 여러 세대가 함께 살면
서 맨손으로 일하고 트랙터가 아닌 가축의 노동력에 의존하고 있
습니다. 아는 게 적을수록 더 가난합니다.
나는 학생들에게 공부하지 않으면 어리석음을 피할 수 없다고 말
해주곤 합니다. (…) 정부의 간부들은 대부분 무능하고 아는 게 거
의 없습니다. 당신의 미국에서는 상상할 수 없는 일이겠지요. 먹고,
마시고, 도박하고, 꽌시를 구하고, 사창가만 찾습니다.

시간이 지나면서 나는 100명이 넘는 예전 학생들과 연락을 주고
받을 수 있게 되었다. 지미의 갈색 종이봉투는 나의 베이징 사무실
에 가장 정기적으로 도착하는 우편물 중 하나였다. 소인에는 중국어
로 강의 입구라는 뜻인 장커우江口라고 적혀 있었다. 장커우는 늘 가
난하고 외진 곳이었지만 얼마 지나지 않아 지미의 편지는 본인이 가
능하리라고 상상치도 못했던 삶을 얘기하기 시작했다.

1999년에 한 매력적인 아가씨가[8] 내 세상에 들어왔습니다. 어떤
식당에서 일하던 사람이에요. 내 눈에는 너무 예뻐서 사랑에 빠지
고 말았고 영원히 사랑하겠다고 맹세했어요. 2000년 3월 15일에
마침내 그녀와 결혼했습니다. 결혼하기 전 그녀는 커다란 자기 식
당을 운영하기 시작했어요. 내 생각에 그런 사업을 운영하는 것은

힘든 일이지만 그녀는 자기 능력을 개발할 수 있는 좋은 직업이라고 생각해요. 처음에는 친척과 친구들에게 많은 돈을 빌렸습니다. 이제는 17만 위안을 투자해서 호텔도 하나 운영합니다. 기쁘게도 식당과 호텔 모두 잘 되고 있습니다. (…) 2001년 9월 5일에는 천시晨曦(뜨는 해라는 뜻이에요)라는 이름의 아기가 우리 가족에게 와서 많은 기쁨을 주고 있습니다.

편지의 내용들이 어찌나 빨리 변하는지 놀라울 정도였다. 2000년대 초반이 되면 가난 얘기는 줄어들고 다들 고향에 건설 중인 새 고속도로와 철도를 말하고 있었다. 대출, 투자, 부업과 같이 돈에 대한 자세한 얘기도 흔한 주제가 되었다. 가끔은 예전 학생 한 명이 수많은 농민이 이주해간 중국 동남부 지역의 공장 도시에서 메시지를 보내왔다.

이제 푸젠福建성으로 갑니다.[9] 사촌 한 명이 푸젠성의 푸딩福鼎시에서 일하고 있거든요. 사촌은 거기 있는 장난감 공장에서 부상을 입어 소송 중입니다. 요새는 받아야 할 보상금에 대해 사장과 얘기하는 중이죠. 재미있고 충칭보다 훨씬 더 잘사는 곳입니다. 괜찮은 월급을 주는 일자리를 찾기도 쉽고요.

이들 중 집안이나 재산이나 지리 면에서 유리하게 태어난 사람은 거의 없었다. 이들에게 주어진 것은 역사적인 운이었다. 시기가 그보다 더 좋을 순 없었다. 이들이 겨우 서너 살이던 1978년 덩샤오핑이 개혁개방 정책을 내놓았다. 푸링의 학생들은 이러한 사회 경제적 변화와 함께 성장했고, 내가 개혁개방 세대라고 여기게 된 세대의 일부였다. 이 세대의 구성원들은 2억5000만 명이 넘는 중국의 농민이 도시로 옮겨간,[10] 인류 역사상 가장 큰 규모의 이주에 동참했다. 2011년 중국의 도시 인구는 공식적으로 과반을 넘었다.[11] 개혁개방 시작부터 지금까지 그보다 훨씬 더 많은 8억 명에 가까운 사람이 빈곤에서 벗어났다.[12]

멀리서 보면 이런 통계 수치가 개인 차원에서 무엇을 뜻하는지 알기 어렵다. 2016년에는 데이비드라는 친구가 자신은 수업을 제대로 듣는 학생이 아니었다며 사과 편지를 보내왔다. 사실이었다. 문학 수업 시간에 데이비드는 걸핏하면 책상에 엎드려 선잠을 잤다. 마침내 20년이 지나서야 그는 자신에게 있었던 문제를 설명했다.

3년 동안 나는 제대로 먹지도 자지도 못했습니다.[13] 1996년의 반년 동안은 하루에 한 끼만 먹었던 기억이 납니다. 저는 불쌍한 인간이었죠. 그러나 지금은 행복한 인생입니다.

———

시간이 흘러 갈색 종이봉투는 이메일과 문자 메시지로 바뀌었다. 내 삶도 앞으로 나아갔다. 레슬리와 함께 한동안 콜로라도 서남부에 살며 쌍둥이 딸 애리얼과 나타샤를 낳았다. 2010년의 일이다. 이듬해에는 이집트로 이사했고, 거기서 레슬리와 나는 해외 특파원으로

5년간 일했다. 어디에 있든 나는 중국의 새학기가 시작될 때마다 장문의 이메일을 보내는 오랜 습관을 지켰다. 20년쯤 지나고 나면 언젠가 양쯔강과 우장강이 만나는 친숙한 곳으로 돌아가 살게 되리라는 생각을 늘 갖고 있었다. 푸링사범대학에서 다시 학생들을 가르치면 좋겠다는 생각을 했고, 다음 세대의 학생들이 궁금했다.

2017년에 교수 자리가 있는지 문의했다. 옛 동료 중 일부가 여전히 푸링사범대학에서 일하고 있었고 대학이 나를 채용하고 싶어한다고 알려주었다. 푸링시를 관리하는 충칭직할시 교육 당국의 허가를 받기 위해 신청서를 제출했다. 그러나 그 뒤로는 감감무소식이었다.

중국에는 여러 종류의 거절이 존재한다. 가장 단순한 것은 금전적인 거절이다. 비즈니스 세계의 거절은 직설적이고 단호하다. 학교의 거절도 직설적일 수 있다. 시험 위주의 중국 학원 문화에서는 특히 그렇다. 하지만 만약 거절의 이유가 정치적이거나 혹은 외국인과 관련되어 있다면 아무 응답이 없을 수도 있다. 아무도 무슨 결정이 있었는지 말하지 않고 아무도 설명해주지 않는다. 소통의 부재는 사실상 문제도 해결책도 존재하지 않음을 뜻한다. 마치 애초부터 신청서가 존재하지 않았던 것처럼.

몇 달간의 침묵이 이어진 끝에 나는 뭐라도 확실하게 알아내려면 직접 방문하는 수밖에 없음을 깨달았다. 콜로라도에서 푸링까지 먼 여행을 가서[14] 인맥이 좋은 친구를 만났다. 그에게 내가 쓴 글에 문제가 있는 것인지 물어보았다. 나는 푸링사범대학에서의 2년을 다룬 『리버타운』이라는 책을 2001년에 출간했다. 그는 그게 이유는 아니라고 확신했다.

그는 "시진핑과 보시라이 때문"이라고 했다. 보시라이는 2012년까지 충칭 공산당 최고 간부였다가 폭발적인 스캔들에 연루되었는데, 거기에는 보시라이 부인의 사주로 영국인 사업가가 살해당한 일이 포함되어 있었다. 몰락하기 전까지 그는 전국적인 포부를 가진 인물이자 시진핑의 잠재적인 라이벌로 자리매김하고 있었다. 시진핑 집권 직후인 2013년, 보시라이는 종신형을 선고받았다.

푸링의 친구는 그 스캔들 이후 충칭의 관료들이 국가 지도부의 빈틈없는 감시를 받고 있다고 했다. 부담이 될 만한 잠재적 요인이 조금이라도 있는 일은 승인하지 않을 것이고, 외국인 작가를 교수직에 임명하는 일도 거기에 해당된다.

친구는 이렇게 말했다. "시진핑이 집권하는 한 절대 푸링에서 학생들을 가르치지 못할 거야." 그의 어조는 마치 정치국에서 직접 내린 명령처럼 약간 극적이었다. 우리는 한동안 침묵 속에 앉아 있었다. 그리고 나는 이렇게 물었다. "그래, 시진핑의 건강은 어때?"

"헌하오很好!" 친구는 웃으며 말했다. "아주 좋아!"

1990년대 푸링과 같은 저개발 지역 사람들이 국가 최고 지도자들에 대해 얘기하는 걸 보면 독특한 데가 있었다. 예전 학생 가운데 도시에서 멀지 않은 마을에서 어린 시절을 보냈던 에밀리는 마을 사람들의 일상적인 대화를 듣던 경험을 다음과 같이 묘사했다.

사람들이 큰 인물과 큰 사건에 대해 이야기하는 방식이[15] 나를 사로잡았어요. 인물과 사건들이 멀고도 동시에 가깝게 느껴졌죠. 멀다고 느낀 것은 그게 마을 사람들의 삶과 아무런 관련이 없었기 때문이고, 가깝다고 생각한 것은 마을 사람들이 시시콜콜한 디테일까지 다 알고 있는 것 같아서였어요.

거리감과 친밀감의 이러한 조합은 마오쩌둥과 덩샤오핑에게서 특히 두드러졌다. 푸링 주민들은 늘 이 두 인물에 대해 이야기했고, 지난주에 했던 대화를 떠올리듯 무심코 이들의 말을 인용했다. 외국인인 나로서는 새로운 땅에 살면서 현지인이 숭배하는 신들을 알게 되는 듯한 기분이었다.

그러나 시진핑은 새로운 유형의 신을 대표하는 것처럼 보였다. 임기 초기에 부패에 대한 엄격한 단속을 시작했고, 내 예전 학생들을 비롯해 많은 이가 여기에 호응했다. 시간이 지나 학기마다 편지를 주고받는 리듬에 익숙해지면서 나는 예전 학생들의 삶과 의견을 더잘 이해하기 위해 정기적인 설문 조사를 보내기 시작했다. 2017년에는 가장 존경하는 정치인이 누구인지 물어봤는데, 시진핑이 단연 가장 많은 표를 얻었다.

물론 시진핑 주석을 존경합니다.[16] 우리가, 그중에서도 특히 농민들이 많은 혜택을 누리도록 해주었기 때문이에요.

솔직히 말해서 시진핑은 내가 존경하는 중국 최초의 정치인입니다. 그의 리더십 아래서 정부 관료들이 훨씬 더 나은 서비스를 제공하고 있어요.

시진핑은 역사상 최고의 주석이에요. 지도자들에게 엄격하고, 지도자들이 행동을 조심하게 됐어요.

시진핑을 찬양하면서도 시진핑 개인의 특성은 언급하지 않는다. 예전 같은 친밀감이 사라진 느낌이었다. 대신 이제는 다들 시스템이 작동하는 방식을 강조한다. 이것이 성격과 외모가 매력의 중심이었던 마오쩌둥, 덩샤오핑과 시진핑을 구별 짓는 점 중 하나였다. 잘생기고 냉담하며 시인의 감성을 지닌 마오쩌둥은 중국 사람들에게 자부심을 갖게 했고 외세에 맞설 수 있도록 했다. 작은 키에 쓰촨인의 강인함을 지닌 덩샤오핑은 겸손과 실용과 근면을 중시하는 중국인의 사고방식의 또 다른 면에 호소했다. 두 사람 다 혁명의 와중에 등장했다. 그리고 공산당 통치가 거의 70년이 지난 지금 중국은 이제 새로운 단계에 이르렀다. 새로운 시대에 등장한 최고 권력자는 본질적으로 관료주의적이었다. 즉 그는 시스템의 신이라고 할 수 있다.

인맥이 좋은 그 친구가 중국 생활의 그런 관료적 측면을 상기시켜주었다. 그는 "쓰촨 쪽을 알아보라"고 했다. "쓰촨 사람들은 충칭 관리들만큼 예민하지 않아."

충칭은 원래 쓰촨성의 일부였으나 1997년에 푸링시를 포함한 주변 지역이 별도의 행정 단위로 지정되었다. 친구의 제안이 노린 것은 바로 그 지점이었다. 충칭 관리들과 문제가 있다면 그냥 다른 지역으로 가라. 이 이야기를 나눈 뒤 나는 양쯔강과 우장강이 만나는 곳에서 살고 싶던 꿈을 접었다. 그리고 서쪽으로 향했다. 쓰촨대학내 미국과 제휴된 기관에서 강의하는 자리에 지원했다. 이번에는 신청이 빠르게 승인되어 2019년 8월 가족과 함께 청두로 이주했다.

우리는 시내의 푸장富江강 동쪽 기슭에 위치한 건물의 아파트를 임대했다. 푸장을 따라 쾌적한 자전거 도로에 수백 년 된 뽕나무와 흰 무화과나무가 그늘을 드리우고 있었다. 현대에 들어 비단이라는 뜻의 사랑스러운 이름으로 불리는 진장錦江강은 수많은 작은 강과 운하로 이루어져 있는데, 푸장강은 그 지류 중 하나였다. 진장강의 여러 지류는 청두 시내 전체를 이리저리 관통하며 흐르다 결국 남쪽으로 이어지며 쓰촨성 하류의 큰 강인 민장岷江강, 그다음에는 양쯔강과 합류한다. 청두 아파트의 발코니에서 강을 내려다보며 600킬로미터를 지나 그 물이 결국 푸링으로 흐를 것이라고 생각하니 흐뭇했다.

이것이 시진핑 시대에 내가 처음 얻은 교훈 중 하나였다. 새로운 신과 함께 새로운 두려움이 정부에 스며들었고 간부들은 과거보다 더 조심스럽게 행동한다. 그러나 시진핑은 시스템의 신으로 머물러 있다. 이는 관료 집단이 종종 자체적인 논리와 추진력에 의해 움직인다는 뜻이다. 한 군데에서 요청을 거절당했다고 하더라도 다른 기관, 다른 간부를 알아보면 된다. 이토록 커다란 나라에는 언제나 또 다른 강이 흐른다.

쓰촨대학에서는 아직 공사 중인 캠퍼스의 한 구역에서 논픽션을 가르쳤다. 강의실 창문 밖으로 아직 조경을 마치지 않은 진흙과 잡동사니가 펼쳐져 있었고 근처 뜰에 조약돌을 까는 작업을 하던 인부들이 뭔가를 두드리는 소리가 들리곤 했다. 옆에는 유리로 된 4층 전면을 "마르크스주의대학"이라는 황금색 글씨로 장식한 신축 건물이 있었다. 이 대학은 지하에 커다란 주차장을 갖추고 있는데, 한번은 마르크스주의자들이라면 어떤 차를 몰고 학교에 오는지 궁금해서 저녁 수업 전에 주차장을 둘러봤다. BMW 한 대와 메르세데스 세단 다섯 대가 있었지만 대부분은 중간급 외국 브랜드 차량이었다.

캠퍼스 자체의 크기는 어마어마했다. 북쪽 끝에서 남쪽 끝까지 1.6킬로미터 넘게 뻗어 있었고, 지상에는 학생들이 먼 거리를 이동할 때 탈 수 있는 노란색과 초록색 공유 자전거가 가득했다. 1990년대에 이곳은 전부 농지였다. 그때만 해도 쓰촨대학은 진장강 유역의 비교적 작은 단지에 자리 잡고 있었다. 하지만 학교는 시골 지역까지 확장해 장안江安 캠퍼스를 만들었다. 시내에 있는 우리 집에서 장안 캠퍼스까지는 버스로 한 시간 넘게 걸렸다. 중국의 도시에는 교외에 대학 캠퍼스가 생기는 일이 흔해졌고, 푸링사범대학 역시 양쯔강 상류 약 16킬로미터 지점에 새로운 캠퍼스를 지었다.

논픽션 수업에는 시골에서 온 학생이 한 명도 없었다. 처음 몇 주 동안은 학생들의 외모에서 드러나는 특징을 발견하기 어려웠다. 불스 셔츠로 지미를 알아보고, 소매에 재단사 상표가 여전히 붙어 있는 너덜너덜한 파란색 정장 재킷을 보면 로저라는 남학생이 바로 떠오르던 시절과는 달랐다. 쓰촨대학 학생들의 외모에는 다들 어딘가 비슷한 구석이 있었다. 옷을 단정하게 입었지만 아주 잘 차려입지는 않는다. 눈에 띄게 가난해 보이는 학생도 없었고 눈에 띄게 부유해 보이는 학생도 없었다. 여학생들은 보통 헐렁한 청바지나 품이 넉넉한 치마 차림이었고 노출이 심하거나 몸에 딱 붙는 옷은 거의 입지 않았다. 머리를 염색하거나 화장을 진하게 하는 경우도 드물었다.

남학생들의 신발이 몇 안 되는 부의 외형적 징표였다. 화려한 장신구를 한 여학생은 한 번도 본 적 없지만 어떤 남학생들은 열혈 팬들이 알아주는 하이톱 스니커즈를 신었다. 들어가는 강의마다 빈티지 나이키 에어 조던을 수집하는 학생이 한 명은 있었다. 이들은 지미와 그가 입던 짝퉁 불스 셔츠의 시절에나 어울릴 법한 스타일로 옷을 입곤 했다. 하지만 지금 중국의 강의실에서 이들이 입고 있는 옷은 진품이다. 어느 1학년 학생에게 그가 신고 있는 1985년형 복고풍 에어 조던에 대해 물었더니 450달러를 주고 산 것이라며 자랑스레 말했다. 논픽션 수업에서 스니커즈를 즐겨 신던 학생 한 명은 에어 조던에 대한 오마주로 "AJ"를 자신의 영어 이름으로 사용했다.

그 수업에는 다른 유명 외국인의 이름도 몇 개 있었다. 어떤 이름은 형용모순이었다. 안경을 쓴 점잖은 학생 한 명은 프랑스 축구 선수 올리비에 지루의 이름을 따서 스스로를 지루라고 불렀다. 올빼미 같은 외모의 남학생은 농구팀 샌안토니오 스퍼스의 기막힌 천재 가드 카와이 레너드에서 따온 카와이라는 이름을 썼다. 브라질의 슈퍼모델을 따라 스스로를 지젤이라고 부르던 여학생은 실제로 키가 아주 크고 날씬하고 예뻤다. 하지만 지젤조차 절제된 옷차림을 하고 다녔다. 대안 인생을 떠올리게 하는 이름이라고나 할까. 다른 공간, 다른 시간에서 그 학생은 어쩌면 화려한 지젤이 되었을지도 모른다.

겉으로 드러난 옷차림에 큰 차이가 없었기 때문에 다들 같은 중산층처럼 보였다. 그러나 사실 내 수업을 듣던 학생들은 배경이 다양했다. 수업의 첫 단원에서 학생들에게 자기에 관한 에세이를 써보라고 했더니 많은 수가 시골에서 이주해온 어머니와 아버지에 대해 썼다. 이들의 부모는 내가 1990년대에 가르쳤던 학생들과 나이가 비슷했다. 실제로 푸링 시절 제자 중 한 명의 아들이 당시 쓰촨대학 2학년에 재학 중이었다. 도시생활에 동화되려고 애써 노력했던 개혁개방 세대 부모를 생각하면 이들 자녀의 옷차림이 어느 정도 획일화된 것은 놀랍지 않았다. 젊은이들이 새로운 번영 속에서 성장하던 1950년대의 미국이 떠오른다. 아마도 이다음 세대는 뻔한 규범에 저항하는 스타일과 외모를 시도하는 데 더 많은 관심을 가질지도 모른다.

논픽션 수업을 듣는 학생 중 누구도 시골 고등학교를 다니지 않았지만 일부는 어린 시절의 한때를 시골에서 보냈다. 이 아이들은 시골에 살고 있는 조부모와 도시의 새 직장에서 자리 잡으려고 애쓰는 부모 사이를 왔다갔다하며 자랐다. 어떤 경우에는 부모가 별거하기도 했는데 가정불화 때문이 아니라 변화하는 사회의 요구 때문이었다. 지젤은 여섯 살 때 어머니가 다른 도시로 발령이 나서 육군 장교인 아버지를 따라 군부대로 가 살게 되었던 이야기를 썼다. 아버지의 아파트에 도착하던 날을 이렇게 묘사했다.

내 앞에 서 있는 남자에 대해 아는 것이 전혀 없었다.[17] 아는 것이라곤 그가 내 아버지라는 사실뿐이었다. 아버지에 대해 더 얘기해보라고 한다면 그의 침대가 작고 딱딱했으며 성격이 좋지 않았다는 사실 정도다.

푸링에서도 과거에 거대한 국가적 변화에 휩싸였던 남녀의 아이들을 가르쳤다. 정치적 성격을 띠었던 그때의 변화들은 어마어마하게 비극적인 결과를 초래했다. 1958년에서 1962년에 있었던 대약진 운동 때는 많게는 5500만에 달하는 사람들이 굶어 죽었다. 그리고 1966년에 시작해 마오가 죽었던 1976년까지 지속된 문화대혁명이 있었다. 푸링의 학생들은 부모의 젊은 시절에 대해 거의 쓰지 않았다. 부모 세대가 과거에 대해 이야기하는 것을 좋아하지 않았기 때문이다. 그리고 그 시절 역사의 대부분은 공식 문헌에서 검열되거나 은폐되었다. 최근의 과거가 공백으로 남아 있었으므로 푸링의 학생들은 앞만 바라볼 수밖에 없었다.

그러나 요즘의 가정에서 과거를 기억하는 방식은 그때와 달라 보였다. 개혁개방 세대의 경험은 정치보다는 경제에 의해 형성되었고 높은 수준의 자율성이 있었다. 사람들은 이야기하길 좋아했고 세부적인 내용에 공을 들였다. 쓰촨대학의 글쓰기 수업에서 스티브라는 학생은 아버지와 훠궈를 먹던 일을 글로 썼다. 아버지는 시간을 들여 식당을 골랐고, 주문한 음식이 나오면 살코기보다 기름기가 많은 고기를 먼저, 야채보다 살코기 먼저와 같은 식으로 훠궈를 먹는 특정한 순서를 고집했다. 국물 맛을 제대로 내기 위해서는 그런 게 중요하다고 스티브에게 설명했다. 웨이터가 얇게 썬 생양고기 한 접시를 가져오면 아버지는 접시를 뒤집었다. 그러고는 신선한 양고기는 접시에 달라붙어 있어야 한다고 알려주었다.

스티브는 에세이에서 이런 세심한 의식을 묘사한 뒤 이렇게 결론 내렸다.

아버지는 문화대혁명이 거의 끝나가던 1972년에 태어났다.[18] 중국

경제가 되살아나기 시작했으나 아직 충분치 않던 시절이었다. 따라서 아버지는 어린 시절이나 청년기에 결코 굶주리진 않았지만 좀처럼 포만감을 느끼지 못했다. 아버지의 가족은 고기를 일주일에 한 번 겨우 먹었고 반찬도 몇 개 안 됐다고 한다. 아버지는 1990년에 대학생활을 시작하며 처음 아르바이트 자리를 구했다. 첫 월급을 받고서 절반을 훌륭한 한 끼 식사에 쓰기로 마음먹었다. 그 식사는 아버지에게 큰 기쁨을 안겨주었다.

펜턴이라는 학생은 부모의 이야기를 슈퍼 히어로 영화에 비유했다. "투쟁"이라는 단어를 썼지만 사회 계급이나 집단 간 갈등이라는 마오주의적 의미는 아니었다. 펜턴의 부모는 도시민이 되기 위해 투쟁했다.

우리 부모님은 1970년대 중반 산둥성의 시골에서 태어났다.[19] 고등학교만 나왔지만 고향에 남아 다음 세대의 농민이 되고 싶지 않아 도시로 나와 투쟁했다.
집을 떠나 대학으로 오기 전 나는 부모님의 어린 시절 이야기가 너무 듣고 싶었다. 부모님 말씀에 따르면 고등학교를 졸업하고 시골을 떠나기 전이 가장 힘들고도 행복한 시간이었다고 한다. 아버지는 내 나이일 때 택시 기사로 일했고 어머니는 국영 제분 공장의 여성 노동자였다. 나는 두 세기의 교차로에서 태어났다. 부모님은 다가오는 세기의 시장경제가 가져다줄 고속 성장을 믿고 산업 현장에 헌신하기로 결심했다. 두 분은 개혁개방 정책의 혜택을 누린이들에 속한다고 할 수 있다.

그러나 내가 들은 것은 부모님이 아직 성장하던 시절의 이야기였고 나는 이게 이들이 시골에서 보낸 어린 시절 이야기라는 점이 좋았다. 이런 이야기들은 상당히 정형화되고 매끄러운 패턴을 지닌다. 요즘의 슈퍼 히어로 영화와 비슷하다고 할 수 있다. 이런 유의 이야기는 항상 "어린 시절에는 생활 여건이 좋지 않았다"로 시작한다. 중간에는 지금에야 쉽게 실현할 수 있을 것 같지만 당시에는 이루기 힘들었던 일이 등장한다. 그리고 이야기의 마지막은 항상 "그러니 너는 지금 가진 모든 것을 소중히 여겨야 한다"로 끝난다.

———

둥근 안경에 짧은 머리를 한 친근한 학생이었던 펜턴은 언론학 전공이었다. 수강생들 대다수처럼 그도 유학을 가서 계속 공부하고 싶어했다. 펜턴은 중국 이름 후이둥과 발음이 언뜻 비슷해서 지은 이름이다. 그의 부모는 민간 경제에 뛰어든 뒤 비닐봉지를 생산하는 작은 공장을 시작했다. 비닐봉지를 팔아 번 돈으로 펜턴은 과외를 받으며 공부할 수 있었고, 덕분에 시에서 제일 좋은 공립 고등학교에 합격했다. 비닐봉지 사업은 소년이 풍족하게 먹고 자랄 수도 있게 했나 보다. 펜턴은 다부진 체격에 키가 180센티미터를 훌쩍 넘었다.

수업을 듣는 남학생의 대부분은 나보다 키가 컸고 지젤을 포함한 여학생 몇 명도 나보다 컸다. 첫 수업에 나는 1997년 초 졸업반 학생들과 푸링사범대학 도서관 앞에서 찍은 사진을 보여주었다. 밝은 노란색 페인트를 칠한 도서관은 캠퍼스에서 가장 눈에 띄는 건물 중 하나여서 많은 사람이 이곳을 배경으로 사진을 찍었다. 1997년의 사진에는 내가 학생들 위로 우뚝 솟아 있다. 학생들은 마치 중학생 같다. 사진을 보고 쓰촨대학 학생들이 웃음을 터뜨렸다. 내 키는 겨우 175센티미터다.

요즘 젊은이들의 특징 중에서도 가장 본능적으로 다가온 것이 바로 키다. 시내를 돌아다녀도 느낄 수 있었다. 예전에는 만원 버스를 타면 내 키가 주변 사람들보다 머리 반 개 정도 더 컸는데, 지금은 청두의 지하철에서 다른 청년의 겨드랑이를 들여다봐야 할 때가 꽤 있다. 2020년 의학 학술지 『랜싯』에 실린 연구에 따르면[20] 1985년 이후 200개 국가 중 중국 남학생의 키는 가장 큰 폭으로, 여학생의 키는 세 번째로 큰 폭으로 성장했다고 한다. 중국 19세 남성의 평균 신장은 영양이 개선됨에 따라 9센티미터 이상 커졌다.

대학 진학률도 훨씬 높아졌다. 학생들은 '985 대학'과 '211개 대학'이라는 용어를 자주 썼다. 푸링에서 가르치던 시절에는 아직 없었던 용어다. 985는 1998년 5월이라는 날짜로, 당시 국가주석이었던 장쩌민이 베이징대학에서 중국 교육에 대해 연설했던 때를 가리킨다.[21] 그때는 나의 푸링 근무가 거의 끝나갈 무렵이었지만 내 기억에 장쩌민 주석의 연설에 주목한 동료나 학생은 없었다. 장쩌민은 신처럼 여겨지던 중국 지도자도 아니었고 자신의 그런 한계를 알고 노련하게 행동하는 사람이었다. 서구식 정치인이었다면 아마 본인의 교육 경험에 대한 얘기로 연설을 시작했을 테다. 장쩌민의 개인적인 교육 경험은 그만큼 인상적이었다. 1947년, 그는 당시로서는 정말 드물게 전기공학 학사 학위를 취득했고 젊은 시절 중국 동북 지역에서 자동차 엔지니어링 관련 일을 했다.

하지만 장쩌민은 본인 삶의 자세한 얘기를 부각하면 위험하다는 것을 잘 알고 있었다. 연설은 그래서 중국의 또 다른 서사 방식을 따랐다. 개인보다 체제가 훨씬 더 중요하다는 것을 터득한 당원의 개인도 없고 스토리도 없는 연설이었다. 그는 자신에 대해 얘기하는 대신 자신의 메시지를 과거의 신과 결부시켰다.

> 덩샤오핑 동지는 과학과 기술이 주요 생산력이라고 우리에게 거듭 가르쳤습니다. 우리는 지식과 재능을 존중해야 합니다. 이런 중요한 사상이야말로 과학과 교육을 통해 국가를 부흥시키는 우리 전략의 이론적 토대입니다. (…) 근대화를 실현하기 위해 우리 나라는 세계적인 수준의 대학을 많이 보유해야 합니다.

이 캠페인은 결국 프로젝트 985로 알려지게 되었다. 논리적으로 보자면 이 캠페인에는 장쩌민의 이름이 붙었어야 했다. 장쩌민은 정식 대학 학위를 받은 최초의 중국공산당 총서기였고 고등교육 진흥을 위해 그 어떤 지도자보다 더 많은 일을 했다. 하지만 캠페인을 개인화했다가는 정치에 휘둘릴 수 있었다. 그것이 일련의 숫자로 캠페인을 명명한 이유의 하나가 아니었을까. 쓰촨대학은 최종적으로 프로젝트 985의 혜택을 받은 39개 상위권 대학 중 하나가 되어 중앙정부로부터 더 많은 자금을 지원받았다. 또 다른 캠페인은 '프로젝트 211'이라고 불렀는데 이 숫자의 의미는 훨씬 더 모호했다. 21세기에 100개의 중국 교육기관이 추가적인 지원을 받게 될 것이라는 뜻이다. 이러한 국가 차원의 프로그램과 더불어 고등교육 기관을 개선하고 확대하기 위한 수많은 노력이 있었다. 내가 푸링에서 가르쳤을 때만 해도 푸링사범대학은 중국 고등교육 기관의 스펙트럼에서 비교적 낮은 위치를 차지하고 있었다. 그러나 시험 봐서 대학 가는 학생의 수가 워낙 적었던 터라 그런 학교조차 학생들을 까다롭게 선발했다. 12명 중 1명, 즉 8.3퍼센트라는 푸링 학생들 세대의 낮은 대학 진학률은 불과 20년이 조금 넘는 기간에 51.6퍼센트로 상승했다.[22] 지금은 대부분 대학에 진학한다. 중국이 수없이 많은 캠퍼스를 건설한 것은 그래서다.

논픽션 수업에서 우리는 때때로 이전 시대를 돌아보곤 했다. 자기 자신에 대한 에세이를 다뤘던 수업에서 나는 학생들에게 『리버타운』의 처음 몇 페이지를 발췌해 읽도록 했다. 1996년 9월 푸링에 처음 도착했던 이야기가 있는 부분이다. 그달 푸링사범대학은 대장정 60주년을 기념하기 위해 각종 행사와 활동이 한창이었다. 대장정은 마오쩌둥과 홍군이 내전 승리를 위한 투쟁의 일환으로 8000킬로미터를 걸어 중국을 횡단했던 사건이다.

대장정이 끝난 것은 1935년이지만 푸링은 60주년 기념행사를 1년 늦게 가졌다. 일부 학생과 교수가 기념 트레킹에 참가했다가 예상보다 시간이 더 걸렸기 때문이다. 중국의 외딴 지역에서는 이런 식으로 모든 게 주요 도시보다 한두 걸음 뒤처지는 것만 같았다. 하지만 늦어졌다고 해서 대장정 기념행사에 대한 열정이 덜하지는 않았다. 행사마다 공산당 지도자들이 청중을 뒤흔드는 연설을 통해 학생들에게 혁명과 조국을 사랑하라고 촉구했다. 어느 날 저녁에는 대장정 합창 경연대회가 열렸고 애덤과 나도 참석했다. 책에는 당시 광경을 이렇게 묘사했다.

대장정 합창 경연대회를 위해[23] 모든 학과가 몇 주 동안 각자의 곡을 연습한 뒤 강당에서 공연했다. 대장정의 음악적 잠재력에는 한계가 있었기에 상당수가 똑같은 곡을 불러 심사를 곤란하게 만들었다. 의상이 부족했던 터라 의상도 곡처럼 공유되었기 때문에 이 또한 혼란스러웠다. 사학과가 깔끔한 흰 셔츠와 빨간 넥타이를 매고 멋지게 공연하고 나면 무대 뒤로 내려가 재빨리 정치학과 학생들에게 셔츠와 넥타이를 벗어준다. 정치학과 학생들은 그 옷을 입고 허겁지겁 무대에 올라 방금 사학과가 불렀던 곡을 부른다. 경연대회가 끝날 즈음에는 셔츠가 땀으로 얼룩졌고 청중 모두는 전곡을 외우게 되었다. 항상 그랬듯이 음악학과가 우승했고 영어과는 꼴찌에 가까웠다. 영어과는 대학의 이 경연대회에서 한 번도 우승한 적이 없다. 대장정에 관하여 영어로 된 노래는 존재하지 않기 때문이다.

쓰촨대학에서는 이 부분을 9월 중순에 읽었다. 나는 대장정 합창 경연대회 때의 사진 몇 장을 학생들에게 보여주고 눈에 띄는 부분이 있는지 물어봤다. 문학과 언론 학부의 학생 한 명이 손을 들었다.

"우리도 이거 지난주에 했는데요." 쓰촨대학에서 곧 다가오는 국경절을 기념하여 합창 경연대회를 개최했다는 얘기였다. 10월 1일이면 중화인민공화국의 건국 70주년이었고 올해의 기념행사는 특별히 성대하게 치러질 예정이었다. 시진핑 집권하에서 치러지는 첫 번째 주요 정치 기념일이었기 때문이다.

이 학생은 "책에서 얘기한 것과 똑같았어요"라고 했다. "관련된 노래가 많지 않아서 부른 노래도 몇 곡뿐이에요." 일부 학생이 웃었고 그는 이야기를 이어갔다. "그렇다고 해서 심사가 어렵다는 말은 사실 맞지 않아요. 노래가 전부 똑같으면 누가 더 잘 부르는지 알기 쉽죠. 비교하기가 더 쉽잖아요."

그렇게 생각해본 적은 없었는데 일리 있는 말이었다. 나는 학생에게 책의 해당 부분을 수정해야 할지도 모르겠다고 했다. 수업이 끝나고 누군가가 대학 웹사이트에 올라와 있는 기사 링크를 보내왔다.[24]

신중국을 찬양하고 신시대를 노래하자
중화인민공화국 건국 70주년 기념
쓰촨대학 교직원 합창 경연대회 개최

붉은 공산당 깃발을 배경으로 똑같은 복장을 한 합창단원들이 길게 늘어선 모습은 푸링 때와 똑같았다. 연단 앞에 서 있는 근엄한 표정의 당 간부 사진도 있었다. 기사는 간부의 연설을 인용했다.

곧 이어질 합창대회에서 모두 조국에 대한 사랑을 아름다운 노래에 담아내고, 위대한 조국의 영광스러운 역사를 찬양하고, 혁명 순

교자들의 역사적 발자취를 소중히 여기고, 쓰촨대학 교직원들의
특색을 반영하여, 함께 장엄한 민족 부흥을 실현하기를 바랍니다.

기사에 따르면 2600명이 넘는 교직원이 합창 경연대회에 참가했
다. 수상자 명단과 함께 곡명도 실려 있었다. 「조국과 나」 「사랑해요,
중국」 「조국은 잊지 않는다」 등이었다.

교사로서 새로 맞이한 삶에서 도시는 더 커졌고 캠퍼스도 커졌다.
심지어 학생들도 커졌다. 중국의 젊은이들은 이제 부모 세대보다 대
학에 진학할 확률이 여섯 배나 높았다. 대학은 상상할 수도 없던 규
모로 확장 또는 재건되었고 1인당 GDP는 개혁개방 초기에 비해[25]
65배나 증가했다. 10억 농민의 4분의 1 이상이 도시민으로 탈바꿈
했다. 하지만 나는 여전히 마르크스주의대학의 옆 건물에서 강의를
했고 대학은 여전히 구식 공산주의 집회를 열었다. 기념일의 숫자가
점점 더 커진다는 사실은 그저 얼마나 많은 것이 변함없이 그대로인
가를 분명히 보여줄 뿐이었다. 여전히 같은 집회와 같은 사진과 같
은 곡 「조국은 잊지 않는다」였다. 똑같은 일이 계속해서 반복되는 조
국은 당연히 잊지 않는다. 심지어 같은 당의 같은 간부들이 같은 말
로 같은 연설을 하면서 같은 표정을 지었다. 나처럼 오랜만에 돌아
온 교사에게는 수수께끼가 아닐 수 없었다. 어떻게 한 나라가 이토
록 커다란 사회와 경제와 교육의 변화를 겪고도 정치는 정체되거나
퇴보할 수 있을까?

논픽션 수업에서 세레나는 영양 개선의 기회를 놓친 듯 보이는 학

생 중 한 명이었다. 152센티미터 남짓한 키에 골격이 작았고 웃는 모습이 생기 있었다. 반의 다른 친구들처럼 청바지와 티셔츠, 단색 스커트와 같은 캐주얼하고 평범한 복장을 하고 다녔다. 세레나라는 이름은 미국 청소년 드라마 「가십걸」의 주인공인 세레나 반 더 우드 센에서 따왔다. 고향인 쓰촨성 동북부의 4급 도시 난충南充에서 인터넷으로 「가십걸」 에피소드를 보며 영어 공부를 했다. 지금은 세레나라는 이름이 시골뜨기 낙인 같다고 부끄러워했지만, 바꾸기에는 너무 늦었다고 느꼈다.

세레나는 에세이에서 스스로를 "저소득층"이라고 불렀다. 부모 둘 다 대학을 다니지 못했고 바깥세상과 동떨어진 것으로 유명한 난충에서 평범한 일을 했다. 사람들은 온라인에서 난충을 대략 "우주-충"이라는 뜻으로 "위저우-충宇宙充"이라고 놀렸다. 난충의 주민들이 자기네 지방 소도시의 사소한 이슈들에만 폭 파묻혀 있기 때문이었다. 세레나의 쓰촨대학 입학은 가족에게 커다란 행운이었다. 985 대학에 합격하면 하위권 대학보다 등록금이 훨씬 적게 들었고, 그게 고등학생들이 열심히 공부하는 동기 중 하나였다. 일류 대학의 학비가 일반적으로 더 비싼 미국의 대학과는 정반대였다. 세레나가 쓰촨대학에 내는 등록금은 1년에 700달러가 조금 넘었다.

대학 입학은 세레나가 난충이라는 우주에서 벗어나기 시작한 여러 계기 중 하나였다. 젠더 문제에 대한 그녀의 태도 또한 하나의 계기였다. 수년 전 세레나의 어머니는 딸의 공부를 지원하기 위해 일시적으로 직장을 그만두었다. 세레나에게 있어 이것은 여성의 재능을 낭비하는 일이었다. 에세이에는 이렇게 썼다.

어머니는 번 돈을 모두 아버지에게 주곤 했고[26] 일을 그만두고 나서는 매우 의존적이 되었다. 본인이 그걸 깨닫고 후회했기 때문에 내가 딱히 할 말은 없다. 가끔은 부모님의 배움이 많지 않아 안쓰럽고 가끔은 "유복한 새장"에 갇혀 있는 우리 [대학생들]이 안쓰럽다."

중국의 대학생들은 격리된 생활을 하는 편이고 장안 캠퍼스는 6킬로미터가 넘게 뻗은 높은 담으로 둘러싸여 있었다. 베이징의 자금성을 둘러싼 유명한 성벽보다 두 배나 길었다. 세레나는 캠퍼스 생활의 제약에 분개하는 학생 중 한 명이었고 토론 수업에 적극적이었다. 매주 강의실의 맨 앞에 앉았으며 반에서 어쩌면 글솜씨가 가장 뛰어난 학생으로 금세 자리 잡았다. 수강 신청을 거절당했다가 들어온 유일한 학생이었던 세레나의 존재는 내 판단이 얼마나 형편없는지 끊임없이 상기시켜주었다.

내 목표 중 하나는 학생들에게 캠퍼스 밖으로 나가 기사 쓰는 프로젝트를 시키는 것이었다. 푸링에서는 이런 시도를 해본 적이 전혀 없었고 이렇게 해도 쓰촨대학에서 문제가 되지 않을지 확신도 없었다. 펜턴은 언론학과에서도 학생들이 기사를 쓰는 일은 드물다고 했다. 수업은 주로 이론에 중점을 두었고 드물게 캠퍼스 밖에서 취재한다 하더라도 예외 없이 면밀한 감독하에 그룹으로 활동했다. 현 정치 환경에서 중국 기자들에게는 취재가 허락된 사안이 엄격히 제한되어 있었고 많은 젊은이가 현장을 떠나고 있었다. 장안 캠퍼스에서 언론학과가 마르크스주의대학 건물에 있다는 사실은 상징적으로 보였다.

학기 4주 차에 접어들자 강의실 창밖에 잔디를 새로 깔고 시멘트 오솔길을 만들어 조경이 완성되었다. 하루는 인부들이 트럭에 수십 그루의 나무를 싣고 오더니 그날 오후로 그늘진 가로수길이 생겼다. 이런 환경에서 일하다보니 나도 조바심이 나서 학생들이 취재를 나갈 준비가 되었다고 결론 내렸다. 인터뷰에 필요한 몇 가지 기술을 가르쳐주었고 학생들은 캠퍼스의 인부들에게 말을 걸어가며 연습했다. 기사 제안서를 제출하라고 하자 학생들은 내가 예상했던 것보다 훨씬 더 모험적인 아이디어를 갖고 왔다.

둥먼다차오東門大橋의 게이 화장실.[27] 말도 안 되는 대담한 생각이라는 건 알지만 가치가 있다고 생각합니다. 무시할 수 없는 성소수자 그룹의 삶과 문제를 반영하고 있으니까요.

청두 지우위안 다리久遠橋와 바 거리. 사랑과 자유와 섹스에 관한 많은 이야기가 생겨나는 곳입니다. 청두의 바 문화에 대해 얘기하고 싶어요. 술 마시는 것을 좋아하기 때문에 그곳에서의 경험도 좀 있고 들은 이야기도 있습니다.

어렸을 때 오랜 기간 병원에 있었습니다. 이 병원 저 병원을 옮겨 다녔죠. 무책임하고 환자에게 평생 고통을 남기는 의사들도 만나봤고, 헌신적이고 친절한 의사도 만나봤어요. 병원은 [취재하기에] 좋은 곳입니다. 사람들이 죽음에 어떻게 대처하는지 볼 수 있고,

환자와 의사 사이의 관계도 볼 수 있습니다. 심지어 중국 의료 시스템의 극히 일부도 볼 수 있죠.

세레나는 제안서에 이렇게 썼다.

저는 예전에 개신교도였다가 이제는 가톨릭교도가 되어 교회에서 자원봉사를 하고 있는 한 여성에 대해 쓰고 싶습니다. 어떤 정보를 얻느냐에 따라 제 기사는 아마도 중국에서 종교가 어떻게 작동하는지, 특히 가족 안에서 종교가 없는 이들이 종교인들을 어떻게 바라보는지와 같은 내용을 주제로 삼을 것입니다.

———

일과를 마치면 우리 가족은 발코니에서 저녁을 먹었다. 우리 집은 43층 건물의 19층이었고 남쪽과 동쪽으로 진장강이 바라다보였다. 가을 늦은 오후의 기온은 대체로 쾌적했고 은은한 햇살이 강물 위에서 은색으로 빛났다. 몇 킬로미터 너머까지 바라보이는 날은 드물었다. 청두는 히말라야의 높은 산맥과 경계하고 있는 깊은 분지의 서쪽 가장자리에 위치해 있기 때문에 곧잘 짙은 안개가 드리워지곤 한다. 저녁을 먹을 때면 진장강 끝자락이 안개 속으로 사라지고 중국의 대도시들은 저 멀리 다른 세상에 있는 것처럼 느껴졌다. 홍콩까지 1300킬로미터, 상하이까지 1900킬로미터. 베이징보다 하노이가 더 가까웠다.

쓰촨성의 다른 지역들과 마찬가지로 청두는 외부의 도움 없이 자족하는 것으로 유명하다. 분지의 도시 아닌가. 언제나 예술가와 시인과 소설가들로 이루어진 강력한 커뮤니티가 존재했다. 청두에 도착했던 첫 달, 작가와 출판계 사람들 한 무리가 레슬리와 나를 저녁 식사에 초대했다. 우리는 진장강을 가로지르는 지붕 덮인 다리 위에 높이 위치하고 있는 식당에서 만났다. 식사 자리에서 사람들은 정치 환경에 대해 불만을 쏟아냈다.

출판업에 종사하는 한 남성은 "수년 만에 최악입니다"라고 말했다.

또 다른 작가는 내게 "책을 이미 출간한 것을 다행으로 아세요"라고 했다. "지금이라면 출판이 불가능할 겁니다."

중국 본토에서 번역된 내 첫 번째 책은 시진핑이 집권하기 한 해 전인 2011년에 나왔다. 레슬리의 책 『팩토리 걸Factory Girls』의 중국어판은 그로부터 2년 뒤에 나왔는데, 당시에는 이미 분위기가 경색되고 있었다. 한번 출간된 책을 매대에서 내리는 일은 드물었으나 요즘의 편집자들은 새 책을 내놓는 일에 더 조심스러워졌다. 2019년 초 나는 이집트에 관한 책을 미국에서 출간했지만 상하이의 출판사는 중국어판을 내는 게 불가능하다고 결론 내렸다.

저녁을 먹으며 나는 검열 기관이 아랍의 봄에 관한 내용은 뭐든 경계했다고 설명했다. "다른 나라에 관한 것이라도 책에 정변政變이라는 단어가 들어가 있는 걸 원치 않습니다." 중국어 정변(정뻰)은 쿠데타라는 뜻이다.

"전혀 놀랍지 않습니다." 작가 한 명이 말했다. "특히 홍콩의 시위를 고려하면 그렇죠."

작가들은 여전히 새로운 프로젝트를 진행하고 있었지만 출판에 적합한 시기를 기다릴 셈이었다. 당의 통제가 밀물과 썰물을 오갈 때마다 타협으로 내몰리는 중국의 지식인에게는 흔한 일이다.

작가 한 명이 레슬리와 내가 옮겨다니는 시점을 가지고 놀렸다. 그는 우리가 아랍의 봄 첫해였던 2011년에 카이로로 이주했다는 점을 지적했다. 우리는 거기서 무슬림 형제단의 부상과 뒤이어 벌어진 군사 쿠데타, 그리고 이집트 보안군에 의해 자행된 학살을 목격했다. 2016년에는 도널드 트럼프가 당선되기 직전에 미국으로 돌아왔다.

"당신들이 가는 곳마다 나쁜 일이 일어나고 있어요." 그가 말했다. "이제 중국에 왔으니 여기도 뭔가 안 좋은 일이 생기겠네요!" 우리는 모두 웃음을 터뜨렸고 누군가 건배를 제의했다. 대화는 계속되었다. 그때 식당에 널려 있던 나무를 두드렸어야 했다.(미국에서 나무를 손으로 노크하듯 두드리는 행위는 액땜을 뜻한다. ─옮긴이) 하지만 쓰촨 사람들은 그런 일을 하지 않는다.

2장 옛 캠퍼스

2019년 10월

1990년대의 푸링사범대학은 우장강의 가파른 동쪽 기슭, 우장강이 양쯔강으로 흘러드는 곳에서 2킬로미터도 채 떨어지지 않은 곳에 울창한 정원 같은 캠퍼스를 가지고 있었다. 당시 푸링사범대학은 준학사 학위만 수여하는 3년제 대학이었다.[1] 2000여 명이던 재학생 수는 세월이 흘러 2만 명 이상으로 늘어났다. 이런 규모의 성장은 중국 고등교육 기관에서 흔히 볼 수 있는 현상이었다. 쓰촨성과 충칭시의 많은 대학이 등록 학생 수를 10배 이상 늘렸고, 푸링사범대학을 비롯한 여러 사범대학이 학사 학위를 수여하는 4년제 기관으로 승격되었다. 이러한 변화의 일환으로 2005년, 푸링대학은 양쯔강 북쪽 기슭에 있는 미개발 농지로 이전했다. 이전 작업은 우장강 하류 1.6킬로미터, 양쯔강 상류 8킬로미터의 지역 강줄기를 따라 마치 학교 전체를 거대한 배에 싣고 옮기는 것처럼 진행되었다. 대학은 새 캠퍼스에 자리를 잡고 양쯔사범대학이라는 새 이름을 갖게 되었다.[2]

그 뒤로 옛 캠퍼스의 일부 부지가 개발업자들에게 매각되었다. 이들은 체육관과 강당과 몇 개의 건물을 허물고 그 자리에 고층 아파트 단지를 지었다. 부지 한쪽 끝에는 중학교가 들어섰다. 그러나 캠퍼스의 나머지 부지를 철거하는 작업은 오랫동안 지연되었다. 현지 사람들에 따르면 민간 개발업자들이 관심을 표했지만 학교 당국이 가격을 높게 불렀다고 한다. 개발업자들이 그 가격을 받아들이지 않자 학교는 개혁개방 시대의 전형적인 협상법으로 응수했다.

평화봉사단에서는 이런 협상법을 '등 돌려 걷기'라고 불렀다. 당시 봉사단원의 월급은 120달러 정도에 불과했지만 현지 사람들은 외국인들이 돈을 무한히 갖고 있을 것이라고 생각하곤 했다. 노점에서 와하하娃哈哈 브랜드 생수 한 병을 사는 간단한 일조차 점주가 가격을 50퍼센트나 더 높게 부르는 바람에 중단되곤 했다. 때로는 등을 돌리고 몇 발짝 걸어가 그냥 가는 것처럼 보일 필요가 있다. 그러면 거의 매번 점주가 와하하 생수병을 손에 들고 달려왔다.

15센트짜리 와하하 생수를 놓고 등 돌려 걷는 것과 거의 온전한 대학 캠퍼스를 통째로 거래하는 것은 차원이 다른 문제다. 하지만 그것이 개혁개방 시대 비즈니스의 기본 원칙이었다. 생각의 크고 작음은 상관이 없다. 그래서 학교 당국은 옛 대학 건물들의 문에 자물쇠를 채우고 유지 보수를 거의 다 중단시킨 뒤 부지를 내팽개쳐버렸다. 도로와 통로는 열려 있는 채였고 시간이 흐르며 캠퍼스는 졸업생들에게 일종의 성지순례 대상이 되었다. 수없이 많은 익숙한 것들이 철거되거나 알아볼 수 없을 정도로 리모델링되는 이 나라에서는 과거의 모습이 그대로 보존되는 경우를 찾아보기 힘들었다. 푸링 제자들은 중년이 되면서 향수를 품은 채 옛 캠퍼스를 방문했고 내게 아름다우면서도 으스스한 사진들을 보내곤 했다. 우리가 수업하던 건물 창으로 덩굴이 기어 들어가고 우리가 농구하던 석탄재 재질 코트를 들꽃이 뒤덮고 있는 사진이었다.

언젠가 중국 서남부를 다시 방문하게 되면 내가 살던 옛집은 이미 오래전에 사라지고 없을 거라고 늘 생각하고 있었다. 그러나 푸링을 처음으로 다시 찾았던 그해 가을,³ 옛 캠퍼스는 여전히 그대로 있었다. 옛 제자인 에밀리에게 보내는 이메일에 학교 부지를 찾아가보려 한다고 지나가듯 말했더니 에밀리가 어느새 동기생 둘과 함께 나를 안내할 준비를 마쳐놓았다. 마을에 도착하고 조금 뒤, 창문을 검게 코팅한 번쩍이는 검정 폴크스바겐 세단이 이들을 태우고 내 앞에 섰다.

운전하는 친구의 이름은 노스였다. 나는 옛 제자들이 수업 시간에 사용하던 영어 이름을 여전히 기억하고 있었다. 폴크스바겐의 뒷좌석 에밀리 옆에 앉은 친구는 존스라는 이름의 또 다른 옛 제자였다. 자동차 내부는 흠잡을 데 없이 깨끗했고 노스가 조수석 바닥에 골판지를 깔아놓았다. 나는 차에 올라 골판지에 조심스럽게 발을 올리고 노스에게 새 차가 훌륭하다고 칭찬했다. 시골에서 자란 사람답게 노스는 본능적으로 칭찬을 피했다.

"새 차도 아닌데요, 뭐." 그가 말했다. "1년 된 거예요."

노스는 사업가가 된 몇 안 되는 제자 중 한 명이었고 내가 알기로 가장 늦게 사업에 뛰어들었다. 동기생 대부분은 에밀리나 존스처럼 여전히 교사 일을 하고 있었다. 에밀리는 현지의 초등학교 교사였고 존스는 고등학교에서 영어를 가르쳤다. 이제 이들 중 일부는 퇴직할 나이까지 채 10년도 남지 않았다. 중국의 교사는 남자 60세, 여자 55세에 정년퇴직을 한다.

제자 몇 명은 당 간부가 되었다. 내 문학 수업 시간에는 모든 학생이 셰익스피어 작품의 한 장면을 연기했는데 그 시절의 어떤 캐릭터들은 마치 끝나지 않는 연극처럼 세월과 함께 발전했다. 빨간 드레스에 검은 머리를 곧게 빗고 나무 책상에 올라서서 발코니 장면의 줄리엣을 연기했던 여학생은 나중에 푸링 정부의 한 자녀 정책을 관리하는 부서에서 일했다. 호레시오의 품에서 죽는 햄릿을 최고로 훌륭하게 연기했던 학생은 공산당에 입당하고 티베트로 이주해 국가 선전부 간부가 되었다.

그리고 사업가가 된 학생들이 있었다. 이들의 숫자는 많지 않았지만 개혁개방 사업가들의 이야기에는 그들만의 셰익스피어적인 특징이 있었기 때문에 눈에 띄었다. 영리하고 장난꾸러기에 웃는 얼굴이 늘 말썽을 일으키던 1학년 남학생 한 명은 졸업 후 덩샤오핑의 고향인 광안廣安에 교사직을 배정받았다가 나중에 정직 처분을 받았다. 학생 한 명을 때렸다고 했고 정직을 당하고 기회를 찾아 서쪽의 티베트 고원 지대에 자리한 칭하이성으로 향했다. 나에게 편지를 보내던 제자는 아니었으나 다른 제자들이 그의 소식을 전해주었다. 다른 제자들은 학생을 두들겨 팬 사건으로 인해 그에게 그토록 많은 좋은 일이 뒤따랐다는 사실을 즐기는 것 같았다. 역시 덩샤오핑의 고향 출신인 윌리라는 제자는 그에 대해 이렇게 썼다.

그 친구가 광안에 교사직으로 파견 나간 것이 1999년입니다.[4] 1년 뒤에 나무 막대기로 학생 손바닥을 때려 체벌을 했다는 이유로 1000위안의 벌금과 1년 정직을 당했지요. 맞은 학생은 시험에 낙제를 했었다고 합니다. 친구는 운전을 배우기 시작해서 택시 기사로 1년 동안 일했어요. 그러고 나서 교직 복귀 명령을 받았지만 거절하고 병가를 냈죠. 같은 해에 칭하이로 떠나 또 운전기사로 일했어요. 2년 뒤에는 20대의 택시와 30명이 넘는 기사를 고용한 개인택시 회사를 시작했습니다. 택시 기사는 전부 쓰촨 출신이었고요. 부인하고도 관계가 매우 좋지 않아 칭하이 KTV의 수많은 쓰촨 아가씨와 사귀었다고 해요. 푸링 친구들은 그가 엄청난 화신花心(여자를 밝힘)이라고 합니다. 물론 예전 푸링 시골뜨기 중 몇 안 되는 백만장자라고도 하죠.

노스의 대학 룸메이트 두 명도 예상치 못한 성공을 거두었다. 그들도 노스처럼 가난하게 자랐지만 신경제가 아직 무주공산의 성격을 띠던 시기에 사업에 뛰어들었다. 그로부터 몇 년 뒤에는 경쟁이 지독하게 치열해지면서 중년층이 안정된 직장을 버리고 사업을 벌이는 일은 드물어졌다.

노스는 특히나 그런 중년의 변화를 시도할 사람처럼 보이지 않았다. 학생 때는 반장이었는데 그 자리는 보통 정치적으로 믿을 만한 남녀 학생에게 주어졌다. 대학 당국의 권유로 공산당에 충실히 입당하기는 했어도 노스는 정치에 별 관심이 없어 보였다. 그가 반장이 된 것은 다른 이유에서였다. 판단력이 좋았고 차분했으며 동급생들에게 인기가 있었다. 꼼꼼하고 리스크를 회피하는 성격으로 알려져 있기도 했다. 노스North라는 영어 이름을 택한 이유 중 하나는 북쪽이 전통적으로 권위가 있는 곳, 머나먼 베이징을 뜻했기 때문이다.

그는 또한 어느 역사책에서 영국에 노스라는 이름의 총리가 있었다는 사실을 읽은 적이 있다. 그 책은 길퍼드 백작이었던 프레더릭 노스가 대영제국이 식민지 미국을 잃었던 시기에 총리였던 것으로 가장 유명하다는 사실은 언급하지 않았다.

사업에 뛰어들었을 당시 노스의 생각은 그답게 신중했다. 그는 나이가 들어 사업을 시작하면 에너지와 자유도와 유연성이 떨어진다는 단점을 계산에 넣었다. 하지만 자신과 같은 중국인의 수가 많다는 점에 착안했다. 2019년에 중국 정부는 45세에서 49세 사이에 있는 노스의 동세대 집단이 다섯 살 단위로 나눈 그 어떤 집단보다 인구가 많다고 밝혔다. 한 자녀 정책이 실행되기 직전에 태어난 세대이기 때문이다. 노스는 동세대들을 잘 이해하고 있다는 것이 자신의 장점이라고 믿었다. 특히 시골에서 도시로 이주해온 사람들을 잘 이해하고 있었고 그들이 나이가 들어가면서 뭘 필요로 하는지 알고 있었다. 노스 생각에 그중 하나가 바로 엘리베이터였다.

노스는 폴크스바겐을 몰고 옛 캠퍼스로 가며 자신의 사업 모델을 설명했다. 우리는 한때 농지였던 양쯔강 북쪽의 강둑을 따라 새로 낸 도로를 달렸다. 내가 푸링에 살던 시절에는 도시 인구가 18만 5000명 정도였는데[5] 그 뒤로 세 배가량 증가했다. 가장 급격한 증가는 2000년대 초반 정부가 싼샤댐으로 인해 수몰되는 지역의 주민들을 대규모로 이주시키던 시기에 발생했다.

우리는 댐 이주 당시 지어졌던 고층빌딩들을 지나쳤다. "저 빌딩 중 상당수가 아직 엘리베이터가 없어요." 노스가 말했다. 그는 많은 공사가 졸속으로 진행됐다고 했다. 이 지역에 200만 명이 넘는 사람을 이주시켜야 했던 공사의 규모 때문이었다. "심지어 12층 건물에도 엘리베이터가 없는 경우가 있어요."

노스의 회사는 주민회를 조직해 요금제를 만들고 엘리베이터 설치하는 일을 전문으로 했다. 중국의 노령화되어가는 인구도 사업 계획에 고려했다고 한다. "이 건물들을 지을 때만 해도 젊은 주민이 많았죠." 그의 말이다. "이제 그 사람들이 나이가 들면서 그 많은 계단을 걸어 올라가기 힘들어해요."

내가 살던 시절에는 없던 높은 현수교를 건너갔다. 그 시절 양쯔강은 파도와 급류로 세차게 물결 치며 흘러 높은 곳에서 내려다봐도 강물의 힘을 느낄 수 있을 정도였다. 하지만 지금은 갈색 물이 마치 호수 표면처럼 고요하고 잔잔했다. 도로는 짧은 터널로 들어가더니 우장강의 동쪽 기슭으로 이어졌다.

에밀리와 존스는 뒷좌석에서 내게 청두의 생활에 관해 물었다. 우리 가족은 어디에 살고, 대학생들은 어떻고, 나타샤와 애리얼은 중국 학교에 잘 적응하고 있는지. 하지만 노스에게는 청두에서의 내 삶을 가늠하는 그만의 기준이 있었다.

"몇 층에 살아요?" 그가 운전하며 물었다.

"19층."

"아파트가 전부 몇 층이죠?"

"40층 이상."

"한 층에 몇 집이나 있는데요?"

"네 집."

"엘리베이터는 몇 대죠?"

나는 잠시 생각해보고는 "세 대야"라고 말했다.

"그럼 아주 좋은 아파트입니다." 노스가 말했다. "보통 그런 아파트에는 엘리베이터가 두 대뿐이거든요."

———

옛 캠퍼스에는 교문이 있었지만 아무도 경비를 서고 있지 않았다. 노스는 열려 있는 문으로 차를 몰고 들어가 양옆으로 웃자란 덤불이 있는 작은 도로를 따라갔다. 정부의 표어가 적힌 빛바랜 표지판들이 옆으로 지나갔다.

인민의 도시는 인민이 건설하고
인민의 도시는 인민을 위해 복무한다

위생 도시 건설하고
교양 있는 도시민이 되자

도로는 캠퍼스 가운데의 안뜰에서 끝났다. 안뜰의 한쪽에는 학급 사진의 배경으로 쓰이던 대학 도서관 건물이 있었다. 도서관의 노란 페인트는 바래고 아래층 창문 일부는 깨져서 합판을 대놓은 것이 보였다. 지붕에는 가시투성이 나무가 제멋대로 자라 있었다.

폭스바겐을 주차하고 우리 넷은 도서관 입구의 돌계단을 걸어 올라갔다. 정문은 육중한 사슬과 자물쇠로 잠겨 있었다. 문 위에는 중국의 대학 캠퍼스 어디에나 있을 법한 낡은 나일론 재질의 선전 현수막이 걸려 있었다.

국가 문명도시와 국가 위생지구 건설하자
나는 알고, 참여하고, 지지하고, 만족한다

"저 오래된 표어 좀 봐요." 존스가 말했다. "저런 건 이제 더 이상 찾아볼 수 없어요."

그는 도서관 위에 적힌 메시지와 캠퍼스 내 대부분의 문구는 틀림없이 푸링이 가장 격렬한 도시화를 겪었던 2000년대 초반의 것이라고 했다. 교육받은 중년의 중국인에게 선전 문구가 쓰인 시대를 알아보는 것은 일종의 정치 고고학이다. 문자도 발굴 대상이 될 수 있다. 때로는 글자 아래에 정반대의 뜻이 숨어 있기도 하다. 현수막에 "위생"이라는 용어가 많이 쓰였다는 사실은 당시 푸링이 비위생적이었음을 시사한다. 마찬가지로 푸링을 "국가"라고 반복해서 언급한 것을 보면 푸링의 지도자들이 변방으로서의 위치를 의식하고 있었음을 알 수 있다. 그리고 표어가 '나는 지지하고, 나는 만족한다'는 말을 사람들 입에 올리려 했다는 사실은 일부 시민이 만족하지도 지지하지도 않았던 것을 확연히 보여준다. 아마도 그중 일부는 엘리베이터도 없는 12층 아파트에 살게 된 강변 주민들이었는지도 모른다.

1990년대의 푸링시는 지저분했지만 대학 캠퍼스는 깨끗했다. 노동력이 저렴했기 때문에 푸링사범대학은 정원을 가꾸는 인부를 많이 고용했다. 쓰레기 하나 나뒹굴지 않았고 덩굴과 나무는 완벽하게

다듬어져 있었다. 캠퍼스 어디를 가더라도 삽과 전지용 가위를 들고
바쁘게 일하는 일꾼들을 볼 수 있었다.

에밀리의 사촌 중 학교 교육을 제대로 받지 못한 류라는 이름의
사내가 정원에서 인부로 일했다. 에밀리는 학교 캠퍼스에서 자랐고
가족이 나와 같은 건물에 살았다. 우리는 부서진 계단이 있는 곳을
조심스럽게 지나 그 건물 쪽으로 향했다. 돌로 된 탁자와 벤치가 뒤
엉킨 덤불에 가려 거의 보이지 않는 작은 정원을 지났다.

에밀리가 물었다. "여기서 우리가 연극 했던 거 기억나세요?"

나는 그 수업의 빛바랜 사진들을 아직 갖고 있었다. 1997년의 아
름다운 봄날이었다. 학생들은 「한여름 밤의 꿈」의 장면들을 연습해
왔고 에밀리가 티타니아를 연기했다. 에밀리는 늘 차분하면서도 확
고한 존재감을 가진 좋은 배우였고 문학을 이해했다. 에밀리라는 이
름은 에밀리 브론테에서 따왔다.

"어릴 때 여기서 많이 놀았어요." 에밀리가 말했다. "캠퍼스에 산
다는 것이 참 좋았죠."

에밀리의 아버지는 푸링에서 가장 많은 수상 경력을 보유한 것으
로 알려진 수학 교수였다. 대부분의 시골 출신 학우들과는 달리 에
밀리는 문화대혁명 당시 부모가 겪었던 경험에 대해 자세히 썼다.
내가 강의를 시작했던 1996년 첫 학기에 에밀리는 이런 에세이를
제출했다.

부모님이 내 나이였을 때는 전국이 거대한 혼란에 휩싸여 있었다.[6]
정치가 우선이었고 지식인들은 자본주의를 따르는 경향이 있다는

이유로 노동 개조를 위해 기초 단위로 보내졌다. 아버지도 그들 중 한 명이었다. 아버지는 쓰촨대학을 졸업하고 8년 동안 작은 탄광에서 일했다.

탄광은 푸링 남쪽의 산악지대에 있었지만 에밀리의 아버지는 주어진 환경에서 나름 최선을 다했다. 탄광 관리자들의 장부 정리를 도왔고, 관리자들도 그의 업무 능력을 인정해서 좋은 대우를 해주었다. 덕분에 에밀리의 아버지가 겪은 문화대혁명은 중국 대부분의 지식인보다 훨씬 더 나았다. 아버지 누님의 가족에게는 그런 운이 따르지 않았다. 이들은 다른 외딴 지역으로 보내졌고 에밀리의 고모부는 정치 집회에 불려나가 거듭 구타를 당했다. 고모부는 젊은 나이에 죽었다. 사촌들은 가난한 마을에 남겨졌고 출신 계급 때문에 제약을 받았다. 사촌인 류가 중학교까지만 다닌 것은 그 때문이다.

에밀리에게 고모 가족의 이야기는 가까운 과거사의 공백 속에 잊혀 있다. 에밀리는 언젠가 사촌 류에 대해 글을 썼다.

사촌의 가족사에 대해서는 별로 아는 것이 없다.[7] 류도 그의 형제들도 결코 그 얘기를 하지 않기 때문이다. 아버지가 가끔 무슨 얘기를 하시는데 아버지는 썩 좋은 이야기꾼이 아니다. 그래서 나는 이야기의 조각조각만을 알고 있다. 아버지가 과거 일에 대해 이야기하려고 하면 사촌들은 "다 지난 일이에요"라고 말하고 더 이상 입을 열지 않는다. 사촌들이 과거에 대해 불평하는 것도 들어본 적이 없다.

1990년대 초반 에밀리의 아버지는 누님 가족을 도우려고 류를 푸링으로 불러 함께 살도록 했다. 교수였던 아버지는 류를 위해 캠퍼스 정원의 인부 일도 마련해놓았다. 류는 외삼촌의 너그러움에 늘 감사했지만 총명함을 타고났던 소년 류에게 이 시기는 가혹했다. 에밀리와 그녀의 두 형제 같은 어린 친척들이 학업에서 두각을 나타내 결국 대학시험에 합격하는 동안 류는 육체노동을 해야 했다. 당시의 수많은 삶처럼 이 또한 어떤 면에서는 시기의 문제였다. 만약 류가 에밀리와 같은 나이였다면 더 나은 교육 기회를 얻었을 것이고 가족의 출신 계급도 그렇게 중요하지 않았을 것이다.

우리는 모두 똑같은 6층짜리 아파트에 살았다. 캠퍼스에서 가장 좋은 숙소였다. 에밀리의 아버지는 학문적 업적 때문에 그곳을 배정받았고 대학에서 가장 높은 당 간부인 공산당 서기도 거기 살았다. 대학 당국은 애덤과 내가 외국인이라는 이유로 우리에게 그곳의 두 집을 지정해주었다. 거주 환경은 여러모로 열악했다. 난방도 없었고 시멘트 맨 바닥은 겨울에 차갑기 그지없었다. 하지만 집은 넓었고 강이 바라보이는 아름다운 전망을 갖고 있었다.

에밀리가 우리를 예전에 살던 동네로 안내했다. 약 스무 채의 회색 건물이 있는 곳이다. 모두 6층 높이고 안뜰을 둘러싼 형태로 배치되어 있었다. 1990년대 중반 대부분의 중국 도시민은 자신이 소속된 정부 조직인 단웨이單位에서 제공하는 주택에 살았고, 이 구역은 캠퍼스에서 가장 활기가 넘치는 곳이었다. 나는 언제나 늦은 오후에 이 구역에서의 산책을 즐겼다. 아이들은 밖에서 뛰어놀고 부모는 저녁을 준비하던 시간이었다.

이제 동네에는 아무도 밖에 나와 있지 않았다. 도서관처럼 아파트에도 나무가 지붕에서부터 자라고 있었다. 양쯔강 계곡의 온화한 기후에서는 나무줄기가 버려진 건물을 금세 덮어버린다. 내가 살던 건물에는 주민들이 발코니에 화분을 남겨두고 떠났고 거기서 자라나온 긴 가지와 덩굴들이 외벽에 늘어져 있는 모습이 마치 바빌론의 공중정원 같았다. 어떤 창문들은 깨져 있었고 정문이 살짝 열려 있었다.

우리는 안쪽의 계단을 따라 꼭대기 층까지 올라갔다. 일부 건물에는 아직 버티며 살고 있는 주민이 있었지만 여기는 아무런 삶의 흔적이 보이지 않았다. 내가 살던 옛집의 문을 두드려봤으나 아무 응답이 없었다. 한때 에밀리의 가족이 살던 맨 아래층 집도 조용했다. 에밀리의 부모님은 이제 푸링의 다른 곳에 살고 계셨다. 나는 에밀리에게 부모님이 이곳을 그리워하시냐고 물었다.

에밀리는 "아닐걸요"라고 답했다. "1층에 사는 걸 안 좋아하셨어요. 항상 너무 어둡다고 하셨고 쥐와 벌레 문제도 있었죠." 그리고 이렇게 덧붙였다. "그래도 나는 좋아했어요. 아직도 여기 살고 있는 꿈을 꿔요. 가끔 그런 꿈에서 깨어나면 내가 지금 어디에 있는지 모르겠어요."

반에서 가장 어렸던 에밀리는 곱게 나이 들어가고 있었다. 머리카락은 여전히 검었고 높게 솟은 광대와 예쁜 아치 모양의 눈썹을 가졌다. 에밀리의 부모님은 마오쩌둥의 시대를 비교적 상처 입지 않고 살아남았지만 개혁개방 시대에 비극을 겪었다. 에밀리는 지난 세월 동안 내게 보내는 편지에 부모님이 겪는 고통에 대해 썼고 나는 그게 에밀리가 남부 지방에서 이주민으로 살다가 푸링으로 돌아온 이유 중 하나임을 알고 있었다. 하지만 오늘 에밀리는 행복해 보였고 우리의 성지순례를 위해 한껏 차려입고 나왔다. 하얀 샌들과 예쁜 꽃무늬 치마에 머리는 포니테일로 묶은 에밀리의 모습에서 1996년 내 수업에 앉아 있던 반짝이는 눈망울의 스무 살배기를 쉬이 떠올릴 수 있었다.

우리는 캠퍼스 담장으로 그늘져 있는 아파트 건물의 뒤쪽으로 걸어갔다. "학생들이 밤에 탄롄아이談戀愛하러 여기 오곤 했죠." 에밀리가 웃으며 말했다. 이 표현은 중국식 에두르기였다. 글자 그대로는 "사랑을 이야기하다"라는 뜻이지만 스킨십이나 섹스라는 의미를 포함할 수도 있었다. 1990년대의 푸링사범대학에는 어떠한 종류의 연애 행위도 금지하는 엄격한 규칙이 있었다. 학생들이 손을 잡고 있다가 걸리면 벌금을 물었고 연애를 하는 것으로 알려진 사람은 공산당 입당이 금지되었다. 소수의 용감한 연인들은 보통 우리 아파트 건물 뒤편과 같은 으슥한 곳으로 갔다. "언니랑 저는 밤에 그런 학생들의 소리를 듣곤 했어요." 에밀리가 말했다.

우리는 금이 간 또 다른 계단을 따라 강의실 건물로 향했다. 정문에는 이런 선전 문구가 적힌 금속 표지판 아래에 자물쇠가 채워져 있었다.

푸링의 정신:

단결하고 실용적으로
교양 있고 정직하게

근면하고 창의적으로

타인에 굴복하지 않는다

잡초를 헤쳐가며 건물을 한 바퀴 돌았다. 간혹 열려 있는 창문으로 먼지 쌓인 책상이 줄지어 놓인 강의실이 보였다. 에밀리와 노스와 존스는 우리가 문학 수업 시간에 다루었던 작품들에 대해 얘기했다. 베오울프, 햄릿, 「캘레바레스 군의 명물, 뜀뛰는 개구리」 등이었다. 제자들은 대체로 그 시절에 대해 작은 부분까지 기억하고 있다. 그들의 삶에서 아주 중요한 전환의 시기였기 때문이다. 이번에는 노스가 또 다른 수업 얘기를 꺼냈다.

"선생님과 애덤이 투표했던 일 기억하세요?" 그가 말했다. "투표용지를 갖고 와서 우리한테 보여줬잖아요."

"선생님은 클린턴에게 투표했어요." 에밀리가 말했다.

노스도 "맞아요. 분명히 기억납니다"라고 말했다.

그 일을 떠올리면 살짝 거북해지곤 했지만 나 역시 생생하게 기억하고 있었다. "대학 당국은 좋아하지 않았어." 내가 말했다.

"당연히 안 좋아했죠!" 노스가 웃으며 말했다. "그것도 기억해요."

푸링사범대학의 첫 미국인 교사였던 애덤과 나는 정치적으로 어긋난 행위를 피해갈 수 없었다. 우리는 아무런 맥락도 없이 거기 던져졌다. 푸링의 어느 누구도 과거 그곳에 미국인이 산 적이 있었는지 확실히 알지 못했다. 1940년대에 미국인들이 살았던 걸 기억한다는 노인 몇 분을 만나긴 했지만 구체적인 내용은 아무것도 없었다.

푸링을 떠나고 여러 해가 지나서야 나는 그들의 기억이 부분적으로 옳았음을 알게 되었다. 1940년대 푸링에는 북미에서 온 사람이 몇 명 있었다. 이들은 미국인이 아니라 캐나다인이었다. 나는 1943년 푸링에서 태어났다는 로버트 힐리어드라는 사람을 토론토에서 만났다.[8] 힐리어드의 아버지와 큰아버지는 개신교 종파인 캐나다 연합교회의 후원으로 푸링에서 의료 선교사로 일했던 내과의였다. 힐리어드의 큰아버지는 교회 사람들과 함께 푸링의 첫 현대식 병원을 세우고 직원을 고용했다. 선교사들은 병원 부지로 인적이 드물고 도시 외곽에 위치한 양쯔강의 가파른 남쪽 기슭 중간을 택했다. 계곡으로부터 불어오는 바람이 여름의 지독한 열기를 식혀줄 수 있는 높은 곳을 원했기 때문이다.

푸링의 중심병원은 지금도 여전히 같은 부지에 있다. 하지만 한때 도시의 외곽이던 이곳은 지금은 시 중심부에서도 한가운데가 되었다. 양쯔강으로부터 불어오는 바람도 지난 20년간 지어진 고층 건물의 숲에 막혀 사실상 사라졌다. 푸링 병원에는 설립자들을 기념하는 명판이나 기념비도 찾아볼 수 없다. 제2차 세계대전 동안 푸링은 일본의 잦은 공습으로 피해를 입었고 로버트 힐리어드의 가족은 1944년에 도시를 탈출했다. 개신교 교회는 1941년의 공습으로 인해 파괴되었고 그 뒤로 재건되지 않았다.

1949년 공산당이 집권한 후 중국에 남아 있던 거의 모든 북미인은 자신의 나라로 돌아가야 했다. 같은 해 8월 미국 국무부는 장제스의 국민당 정부를 지원했던 미국이 어떻게 마오쩌둥의 혁명군에게 중국을 "잃었는지" 설명하는 백서를 발행했다. 천 페이지가 넘는 이 괴로운 문서의 첫 부분은 이렇다. "이것은 오랫동안 미국과 가장 가까운 우호의 유대로 맺어졌던 위대한 나라의 지극히 복잡하고 가장 불행했던 시기에 대한 솔직한 기록이다."[9]

같은 달 미 국무부는 주중대사였던 레이턴 스튜어트를 소환했다. 스튜어트는 장로교 선교사의 아들로 중국에서 태어나 베이징의 옌칭대학 총장을 역임한 사람이다. 1930년대와 1940년대 중국에서 자란 이런 미국인들은 미국과의 중요한 연결 고리를 담당했다. 수많은 미국 독자에게 중국이라는 나라를 소개한 펄 벅 역시 선교사 부모 사이에서 태어났다.

마오쩌둥은 1949년, 미국인들의 철수에 대해 "잘 가시오, 레이턴 스튜어트!"라는 제목의 글로 응답했다.[10] 마오쩌둥은 미국식 민주주의를 "부르주아 독재의 또 다른 이름"이라고 조롱했고 백서의 핵심 단어 중 하나에 특히나 불쾌감을 드러냈다. 바로 우호라는 단어였다. 마오쩌둥은 이렇게 썼다. "결국 이런 것이었다. 미국의 '국제적 책임'과 '전통적인 대중국 우호 정책'이라는 것은 중국에 대한 개입에 불과하다." 그리고 다음과 같이 승리에 찬 어조로 글을 마무리한다. "레이턴 스튜어트는 떠났고 백서가 나왔다. 아주 좋다, 아주 좋아. 둘 다 축하할 만한 일이다."

1990년대에는 나뿐만 아니라 평화봉사단의 어느 누구도 레이턴 스튜어트라는 사람에 대해 들어본 적이 없었다. 하지만 수업을 듣는 학생은 모두 그 이름을 알고 있었다. 마오쩌둥의 글은 국정 교과과정의 일부였기 때문에 중국의 고교생들은 내용을 발췌해서 외우고 있었다. 푸링을 떠나고 오랜 세월이 지나 윌리는 반 친구들과 마오쩌둥의 글을 큰 소리로 읽던 경험에 대해 이야기해주었다. 그는 이메일에 "당시 우리는 정말 자랑스러웠다"고 했다. "모든 중국인이 한 목소리로 외치는 것만 같았어요. 그 글을 읽을 때는 매우 열정적이고 큰 목소리로 읽었던 것을 기억합니다."

나와 평화봉사단 동기들은 차이나 3기라고 불렸다. 평화봉사단은 봉사단원 그룹에 항상 기수를 매겨왔는데, 아마도 일종의 사명감을 불러일으키기 때문이었을 것이다. 평화봉사단은 존 F. 케네디 대통령이 1961년에 창설했다. 새턴 1호와 스푸트니크 9호가 발사되던 해였다. 우주 로켓이 순차적으로 발사되었듯 평화봉사단의 각 기수도 머나먼 곳으로 떠나 이전 기수가 해놓은 일을 이어서 하고 귀국하도록 되어 있었다. 그리고 우주 로켓과 마찬가지로 평화봉사단도 냉전의 산물이었다. 소련이 미국보다 개발도상국에서 풀뿌리 프로젝트를 잘 수행하고 있다고 미국인에게 경고했던 1958년의 소설 『추한 미국인The Ugly American』으로부터 자극받아 탄생한 프로그램이다. 중국은 마오쩌둥 시절, 평화봉사단을 타깃으로 삼아 봉사단원을 자본주의와 제국주의의 도구로 묘사하는 선동 캠페인을 벌였다.

내가 지원했을 당시에는 대부분의 봉사단원이 이런 과거에 대해 어렴풋이 알고 있을 뿐이었다. 시대가 변했고, 혹은 시간이 멈췄는지도 몰랐다. 프랜시스 후쿠야마가 1992년 서구 자유민주주의의 승리를 선언한 『역사의 종말과 마지막 인간』을 썼던 시절이었다. 기본적으로 비정치적인 세월이었다. 핵전쟁의 위협은 끝난 듯 보였고 테러리즘은 아직 국가적 의식의 일부를 차지하고 있지 않았다. 이데올로기로서의 공산주의는 죽은 것처럼 보였다. 내가 푸링으로 갔던 해에 평화봉사단은 러시아, 폴란드, 루마니아를 포함해 민주주의로 전향했다고 추정되는 구 소비에트 연방의 타국가들에도 자원봉사자들을 파견했다.

그해 평화봉사단원이 파견되었던 80곳 이상의 국가 중 중국만이 유일하게 아직도 스스로를 공산주의 국가라고 부르고 있었다. 평화 봉사단이 쓰촨성에 기반을 두고 있었던 데에는 쓰촨 출신인 덩샤오 핑의 환심을 사기 위한 목적이 있었다.[11] 덩샤오핑의 개혁개방 정책 의 일환으로 중국은 영어 교육을 확대하고 있었고 그러려면 영어교 사가 더 필요했다. 그 결과 자원봉사자의 대부분이 외딴 지역에 있 는 사범대학으로 보내졌다. 하지만 많은 당 간부가 미국의 기관인 평화봉사단을 여전히 경계했다. 중국어로 허핑두이和平隊라고 불리 던 평화봉사단이라는 이름은 지난 세월 동안 선전선동으로 평판이 너무 나빠져 있어 양국 간 협상에 큰 걸림돌이 되었다. 양국은 결국 다른 이름을 사용하는 해결책을 내놓았다. 그렇게 해서 나온 이름이 "미중 우호 지원자美中友好志願者"다.

그러나 마오쩌둥이 이전에 썼듯이 "우호"는 글자 그대로 받아들 일 단어가 아니었다. 너무 많은 우호 인력이 한꺼번에 몰려오는 것 을 중국이 원치 않았기 때문에 내가 속했던 차이나 3기는 겨우 14명 의 봉사단원으로 구성되었다. 평화봉사단에 합류하기 전 중국의 언 어나 역사나 정치나 문화에 대한 수업을 한 번이라도 받아본 적이 있는 사람은 우리 중 아무도 없었다. 개발도상국에서 일해본 경험도 전무했다. 미시시피에서 온 한 자원봉사자는 그때까지 비행기를 타 본 적도 없었다. 우리 대부분은 미국 중서부나 남부 출신으로 집안 이 가난한 편이었다. 돈이 넉넉지 않은 미국 지방 출신에게 평화봉사단은 해외로 나갈 수 있는 좋은 기회였다.

청두에 도착하자마자 우리는 두 달간 교육을 받았다. 평화봉사단은 우리가 가르칠 곳에서 마주칠 수 있는 심각한 불신에 대처하도록 우리를 준비시키려 했으나 모든 잠재적 위험을 예측하기란 불가능했다. 푸링에서의 첫 학기 동안 수업 중에 내가 경험했던 가장 강렬한 순간들은 중국의 역사나 정치에 관해 민감한 부분을 내가 간접적으로라도 건드리는 발언을 했을 때다.

그럴 때면 교실이 대번 조용해지고 학생들은 책상만 쳐다봤다. 교단에서 고개를 들었는데 머리를 숙이고 있는 학생들의 모습이 보이면 내 심장은 쿵쾅쿵쾅 뛰고 얼굴은 빨개졌다. 말을 더듬고 있음을 깨닫고 화제를 바꾸려 했지만 분위기가 원래대로 돌아오려면 몇 분이 걸렸다. 처음에는 그 끔찍한 순간들이 스스로가 가장 외국인으로 느껴지는 때라고 생각했다. 그러나 사실은 그 반대였음을 깨닫게 되었다. 내 몸은 중국의 젊은이들이 흔히 겪었을 일을 겪고 있었다. 공산당이 만들어놓은 분위기는 너무 강렬해서 정치적인 반응이 곧 신체적인 반응이 되어버린다.

중국의 다른 모든 학부생처럼 푸링의 학생들도 매 학기 필수 정치 과목들을 들었다. 이 과목 중 어떤 것은 영국과 열강들이 중국에 불공정 조약을 강요했던 아편전쟁의 치욕적인 역사를 주로 다루었다. 중국의 원조 압제국 언어였던 영어와 같은 과목은 특히나 정치색이 짙었다. 대학에서는 애덤과 내가 미국과 영국의 문화를 가르치기를 원했지만 외국 교재는 제공해주지 않았다. 대신 모든 학생에게 당에서 발간한 『영국과 아메리카 개론Survey of Britain and America』이라는 책이 주어졌다.

아메리카의 역사에 관한 장은 너무나 당연하게도 중국으로부터 시작했다. "미국에 사는 인디언들은 약 2만5000년 전 아시아에서 건너왔다."[12] 유럽의 신대륙 발견에 관한 마르크스주의적 디테일을 나열하고 나서("이는 또한 떠오르는 부르주아 계층을 위한 새로운 영토를 열어주었다")[13] 책의 내용은 미국의 건국으로 이어진다. ("1787년의 헌법은 미국 부르주아 계급의 독재를 확립했다.")[14] 현대사회에 대한 부분에서는 미심쩍은 주장을 펼친다. ("따라서 대부분의 뉴잉글랜드 사람들은 오늘날 공장에서 일한다.[15] 이들은 손목시계와 벽시계를 만드는 데 능숙하다.") 미국 속어의 이상한 사례들도 등장한다. ("예를 들어 '뽑아 든다draw one'와 '한 방 쏘다shoot one'는 '커피를 한 잔 따른다'라는 뜻이다.")[16]

이런 내용들은 수상쩍기는 해도 최소한 불쾌감을 주지는 않는다. 그러나 제4장 '사회 문제'에 가면 책의 어조가 달라진다.

동성애는 대다수의 사람이 이해할 수 없는 다소 이상한 사회적 현상이다.[17] 이 현상은 사회에 널리 퍼져 있다. 결혼생활이나 연애관계에서 느끼는 절망이 그 이유 중 하나일 수 있다. 어떤 이들은 결혼생활에 실패하고 나서 실망에 빠진다. 그래서 더 이상 이성을 사랑하지 않기로 결심하고, 그 대신 이성에게 증오를 돌려주기 위해 동성을 사랑하기 시작한다. 어떤 이들이 그냥 "새롭고" "흥미로운" 무언가를 시도해보고자 하는 것도 또 다른 이유일지 모른다. 미국인들은 모험을 좋아한다고 알려져 있기 때문이다. 이들은 그래서 일종의 새로운 흥분의 대상으로 동성애를 택한다. 이 사람들의 영적 공허함과 왜곡된 사회질서를 이를 통해 분명히 볼 수 있다.

약물 남용은 또 다른 사회 문제다…….

이 장은 왜 어떤 사람들은 동성애자가 되는지에 대한 마르크스주의적 설명으로 끝맺는다.

가장 중요한 이유는 미국의 자본주의 체제다.[18] 이런 자본주의 사회에서는 비록 과학과 기술이 고도로 발전했지만 어떤 이들은 영적 공허함으로 고통받는다. 그래서 이들은 흥미롭고 흥분되는 일을 찾기 시작한다.

처음에 애덤과 나는 이 책의 내용이 틀렸다고 학생들을 설득할 수 있으리라 믿었다. 교육받은 사람들에게 자본주의가 동성애를 초래하지 않는다고 설명하는 게 뭐가 어려운 일이겠는가? 하지만 이게 바보 같은 생각이라는 걸 금세 깨달았다. 중국의 교실에는 공식 교재에 의문을 제기하는 전통이 없고 그런 시도를 했다가는 역효과를 불러온다. 어떤 생각이 인쇄된 형태로 학생들에게 주어지면 그대로 머릿속에 남는 경향이 있었다.

해결책은 『영국과 아메리카 개론』과 같은 교재를 수업에서 최대한 멀리하는 것뿐이었다. 교육 기간 동안 평화봉사단은 우리를 이런 도전적인 상황에 대비시키려고 했으나 인터넷 접속이 없던 시절에는 엄청나게 어려운 일이었다. 우리는 수업 계획에 접목할 수 있는 일상의 사물인 "실물 교재"를 사용하라고 교육을 받았다. 애덤과 나는 외국 잡지에서 기사를 복사하고 미국 팝송이 담긴 카세트테이프를 사용했다. 두어 번은 부모님이 편지에 동봉해온 사진이나 신문 스크랩을 갖고 두 시간짜리 수업 전체를 구성하기도 했다.

1996년 가을 애덤과 나는 미국 대통령 선거의 부재자 투표용지를 받았다. 그리고 둘 다 즉시 똑같은 생각을 했다. 이건 완벽한 실물 교재야. 어느 날 우리는 졸업반 학생들 그룹을 각자 나누어 맡아 우리의 투표용지를 보여주고 미국의 정치 시스템에 관한 강의에 들어갔다. 나는 주요 정치 용어들을 칠판에 쓰고 선거 과정을 자세히 설명했다. 수업 끝에는 학생들의 질문에 대답해주고 학생들에게 내 투표용지를 살펴보도록 했다.

교실은 매우 조용해졌다. 학생들은 한 명씩 투표용지를 받아 살펴보고는 다음 학생에게 넘겨주었다. 학생의 수는 40명이 넘었는데 내가 투표용지를 회수해서 빌 클린턴에게 투표할 때쯤에는 교실이 너무 조용하고 학생들이 너무 집중해서 쳐다보는 바람에 내 귀에서 맥박이 쿵쾅거리는 걸 느낄 정도였다.

그러고 나서 나는 후폭풍을 기다렸다. 2주 후에 청두의 평화봉사단 관리자가 내게 알려주기를, 푸링의 어느 관료로부터 전화가 와서 애덤과 내가 한 일에 대해 불쾌감을 표시했다고 했다. 대학은 더 이상 일을 키우지 않았다. 아무도 우리를 불러 논의하지 않았고 우리에게 교실에서 정확히 어떤 것을 얘기해도 되고 얘기하면 안 되는지 알려주지도 않았다. 민감한 주제가 있으면 소통은 흔히 간접적으로 이루어진다. 푸링의 간부들은 평화봉사단이 우리에게 메시지를 전달할 것이며 애덤과 내가 앞으로는 더 조심하리라 추정했을 뿐이다.

에밀리는 졸업 후에 보낸 편지에서 미 대통령 선거가 있던 학기를 이렇게 회상했다.

선생님의 수업을 들은 지 얼마 되지 않아[19] 저는 클린턴이 대통령에 당선된다면 중국에 대해 강경한 정책을 펼칠 거라는 것이 [미국 사람들이 그를 뽑는] 이유 중 하나라는 기사를 읽었어요. 그때는 선생님과 미스터 마이어(애덤)가 정말 보기 싫었습니다.

에밀리는 동급생들보다 훨씬 더 직설적이었다. 수업에서 그녀의 의견은 종종 다수의 의견과 달랐다. 그리고 스스로를 애국자라고 했지만 당원이 되는 데는 전혀 관심이 없었다. 젊은 학자였던 시절 에밀리의 아버지는 중국에서 공인된 또 다른 정당에 가입했다. 이런 정당들은 체제의 일부가 되고 싶으나 공산당 자체로부터는 거리를 약간 두고 싶었던 지식인을 끌어들이곤 했다. 하지만 이런 줄타기는 예외 없이 불가능했다. 공인된 정당이라는 곳에 아무런 실질적인 독립성도 영향력도 없었기 때문이다. 에밀리는 자기 아버지가 중년이 되어서야 체제에 대해 이해한 것을 20대에 이미 이해하고 있었다. 또 다른 편지에서 에밀리는 이렇게 썼다.

나는 정치적인 위선을 싫어합니다.[20] 한때 그것을 믿었기 때문이에요. 영향력 있는 자리에 있는 너무나 많은 사람이 말과 행동이 다르다는 사실을 시간이 지나면서 알게 됐어요. 아버지는 50대에 접어들어서야 이걸 깨닫고 저보다 훨씬 더 슬펐을 거라고 생각합니다.

에밀리는 정부가 배정한 교사직을 민간 경제에서 일자리를 찾기 위해 거부한 몇 안 되는 학생 중 한 명이었다. 보통 그런 학생들은 가난한 집안 출신으로, 고작 교사 월급보다는 더 많은 돈이 필요하다고 생각한다. 하지만 사회계층의 정반대 편에서도 그런 사례들을 볼 수 있었다. 도시민이었던 에밀리는 민간 경제로 뛰어드는 데 필요한 자원과 인맥과 자신감을 갖고 있었다. 그녀는 사촌 류가 최근 자리를 잡은 윈난성의 수도 쿤밍으로 갔었다. 류는 학교 캠퍼스의 정원 일을 그만두고 좀더 나은 일을 찾기 위해 떠났지만 초반의 경험은 신통치 않았다. 처음 쿤밍에서 그는 확장 중인 도시 곳곳에 설치할 전선을 묻을 도랑 파는 일을 했다. 시간이 지나면서 민간 건설 프로젝트에서 노동자로 일할 수 있게 되었다. 그러다가 자신만의 노동인력팀을 꾸리고 관리하기 시작했다. 1997년 여름 에밀리가 쿤밍에 도착했을 때쯤에는 성공가도에 진입하고 있었다.

에밀리는 쿤밍에서 노스의 대학 룸메이트 중 한 명이었던 남자친구 앤리와 합류했다. 쓰촨성 북부의 외딴 지역 출신이었던 앤리는 학생들 중 운동을 가장 잘했고, 잘생겼고, 강인한 인상을 가진 소년이었다. 앤리의 부모님은 문맹이었으나 앤리는 어릴 때부터 시를 좋아했고 마을 최초의 대학생이 되었다. 1990년대 중국의 많은 문학청년처럼 앤리도 시인은 낭만적이면서 동시에 분노를 품고 있어야 한다고 믿었다. 영어 이름 앤리Anry는 앵그리angry에서 g를 빼서 지었으나 그는 시인 정신에 충실했다. 화를 잘 냈고 "사랑을 이야기하기"를 두려워하지 않는 몇 안 되는 학생이었다. 나중에 앤리는 내게 공산당이 연애를 금지했기 때문에 당원이 될 생각은 한 번도 해본 적이 없다고 말했다.

앤리는 네 형제 중 막내였으며 집안의 희망으로 정해진 아이였다. 푸링의 학생들 사이에서는 이런 상황이 흔했다. 다들 1980년 한 자녀 정책이 도입되기 전에 태어났고 초기에 농촌 지역에서는 이 정책이 거의 시행되지 않았다. 푸링에서의 마지막 해에 가르쳤던 신입생들은 나이로 보아 한 자녀 가구 출신이어야 했다. 그런데 학급 20명을 조사해보니 형제자매가 없는 이는 남학생 한 명뿐이었다.

두 명 이상의 형제나 자매를 둔 학생이 훨씬 흔했다. 많은 경우 집이 너무 가난해서 부모는 가장 장래가 촉망되는 자녀를 택해 교육 자원을 집중할 필요가 있다고 생각했다. 대부분의 시골 중국인은 아들 중 하나를 택했으며 세월에 따라 교육 기회가 향상되었다는 이유만으로 그 기회는 가장 어린 아들에게 돌아갔다. 이는 시기의 중요성을 보여주는 또 다른 예다. 같은 마을에 사는 같은 가족이더라도 몇 년 차이로 전혀 다른 기회가 생길 수 있다. 내 제자였던 윌리에게는 중학교만 겨우 마친 형이 둘 있었지만 모두들 막내가 대학에 진학할 수 있도록 힘을 모았다.

앤리의 집에서는 셋째 형도 좋은 교육을 받을 뻔했다. 그러나 고등학교에 입학하고 부모가 학비를 감당할 수 없다고 판단되자 소년은 중퇴하고 일자리를 찾아 떠났다. 동부 해안 지역에서 공장에 취직했고 거기서 앤리의 대학 등록금을 댈 만큼의 돈을 벌었다. 큰형 역시 마을의 도로 건설 작업에 참여해서 자기 몫을 다했다. 큰형은 그 일을 하면서 다이너마이트를 다룰 수 있게 되었고 가끔씩 다이너마이트를 가져와 호수에 터뜨려 수면에 떠오른 물고기를 잡았다. 다이너마이트 낚시는 중국에서 불법이었지만 가난한 지역에서는 드문 일이 아니었다. 그러다 간혹 도화선이 짧은 다이너마이트가 나오는 일이 있었다. 앤리의 형이 그런 경우를 만났는데 당시 그는 폭발물을 얼굴 가까이 들고 있었다. 그 자리에서 눈이 멀었고 두 팔의 손목을 절단해야 했다.

사고가 발생한 것은 앤리의 졸업이 한 달도 남지 않았던 때의 일이다. 앤리는 여전히 내 수업에 들어왔지만 그답게 한 번도 형에 대해 얘기하지 않았다. 농촌의 학생들에게 비극은 흔한 일이었고 그런 아픔을 타인과 공유하는 것은 의미가 없었다. 졸업하고 앤리는 배정받은 외딴 중학교로 출근해 교직원 기숙사에서 첫날 밤을 보냈다. 진흙 담장으로 둘러싸인 건물은 산꼭대기 높은 곳에 있었고 앤리는 누워서 잠 못 이루고 담장의 갈라진 틈으로 불어오는 바람 소리를 들었다. 사고 이후 앤리는 잠을 제대로 자지 못했다. 생각이 언제나 아내와 열네 살짜리 아들이 있는 형에게로 향했기 때문이다. 앤리는 자기가 여러 해 동안 타인의 희생으로 덕을 보았고 이제는 장애를 입은 형과 그의 가족을 자신이 부양할 차례임을 깨달았다. 진흙 담장으로 둘러싸인 학교에서 일하는 보수는 한 달에 30달러도 채 되지 않았다. 잠 못 이루던 첫날 밤을 보내고 앤리는 침대에서 일어나 짐을 챙겨 산 아래로 걸어내려가 다시는 돌아가지 않았다.

앤리는 에밀리와 만나기 위해 쿤밍으로 갔다. 그는 에밀리의 사촌 류의 건설 노동자 팀에 들어갈 수도 있었지만 대학 교육을 더 잘 활용할 수 있는 일을 원했다. 처음에는 성공보수만 받고 치과 의자를 판매하는 방문 영업 일을 구했지만 한 개의 의자도 팔지 못했다. 그다음으로 구한 엑스레이 기계의 필름을 판매하는 일도 별로 신통치 않았다. 다음에는 워터 펌프 판매를 시도했다. 이런 제품들 사이에는 아무런 논리적 연관이 없었고 앤리는 물건을 어떻게 팔아야 하는지 전혀 알 수 없었다. 앤리는 브로셔를 들고 쿤밍의 새로 건설된 구역들을 걸어다니며 사람들에게 물어봤다. 치과 의자를 필요로 하는 사람을 아시나요? 엑스레이 필름은요? 워터 펌프는요? 매일매일 하루의 끝에 지치고 풀이 죽으면 앤리는 쿤밍 기차역으로 갔다. 거기 홀로 앉아 이주민들이 오가는 것을 보고 있으면 마음이 편해졌다.

에밀리의 구직활동도 별반 나을 게 없었다. 에밀리는 런차이스창 人才市場, 즉 인재시장이라 불리는 취업 센터에 집중했다. 하지만 그 시장에서 얘기하는 인재는 지능과는 별 상관이 없었다. 여성을 채용하는 공고는 키나 용모 혹은 다른 신체적 특징을 강조하는 경우가 많았다. 회사들은 대개 160센티미터 이상을 요구했고 에밀리의 키는 그보다 작았다.

몇 주 동안 실패를 경험한 뒤 젊은 커플은 다투기 시작했다. 둘 사이에는 예전에도 늘 갈등이 있었다. 앤리는 정치에 별 관심이 없었고 개인이 체제를 바꾸려고 노력하는 것은 의미 없다고 믿었다. 또한 남자와 여자의 행동이 어때야 하는지에 대해 더 전통적인 관념을 갖고 있었다. 앤리는 에밀리가 다른 남자들과 얘기할 때 웃는 것이 신경 쓰였다. 앤리는 에밀리가 얼굴을 완전히 무표정하게 유지해야 한다고 말했다. 에밀리는 한동안 웃지 않는 방법을 거울 앞에서 연습했다. "그때는 걔가 말하는 거라면 뭐든 믿었어요." 에밀리는 나중에 이렇게 말했다.

마침내 둘은 전형적인 이주민의 이별을 하고 말았다. 인맥이 서로 다른 방향에서 이들을 끌어당겼다. 에밀리의 언니는 저 멀리 남쪽의 선전에서 일하고 있었고 앤리는 상하이의 공장에서 일하는 같은 마을 출신의 사람을 알고 있었다. 앤리는 다시 한번 쿤밍 기차역으로 갔다. 그러나 이번에는 이주민들을 지켜보는 대신 표를 사서 그 행렬에 합류했다.

상하이에 도착했을 때는 주머니 속 돈이 3달러도 되지 않았다. 그날 저녁은 상하이 훙차오 기차역 옆에 있는 광장에서 노숙을 했다. 광장에 젊은이들이 얼마나 많은지 믿을 수 없을 정도였다. 농촌의 소년 소녀들, 소도시에서 온 이주민들, 대학을 갓 졸업한 사람들. 모두가 노천에서 함께 잠을 자고 있었다. 고향을 떠나고부터 앤리는 왕궈전汪國眞의 시「생명을 사랑하라熱愛生命」를 암송하곤 했다. 수많은 젊은이가 집을 떠나 떠돌던 1990년대, 왕궈전은 이들이 가장 사랑하는 시인이었다.

성공할 수 있을까는 생각지 않아

기왕 먼 곳을 선택한 이상

그저 비바람을 헤치고 다닐 뿐[21]

我不去想

能否能夠成功

既然選擇了遠方

便只顧風雨兼程

———

푸링을 떠나고 처음 몇 해 동안 옛 제자들은 편지에서 연애와 결혼에 대해 자주 얘기했다. 윌리는 이주해간 저장성에서 이런 편지를 보내왔다.

제가 우물 안 개구리였다는 걸 이제야 알겠습니다.[22] 저장성과 쓰촨성 사이에는 어마어마한 거리가 있어요. 여기는 부자들의 샹그릴라예요. 쓰촨은 가난한 자들의 지옥일 뿐이고요…… [여자친구와] 나 사이에도 먼 거리가 있어요. 내가 평생 가난한 사람으로 남아 있는다면 우리는 절대로 함께할 수 없겠죠. 열심히, 열심히, 또 열심히 일해야 해요.

정부에서 배정한 교사직을 택한 윌리의 동급생 한 명은 이렇게 썼다.

저는 작은 마을에서 일합니다.[23] 아시다시피 중국에서 교사는 돈을 많이 못 벌어요. 하지만 아주 행복합니다. 이곳의 학생들은 나를 매우 존경하고 좋아하기 때문입니다. (…) 어쩌면 내년에는 여자친구가 생길지도 모르겠어요. 아주 예쁘거나 아름답지는 않지만 나에게 아주 친절한 사람입니다.

타지로 이주해간 사람들과 남아서 교사가 된 사람들은 마치 두 개의 다른 나라 얘기를 하고 있는 것 같았다. 하지만 이런 이질적인 경험들은 사실 큰 시스템 속에서 연결되어 있었다. 쓰촨성 외딴 시골의 교사들이 가르치던 학생들은 중학교를 졸업하고 나면 조립라인에서 근무할 수 있을 정도의 기본적인 교육 수준만 갖추고 종종 해안 도시로 떠난다. 이 모든 것은 최대의 효율성을 위해 설계되어 있었다. 평화봉사단이 파견 나갔던 대부분의 다른 사범대학들처럼 푸링사범대학 역시 3년제 학위만 수여하는 것도 그래서였다.

일부 가장 가난한 지역에서는 교사를 서둘러 확보하기 위한 노력이 중학교에까지 닿아 있었다. 나의 가장 뛰어난 제자 중 한 명이었던 린다는 중학교 시절 3학년의 마지막에 자기보다 더 높은 점수를 받은 똑똑한 남학생과 같은 책상에 앉는 짝이었다. 그 남학생은 높은 성적 때문에 빈곤 지역 초등학교 교사 양성에 특화된 3년제 학교로 즉시 보내졌다. 린다는 고등학교로 진학했고 나중에 푸링사범대학에 선발되었다. 그 시절에는 아무도 알고리즘에 대해 얘기하지 않았지만 틀림없이 어떤 대규모의 계산법이 존재했다. 정부는 시골의 똑똑한 아이들을 찾아내고 심화 속성 교육을 제공해서 열여덟 살에 초등학생을 가르칠 충분한 자격을 갖춘 교사들을 배출해냈다.

물론 이런 교사들은 본질적으로 자신들이 더 큰 시스템을 위해 희생되고 있다는 것을 알 만큼 똑똑한 사람들이었다. 린다는 자기 짝보다 성적이 낮았던 덕분에 더 많은 교육과 더 나은 직업을 갖게 되었다. 하지만 린다의 첫 편지가 베이징의 내 사무실에 도착했던 1999년 5월, 린다의 짝은 더 나은 기회를 찾아 외딴 초등학교를 탈출했다.

요즘 저를 쫓아다니는 남자애가 있어요.[24] 이름은 황둥입니다. 중
학교 때 우리 반이었던 아이예요…… 초등학교에서는 겨우 반년만
가르쳤다고 합니다. 그리고 밖으로 나와 온갖 일을 다 했어요. 가
수가 되려고 했다가 영업사원을 했다가 청두의 한 투자회사의 부
팀장이 되려고 하기도 했죠…… 친절하고 용감하고 적극적인 사람
이에요. 무엇보다 책임감이 아주 뛰어나죠. 한마디로 믿을 만한 사
람이에요. 무엇보다 그와 그의 가족은 저를 매우 사랑해줍니다. 어
쩌면 제 미래의 남편이 될지도 모르겠어요.

이주민의 중국과 고향에 남은 사람들의 중국―이 두 중국 사이에
가장 대조적인 면 중 하나는 결혼이었다. 농촌 사람들은 전통적으로
일찍 결혼했고 교사들도 보통 그 패턴을 따랐다. 교사들은 또한 농
촌 사람들처럼 좋은 소식도 애써 폄하했다. 이들의 편지를 보면 지
독한 현실주의자처럼 보인다.

지난겨울 의사와 결혼했어요.[25] 별로 잘생기지는 않지만 내게 아주
잘해줘요. 내년 여름에는 아기가 태어납니다.

푸링사범대학 수학과를 졸업한 못생긴 여자와 결혼했다는 게 행복
합니다.[26]
푸링사범대학을 졸업하고 나서 부모님과 친척들은 모두 제게 여자
친구를 소개해주고 싶어했어요……[27] 하나하나 소개받았지만 하나
하나 저를 지나쳐갔을 뿐 아내가 되지는 않았습니다. 이들의 소개

로 만난 여자만 거의 30명이나 됩니다. 어떤 여자들은 돼지처럼 아주 뚱뚱했고 어떤 여자들은 깃대나 낚싯대처럼 비쩍 말랐었죠. 어떤 여자들은 매우 아름다웠지만 저를 보자마자 가버리며 "두꺼비가 백조 고기를 먹으려고 하네"라는 말을 남겼어요. 물론 우리 가족은 제 여자친구들에게 많은 물건과 돈을 썼습니다.

이제 마침내 여자친구를 찾았어요. 2000년도 이후에 제 아내가 될 겁니다. 예쁘지는 않고 얼굴에 점이 많아요. 하지만 저보다 돈이 많기 때문에 사랑합니다. 어쩌면 그녀보다 그녀의 돈을 더 사랑하는지도 모르겠어요…… 하고 싶은 말은 많지만 다 쓸 수는 없습니다. 이 편지를 제 여자친구 컴퓨터에서 쓰고 있거든요.

———

이주민들의 결혼은 늦어지곤 했고 구애 또한 더 복잡했다. 이들은 이별을 겪을 가능성이 더 컸고 그것도 영원한 이별이 될 가능성이 커 보였다. 에밀리와 앤리는 헤어진 뒤 서로 연락을 주고받기는 했지만 끝까지 재결합하지 못했다. 선전으로 옮기고 나서 2년 뒤 에밀리는 편지에 이렇게 썼다.

며칠 전에는 앤리에게 전화했어요.[28] 잘 지내고 있는 것을 알게 되어 기뻤습니다. 앤리는 큰 공장의 플라스틱 부서에서 책임자로 일하고 있어요.

상하이에 도착해 광장에서 노숙한 뒤 앤리는 10킬로미터를 걸어 고향의 지인을 찾아갔다. 지인은 앤리에게 묵을 곳을 제공해주었고 앤리는 매일 여러 공장의 정문을 돌며 일자리가 있는지 알아보았다. 영어를 전공한 것이 그를 돋보이게 해주었고 일주일 만에 플라스틱 컴퓨터 케이스를 만드는 한 타이완계 제조업체에 고용되었다. 타이완계 공장에서 앤리는 수많은 야심찬 젊은 이주민의 일과를 따라 낮에는 일하고 밤에는 더 나은 일자리를 찾으러 다녔다. 앤리는 얼마 지나지 않아 무선 전화기를 생산하는 디비텔이라는 또 다른 타이완계 회사에서 더 많은 월급을 받는 자리로 옮겼다. 그리고 매달 월급의 10분의 1 정도를 장애인이 된 형에게 보냈다.

　앤리는 대학에서 경영에 대해 아무것도 배우지 않았으므로 야간 수업을 듣고 스스로 교재를 찾아 읽었다. 이 또한 개혁개방 세대의 특징이다. 정식 교육도 중요하고 시기도 중요했지만 재능과 동기 부여와 노력보다 중요한 것은 없었다. 때로는 거절당하고 기회를 놓친 것이 행운이 되기도 했다. 민간 기업에서 결국 성공한 린다 남편의 경우가 그랬고 학생을 때려 정직당했다가 티베트 고원에서 택시 사업으로 큰돈을 번 교사의 경우도 그랬다.

　에밀리의 사촌 류도 거절당했다가 덕을 봤다. 쿤밍에서 그는 건설비를 추산하는 일에 뛰어난 재능을 보였다. 아마도 집안에 내려오는 타고난 수학 능력이 어느 정도 나타난 결과였을 테다. 에밀리는 항상 자기는 그 수학 유전자를 물려받지 못했지만 언니는 물려받았다며 농담하곤 했다. 시간이 지나 언니는 선전에서 회계사로 자리를 잘 잡았다. 이들의 남동생이 아마도 세 남매 중 가장 똑똑했을 것이다. 남동생은 아버지의 논리적인 두뇌를 물려받았지만 사회성이 좋지 않은 탓에 출구를 찾는 데 어려움을 겪었다. 아이일 때는 동급생과 선생님들 모두로부터 괴롭힘을 당했다. 중국의 교육 시스템은 남과 다른 사람을 가혹하게 대하는 경향이 있었다. 그럼에도 에밀리의 남동생은 대학에 합격했다. 거기서 컴퓨터를 공부하려고 했지만 자퇴하고 말았다. 그 후에는 바둑 교사로 아르바이트 일을 구했고 바둑대회에서 뛰어난 성적을 냈다.

에밀리는 남동생의 정신 건강을 끊임없이 걱정했다. 나에게도 두어 번 남동생과 얘기해봐달라고 부탁했지만 너무 내향적인 젊은이라서 대화를 이어가기가 힘들었다. 지나치게 경쟁적인 학교의 일상으로 인해 트라우마를 입은 듯했고 가족들은 심리상담의 도움을 받으려고 했으나 푸링 같은 곳에는 그런 서비스가 제대로 갖춰져 있지 않았다. 남동생은 남는 시간에 공자와 맹자의 고전 철학을 읽고 또 읽었다. 지금의 현대사회를 좋아하지 않는다고 말하곤 했다. 한번은 에밀리에게 남동생 문제의 원인이 뭐라고 생각하느냐고 물었더니 "남동생은 현대화의 희생자예요"라고 대답했다

그와 대조적으로 사촌 류는 신흥 도시의 드넓은 세계에서 성공을 거듭했다. 쿤밍의 건설업자들은 류의 입찰이라면 믿을 수 있다는 걸 알고 다들 곧 그의 건설팀을 찾게 되었다. 류는 사업을 확장하고 회사를 세운 뒤 부동산 투기도 시작했다. 충칭으로 돌아와 대규모 아파트 단지 건설 사업을 벌였고 산시성에서도 프로젝트들을 가동시켰다. 2010년 그의 순자산은 수천만 달러 규모로 추정되었으며 성공한 충칭 사업가를 소개하는 기사에도 이따금 등장했다. 같은 해 류

는 거의 50만 달러에 달하는 돈을 가난한 사람들을 돕는 자선단체들에 기부하며 관영 언론에 보도되었다.

개혁개방 시대의 이야기라는 서사 장르에는 몇 가지 특정한 패턴과 주제와 분위기가 존재한다. 그 분위기 중 하나는 아이러니다. 가족의 출신 계급이 자본가로 분류되었기 때문에 류는 고등교육을 받을 기회를 잃었다. 고등교육을 받을 기회를 잃었기 때문에 충칭에서 가장 유명한 자본가가 되는 길에 어쩔 수 없이 들어섰다. 부동산 개발업자로서 류는 중국 서남부와 북부를 가로지르는 광범위한 지역에 번쩍번쩍한 신축 아파트 단지들을 지었다. 그러는 동안 류가 한때 하급 정원사로 일했던 캠퍼스에는 방치되어 썩어가는 건물 지붕에 나무들이 제멋대로 자라났다.

세월이 지나도 푸링 시절 제자들 간의 어떤 관계는 변치 않았다. 에밀리와 존스와 동기생들은 여전히 노스를 반장이라고 불렀다. 학교에서 노스의 일은 숙제를 걷고, 스터디 세션을 마련하고, 대학 당국의 메시지를 전달하는 것이었다. 그는 뭔가를 조직하고 연결하는 사람이었고 그 역할을 거의 25년간 계속해왔다. 예전 제자 누군가의 최근 소식이 알고 싶을 때 노스에게 연락하면 대개 도움을 받을 수 있었다.

노스의 정보는 주로 엘리베이터를 중심으로 이루어져 있었다. 한번은 노스에게 에밀리를 방문할 거라고 했더니 에밀리가 새 캠퍼스에 있는 건물의 6층에 살고 있으며, 최근에 자기 회사의 엘리베이터 설치에 대해 물어봤다고 얘기해주었다. 그는 캠퍼스에 "50에서 60세대가 사는데 엘리베이터가 없더라"고 했다. 또 한번은 내가 다른 학년이었던 그랜트라는 학생을 언급했다. 나는 노스가 그랜트와 아는 사이일 거라고는 생각하지 않았는데 그는 즉각 "그랜트는 건물 꼭대기 층에 삽니다"라고 말했다. "나한테 와서 좀 봐달라고 했지만 안될 거예요. 1층에 자동차 정비소가 있거든요. 거기는 엘리베이터를 설치할 수 없습니다."

2019년 가을의 어느 날 노스는 나를 푸링에 있는 프로젝트 현장에 데려갔다.[29] 그는 자신의 회사를 "외출을 쉽게 만드는 엘리베이터 회사"라는 뜻으로 "추싱이톈티공사出行易電梯公司"라고 이름 지었다. 노스가 잘 쓰는 영업 멘트는 엘리베이터를 자동차처럼 생각해야 한다는 것이었다. 시내 한복판에 위치한 현장을 걷는 동안 노스가 이에 대해 설명해주었다. 현장에는 싼샤 지역에서 온 이주민들을 수용하기 위해 2000년대 초반에 건설된 12층짜리 건물이 있었다.

"그 시절에는 엘리베이터나 자동차나 기본적으로 차이가 없었어요." 노스가 말했다. "사람들은 둘 다 갖고 있지 않았거든요. 하지만 지금은 거의 모두가 자동차를 소유하고 있습니다. 자동차는 돌아다니기 위한 기본적인 수단이에요. 엘리베이터도 이와 다르지 않습니다. 자동차가 있다면 엘리베이터도 있어야 해요."

현장의 건물은 노후화된 콘크리트, 작은 창문, 녹슨 난간이 달린 비좁은 발코니와 같은 모습으로 밀레니엄 세대 중국 건축물의 특징을 보여주고 있었다. 하지만 건물 외벽에는 번쩍이는 새 유리와 금속으로 된 엘리베이터 통로가 마치 다친 사지에 덧댄 부목처럼 부착되어 있었다. 노스와 나는 1층의 통로로 들어갔고 노스가 엘리베이터 제어판에 열쇠를 꽂았다. 천장에 달린 두 대의 스피커에서 케니 지의 「고잉 홈」이 흘러나오기 시작했다.

「고잉 홈」은 내 푸링 시절 추억에 영원히 각인되어 있는 곡 중 하나다. 또 한 곡은 1990년대 푸링 시내를 돌아다니던 조악한 거리 청소 기계에서 흘러나오던 기계 음악 버전의 「유 아 마이 선샤인」이었다. 대형 레고 세트로 조립한 것처럼 생겼던 그 기계에는 요란한 빗자루와 물뿌리는 호스가 기괴하게 뒤섞여 사방으로 튀어나와 있었다. 「유 아 마이 선샤인」이 들리면 높은 곳을 찾아 올라가야 했다. 제멋대로 뻗은 호스들이 발목 높이에서 물을 뿌려댔기 때문이다.

중국에서는 이야기의 줄거리가 곧잘 바뀔지언정 사운드트랙은 바뀌지 않는다. 2019년 처음 푸링 시내로 돌아와 「유 아 마이 선샤인」이 귀에 들렸을 때 나는 파블로프의 개와도 같은 반응을 보였다. 맹세컨대 발목이 진짜 젖어들어왔다. 하지만 모두 내 상상일 뿐이었다. 이제 청소기는 고압 호스가 수직으로 바닥을 향하는 잘 디자인된 차량으로 바뀌어 있었다. 레고 세트 카트에서 전문적인 수준의 트럭. 이들은 20년이 넘는 세월 동안 마침내 제대로 된 물건을 만들게 되기까지 끈질기게 거리 청소를 해왔다. 그 모든 과정을 거치며 「유 아 마이 선샤인」을 멈추지 않았다는 사실이 경이로웠다.

케니 지의 색소폰도 커다란 물질적 발전을 지켜보았다.[30] 「고잉 홈」은 1990년대에 어마어마한 인기를 누렸고 세월이 흐르며 공식 행사를 마칠 때 이 곡을 트는 것이 전통으로 자리 잡았다. 이 또한 파블로프의 개를 연상케 한다. 지구상에서 가장 인구가 많은 나라가 놀랍도록 짧은 세월 안에 10억 명이 넘는 국민을 케니 지의 곡을 듣는 순간 질서 있게 퇴장하도록 훈련시킨 것이다. 노스는 엘리베이터를 설치할 때마다 항상 「고잉 홈」이 끊임없이 반복 재생되도록 했다. 이 곡을 들으면 사람들이 아파트로 돌아오는 것을 기분 좋게 느낀다며.

현장을 방문하면서 나는 노스에게 엘리베이터를 작동시키기 위해 왜 꼭 열쇠를 사용해야 하는지 물었다. 그는 "자동차를 운전하는 것과 똑같다"고 했다. 주민들마다 엘리베이터를 설치하는 데 낸 돈의 액수가 다르다고 설명했다. 층이 높아질수록 액수가 컸고 개개인의 열쇠는 자신의 층까지만 엘리베이터가 도착하도록 프로그램되어 있었다. 자동차를 소유하는 것과 다를 바 없다. 자동차가 언제나 케니지의 노래를 튼 채 언제나 같은 목적지로 향한다는 사실만 빼면.

노스는 꼭대기 층에 사는 주민 한 명이 돈 내기를 거부한다고 했다. 그것 때문에 그 주민은 아무도 「고잉 홈」을 연주하지 않는 컴컴한 계단을 12층이나 터덜터덜 걸어다녀야 했다. 나는 돈을 안 내고 이웃에게 몰래 열쇠를 얻어 사용하는 사람은 없었는지 물어봤다.

노스는 "흔치 않지만 그런 일이 있긴 했어요"라고 했다. 그가 휴대폰을 꺼내 앱을 열자 실시간 비디오 피드가 떴다. 노스와 나를 위에서 보고 있는 장면이었다. 주위를 둘러보니 감시 카메라가 보였다.

"이 앱으로 제가 설치한 모든 엘리베이터를 볼 수 있어요." 노스가 피드를 도시 건너편의 다른 엘리베이터로 바꿨다. 화면에서 엘리베이터 문이 열리더니 어떤 여자가 탔다. 아무도 보지 않는 곳에 혼자 있다고 생각한 그녀는 엘리베이터의 거울에 가까이 다가와 열심히 화장을 고치기 시작했다. 노스와 내가 그걸 보고 있는 동안에도 케니 지의 색소폰이 계속 흘러나왔다. "봤죠?" 노스는 "누구라도 엘리베이터를 불법적으로 사용하면 쉽게 체크할 수 있어요. 이 영상은 7일 동안 보관됩니다"라고 말했다.

노스에게는 회사의 모든 엔지니어링 업무를 담당하는 사업 파트너가 있었다. 노스의 역할은 사실상 반장이었다. 그는 학교의 좋은 반장처럼 소식을 주민들에게 전달하고 엘리베이터 프로젝트마다 요금 구조를 협상했다. 그는 과거와 달리 대부분의 건물이 더 이상 공산주의식 근무 단위 소유가 아니기 때문에 그 과정이 복잡하다고 했다. 모두가 가깝게 살던 시골 마을에서 온 주민들에게는 낯선 이웃과 산다는 것 자체가 도시생활로 전환하는 과정이었다. 엘리베이터는 개인들을 연결하는 중요한 부분이었다. "보통 엘리베이터 설치에 대해 이야기하기 전까지 이 사람들은 이웃을 만나본 적도 없어요." 노스의 말이다.

가을에 푸링을 방문하던 중 한번은 현직 평화봉사단원 두 명을 만나기 위해 푸링사범대학의 새 캠퍼스에 들렀다. 평화봉사단은 공식적으로 아직도 미중 우호 지원자라고 불리고 있었고 여전히 기수에 번호를 매겼다. 바네사 고메즈는 2018년에 차이나 24기의 일원으로 왔고 오스틴 프렌스는 2019년 가을 차이나 25기로 왔다.

지난 세월 동안 중국의 평화봉사단은 서서히 규모를 확장해왔다. 차이나 25기는 내 기수보다 거의 여섯 배나 많은 80명이었다. 평화봉사단은 학교에서 미국인 교사를 채용할 형편이 안 되는 저개발 지역인 간쑤성과 구이저우성으로 들어갔다. 그간 많은 번영을 이룬 푸링조차 외국인을 유치하는 데 어려움을 겪고 있었다. 평화봉사단 관리자들은 외국인들이 대체로 1급 도시를 선호하기 때문에 평화봉사단이 없다면 대학에 미국인 교사가 한 명도 없을 것이라고 했다. 자원봉사자들은 여전히 월급을 받았는데 중국에서는 드물게 크게 변하지 않은 액수였다. 고메즈와 프렌스는 매달 300달러가 조금 안 되는 월급을 받는다고 했다.

바뀌지 않은 또 한 가지는 평화봉사단에게 여전히 정적이 있다는 사실이었다. 1990년대의 평화봉사단 관리자들은 공산당의 강경파 간부들이 자신들을 추방하지 않을까 두려워했고 봉사단원들에게 개인 행동에 유의하라고 충고했다. 중국 정부는 어찌나 경계심이 강했던지 봉사단원들이 일한 지 5년이나 지난 1998년 여름이 되어서야 평화봉사단과의 공식 합의서에 서명했다.[31] 수 페이지에 달하는 합의서에는 '평화봉사단'이라는 단어가 딱 한 번 등장한다. 합의서의 제목조차 이 단어를 회피하고 있다.

중국에서의 자원봉사 프로그램에 관한
미합중국 정부와 중화인민공화국 정부 간 합의서

중국 정부는 요즘 들어서야 마침내 평화봉사단에 대해 안심한 것처럼 보였지만 이번에는 태평양 건너편에서 반대 세력이 나타났다. 중국의 빠른 성장과 함께 무역 전쟁의 갈등이 심해지면서 미국의 일부 보수 정치인이 중국에서 평화봉사단 활동을 종료시키려는 의도를 드러낸 것이다. 가장 목소리를 높였던 이는 플로리다주의 공화당 상원의원인 릭 스콧이었다. 2019년 9월 5일, 스콧은 허리케인 도리안의 피해 복구를 돕기 위해 중국에 있는 평화봉사단원 전원을 영구적으로 바하마 제도로 옮기도록 요구했다.[32] 스콧은 이전 작업을 중국의 건국 70주년 기념일이던 10월 1일까지 마무리하기를 원했다. 평화봉사단은 이런 정치적 제스처에 반응하지 않았고 스콧은 그다음 달 또 성명을 발표했다.[33] "저는 평화봉사단이 공산 국가 중국에서 철수해야 한다는 제 요구를 무시한 것에 실망했습니다. 평화봉사단은 우리의 가장 큰 적국 중 하나이자 스스로 필요한 자금을 조달할 수 있는 부유한 나라를 지원하기 위해 납세자의 돈을 써야 할 하등의 이유가 없습니다."

미국인들은 평화봉사단을 전통적인 개발 지원 조직으로 여기곤 하지만 이 단체의 목적에 빈곤 구제가 포함된 적은 한 번도 없었다.[34] 여러 면에서 평화봉사단은 교류 프로그램에 가깝다. 주목적은 미국과 다른 나라 사이의 상호 이해를 증진하기 위한 것이다. 세월이 흐르며 예전 제자들이 금전적으로 성공하면서 나는 이들의 물질적인 향상이 내 가르침과 어떤 관계가 있었던 것은 아닌가 하는 의심이 들었다. 내 수업이 앤리가 상하이에서 자리를 잡는 데 도움을 주었다거나 노스가 엘리베이터 사업을 관리하는 방법을 알려주었다고 할 수는 없다. 하지만 나는 제자들이 수업의 특정한 순간이나 무심코 했던 말과 같이 사소한 것들을 기억하고 있는 데 깜짝 놀랐다. 애덤과 내가 푸링을 떠나고 한참의 세월이 지나서 옛 제자였던 앤디라는 여성은 편지에 이렇게 썼다.

대학에 가기 전까지는 한 번도 외국인을 본 적이 없었습니다……35 아시다시피 저를 포함해 우리 대부분은 시골에서 왔으니까요. 우리는 당신들이 사용하던 물병이 궁금했고, 당신들이 보는 입체 그림책에 관심이 있었고, 애덤의 컬러 펜들을 빌리고 또 빌렸지요. 그런 걸 한 번도 본 적이 없었기 때문이에요. 그때의 우리는 모두 가난했고 배움에 굶주려 있었어요. 그때는 정말 열심히 공부했습니다.

우리가 저지른 실수에 대한 기억 또한 생생했다. 나는 정치적으로 민감한 일을 잘못 건드렸던 느낌을 잊을 수 없었고 그럴 때 교실에 내려앉던 끔찍한 침묵도 잊을 수 없었다. 부재자 투표용지를 보여주었던 강의를 생각하면 어려운 정치적 환경과 씨름하던 두 어린 교사가 마련한 서툰 수업이었던 것처럼 느껴진다. 하지만 그게 꼭 후회를 뜻하진 않는다. 제자들이 종종 같은 기억을 언급한다는 사실은 그저 그것이 우리가 공유하는 또 다른 무엇이라는 뜻이다.

한번은 푸링을 방문했을 때 길에서 리처드라는 이름의 옛 제자와 우연히 마주쳤다. 그와는 연락하지 않은 채 지낸 지 오래된 사이였다. 리처드는 지역의 고등학교에서 교사로 행복하게 일하고 있다고 했다. 이야기를 하다가 그는 부재자 투표용지를 봤던 수업을 언급했다. "그 일이 깊은 인상을 남겼어요."

노스와 마찬가지로 리처드도 그 수업을 통해 미국의 민주주의에 대해 좀더 긍정적으로 생각하게 되었는지, 아니면 마오의 말처럼 "부르주아 독재의 또 다른 이름"으로 보고 싶은 마음이 들었는지는 얘기하지 않았다. 어느 쪽이든 결론은 중요하지 않아 보였다. 핵심은 리처드가 새로운 뭔가를 접했고 20년이 지나서도 그 수업을 여전히 기억하고 있다는 사실이었다.

그렇게 우연히 만난 뒤로 리처드는 자신의 대학 시절에 대해 중국어로 쓴 여러 편의 에세이를 내게 보내왔다. 그중 한 편은 학생들이 애덤에게 미국의 발라드와 포크송에 대해 물어보던 일을 얘기하고 있다. 대학 시절 아카펠라 그룹에서 노래했던 애덤은 음악을 설명하려고 애쓰다가 결국 학생들에게 카세트테이프를 녹음해주었다.

애덤에게 이 얘기를 했더니 그 노래들이 뭐였는지는 물론이고 테이프에 녹음했던 일조차 기억하지 못했다. 그 첫해에는 강렬한 상호작용이 아주 많았기 때문에 일부 사건은 우리 기억에서 사라져버렸다. 하지만 리처드는 기억하고 있었다. 에세이에 그가 쓴 글이다.

> 1997년 봄 애덤은 어린 시절 불렀던 미국의 발라드 곡들을[36] 담은 카세트테이프를 우리에게 주었다⋯⋯ 가수도 한 명이고 음색도 한 가지다―처음부터 끝까지 애덤이 감상적으로 노래를 부르고 있다. 나는 그 카세트테이프를 아직도 갖고 있다. 그걸 들을 때마다 교사인 그를 더 존경하게 되고 내 눈에는 설명할 수 없는 눈물이 고여온다.

3장 　 새 캠퍼스

2019년 10월

쓰촨대학에서는 논픽션 수업 수강생들 말고도 두 그룹의 신입생들을 가르쳤다. 신입생들의 입학식은 재난복구 및 관리 학원에서 열렸다.[1] 재난 학원은 새로 완공된 건물이었고 마르크스주의대학과 같은 양식으로 지어져 연한 회색의 외벽에 짙은 기와지붕과 위로 솟은 처마가 있었다. 또한 마르크스주의대학처럼 건물 입구에 황금색 글씨의 간판이 걸려 있었다.

쓰촨대학-홍콩 폴리테크닉대학

재난복구 및 관리 학원

입학식 전에는 신입생을 한 명도 만나보지 못했다. 논픽션 수업을 듣던 학부생들과 달리 신입생들은 내 강의에 수강 신청을 따로 하지 않았다. 이들은 "영어 작문: 설명적, 분석적, 논증적 글쓰기"라는 제목의 필수과목을 가르치던 대여섯 명의 강사에게 무작위로 배정되었다. 입학식 당일 우리 학과는 신규 강사들을 위해 간단한 직원 회의를 열었다. 우리는 학생들에게 강의 제목에 명시되어 있는 필수적인 글쓰기 유형을 각각 충족하는 보고서를 세 편 쓰게만 한다면 강의 계획서와 교재와 과제는 자유롭게 준비해도 좋다는 얘기를 들었다.

또한 회의에서는 신입생 모두에게 배부된 두 가지 교재를 활용하라고 권장했다. 하나는 미국에서 출판된 문체 가이드인 『작가의 참고서A Writer's Reference』였고 다른 하나는 조지 오웰의 『동물농장』이었다. 『동물농장』은 인도에서 출판되었던 버전으로[2] 앞표지에 붉은 얼굴의 돼지가 양복에 넥타이 차림으로 담배 피우는 그림이 그려져 있었다. 뒤표지에는 이렇게 쓰여 있다.

얼핏 보면 『동물농장』은 축사의 동물들에 관한 단순한 이야기다. 그러나 깊이 들여다보면 타락한 이상과 잘못된 혁명과 계급투쟁에 대한 무자비한 정치 풍자임을 알 수 있다. 60년 전만큼이나 지금도 유효한 주제다.

입학식은 오후 2시로 예정되어 있었다. 학과 회의가 일찍 끝났기 때문에 재난복구 및 관리 학원을 둘러볼 시간이 있었다. 정문을 들어서면 중국 각지에서 발생한 재난을 만화풍 아이콘으로 표시한 '중국의 자연재해 지도'가 있었다. 티베트 서부에는 천둥 번개가, 내몽골에는 불타는 사막이 그려져 있다. 쓰촨에는 판다와 함께 2008년 5월 12일이라는 날짜가 새겨져 있었다. 바로 쓰촨 대지진의 날짜였다. 진앙지가 청두 북쪽으로 160킬로미터도 채 되지 않았던 지진. 진도는 8.0이었고 7만 명에 가까운 사람이 죽었다.

희생자의 상당수는 학교 건물이 무너져 죽은 아이들이었다. 지도 근처의 또 다른 대형 전시물은 학교의 잔해 속에서 죽은 채로 발견된 아이의 충격적인 사진을 보여주고 있었다. 사진 속 소년은 유치원생쯤 돼 보였고 귀신처럼 창백한 얼굴과 크게 뜬 눈이 먼지와 돌멩이로 완전히 덮여 있었다. 몸뚱이는 하나도 보이지 않았다. 마치 누군가가 인형의 머리를 떼어 잔해더미에 떨어트려놓은 것만 같았다. 사진 위에는 중국 국기와 함께 이런 글이 적혀 있다.

리스크를 예방하고, 숨은 위험을 제거하고, 사고를 억제하자.

입학식은 예정된 시간에 정확히 시작했다. 재난 전시물이 있는 곳 한 층 위 강당에서 거행된 행사에는 "SCUPI 2019에 온 것을 환영합니다"라고 쓰인 커다란 파란색 배경이 걸려 있었다. SCUPI(사람들은 '스쿠피'라고 불렀다)는 '쓰촨대학-피츠버그 학원Sichuan University-Pittsburgh Institute'의 약자였다. 학원의 학장인 민킹 추는 다양성을 강조하는 짧은 연설로 행사를 시작하고는 학생들이 강의실에서 영어로만 말해야 하는 필요성에 대해 얘기했다.

학장의 연설이 끝나자 여섯 명의 학생이 무대에 올라 학원의 윤리 강령을 암송했다. 남학생 한 명이 인쇄된 종이의 내용을 읽었다. "나는 예술가에 대한 연민과 사상과 표현의 자유를 중시하는 배려심 있는 커뮤니티의 발전에 기여하겠습니다. 나는 나와 다른 사람의 권리를 존중함으로써 다양성의 문화를 지지할 것입니다." 다음에는 여학생이 학문적 유산에 기여하는 것, 또 다른 남학생이 "예의 바른 캠퍼스 환경"에 기여하는 것에 대한 중요성을 언급했다. 마지막에는 여섯 명의 학생이 한목소리로 말했다. "이러한 예의에 대한 헌신은 쓰촨대학-피츠버그 학원과 학자 커뮤니티에 대한 나의 약속입니다."

연설은 모두 영어로 이루어졌다. 학원은 동부 도시 닝보에서 온 키 크고 잘생긴 1학년 남학생에게 동급생들에 대한 연설을 맡겼다. 학생은 "저는 졸업하고 해외로 유학 갈 생각을 했습니다"라고 말했다. "하지만 제게 그건 너무 어려운 일이었을 겁니다. 그리고 중국에 남아 있기에는 너무 안락하게 느껴졌고요. 저는 스쿠피가 도전과 안락함 사이의 균형점이 되어줄 것이라고 생각했습니다." 연설은 이렇게 이어졌다. "대학생활이 기억에 남는 이유는 무엇일까요? 그 이유의 하나는 자유입니다. 자유에는 커다란 책임이 따릅니다."

이 남학생은 연설 중에 '자유'라는 단어를 계속해서 사용했다. 마지막에는 본인이 가장 좋아하는 시인은 로버트 프로스트라고 밝히고 「가지 않은 길」의 몇 구절을 낭송했다.

"자, 학우 여러분, 우리는 사람이 적게 간 길을 택했습니다." 그러고는 이렇게 덧붙였다. "하지만 우리는 최선을 다해 우리가 옳은 선택을 했음을 증명할 수 있습니다."

중국의 수많은 행사와 마찬가지로 입학식도 굉장히 효율적으로 진행되었다. 200명의 학생 모두가 스쿠피 로고가 새겨진 똑같은 검정 티셔츠를 입었고 50명 정도의 교사와 직원이 참석했다. 행사는 총 45분이 조금 넘게 걸렸고 끝나자마자 케니 지 음악의 힘도 빌리지 않고 모두 신속하게 자리를 떴다. 다들 무리 지어 중국의 자연재해 지도와 죽은 아이의 얼굴 사진을 지나쳐갔다. 연사 중 누구도 행사가 진행되는 내내 그곳의 전시물이나, 쓰촨 대지진이나, 심지어는 학원의 핵심 개념으로 '재난'이라는 단어가 이름에 들어가 있는 곳에 신입생들이 모여 대학생활의 시작을 축하하고 있다는 사실에 대해 언급하지 않았다.

행정 부서의 사람에게 왜 그런 장소를 택했는지 물었더니 우리 프로그램과 재난복구 및 관리 학원과는 아무런 관련도 없다고 설명했다. 단지 편의의 문제였을 뿐이다. 스쿠피의 캠퍼스 건물은 아직 완공되지 않았던 반면 재난 학원은 행사를 개최할 준비가 되어 있었다. 그리고 쓰촨 대지진 이후 주로 홍콩에서 오는 기부금으로 자금조달을 하고 있던 재난 학원이 우연히 스쿠피의 임시 본부 가까이에 위치하고 있었을 뿐이었다. 중국식으로 보자면 장소 선택은 순전히 실용적인 이유에서였다. 행사가 진행되는 동안 연사들이 끔찍한 재난의 사진과 지도에 둘러싸여 있다는 사실을 깨달았다고 해도 그에 대해 언급할 이유가 전혀 없다는 뜻이기도 하다.

학생 중 많은 수가 지진 피해의 영향을 받은 지역에서 자랐다. 지진이 있고 나서 사람들은 학교 건축에 연루된 부패가 얼마나 심각했는지 깨달았다. 이들은 무너져버린 조악한 건물들을 '두부 찌꺼기 학교豆腐渣校舍'라고 불렀다. 지진이 있던 때 학생들은 초등학교에 다니고 있었고 이들 중 일부는 당시의 경험을 에세이에 썼다. 한 여학생은 책상에서 고개를 들었더니 형광등 여섯 개가 천장에서 미친 듯이 흔들리고 있던 모습을 기억하고 있었다. 그리고 모든 어린이가 운동장으로 대피하고 난 뒤의 광경을 이렇게 묘사했다.

곧 많은 학생이 울기 시작했지만[3] 아무도 달래려고 하지 않는 것 같았다. 어쩌면 친구들도 모두 울고 있었나보다. "왜 우니? 무슨 일이야?" 내가 한 여자아이에게 물었다. 아이는 내 말을 무시했다. 이 순간은 내게 깊은 인상을 남겼다. 엄마한테 설탕 달라고 떼를 쓰고, 교실에서 쉴 새 없이 떠들고, 다른 애들한테 장난치는 걸 좋아하고, 수업 시간에 늘 모든 질문에 대답할 준비가 되어 있던 그 모든 학생이 그때는 단 한마디 말도 할 수 없었다. 바로 그 순간, 운동장 반대편에 있는 학교 건물 꼭대기 두 층이 무너지는 게 보였다. 마치 장난감 같았다.

어떤 학생들은 고등학생이 되고 나서 지진이 사람들에게 어떻게 기억되고 있었는지에 대해 썼다. 10년이 지나 일부 교사는 이 재난을 중국 아이들을 위한 가장 뻔한 교훈으로 단순 둔갑시켰다. "더 열심히 공부해라"라는 교훈이다.

영어 선생님은 심지어 학교 건물이 심하게 흔들리고 있을 때[4] 교실로 뛰어들어가 영어 단어장을 가져와서 단어를 암기하던 학생의 이야기를 들려주기도 했다.
선생님은 "그런 학업 태도라면 2년 뒤에 칭화대학과 베이징대학에 입학할 기회가 있을 것"이라고 했다.

입학식 사흘 뒤 신입생들과 첫 수업을 했다. 열네 명 다 공학 전공이었고 재난 입학식이 그랬던 것처럼 다들 신속했다. 몇 분 일찍 강의실에 도착했는데 이미 모두 참을성 있게 기다리고 있었다. 그리고 다들 『동물농장』 신간을 가져왔다.

이 학생들은 스쿠피의 제5회 입학생이었다. 2015년에 설립된 스쿠피 학원은 중국식 교육과 외국식 교육을 결합한 일종의 하이브리드라 불리는 프로그램이었다. 스쿠피의 학생들은 쓰촨대학에서 모든 강의를 영어로 들으며 2~3년을 보내고 그 뒤 피츠버그대학이나 미국 또는 해외의 다른 대학에 지원해 학위를 마칠 수 있었다. 졸업하면 이들은 쓰촨대학과 해외 학교 양쪽 모두에서 졸업장을 받는다.

중국에는 40개가 넘는 하이브리드 프로그램이 있고[5] 이는 교육의 큰 변화를 반영한다. 내가 평화봉사단에서 근무하던 시절에는 중국 학생이 해외로 유학 가는 일이 드물었다. 내가 가르쳤던 200명이 넘는 학생 가운데 외국으로 나가 공부한 사람은 아무도 없었다. 그 당시 미국으로 유학 간 중국 학생들은 명문대 출신이 많았고 숫자도 비교적 적었다. 1996년 미국 대학에 재학 중인 중국인의 수는 4만 2503명이었다.[6] 이 중 다수가 장학금 제안을 받고 온 우수한 대학원생들이었고 상당수가 미국에 정착했다.

그로부터 20년 후 상황은 극적으로 변했다. 밀레니얼들이 중국 여권 소지자의 3분의 2를 차지할 정도로[7] 젊은이들은 훨씬 더 국제적이 되었다. 학생들이 가장 선호하는 나라는 미국이고 2019년에 미국 대학에 재학 중인 중국인은 37만2000명이 넘었다.[8] 이 학생들의 대다수는 등록금을 전액 납부했는데 그것이 이런 하이브리드 프로그램이 생겨난 주된 이유였다. 피츠버그대학을 비롯한 대학들은 등록금을 더 많이 내는 중국 학생들을 미국 캠퍼스로 데려올 수 있는 공급 경로를 만들고 싶어했다.

또 다른 변화는 이런 학생들이 보통 중국으로 되돌아온다는 사실이었다. 중국 교육부에 따르면 해외에서 학위를 마친 중국 학생의 80퍼센트 이상이 중국으로 돌아왔고[9] 이는 역사적으로 볼 때 전례 없는 일이다. 어떤 권위주의 국가에서도 이토록 많은 수의 부유하고 교육 수준이 높은 젊은이들이 민주 사회로 유학을 떠났다가 기꺼이 되돌아오는 사례는 없었다.

그렇게 많은 미국 대학이 지적 자유에 대한 견해가 그토록 다른 나라에 교육 프로그램을 개설하는 것도 유례가 없던 일이다. 스쿠피와 같은 프로그램은 비록 하이브리드라고 알려져 있지만 정치적으로는 아무것도 섞여 있지 않았다. "사상과 표현의 자유를 중시한다"는 윤리 강령에도 불구하고 피츠버그대학은 청두의 프로그램에 대해 자체적인 정치적 가이드라인을 만들지 못했다. 법적 지위로 볼 때 스쿠피는 온전히 쓰촨대학 산하에 있었다. 학생들은 다른 학부생과 마찬가지로 똑같은 필수 정치 과목을 들어야 했고 나와 같은 강사는 공산당의 감독을 받아야 했다. 우리의 온라인 활동은 중국 정부가 인터넷 검열과 사이트 차단에 사용하는 시스템인 만리방화벽Great Firewall에 의해 제한되어 있었다. 구글, 유튜브, 페이스북을 포함해 일반적으로 많이 사용되는 해외 사이트가 중국에서는 막혀 있었다.

중국 정부는 장쩌민이 985 프로젝트를 출범시킨 해인 1998년에 만리방화벽을 개발하기 시작했다.[10] 이 두 가지를 동시에 추진했다는 사실은 정신분열적으로 느껴진다. 세계적 수준의 대학을 만들려

한다면서 인터넷을 제한하다니. 하지만 중국공산당은 만리방화벽이 학계의 제도적인 기본 환경이 될 때까지 두 길을 동시에 걸어왔다. 신입생들은 영어로 리서치를 해야 하기 때문에 스쿠피에서는 내게 차단되지 않은 외국 검색 엔진의 목록을 알려주었다. 마이크로소프트의 빙처럼 중국 당국의 검열을 허용하든지 아니면 검색 트래픽이 너무 적어서 주의를 끌지 않는 경우에만 해당 엔진에 접속이 허용되었다.

빙을 제외한 검색 엔진들은 이름도 들어본 적이 없었지만 나는 학생들에게 목록을 충실하게 전달했다. 마치 수상쩍은 록밴드의 이름들 같았다. 도그파일, 옌덱스, 울프람-알파, 스위스카우스, 덕덕고. 이런 3진 밴드 라인업조차 페스티벌에서 언제든 취소될 수 있다. 학기의 첫 주에는 덕덕고 검색이 가능했는데, 4주 차가 되니 이미 가버린 옛덕고였다. 잘 알려지지 않은 검색 엔진이었음에도 중화인민공화국 건국 70주년 준비 과정에서는 차단해야 할 만큼 중대한 취급을 받았다.

70주년 몇 주 전부터는 학교 당국이 교직원들에게 안절부절 못하며 메시지들을 보냈다. 또 다른 종류의 정신분열이었다. 학교는 학생들을 위해 차단되지 않은 검색 엔진 목록을 나눠주었음에도 강사 모두에게 아스트릴이라는 VPNVirtual Private Network 서비스를 구독해주었다. 만리방화벽을 우회하도록 해주는 VPN은 불법이었고 이는 민감한 날짜가 다가오면 서비스가 대체로 불안정해짐을 뜻한다. 9월 16일에 스쿠피의 IT 관리자가 교직원 온라인 게시판에 VPN에 관한 업데이트 글을 올렸다. 그는 70주년에 대한 직접적인 언급을 피했다.

친애하는 여러분, 최근의 네트워크 상황과 일부 활동으로 인해 아스트릴 클라이언트에 각종 문제가 생길 수 있습니다. (⋯) 여기 [아마도] 문제없을 서버의 간략한 목록을 보냅니다. 문제는 거시적인 상황에 따라 1~2주면 해결될 것입니다.

이 IT 관리자는 70주년 기념 기간에는 로스앤젤레스, 덴버, 캘리포니아의 프레몬트와 같은 미국 도시를 경유하는 VPN 서버에 연결해보라고 했다. 이메일은 이렇게 끝난다.

그리고 위챗, 라인, QQ 또는 어떤 메신저 앱에서도 민감한 단어를 얘기하지 않도록 신경 써주십시오. 이메일에서는 절.대.로안.됩.니.다. 감사합니다.

———

스쿠피에는 오로지 '기계공학' '산업공학' '재료과학 및 공학', 이 세 가지 전공만 있었다. 표면적으로 피츠버그의 이 하이브리드 프로그램은 공학에 중점을 두고 있었는데, 해외 유학을 원하는 중국 학생의 다수가 이 분야에 관심이 있기 때문이다. 하지만 여기에는 정치적인 측면도 있었다. 장쩌민은 985 연설에서 "과학과 기술이 주요 생산력"이라고 강조했다. 공산당은 이런 과목들을 대체로 우호적으로 보았다. 경제 발전에 도움이 되고 정치적인 반대 목소리가 나올 가능성도 적었기 때문이다. 피츠버그대학과의 협업을 적극적으로 원했던 쓰촨대학은 3만6400제곱미터에 달하는 학원 건물을 짓는 데 6000만 달러를 투자하기로 합의했고[11] 이 건물은 아직 건설 중이었다.

그때까지 공학도들을 가르쳐본 적이 없어서 나는 이 학생들이 글쓰기나 문학에 관심이 있을지 확신이 없었다. 수업 첫날 학생들에게 가장 좋아하는 책이나 작가, 그리고 장래 희망을 적어오라고 했다.

『오만과 편견』, 제인 오스틴.[12] 엔지니어로서 조국의 건설을 위해 최선을 다하고 싶습니다.

가장 좋아하는 중국 작가는 루쉰이고 가장 좋아하는 해외 작가는 조지 오웰입니다. 과학 연구를 하거나 중국의 테크 회사에서 일하며 새로운 기술을 개발하는 데 헌신하고 싶습니다.

찰스 디킨스와 위화 아닐까요. 제어 가능한 핵융합을 위한 엔지니어가 되고 싶어요.

『백년 동안의 고독』. 유명한 자동차 엔지니어가 되는 것. 페라리 같은 자동차 회사를 세우고 싶습니다.

가장 좋아하는 책은 『베니스의 상인』이고 가장 좋아하는 작가는 셰익스피어인데 언어가 아주 유려하기 때문입니다. 미래에는 엔지니어가 되어 제 지식을 이용해 더 나은 세상을 만들고 싶어요.

나는 그때까지 갖고 있던 여러 선입견을 즉시 버렸다. 이 공학도들은 문학적 소양이 상당히 높았다. 한 남학생은 심지어 중국 동부의 상업지에 공상과학 소설을 발표한 적도 있었다. 어떤 면에서 이들의 문학적 능력은 줄곧 문자를 매우 중시해온 문화를 반영하고 있었다. 그러나 이 중 상당수는 원래부터 공학도가 되려 했던 것이 아닌 게 분명해 보였다. 강의실 밖에서 만나면 이들은 간혹 자기 전공에 관심이 없다는 것을 내게 에두르지 않고 말했다.

무엇을 공부할지 부모가 정해주는 경우가 많았다. 엔지니어 일은 보수가 좋았고 부모들은 당의 방향이 어느 쪽으로 향하더라도 엔지니어와 기술 전문가에 대한 수요는 항상 있을 것이라고 설명하곤 했다. 한편으로는 교육 및 경제적 기회가 늘어나는데 다른 한편으로는 정치적 공간이 줄어드는 이 체제의 정신분열적 특징은 본인들 스스로가 모순의 본보기인 젊은이들을 만들어냈다. 중국의 테크놀로지를 꿈꾸는 조지 오웰 팬이라든지, 자동차 엔지니어링에서 일하고 싶어하는 가브리엘 가르시아 마르케스식 마술적 사실주의자처럼.

부모의 역할은 내가 기억하는 1990년대와 판이했다. 가족의 비극이 불러온 엄청난 책임감 때문에 타지로 이주했던 앤리와 같은 소년조차 한 번도 부모의 지원이나 조언을 언급한 적은 없었다. 그때는 윗세대가 해줄 수 있는 것이 별로 없었다. 왜냐하면 농민인 부모가 자식들이 살아가게 될 도시라는 세상에 대해 아무것도 몰랐기 때문이다. 2014년의 설문 조사에서 나는 푸링의 옛 제자들에게 본인의 양육 방식과 본인 부모 세대의 양육 방식을 비교해달라고 했다.

부모님은 우리를 돼지나 닭 키우듯 키웠어요.[13] 별로 사랑을 받지 못했습니다. 하지만 우리 아이는 우리의 유일한 희망이에요.

저는 [아들에게] 모든 사랑과 보살핌을 줍니다. 제가 학생이던 시절을 떠올리면 부모님에게 받은 게 아무것도 없었기 때문에 기분이 좋지 않아요. 중국의 농민들은 자식들을 어떻게 보살펴야 하는지 전혀 알지 못했죠. 어렸을 때 걸핏하면 아프고 추웠는데 우리 부모님은 전혀 신경 쓰지 않았어요.

우리 아이는 훨씬 더 나은 삶을 살고 있어요. 원하는 걸 다 가졌죠. (…) 우리는 아이의 공부를 어떻게 도와야 하는지 압니다. 하지만 우리 부모님은 아무것도 모르는 문맹이었고 전혀 도움을 줄 수 없었어요.

부모의 이런 배려 넘치는 양육은 쓰촨대학에서 내 수업을 듣는 학생들에게도 영향을 미쳤다. 이들의 부모는 원래 시골에서 이주해왔다고 해도 이미 도시생활에 안착한 지 오래였고 다수는 정치에 대해서도 밝았다. 이것 역시 새로운 역학관계였다. 과거에는 중국이 너무나 많은 불안정을 겪었기 때문에 특정 시대의 정치적 교훈은 금세 쓸모없는 것이 되어버렸다. 하지만 현 부모 세대는 여전히 유효한 지식을 갖고 있고 공안국가를 상대하는 법을 안다.

학기 초 신입생들에게 살아오면서 있었던 중요한 사건에 대해 써보라고 했더니 한 남학생이 "경찰서에 다녀온 날"이라는 제목의 에세이를 제출했다. 이 남학생(이름은 빈센트라고 하자)[14]의 이야기는 이른 아침 경찰에게 걸려온 한 통의 전화로 시작된다. 경찰은 빈센트의 어머니에게 전화를 걸어 고등학생인 아들을 취조해야겠다고 통보한다. 소년이 무슨 잘못을 했는지는 알려주지 않았다. 빈센트는 자기가 무슨 범죄를 저질렀을지 머리를 싸매고 고민한다. 거리를 두면 당시 자기 마음을 더 쉽게 얘기할 수 있기 때문인지 에세이는 삼인칭으로 쓰여 있다.

소년은 생각에 잠겼다. 태어나서 지금까지의 기억을 전부 더듬어 나갔다. 유치원 때 다른 아이의 머리를 깨뜨렸던 일, VPN을 이용해 유튜브에서 동영상을 본 일, 외국에 있는 친구와 페이스북으로 얘기한 일. 그러다 문득 2년 전에 있었던 가장 가능성 있는 일이 떠올랐다.
2017년 여름방학 때 소년은 인터넷에서 서바이벌 게임용 총을 구매했다. 대부분의 나라에서는 합법이었지만 중국에서는 불법이었다. 2년이나 지난 일이지만 주소와 전화번호 같은 개인 정보를 남겼다. 현대사회에서는 인터넷의 모든 정보를 추적할 수 있고 [특히] 경찰에게는 손쉬운 일이다.

빈센트의 부모는 둘 다 정부에서 일하는 당원이었다. 빈센트는 부모님께 조언을 구했다.

집에 도착해서 소년은 총을 감추고 아버지와 대책을 논의했다.

"이 문제에 대해 묻거든", 아버지가 말했다. "판매자가 장난감 총을 우편으로 보냈고 너는 속은 것이라고 말해라. 그리고 기분이 나빠서 총은 버렸다고 해."

이튿날 두 명의 경찰관이 어김없이 집으로 찾아왔다.

하지만 취조는 생각했던 것과 달랐다. 두 경찰관 중 아무도 금지된 총 얘기를 꺼내지 않았다. 대신 빈센트가 아마도 VPN을 사용해 인터넷에서 금지된 이미지를 다운로드받았다는 증거를 언급했다. 빈센트가 그런 이미지와 더불어 테러 메시지가 포함된 다른 민감한 정보를 중국 최대 테크 회사 중 하나인 바이두가 운영하는 웹사이트에 올렸다고 추궁했다. 빈센트는 취조 과정을 이렇게 묘사했다.

"7월 22일 바이두 넷디스크에 테러 동영상을 올렸더군." 경찰 중 한 명이 소환장을 보여주며 말했다. "경찰서로 같이 가서 조사 좀 해야겠다. 신분증을 챙기도록 해."

"말도 안 돼요." 빈센트가 말했다. "그런 동영상은 찾아본 적도 없는데 인터넷에 올리다니요. 농담하시는 거죠."

경찰은 "네가 직접 올린 게 아닐지도 모르지"라며, "앱이 동영상을 자동으로 백업했는지도 몰라"라고 했다.

"잠깐만요……." 빈센트가 답했다. "그럴지도 모르겠네요. 어떤 위챗 그룹에 들어가 있는데 [언젠가] 테러 동영상을 본 적이 있어요. 하지만 제가 올리지는 않았어요."

"앱에서 자동으로 동영상을 백업했을지도 모르겠네."

"오, 안 돼! 망할 놈의 바이두 넷디스크!!" 빈센트가 말했다.

경찰관은 빈센트를 집에서 데리고 나갔다. 도시를 가로질러 경찰서에 도착해 '사이버 보안 경찰'이라고 쓰여 있는 부서로 들어갔다. 취조실에 앉은 빈센트는 경찰관들의 정중함에 감탄했다. ("전혀 무섭지 않았어요. 수갑도 유치장도 없었어요.") 경찰관들은 위챗 그룹에 초점을 맞췄다.

"뭘 하는 그룹이지?" 경찰관이 물었다.
"실시간 카운터 스트라이크 게임을 하려고 모인 팀원들이에요." 빈센트가 대답했다.
"그런데 흥미롭기도 하지!" 경찰관이 말했다. "거기서 포르노며 교통사고 영상, [속보] 동영상, 웃긴 동영상들도 서로 보내는구나."
"네." 빈센트가 힘없이 답했다. "그래도 저는 결백해요."
"그래 네 말을 믿는다." 경찰이 말했다. "하지만 불법으로 인터넷에 테러 동영상을 올린 것은 사실이기 때문에 여기 기록에 [서명]해야 돼."

에세이의 주제는 무시무시했지만 여기에는 또한 묘한 평범함이 깃들어 있었다. 기본적인 내러티브는 아주 보편적이다. 십대 소년이 실수를 저지르고, 부드럽게 교화되고, 이 경험을 통해 좀더 성숙해진다. 그 과정에서 자신을 사랑하는 부모와 유대관계를 맺는다. 유대의 일부는 이들이 서로 공유하는 것으로부터 온다. 그것은 바로 부모가 권위를 대변하는 게 아니라 더 큰 시스템 앞에서 마찬가지로 힘없는 존재에 불과하다는 사실이다. 이 서사는 부모가 냉소적이거나, 따뜻하거나, 현명하거나, 패배주의적이거나, 혹은 이 모든 게 동시에 다 들어 있는 조언을 해주는 장면으로 끝난다.

"내가 그래서 인터넷에서 뉴스를 찾아봐도 절대 댓글은 남기지 않는 거야." 아버지가 말했다. "사이버 경찰은 진짜 존재하거든. 우리한테는 개인 정보라는 게 없어. 어떻게든 위장하려고 해도 쉽게 조사당할 수 있단다. 그러니 아들, 인터넷에서 뭔가를 보낼 때는 조심해야 해!"
이 사건을 통해 빈센트는 정말 많은 경험을 했다. 우선, 인터넷 계정을 잘 관리하고 자동 백업 같은 기본적인 설정에 신경 쓸 것. 그리고 텍스트나 동영상, 사진을 함부로 보내지 말 것. 중국에는 위챗, QQ, 웨이보며 기타 서비스를 집중적으로 들여다보는 사이버 경찰이 있다. 『1984』에서 이야기하듯 "빅브라더가 당신을 지켜보고 있다".

———

꽤 많은 수의 신입생이 빈센트처럼 조지 오웰을 이미 번역본으로 읽었다. 빈센트는 가장 좋아하는 작가로 왕샤오보王小波를 꼽았다. 베이징 출신의 왕샤오보는 불경스럽고 외설적인 작품을 써서 국가로부터 금지당했던 뛰어나지만 단명한 작가였다. 안경을 쓰고 짧은 머리에 키가 183센티미터가 넘었던 빈센트는 잘생긴 청년이었다. 수업 시간에는 흔치 않게 직설적으로 의견을 드러냈다. 논증적 에세이에 관한 단원에서 학생들에게 스스로 글의 주제를 고르도록 했는데 빈센트는 모든 학생에게 군사 훈련을 받도록 하는 당의 정책에 반대하는 글을 썼다. 당에서는 1989년 톈안먼 광장 시위 이후 젊은 이들에게 애국심이 부족하다는 당 지도부의 판단에 따라 군사 훈련을 도입했다. 1990년대의 군사 훈련은 대학생을 대상으로 했으나 그 후 중학생과 고등학생도 포함하도록 확대되어왔다.

학생들이 군사 훈련에 대해 투덜거리긴 했어도 공개적으로 반대하는 것은 위험했다. 하지만 빈센트의 주장은 영리했다. 애국심의 가치나 군대의 역할에 의문을 제기하는 대신 그는 의무 군사 훈련이 제대로 규제되지 않고 있는 점을 공략했다. 고등학교 때 군사 훈련과 관련해 말도 안 되는 비용을 청구받았던 일을 언급하며 그런 식의 청구를 명시적으로 금지하고 있는 교육부 규정을 인용했다. 또한 남고생 훈련병을 강제 삭발하는 것과 같은 일부 행태가 개인의 자유를 침해하고 있다고도 했다. 에세이의 마지막에는 이렇게 썼다.

게다가 일부 교관은[15] 교육 수준이나 전문성이 떨어져 성추행 사건이 일어나기도 했다. 한 여학생은 [중학교의 마지막 해인] 3학년 때 아침에 옷을 갈아입고 있는데 어떤 교관이 방으로 들어왔던 일을 내게 얘기해주었다. 교관은 여학생들을 간지럽혔다. 그때는 별일 아니라고 여겼지만 커서 보니 성추행이었을 수도 있다고 생각한다.

그러면서도 빈센트는 반체제 인사처럼 보이지는 않았다. 사이버 경찰과의 마찰에 대해 썼을 때도 그는 검열이 금지되어야 한다고는 하지 않았다. 학기 초에 조지 오웰의 「교수형」을 읽었다. 식민지 버마에서의 처형 집행을 묘사하며 사형제도에 반대하는 강한 주장을 펼친 책이다. 나는 수업 시간에 이 주제에 관한 토론을 마련했고 빈센트는 사형제도를 지지하는 과반이 약간 넘는 학생 중 한 명이었다. 그는 사형이 인권이라고 했다. 그의 의견은 살인자가 제대로 처벌받지 않는다면 그러한 관용 때문에 다른 시민들이 안전한 사회를 누릴 권리를 침해받는다는 것이었다. 빈센트는 또한 총기 소지를 찬성하는 쪽이었는데 이는 안전 사회에 대한 그의 관심과 모순되는 듯했다. 미국으로 유학 가서 합법적으로 총을 구매하는 것이 꿈이라고 내게 여러 번 말했다.

빈센트의 정치관은 개인주의적이라는 것 빼고는 딱히 뭐라고 정의하기 어려웠다. 학생들은 부모 세대가 훨씬 더 집단 지향적이었다고 생각하며 자기 세대를 종종 그런 단어들로 설명하곤 했다. 그렇지만 이 젊은이들은 놀라울 만큼 효성이 깊어 보였다. 이들이 부모와 심각한 갈등관계라는 느낌은 받은 적이 거의 없다. 아내 레슬리가 수업에 참석해서 자신이 과거에 중국 젊은이들을 취재했던 일에 대해 이야기한 적이 있다. 그때 미국에서라면 특이하게 여겨질 정도로 중국의 젊은이들은 부모 말에 기꺼이 따르는 것 같다고 했더니 빈센트가 손을 들고 말했다.

"우리가 왜 부모님 말을 듣는지 아세요?"

"아뇨." 레슬리가 말했다. "왜죠?"

빈센트는 웃으며 대답했다. "부모님 돈이 필요하기 때문이에요."

빈센트는 같은 수업을 듣는 학생 14명 중 13명처럼 외동이었다. 그해 가을 나는 내가 가르치는 모든 수업을 조사했는데[16] 거의 90퍼센트의 학생에게 형제자매가 없었다. 이 질문을 할 때 '형제자매'라는 단어가 무엇을 뜻하는지 명확히 해야 한다는 사실도 새로 배웠다. 그렇지 않으면 학생들이 대답에 사촌을 포함할 수 있기 때문이다. 가족이 줄면서 용어의 적용 범위가 넓어졌다. 많은 젊은이에게 사촌은 일종의 대리 형제나 자매였다.

3년 전인 2016년에 한 가구가 둘째 아이를 가질 수 있도록 정책이 변경되었다. 내 수업을 듣는 학생에게 형제자매가 있다면 대부분 15년 정도 터울을 두고 태어난 훨씬 어린 동생이었다. 대가족 출신일 뿐만 아니라 종종 형제자매 중 막내였던 과거 푸링의 학생들을 거울에 뒤틀어 비춘 이미지 같았다.

펜턴에게는 열다섯 살 어린 여동생이 있었다. 사실 펜턴의 부모는 민영 기업가였기 때문에 정부에 고용된 공무원보다 받을 타격이 적었으므로 더 일찍 정책을 위반할 수도 있었다. 벌금만이 문제였지만 낼 수 있을 만큼의 여유가 있었다. 진짜 문제는 어린 펜턴이 반대했다는 것이다. 부부가 동생을 갖겠다는 말을 할 때마다 부모의 관심이 분산되는 것을 원치 않았던 아이는 떼를 쓰며 반응했다. 이런 행동은 '소황제'라는 용어를 떠올리게 한다. 1980년대부터 해외와 중국의 언론은 외동 세대가 앞으로 어떻게 버릇없게 자랄 것인가에 대해 보도해왔다.

펜턴은 이런 이야기를 후회를 담아 말했다. 여동생을 사랑했고 스스로의 행동을 부끄러워했다. 나는 펜턴에게 스스로를 비난해서는 안 된다고 말해주었다. 가족 계획에 대한 조언을 자녀에게 구하는 사람이 어디 있는가? 그러나 펜턴의 어머니와 아버지는 아들의 의견을 진지하게 받아들였다. 마침내 둘째 아이를 갖기로 결정한 다음에는 임신 5개월이 되어서야 펜턴에게 그 사실을 알렸다. 당시 그는 배신감을 느꼈다. 십대였던 펜턴은 자신에게 의견을 구하는 것이 당연하다고 믿었다. 그리고 임신을 막는 데는 실패했지만 그가 임신을 지연시켰다는 데는 의문의 여지가 없었다. "임신이 내 결정은 아니었지만 내가 영향을 미쳤어요"라고 펜턴은 말한다.

많은 학생이 이와 비슷하게 동생을 낳을지에 대해 부모와 진지하게 논의했던 일을 얘기한다. 여기에 작용하는 역학은 떼쓰며 부모를 괴롭히는 소황제라는 개념보다 훨씬 더 복잡해 보인다. 나는 부모와 자녀 사이의 관계가 유별나게 가까워 보였던 빈센트의 경찰 에세이를 떠올렸다. 이는 부분적으로 효를 강조하는 중국의 전통 때문이기도 하지만 한 자녀 체제의 역학 때문이기도 하다. 그리고 지금 세대의 어른들은 대부분 양육 방법에 관해 별로 배운 것이 없다. 본인들의 아버지 어머니가 거의 아무런 학교 교육도 받지 못한 가난한 농부였기에 도시 중산층 부모로서 현대사회에서 아이 키우는 법을 스스로 알아내야 했다.

중국에서는 민주주의 사회와는 다른 식으로 세대 간 상호작용이 이루어진다. 기본적인 개념조차 다르다. 중국에서는 10년 단위로 연령대를 구분하는 경향이 있기 때문이다. 1990년에서 1999년 사이에 태어난 사람들은 '주링허우九零後'(1990년 이후)라고 부르고, 대부

분 2000년이나 그 이후에 태어난 나의 쓰촨대학 학생들은 '링링허우
零零後'(2000년 이후)다. 이런 식의 구분은 진정한 하나의 세대를 대변
하기에는 너무 짧다. 세대 간의 차이와 갈등을 생각하는 데 익숙한
미국과는 다른데, 이는 미국의 각 세대가 참여민주주의를 통해 어느
정도 자신의 정치 권력을 획득하는 측면이 있기 때문이다. 한 세대
에서 다음 세대로 넘어가는 방식이 국가적 서사의 중요한 부분을 차
지한다. 예를 들어 조지 H. W. 부시는 '가장 위대한 세대'의 일원이
었고, 1992년 선거에서 '베이비 부머'인 빌 클린턴에게 패배했다는
식이다.

그러나 중국 사람들은 세대에 대해 이런 식으로 말하는 일이 드물
다. 국가의 방향이 신과도 같은 지도자 개인에 의해 결정될 순 있지
만 그 지도자가 특정 시대나 연령층을 대표하지 않는다. 신은 당에
소속되어 있고 당은 세월의 흐름에서 비켜서 있다. 일반 시민의 정
치 참여라는 측면에서 보면 빈센트 세대와 부모 세대 사이에, 즉 링
링허우와 치링허우七零後 사이에 실질적인 차이가 없다. 권위주의 체
제의 한 가지 특징은 모든 사람을 어린이처럼 대한다는 것이다.

학생들은 가끔 에세이에서 어머니의 낙태를 거리낌 없이 언급했
다. 가족 안에서도 터놓고 얘기하는 주제 같았다. 한 여학생은 어머
니가 어떻게 삼대를 아우르는 논의 끝에 임신을 중절했는지에 대해
썼다.

사실 어머니는 내가 고등학교에 다닐 때[17] 의도찮게 임신한 적이

있다. 어머니는 동생들이 쌍둥이라고 했지만 결국 포기했다. 할머니 할아버지는 낳기를 원하셨지만. 가족의 유일한 자녀였던 나는 어머니가 아이를 낳을지 낙태할지에 대해 딱히 뚜렷한 의견이 없었다. 어머니가 이렇게 물은 적이 있다. "내가 아이를 낳았으면 좋겠니?" 어머니가 이렇게 물은 이유는 첫째 아이가 동생이 생기는 것에 거부감을 갖는다는 안 좋은 얘기가 많아서였던 것 같다. 나는 "엄마가 원하면요"라고 대답했다. 어머니가 쌍둥이를 왜 낳지 않았는지는 모른다. 물어봤던 것도 같지만 아직까지 기억하고 있을 만큼 중요한 이유는 아니었다.

이런 대화는 특히 딸과의 사이에서 흔한 듯했다. 어머니 세대에게, 특히 도시생활로 이전했던 수백만의 사람에게 낙태는 널리 퍼져 있었다. 2014년에 있었던 중국의 한 설문 조사는[18] 가임기 이주민 여성 중 거의 4분의 1이 낙태 경험이 있음을 보여준다. 특히 한 자녀 정책 시대에 낙태는 기본적으로 피임의 한 방식으로 여겨졌고 이에 대해 종교적 접근을 하는 중국인은 매우 드물다. 한 여학생에게 에세이의 일부를 인용해도 될지 물어봤더니 기꺼이 동의했다. 그녀는 이메일 답장에서 "중국에서 낙태는 전혀 민감한 화제가 아니다"[19]라며, "솔직히 낙태에 대해 미국의 일부 주에서 취하고 있는 태도는 너무 심하게 느껴진다"고 했다. 한번은 사무실에서 또 다른 학생과 무슨 얘기를 나누고 있었는데, 자기 어머니가 여덟 번의 낙태를 했다고 무심코 언급하는 것이었다. 이 학생은 나중에 이메일을 통해 정확한 기억을 알려주었다.

어머니는 아홉 번 임신을 했던 것 같아요.[20] 마지막 임신 때(저는 이미 대학생이었습니다) 어머니는 낙태 수술 전과 후에 짧게 얘기해주었어요. 하지만 나머지 낙태에 대해서는 한참의 세월이 지나서야 말해주었죠. 함께 산책을 나가서 어머니가 아버지에 대해 불평하더니 낙태 수술에 대해 말해주었던 것이 기억납니다. 지나가던 말로 한 것이었고 거기에 대해 많은 얘기를 나누지는 않았어요.
어머니는 낙태 수술에 대해 정신적으로는 괜찮아 보이셨던 것 같아요. (…) 한 번은 낙태 수술을 받고 곧장 회사로 복귀하셨던 일도 있었어요.

이 학생의 어머니는 푸링의 많은 제자와 같은 해인 1974년에 태어났다. 2016년에 정부가 마침내 한 가구에 두 번째 자녀를 갖는 것을 허용하고 나서 나는 푸링의 제자들에게 임신 계획이 있는지 묻는 설문 조사를 했다. 거의 모두가 없다고 답했다.[21] 이제 사십대가 되었고 외동 자녀가 대학에 다닐 나이이기 때문에 너무 늦었다고 생각한 것이다. 소수의 몇몇 응답자는 더러 특유의 직설화법을 동원해가며 다른 이유를 언급했다.

아뇨. 절대 둘째를 갖지 않을 거예요. 우리 아들은 말을 안 들어요. 공부도 못하고 말썽만 피우죠. 줄곧 우리를 낙심시켜왔어요. 아들이랑 똑같은 아이가 또 생기는 게 두렵습니다.

교사로 일하는 제자들은 젊은 동료 교사들이 두 번째 임신을 준비하고 있다는 얘기를 종종 했다. 이들이 출산 휴가를 가면 수업은 나이 많은 교사들이 대신해야 했다. 이를 통해 내 옛 제자들은 중국의 사회적 역사에서 자신들이 차지하는 독특한 위치를 더 잘 깨닫게 되었다.

주변 사람 중 45명 정도가 둘째를 가질 예정이에요. 많은 교사가 그런 계획을 갖고 있죠. 그래서 휴가를 신청합니다. 그러면 내가 그 사람들 수업을 많이 맡아야 해요. 정말 안 좋죠. 여자 교사들이 둘째를 많이 가질수록 우리처럼 나이 든 교사들은 할 일이 늘어나요.

많은 젊은 교사가 둘째를 가질 거예요. 그들이 부럽습니다.

1970년대에 태어난 우리가 중국에서 고생을 제일 많이 합니다. 어릴 때는 가난하게 살았고, 젊어서는 둘째를 가질 수 없었고, 이제는 좋은 정책이 나왔지만 그 혜택을 누리기엔 너무 늦었어요. 미래에는 나이 들어 돈이 하나도 없는 네 명의 부모를 모셔야 하죠.

옛 제자 가운데 몇몇 소수는 정책을 위반하고 둘째를 낳았다. 위반한 사람 중 공립학교에서 일하고 있는 이는 거의 없었다. 그랬다가는 직장에서 처벌을 받았을 것이다. 민간 경제에 있는 사람들에게는 처벌이 보통 벌금형에 그쳤지만 관공서를 상대할 전략도 마련해야 했다. 저장성으로 이주해갔던 윌리는 결국 사립학교에서 영어교사로 성공했다. 2003년에 첫딸이 태어났고 2011년에 부부는 둘째를 갖기로 결심했다. 둘째 딸이 태어나자 윌리는 나에게 딸의 영어 이름을 지어달라고 했다. 마침 우리 가족이 이집트로 막 이사 갔던 때라 나는 아랍어로 '빛'이라는 뜻의 누르nour에서 따온 노라Nora를 제안했다.

노라는 세레나가 자랐던 도시 난충에서 태어났다. 윌리의 고향 마을이 근처에 있었고 그의 둘째 형이 병원의 당서기와 관계가 좋았다. 윌리는 이런 관시를 이용하고 적절히 뇌물을 써서 노라를 출생신고도 하지 않고 산부인과 병동에서 퇴원시켜 데리고 나왔다. 그리고 선물과 저녁 식사를 대접하며 난충 정부 안에 인맥을 쌓는 데 상당한 시간을 쏟아부었다. 노라는 태어난 지 3년 만에 마침내 중국 시민으로 등록되었다. 윌리는 이메일에 이렇게 썼다.

노라를 공안국에 정식으로 등록했습니다.[22] 벌금은 겨우 1만 위안 (1500달러 정도)으로 공식 벌금 기준에 비하면 적은 금액입니다. 고등학교 동기 하나가 난충 정부의 공무원이거든요. 그 친구에게는 쉬운 일이죠. 마무리되기 전까지는 걱정했어요. 산아제한 관리소에 갔더니 벌금이 10만 위안 정도 될 거라고 했거든요.

윌리는 또 다른 이메일에서 이런 얘기도 했다.

참, [예전 동급생의] 부인이[23] 임신 4개월이라고 해서 통화했는데 매우 기뻐하고 있어요. 저한테 배워서 아이를 더 많이 나을 거라고 하네요.

만약 톨스토이가 개혁개방 세대였다면 이렇게 썼을지도 모른다. 아이가 하나뿐인 집안은 모두 똑같다. 하지만 아이가 둘인 집은 저마다의 방법으로 둘째를 가진다. 윌리의 동급생은 정책을 피해가기 위해 자기만의 현지화된 전략을 찾아야 했다. 아이가 태어난 뒤 나는 전화를 걸어 축하 인사를 건넸다.[24] 잠시 잡담을 나누고 나는 벌금은 얼마나 냈는지 물어봤다. 그는 벌금을 한 푼도 내지 않았다고 했다.

그는 "큰딸을 정신장애인으로 등록했다"고 했다. "그런 정신적인 문제는 나중에야 나타나는 경우가 많아요. 그래서 태어난 지 몇 년 지난 아이라도 장애인 등록이 가능해요."

심각한 장애를 가진 자녀가 있으면 둘째의 출산을 신청할 수 있다. 지난해 방문했을 때 나는 그의 첫딸과 함께 시간을 보낸 적이 있다. 초등학교를 마칠 나이에 이미 영어를 꽤 잘하는 반짝이는 눈의 소녀였다. 나는 이 아이에게 정신 장애가 있다는 것을 어떤 관공서 사람이 믿을 수 있겠냐고 물었다.

"당연히 우리 애를 데려가지 않았죠!" 아이 아버지가 웃으며 말했다. "다른 아이를 데려갔어요."

그는 단순한 상업적인 거래라고 설명했다. 장애가 실제로 있는 어느 아이의 부모가 비용을 받고 아이를 관공서로 데려가도록 고객에게 빌려주고, 거기서 그 아이의 장애를 고객의 아이 이름으로 등록한다. 그러고 나서 고객은 법적으로 완전히 승인된 임신에 착수한다. 그러는 동안 장애아의 부모는 계속해서 다른 가족에게 아이를 대여한다. 때로 중국인들이 이런 합의를 '윈-윈'이라는 영어로 표현하면 가슴이 덜컹 내려앉는다.

"그런데 딸이 더 크면 어떻게 하려고?" 내가 물었다. "아이가 고등학교나 대학에 진학할 때 문제 되지 않을까?"

"문제 될 것 없어요." 그가 말했다. "그때가 되면 또 해결책을 찾으면 돼요. 정부는 어차피 산아제한 정책을 바꿀 거예요. 중국에는 아이들이 부족해요. 정책을 바꿀 때까지 기다리는 것은 우리 같은 사람들한테는 말이 안 돼요." 그는 조금도 걱정하는 것 같지 않았다. 그리고 물론 그가 옳았다. 정책은 4년이 채 지나지 않아 변경되었다.

쓰촨대학에서 스쿠피의 임시 사무실과 강의실은 여러 인문대학이 입주해 있는 커다란 건물의 동관에 위치해 있었다. 스쿠피의 시설은 내 사무실에서 논픽션 강의실까지 걸어서 1분 남짓 걸릴 정도로 한데 모여 있었다. 그 구간에서만 감시 카메라 여섯 대를 지난다. 다섯 대는 복도에 있고 나머지 한 대는 논픽션 강의실 정면 벽에 설치되어 있었다. 강단에 서면 카메라가 내 오른쪽 어깨 바로 위에서 학생들을 바라보고 있었다.

나는 하루 일과 중에 눈에 띄는 카메라를 기록해보려고 했다. 부서 미팅을 하는 방 천장에 한 대가 있었고 대형 강의에 쓰이는 강의실 안에 세 대가 설치되어 있었다. 캠퍼스 정류장에서 대학 셔틀버스를 기다릴 때면 기둥 꼭대기에 달린 흰색 감시 카메라 아래에 서게 된다. 1학년 작문 수업을 하는 강의실에 카메라가 없다는 게 놀라웠지만 아마 건물 관리실에서 아직 설치하지 못한 것일 수도 있었다.

디지털 감시 장치는 중국의 도시 전역에 걸쳐 믿기 어려울 만큼 늘어났다. 노스의 엘리베이터에서처럼 사적으로 설치된 카메라도 있었지만 정부가 관리하는 공공장소에는 특히나 촘촘하게 설치되었다. 우리 동네 둥먼다차오 지하철역의 감시 카메라 숫자는 헤아리는 데도 한참이 걸렸다. 선로에 15대, 개찰구에 47대, 에스컬레이터와 계단 곳곳에 38대, 모두 합쳐서 100대다. 거기다 하루 종일 역을 오가는 지하철 차량마다 안쪽에 두 대씩 설치되어 있는 카메라는 또 어떤가. 과연 누가 이걸 다 모니터링하고 있을까?

수업 시간에는 누군가 내가 하는 말을 기록하고 있다고 전제했다. 새롭지는 않았다. 감시 카메라는 없었지만 1990년대에도 평화봉사단은 일부 학생이 우리가 교실에서 가르치는 내용을 당국에 보고하는 것이 거의 확실하다고 경고했다. 1997년에 한 봉사단원이 택시 기사와 언쟁을 벌이다 경찰서로 끌려가는 바람에 평화봉사단 관리자도 소환되었다. 그리고 심문 과정에서 경찰 측에 그 봉사단원이 지난 1년 반 동안 교실에서 했던 민감한 정치적 발언에 대한 기록이 있음이 명확히 드러났다. 그것이 애덤과 내가 부재자 투표를 다루었던 수업에 대해 당국이 틀림없이 알아낼 것이라고 확신했던 이유다.

하지만 우리 활동이 정확히 어떤 메커니즘에 의해 추적되고 있는지는 몰랐다. 나와 푸링의 제자들 사이에 높은 수준의 신뢰가 생긴 지도 20년이 넘었건만 감시에 대한 이야기는 한마디도 들어본 적이 없다. 내 느낌에는 당이 이런 일을 하는 사람들을 선발하는 데 매우 노련했고 대부분의 학생은 그 시스템 바깥에 있었다. 쓰촨대학의 어떤 학생들은 나에게 신시위안信息源, 즉 정보원으로 활동하는 학우들이 있다는 얘기를 해주었다. 하지만 내 학생 중에는 그런 일을 하는 친구를 아는 사람이 아무도 없었고 그들도 나만큼이나 아무것도 모르고 있었다. 논픽션 수업을 듣는 학생 한 명은 "그걸 알아내려는 건 시간 낭비예요"라고 했다. 위험한 일일 뿐만 아니라 알게 되면 우울할 수밖에 없다고 했다. 신시위안들은 졸업하고 아마 더 좋은 정부 일자리로 보상받을 것이기 때문이다.

1학년 수업의 첫 몇 주 동안 나는 수업 내용에 신중을 기했다. 『동물농장』은 학생들을 더 잘 알게 된 후인 학기 후반부에 다루기로 했다. 많은 친구가 내게 시진핑 집권하의 중국 젊은이들은 이전 세대들과 비교해 훨씬 더 편협한 애국심을 갖고 있다고 경고했다. 이런 젊은이들을 어린 분홍이라는 뜻으로 샤오펀훙小粉紅(소분홍)이라고 부른다. 이들은 광적인 친공산당 성향으로, 누가 됐든 애국심이 부족하다고 판단되면 소셜미디어에서 공격을 가하는 것으로 알려져 있다. 대학 캠퍼스의 소분홍은 간혹 강사들이 정치적으로 올바르지 않은 내용을 말하거나 글로 쓰면 당국에 고발했다.

적어도 처음 몇 주간은 소분홍이든 소황제든 그런 게 있다는 흔적은 보이지 않았다. 오히려 빈센트처럼 독립적인 생각을 가진 학생이 많다는 사실이 기분 좋은 놀라움으로 다가왔고 활발한 수업 내 토론이 가능하다는 점을 알게 되었다. 푸링에서는 그런 토론이 어려웠다. 중국에 대한 의견이 너무나 획일화되어 있었고 학생들이 당의 노선을 어떤 식으로든 거스르려 하지 않았기 때문이다. 쓰촨대학에서도 여전히 수업 시간에 다루기 힘든 주제가 많았지만 학생들은 과거에 내가 기억하는 것보다 덜 불안해 보였다. 학기 초에 1학년 학생들에게 사형제도와 대학 입시제도에 대해 토론해보라고 했더니 두 주제 모두 열띤 논의로 이어졌다.

소황제에 대해 얘기하자면, 거의 모든 학생이 외동이고 대부분 넉넉한 집안 출신임은 사실이었다. 하지만 버릇없는 것과는 거리가 멀었다. 중국 대학의 가을학기는 끝이 없는 것처럼 느껴진다. 9월 첫째 주에 시작해서 1월 둘째 주까지 이어져 미국 대다수 대학의 학기보다 한 달 이상 더 길기 때문이다. 중국의 학생들은 또 수업을 더 많이 듣는 편이다. 1학년들은 매주 거의 40시간을 강의실에서 보낸다. 그럼에도 내가 가르쳤던 두 반은 17주간 매주 세 번의 강의가 계속될 때 단 한 시간이라도 결석하는 학생이 한 명도 없었다. 한 남학생은 집에 급한 일이 생겨 베이징에 다녀와야 했지만 다른 반 수업에 참석해서 보충하겠다며 고집을 부렸다. 이보다 더 부지런한 학생들이 있을까 싶었지만 놀랍지는 않았다. 지진이 나서 학교가 무너질 것 같으면 안으로 뛰어 들어가 영어 단어장을 가져와야 좋은 학생이라고 얘기하는 선생들에게 배운 아이들이 아니던가.

이들은 또한 투덜대지도 않았다. 논픽션 수업의 학생들이 캠퍼스 밖 취재 프로젝트를 시작한 다음 나는 1학년에게도 같은 걸 시켜보기로 했다. 다른 글쓰기 반에서는 장안 캠퍼스 바깥에서 인터뷰하라는 요구가 없었기 때문에 공학도들은 이걸 불공평하다고 여길 수도 있었다. 하지만 아무도 항의하지 않고 부지런히 프로젝트를 수행하러 떠났다. 누구는 불교 사원으로, 누구는 청두 동물원으로, 누구는 캠퍼스 근처의 맥도널드로 향했다. 빈센트는 청두 시내의 인민공원으로 갔다. 공원 안쪽 나무숲으로 둘러싸인 곳에 짝을 찾는 사람들이 서로 만나는 장소인 '맞선 코너相親角'가 있었다. 사람들은 자기가 갖춘 조건을 전단지에 적어 벽에 걸어놓는다. 빈센트는 이곳을 찾아 갔다가 전단지에 적혀 있는 온갖 화려한 조건에 당황했다.

[이토록] 훌륭한 조건을 갖춘 사람들이 왜 애인을 구하지 못하는지 혼란스러웠다.[25] 남자는 대부분 잘생기고 체격이 좋다. 게다가 다들 월급도 많고 좋은 회사를 다닌다. 더구나 아파트가 한 채에서 세 채까지 있고 자동차도 있다. 여자들은 아름답고 우아하다. 모두 교사나 공무원 같은 안정된 직업을 갖고 있다. 이 사람들은 거짓말을 하고 있는 걸까? 정보를 꾸며내는 걸까? 이런 조건을 갖추고도 애인을 구하지 못한다면 거짓말임이 틀림없다.

빈센트는 맞선 코너에서 자식을 위해 파트너를 구하고 있는 부모를 여럿 만났다. 한 여성은 자기 딸에 대해 이렇게 얘기했다.

"우리 딸은 스물아홉 살이고 아주 예뻐요." 그러면서 휴대폰을 꺼내 딸의 사진을 보여주었다. 그렇게 예쁘지는 않았지만 평균 이상의 외모였다. 이야기를 하다가 나는 딸이 중국 대학 순위 20위 안에 드는 명문대인 샤먼대학을 졸업하고 미국 애리조나주립대학에서 석사학위도 받았다는 걸 알게 되었다. 경제학과 회계학을 전공했다. 학교에서 공부하는 데 너무 많은 시간을 쓰느라 남자친구는 사귀지 못했다. 지금은 투자은행에서 일하고 있고 본인 집안도 회사를 소유하고 있다. 본인의 조건은 너무 훌륭한데 거기 맞춰 결혼할 만큼 좋은 조건의 남자가 없기 때문에 적당한 배우자를 찾을 수 없다. 이런 이유로 그녀는 그다지 낭만적이지 않은 방법을 시도해야 한다. 바로 결혼 시장에 가는 것이다.

빈센트의 결론은 단순하다. 중국의 젊은이들은 공부를 너무 많이하고 제대로 된 성교육을 받지 못한다. 빈센트는 부모와 교사가 고교생들이 데이트를 하지 못하도록 막곤 한다고 지적했다. 그의 분석에 따르면 고등교육을 받고, 고도의 동기 부여가 되어 있고, 거의 모든 일에 고도로 숙달되어 있으나 연인과의 관계에는 미숙한 세대가 등장한 것은 당연한 결과다. 이들은 사기꾼에게도 매우 쉽게 속는다. 빈센트는 맞선 코너에서 이런 사람을 만났다.

이름은 헝다쉐이, 다쉐이大帥는 중국어로 잘생겼다는 뜻이다. 나이는 65세이고 직업은 중매쟁이다. (…) 원래는 광부였고 싸움을 하다 왼쪽 눈을 잃었다. 2014년에 조카가 짝을 찾는 것을 도와주었다. 그리고 온라인이고 오프라인이고 결혼 시장에 가짜 정보나 심지어 속임수가 워낙 만연해서 적당한 짝을 찾는 게 어렵다고 느꼈다. 기독교인으로서 그는 타인을 기꺼이 돕고 싶었고 그래서 이 일을 하기로 결심했다. 이제 그의 수첩에는 미혼인 사람들의 정보가 꽉 차 있고 이들을 짝 지워주기 위한 대규모 위챗 그룹이 있다.

늙은 광부는 아직 실명하지 않은 눈을 반짝이며 빈센트에게 야생의 인민공원에서 벌어지는 배신과 속임수의 이야기를 잔뜩 들려주었다. 그러면서 너무 완벽하게 보이는 내용의 전단지는 믿지 말라고 젊은 빈센트에게 경고했다. 그런 전단지는 데이트 주선을 위해 수수료를 요구하는 중개업자가 만들었을 것이라며. 중개업자는 실제 데이트에 985 대학의 가짜 이력서와 좋은 옷차림으로 꾸민 젊은 직원들을 내보낸다. 이 모든 일이 성행하는 까닭은 하나뿐인 자식이 골칫거리가 될지 모른다는 생각으로 겁에 질린 부모가 넘쳐나기 때문이다. 빈센트는 맞선 코너에 대한 선언문으로 에세이를 끝맺었다.

한 자녀 정책과 전통적인 사상 때문에 많은 부모가 자식을 당사자가 아닌 부모 소유의 보물처럼 여긴다. (…) 우리 모두는 각자의 개인이다. 우리는 어느 누구의 소유도 아니고 어느 누구도 우리 소유가 아니다. 우리는 사랑을 추구하며 낭만적인 삶을 산다. 미래의 중국 어린이들은 진정한 자유를 누릴 수 있었으면 좋겠다.

———

취재 프로젝트는 첫 학기의 하이라이트였다. 학생들은 호기심이 많고 관찰력이 뛰어났다. 그리고 고된 고등학교 시절을 보낸 터라 지루함을 견디는 능력이 극도로 뛰어났는데, 이는 효과적인 저널리즘에 필요한 잘 알려지지 않은 비결 중 하나다. 1학년의 한 학생은 버블티 가게에서 47명의 손님을 인터뷰했다. 가게에서 내쫓지 않은 게 놀라웠다. 맥도널드에 대해 쓴 남학생은 저녁 8시에 들어가 부스에 앉아 주변에서 오가는 대화를 이튿날 아침 7시까지 엿들었다. 늦은 밤 노출이 심한 옷차림의 두 여성이 옆 부스에 앉아 성매매 가격이 낮은 것에 대해 서로 불평하고 있었다. 또 다른 부스에는 길거리 음악가들이 기타를 들고 나타나 지친 목소리를 아끼려는 듯 말없이 음식을 먹었다. 오토바이로 배달하는 사람들은 한밤중의 패스트푸드 식당을 일종의 기숙사처럼 사용했다. 이들은 맥도널드의 교대 근무자들과 협의를 맺어 배달 주문이 한가할 때 부스에서 잠을 잘 수 있었다.

이 학생이 관찰한 결과 낮 동안의 맥도널드는 중산층 이상의 시민들이 이용했지만 자정이 지나면 중국의 경제 발전에서 소외된 사회 계층의 피난처가 되었다. 새벽 2시에 술 취한 남자 둘이 들어오더니 청량음료를 주문해서 학생 근처에 앉았다. 취객 중 한 명이 다른 한 명에게 세 시간 동안 자기 이야기를 털어놓았다. 여자친구가 떠났고, 직업은 형편없었으며, 삶의 이유를 찾지 못하겠다고. 학생은 이렇게 썼다.

> 친구는 그냥 [그의 옆에] 앉아서 이야기를 들으며[26] 이따금 등을 토닥여주었다. (…) 하지만 세 시간 뒤 이들이 떠날 때 나는 [취한 남자의] 눈이 미묘하게 빛나는 것을 보았다. 지구는 여전히 자전하고 있었고 인생은 여전히 계속된다. 그는 삶과 일이 고단할지라도 그것만이 이 잔인한 사회에서 살아남는 유일한 방법임을 분명히 깨달았다.

편안한 환경에서 자란 것치고 학생들은 별로 환상을 갖고 있지 않았다. 부패와 남용을 경계했고 시스템에 갇혀 있다고 느끼는 개인들을 동정했다. 많은 학생이 중국 사회에서 더 깊은 의미를 찾는 사람이나 단체에 이끌렸다. 세레나는 가톨릭교회에서 한 무리의 신도들과 아주 잘 알게 되어 쓰촨 남부에서 열리는 닷새간의 수련회에 초대받았다. 이런 행사는 보통 당에서 중단시키기 마련이지만 신부는 정부의 누구에게도 알리지 않았다. 그는 참석자들에게도 소셜미디어에 수련회에 관한 글을 올리지 말도록 요청했다. 세레나가 신부에게 왜 이런 요청을 하는지 묻자 그는 마치 도교 우화에 나오는 교훈 같은 현명한 대답을 내놓았다. "글을 올리더라도 믿지 않는 사람들은 오지 않습니다. 글을 올리지 않더라도 믿는 사람들은 옵니다."

수련회에 공안은 나타나지 않았지만 사탄은 나타났다. 신부가 신앙 치료를 시작하고 안수기도를 하는 동안 나이 많은 여성이 대다수인 참석자들은 소리를 지르며 울었다. 모두가 열광의 도가니로 빠져들던 마지막 날, 한 여인이 뭔가에 홀린 듯 쓰러졌다. 세레나는 에세이에서 다른 참석자들의 반응을 이렇게 묘사했다.

"악마가 나타났다!"[27]
"악마의 힘이 정말 세구나! 우리가 모두 여기 있는데 감히 교회까지 오다니."
"맞아. 정말 무서워! 그것도 대낮에! 교회에서!"
[신부는] 손을 흔들어 별일 아니라는 뜻을 나타내고 여인을 위해 자리를 터주라는 신호를 보냈다. 그러나 사람들은 흩어지지 않은 채일부는 여인의 평안을 빌고, 일부는 기도하고, 일부는 악마에 대해 얘기했다……

성가대장이 신도들을 인도해 할렐루야를 부르게 했다. 박자에 맞춰 몸을 흔드는 그는 록스타요, 팔을 흔들며 박수를 치는 신도들은 팬 같았다. "손에 감각이 없어." "목이 다 쉬어버렸어." 사람들이 이런 말을 자랑스럽게 하는 것이 들렸다……

오후에는 [왕이라는 이름의 여인이] 신도들을 이끌고 기도했다. "눈을 감고 기도합시다. 당신이 지고 있는 짐을 생각해보세요. 이 닷새간 그걸 내려놓도록 해요. 우리는 예수에게 가까이 다가갑니다." 기도를 이어가며 여인은 눈물을 닦으면서 흐느꼈다. 나조차 뺨에 눈물이 흘러내렸다.

———

가톨릭교도들과 시간을 보낸 세레나는 다음 프로젝트의 초점을 헝크라는 이름의 게이 바에 맞추기로 했다. 이런 흐름은 일견 뜬금없어 보이지만 사실 그렇지 않다. 청두는 기독교 커뮤니티로도 게이 커뮤니티로도 유명하다. 미국에서라면 이런 조합은 논리를 벗어난다. 채터누가(테네시주의 보수적인 도시—옮긴이)와 샌프란시스코가 마침내 하나로 합쳐진 것이나 마찬가지다. 그러나 중국에서는 기독교와 퀴어 모두 소외된 커뮤니티이기 때문에 정치의 중심지로부터 멀리 떨어진 청두 같은 곳에서 번성하기 쉽다. 때로 사람들은 청두를 농담 섞어 '게이두'라고 부르기도 한다.

나는 동성애에 대한 교훈을 담고 있는 『영국과 아메리카 개론』을 아직도 집에 한 권 갖고 있다. ("이런 자본주의 사회에서는 비록 과학과 기술이 고도로 발전했지만 어떤 이들은 영적 공허함으로 고통받는다.") 이 책의 경고는 묘한 방식으로 현실이 되었다. 중국 사회가 더 자본주의화되고, 더 번영하고, 더 기술적으로 발전할수록 많은 이가 영적 만족을 찾기 어렵다고 느끼고 있다. 그러면서 이들은 LGBTQ라는 정체성을 가진 사람들을 점점 더 편안하게 받아들이고 있다. 중앙정부는 1997년에 퀴어를 표적 삼아 자주 사용되던 '비속 행위'의 범죄화를 폐지했다. 그리고 4년 뒤 동성애는 중국의 공식 정신질환 목록에서 삭제되었다. 쓰촨성은 상대적으로 더 개방적이어서 평화봉사단이 파견한 차이나 21기에는 동성 부부 한 쌍이 포함되기도 했다.[28] 이 미국인 부부는 현장에서 2년간 근무했고 동료와 학생들은 이들에게 예의를 갖춰 '자매님'이라고 불렀다.

시진핑 통치하의 중국은 모든 종류의 NGO와 이익집단을 탄압해왔고 이 중에는 LGBTQ 권익단체도 다수 포함되어 있다. 하지만 이런 공식적인 퇴행은 내가 가르치는 젊은이들의 태도에서는 찾아볼 수 없었다. 1학년 수업 중에 나는 주기적으로 설문 조사를 실시했는데 무엇이 토론 주제로 적합할지 알아보려는 목적도 있었다. 한번은 동성 결혼이 중국에서 합법화되어야 하는지 물었다. 타이완은 2019년 5월에 동성 결혼을 합법화했지만 중국 본토에서는 이런 변화가 심각하게 논의된 적이 없었다. 응답 결과는 일방적이었다. 1학년 학생 중 79퍼센트가 동성애자끼리의 결혼은 허용되어야 한다고 믿었다.[29] 원래는 수업에서 토론하기에 지나치게 민감한 주제가 아닐까 걱정했지만 그와는 정반대 이유로 토론을 포기했다. 너무나 많은 학생에게 이 주제는 이미 토론 거리가 아니었다.

학생들은 LGBTQ 문제가 부모님과 논쟁하는 몇 안 되는 주제 중 하나라고 말한다. 한 학생은 "부모님은 많은 부분에 개방적이지만 [30] 다른 많은 부분에는 또 보수적입니다"라고 썼다. "동성애가 자연의 섭리를 거스르는 것이라고 생각하고 어떤 때는 LGBTQ 관련 얘기가 나오면 그 사람들을 은근히 경멸하기도 합니다." 2021년, 나는 옛 푸링의 제자들에게 보내는 연례 설문 조사에[31] 동성 결혼이 합법화되어야 하느냐고 물었다. 응답자 중 84퍼센트가 아니라고 답했다. 현재 쓰촨대학 학생들의 응답과 거의 완벽하게 거꾸로 된 비율이었다. 푸링 제자들의 응답에는 이런 게 많았다.

저는 전통적인 사람이에요. 제 대답은 '노'입니다.

노라고 하겠습니다. 두 명의 동성이 함께 있는 것은 혐오스러워요.

두 명의 동성을 생각하면 역겹습니다. 이들이 결혼하고 함께 살고 또……

성별에 따른 차이는 크지 않았다. 응답한 여성 중 75퍼센트는 동성 결혼 합법화에 반대했다. 한 여성은 이렇게 썼다. "상관없어요. 하지만 우리 아들이 그러면 동의하지 않을 겁니다." 상대적으로 리버럴한 중년들도 이 문제만큼은 곤혹스러워하는 듯했다. 한번은 푸링을 방문했을 때 그랜트라는 이름의 옛 제자가[32] 최근 가르쳤던 고등학교 반의 두 소년이 사랑에 빠진 일이 있었다는 얘기를 해주었다. 둘은 종종 서로의 집에서 밤을 함께 보내고 학교에 커플룩을 즐겨 입고 왔다. 중국의 교사들은 학생들의 교우관계가 학업에 방해가 된다고 보기 때문에 학부모에게 자주 보고한다. 그랜트도 두 소년의 상황을 부모들에게 성실하게 알렸지만 아무도 동성 간의 연애관계가 가능하다는 사실 자체를 믿지 않았다. 그랜트는 "부모들은 그냥 우정일 뿐이라고 우겼어요"라고 말했다.

그랜트는 결국 소년들을 사무실로 불렀다. "미국에서는 너희가 결혼할 수 있지만 여기서는 그렇지 않다고 얘기해줬어요." 그랜트의 말이다. "아이들은 부인하지 않았어요. 게이인 것을 자랑스러워했습니다. 저는 너희가 게이인 것이 전통적인 중국에서는 문제가 된다고 말해주었습니다." 그랜트는 개인적으로 본인은 동성애에 아무런 문제가 없다고 내게 말했다. 단지 아이들의 미래가 걱정될 뿐이었다. 하지만 소년들에게는 조금의 두려움이나 부끄러움도 없어 보였다.

논픽션 수업에서 이디라는 이름을 썼던 졸업반 학생이 중국 곳곳의 클럽에서 활동하는 힙한 외국인 음악 프로듀서이자 DJ인 여자친구와 캠퍼스 바깥에서 살고 있었다. 이디는 세련된 옷을 입는 몇 안 되는 학생 중 한 명으로 여대생으로서는 흔치 않게 독특한 외모를 가꾸었다. 과거 베이징의 공립 고등학교에서 LGBTQ 지원 그룹을 만들려고 교내 곳곳에 전단지를 붙였지만 학교 당국에 의해 곧바로 철거되었다. 이디는 당시 중국에서는 드물게 어머니에게 커밍아웃했다. 세레나는 게이 바에 대한 에세이에서 베이징대학 사회학자들의 설문 조사에 기반한 2016년도 보고서를 인용했는데, 이에 따르면 중국의 동성애자 중 가족에게 모든 것을 털어놓는 이는 15퍼센트 미만이라고 한다.[33] 이디는 어머니가 약간 슬퍼했지만 딸의 성 정체성을 받아들였다고 했다. 이디는 "어머니는 그게 내 문제가 아니라 어머니의 문제"라고 했다고 설명했다.

이디는 남자와 여자를 모두 사귀어봤다. 그러나 내가 받은 인상으로 대다수의 학생은 연애 경험이 전무했다. 과거와 달리 쓰촨대학을 비롯한 중국 대학들은 더 이상 학생들의 연애를 규제하지 않았으나 이들은 거의 이전 세대만큼이나 연애 경험이 없어 보였다. 이것은 이 세대가 좀더 개인주의적이라는 개념과 상충됐지만 학생들은 고등학교의 극도로 치열한 경쟁 환경 탓에 자기 계발이 저해됐다는 얘기를 내게 자주 했다. 1학년생 둘은 자신이 연인과 함께 있는 모습을 고등학교 선생들이 몰래 사진으로 찍어 부모에게 보냈다며 분노하는 내용의 에세이를 쓰기도 했다.

많은 학생이 빈센트처럼 이런 양상이 해롭다고 얘기한다. 그러나 이들의 반응을 보면 대놓고 저항하기는커녕 통제를 완화하려고 시도하는 일조차 거의 없었다. 이들은 본능적으로 연애를 공부처럼 여기는 방법을 찾으려고 했다. 그래야 마음이 편한 것 같았다. 대학에는 젊은이들이 학문에 쏟는 것과 같은 근면함으로 연애를 배우도록 하는 강좌들이 있었다. 논픽션 수업의 한 학생은 최근 '사랑과 결혼의 경제학'이라는 수업을 들었다.[34] 공중보건 학부의 교수가 가르치는 과목이었다. 이 수업을 듣는 학생들은 두 가지 과제를 수행해야 했는데 그중 하나는 성적 매력이 느껴지는 상대에게 어떻게 구애할 것인가에 관한 체계적이고도 자세한 계획을 세워 파워포인트로 발표하는 것이다. 다른 하나는 지역의 중매 서비스 시장을 어떻게 개발할 것인가에 대한 파워포인트 발표였다. 본인을 수줍음 많고 경험이 부족하다고 밝힌 학생 한 명은 이 접근법이 마음에 드는 모양이었다. '사랑과 결혼의 경제학'을 정식으로 공부하고 나면 밖으로 나가 이 지식을 젊은 여성에게 적용할 수 있으리라 믿었다.

이 학생은 또 '가족 상속법'이라는 과목도 들었다.[35] 이 수업은 '민법의 왕자'라는 별명이 붙은 법대의 장샤오위안 교수가 가르쳤다. 40대 후반의 장 교수는 내가 푸링에서 가르쳤던 학생들과 같은 나이로 카리스마 넘치고 솔직한 사람이었다. 나와 만났을 때 대뜸 자신은 중국의 결혼에 대해 비관적이라고 말했다. "한 사람과 그렇게 오래 사는 것이 자연스럽지 않다고 생각해요." 장 교수 본인은 한 여자와 결혼해 20년째 살고 있었다. 자신의 신념과 배치되는 것 아니냐고 물었더니 그는 웃음을 터뜨렸다. 그러고는 자기 부부도 동세대의 대다수처럼 실용주의를 따를 뿐이라고 말했다. "우리 아이를 위해서예요."

장 교수는 오랫동안 쓰촨대학에서 법과 결혼과 성에 관해 강의해 왔다. 학생들을 상대로 설문 조사를 자주 했는데 최근에는 1학년 학생들로 구성된 대형 수업에 설문지를 돌렸다. 229명의 응답자 중 성경험이 있는 사람은 18퍼센트에 불과했다. 장 교수가 관찰하기에 학생들은 경험이 너무 없어서 자신의 기본적인 욕구조차 잘 모르는 경우가 많았다. 자신이 게이라고 답한 사람은 3퍼센트에 불과했지만 11.9퍼센트가 스스로를 양성애자라고 했다. 9퍼센트는 자기가 이성애자인지, 동성애자인지, 양성애자인지, 아니면 또 다른 무엇인지 잘

모르겠다고 했다. "이 친구들은 몰라요!" 장 교수가 고개를 저으며
내게 말했다. "우려할 만한 일이라고 생각합니다."

활발한 연애생활을 하는 몇 안 되는 학생 중 한 명이 대담한 취재
를 하고 싶어하는 것은 놀라운 일이 아니었다. 이디는 논픽션 수업
에서 취재 대상을 선정할 때 자신의 'VPN 딜러'를 골랐다. 마치 마
약을 구해서 파는 딜러와도 같다며 그녀가 사용한 표현이다. 이디는
"위챗에서 이 사람에게 돈을 낸 지 꽤 됐어요. 누구인지 알아보고 싶
어요"라고 했다.

첫 학기에 나는 VPN 사용에 뚜렷한 패턴이 있음을 발견하기 시
작했다. 학기 초에는 VPN 서비스를 사용하는 신입생이 거의 없고
이들의 영어 검색은 스위스카우즈나 울프람-알파에서 찾을 수 있는
내용에 국한되어 있었다. 내게 구글 검색을 부탁하려고 근무 시간에
사무실에 찾아오기도 했다. 몇몇 학생은 '판창翻牆'할 수 있는 방법에
대해 물어봤다. 벽을 넘는다는 의미로 정부의 인터넷 통제를 회피한
다는 뜻이다. 이들은 내가 쓰고 있는 VPN 서비스에 가입할 수 있도
록 도와달라고 했으나 나는 해외 신용카드 없이 그렇게 할 수 있는
방법을 알지 못했다. 위챗을 통해 과금하는 중국의 VPN 서비스는
많이 있었지만 이 중에 어떤 게 믿을 만한지도 몰랐다.

시간이 흐르며 나는 위 학년 학생에게 물어보라고 하는 것이 가
장 좋은 조언임을 알게 되었다. 판창하는 법을 배우는 것은 다양한
필수 정치 과목과 더불어 쓰촨대학 커리큘럼의 사실상 한 부분이었
다. 3~4학년생 대부분은 구글 및 다른 차단된 사이트들을 사용했고

스쿠피를 포함한 많은 학부와 대학들이 강사에게 VPN 서비스를 제공해주고 있다는 것은 공공연한 비밀이었다. 세레나는 이걸 거의 게임처럼 묘사했다. 세레나의 전공인 영문학과에서는 교직원들이 제한 없는 인터넷 접속을 필요로 했다. 세레나의 말이다. "수업 시간에 강사가 구글에서 찾아보라고 할 때마다 학생 중 누군가가 꼭 이렇게 말해요. 'VPN이 없는데 어떻게 구글 검색을 하죠? 어떻게 하면 VPN을 사용할 수 있는지 알려주시겠어요?' 그러면 강사는 이렇게 답하죠. '미안해요, 지원을 받고 있지만 알려줄 수는 없어요.'"

이디는 인터뷰를 하면서 자신의 VPN 딜러가 냉혹한 범죄자도, 반체제 인사도, 심지어는 IT 전문가도 아니라는 사실을 알게 되었다. 딜러는 유럽에서 대학원을 다니며 자유로운 인터넷에 익숙해진 뒤 미술사에 관한 온라인 강좌를 개설한 사람이었다. 중국으로 돌아와서 만리방화벽에 좌절하고는 좋은 VPN 서비스를 찾아 나섰다. 그리고 찾아다니는 과정에서 이런 사업을 시작하기가 얼마나 쉬운지 깨달았다. 사용자가 결국 딜러가 되어버린다는 익숙한 이야기다.

이디가 사업을 운영하는 데 비용이 얼마나 드는지 묻자 딜러는 머뭇거리더니 "그걸 말해주면 아마 환불해달라고 할걸요"라고 말했다. 하지만 결국 말해주었다. 1년에 300위안, 즉 50달러 조금 안 되는 돈이면 해외에서 벌처Vultr VPN 서버를 빌릴 수 있다. 그걸로 중국의 고객을 50명까지 받을 수 있고, 고객은 한 명당 연간 구독료로 딜러에게 300위안을 지불한다. 300위안 곱하기 50명, 거기서 최소한의 간접비용을 제한 숫자. 그리고 그걸 원하는 만큼 반복 확장한다. 딜러는 중화인민공화국 건국 70주년과 같은 민감한 시기에 대처하는

것이 가장 힘든 일이라고 했다. 그런 때가 되면 만리방화벽이 강화
되고 화가 난 고객들을 상대해야 한다. 마약 딜러가 대규모 단속으
로 공급망이 중단된 뒤 몇 주간 좋은 물건을 구할 수 없는 것과도 같
았다.

이디는 유쾌하고 재미있는 글솜씨를 타고난 작가였다. 놀라움이
나 분노가 느껴지지 않는 그녀의 이야기는 빈센트와 다른 학생들의
에세이를 떠올리게 했다. 이 젊은이들은 모순과 엇갈린 메시지에 익
숙해져 있는 것이 틀림없었다. 감시 카메라가 가득한데 교직원은 학
부생들에게 불법 VPN 딜러와 계약하라고 넌지시 부추기는 캠퍼스
에 살고 있는 젊은이들 아니던가. 마찬가지로 이디는 딜러 중 한 명
이 알고 보니 부업으로 미술사 관련 일을 한다고 해도 놀라지 않았
다. 이디는 이렇게 썼다.

> 이 사업은 전 세계에서 가장 꼼꼼하게 감시되고 있는 소셜미디어
> 플랫폼인 위챗에서 이루어진다.[36] 나는 이런 접근법이 세계 여성의
> 날에 대중교통에서 불쾌한 성희롱 방지 전단지를 배포하는 것이
> 나 마찬가지는 아닌지 염려되었다. 그러나 딜러는 이런 우려를 일
> 축했다. "수억 명의 중국인이 방화벽을 넘어가고 있어요. 나라에서
> 그 사람들을 전부 처벌할 것 같습니까?"

숫자를 과장하기는 했어도 딜러의 요점은 당에서 실제로 만리방
화벽에 약간의 구멍이 있기를 바란다는 것이었다. 수출 사업을 하는
사람들은 구글이며 다른 유용한 온라인 툴을 필요로 하고 학자와 연

구자는 제한 없는 인터넷 접속을 해야 한다. 이디는 자기가 아는 쓰촨대학 학생의 절반 이상이 VPN을 쓰고 있다고 생각했고 이는 내가 들어본 다른 추정치들과 비슷했다. 사회 전반적으로 보면, 특히 나이가 많은 사람 사이에서는 비율이 훨씬 적다. 2017년에 옛 푸링 제자들에게 VPN을 사용하는지 설문 조사했더니 응답자 30명 중 단 한 명만이 그렇다고 했다. 대부분의 중국인은 번거로움과 비용 때문에 적절히 억지되고 있다. 그러나 젊은이와 엘리트층에서는 VPN 사용이 훨씬 더 흔하다. 딜러는 이디에게 "좋은 사업이죠. 중국의 회색시장이에요"라고 말했다.

나는 특히나 뛰어난 보고서가 있을 때마다 그걸 제출한 학생에게 수업 시간에 낭독해달라고 했다. 그러나 이디가 택한 주제는 너무 민감한지 어떤지 확신이 잘 서지 않았다. 1학년 글쓰기 수업에서는 빈센트가 경찰의 심문에 대해 쓴 이야기를 공유하지 않았다. 또 최종 버전을 검열당할 가능성이 큰 스쿠피 온라인 시스템 말고 직접 내게 이메일로 제출하라고 했다.

스스로의 선택으로 내 논픽션 수업을 듣는 고학년 학생들에 대해서는 좀더 확신이 있었다. 대부분이 VPN을 사용하고 있는 듯해 이디의 취재로부터 얻는 것이 있으리라 생각했다. 이디에게 에세이를 수업에서 공유해줄 수 있겠냐고 물었더니 망설임 없이 동의했다.

수업이 시작되고 내가 스크린에 텍스트를 띄워놓자 이디는 일어나서 글을 읽었다. 영국 억양이 약간 섞인 이디의 발음은 훌륭했다. 앞쪽 재미있는 부분에서 간간이 웃음이 터져나오다가 교실은 이내 조용해졌다. 학생들은 미동도 없이 조용히 앉아 듣기만 했다. 이디가 딜러를 소개하는 부분에 다다르자 교실에는 그녀의 목소리 빼고 아무 소리도 들리지 않았다.

학생들이 점점 조용해질수록 내 맥박은 요동치기 시작했다. 얼굴이 빨개지는 것이 느껴졌다. 순식간에 1990년대의 교실로 돌아간 것만 같았다. 교실을 둘러보니 학생들은 호기심 가득한 얼굴을 하고 있었지만 불쾌해하는 것 같지는 않았다. 그러나 나는 문제가 생길라치면 한두 명의 학생만으로도 족하다는 것을 알고 있었다. 이디는 감시 카메라를 정면으로 바라본 채 서 있었고, 글을 절반쯤 읽었을 때 나는 내가 이디를 위험에 처하게 만들었음을 확신했다. 하지만 멈추기에는 너무 늦었다. 이디는 또렷한 목소리로 이야기를 끝까지 읽었다.

4장   청두실험학교

2019년 11월

9월 2일 오전 7시 1분, 쌍둥이 딸들의 청두실험초등학교成都市實驗
小學 3학년 첫날, 학교가 시작하기 한 시간도 더 전에 위챗 학부모 그
룹에 첫 번째 메시지가 떴다. 그룹명은 '6반'이었고, 누군가 메시지
를 올릴 때마다 휴대폰이 삐 하고 울렸다. 첫 번째 울림은 '16번 저
우리밍 엄마'라고 불리는 사람이 보낸 메시지였다.

오늘 날씨 말인데요, 반바지를 입어도 될까요?

다음 울림은 그로부터 1분도 채 걸리지 않았다. 이번에는 '35번
리자링 엄마'다.

우리는 반바지 입었어요. 안 추워요.

메시지들은 위챗의 표준 형식에 맞춰 떴다. 보낸 시간, 보낸 사람
이름, 프로필 아바타, 그리고 말풍선 속에 텍스트가 있다. 말풍선을

스크롤해서 내리다보면 마치 등장인물에 이름과 번호가 매겨진 극본의 대화 같았다.

7:08 AM
13번 자오판 엄마:
교실 안에 사람이 많으니까 춥지 않을 거예요.

7:17 AM
16번 저우리밍 엄마:
좋아요, 그럼 우리도 반바지 입습니다. 고마워요, 친절한 @35번 리자링 엄마 그리고 @13번 자오판 엄마.

두 딸을 청두실험학교에 입학시키는 과정은 레슬리와 나에게 길고도 불가사의했다. 2018년 봄, 우리는 학교들을 방문해보기 위해 청두까지 찾아갔다. 청두에서 아마도 가장 좋은 공립 초등학교로 알려져 있는 청두실험학교에 대해 좋은 인상을 받았지만, 학교 관계자들은 우리 딸 애리얼과 나타샤를 받아들일 것인지 확답을 주지 않았다. 최근에 외국인 학생을 받았던 전통이 없었고, 쌍둥이가 입학하게 되면 전교생 2000명 중 유일한 서양인이 된다.

쌍둥이는 또한 중국어를 할 줄 모르는 유일한 학생이 될 것이기도 했다. 레슬리는 중국계 미국인이고 우리는 베이징에서 저널리스트로 일하던 시절에 만났다. 애리얼과 나타샤가 태어났을 때 정식으로 중국어 이름을 지어주기는 했다. 하지만 그 이름을 사용한 적은 없고 레슬리와 나는 아이들에게 중국어를 가르치려고 하지도 않았다. 언젠가 내가 대학교수가 되어 중국으로 돌아가면 아이들이 중국어를 몰입해서 배울 수 있을 거라 늘 생각했기 때문이다.

가을학기가 시작되기 3주 전 청두에 도착했을 때도 그게 여전히 우리의 계획이었다. 우선 청두실험학교 길 건너의 셰러턴 호텔에 묵으며 매일 아침 과외교사가 찾아와 아이들에게 중국어 속성 지도를 해주었다. 그러는 동안 레슬리와 나는 학교의 담당자며 선생님들에게 연락을 취해봤지만 대부분 소용없었다. 그러는 사이 누군가는 스쿠피 학장이 교육 당국에 전화를 걸어 대학에서의 내 신분을 보증해야 한다고 요구하기도 했다. 마침내 개학을 나흘 남기고 우리가 본격적으로 당황하기 시작할 무렵, 한 선생님이 아이들의 등교를 환영한다고 알려왔다. 어떻게, 왜 이런 결정이 내려졌는지는 전혀 알 수 없었다.

등록 과정 중 위챗의 학부모 그룹에 가입하라는 안내를 받았다. 어떤 위챗 그룹들은 자신만의 독특한 언어를 개발한다. 6반 위챗 그룹에서는 마치 부모와 아이가 하나로 합쳐진 양 일인칭 복수를 표준 대명사로 사용했다. "우리는 반바지 입어요. 우리는 수학 숙제 다 마쳤어요." 유저 네임을 사용할 때는 부모가 아이 이름으로 자신을 표시했고 학교에서 부여받은 학생 번호를 붙였다. (여기서는 사생활 보호를 위해 이름과 번호를 변경했다.) 서로 이야기를 나눌 때는 마치 정식 호칭인 것처럼 서로의 전체 유저 네임을 공손하게 불렀다. 35번 리자링 엄마, 42번 주전타오 아빠 같은 식으로.

엄마 아빠와 함께 할머니 할아버지도 더러 있었다. 위챗 그룹에는 응답을 재촉하기 위해 상대방의 아바타를 더블탭하는 기능이 있는데 이걸 '간지럽히기拍一拍'라고 부른다. 모든 간지럽히기는 누구나 볼 수 있는 대본의 지문처럼 기록으로 남는다. 위챗은 중국에서 가장 인기 있는 앱인 동시에 가장 수동적으로 공격적인 앱일지도 모른다. 중국인들은 위챗을 강박적으로 살펴보는 경향이 있고 상대로부터 답이 없으면 참지 못한다. 나는 한밤중의 위챗 메시지에서 코믹함을 느끼는 사람이 6반 멤버 중에 나 말고 또 없으려나 생각하곤 했다.

9:11 PM
7번 천치란 할머니가 26번 페이위 엄마를 간지럽혔습니다.

표준 형식을 따랐다면 내 유저 네임이 아마 가장 길었을 것이다. '54번 장싱차이張興菜 55번 장싱러우張興柔 아빠'.[1] 애리얼과 나타샤는 6반의 유일한 쌍둥이였고 뒤늦게 전학 와서 가장 높은 수의 번호를 받았기 때문이다. 교복을 살 시간이 없어 첫날은 학교에서 두 벌을 빌려 입었다. 교복은 짙은 체크무늬 치마와 학교 로고를 수놓은 하얀 버튼업 셔츠였다. 교실에 들어서자 다른 아이들은 공산당의 학생 조직 '소년선봉대少年先鋒隊'의 표식인 빨간 스카프를 두르고 있었다. 나타샤와 애리얼은 긴장한 듯했지만 헤어질 때는 잘 참고 있는 것처럼 보였다. 교실 벽에는 커다란 글씨가 걸려 있었다.

온 나라가 중화인민공화국의 영광스러운 70번째 탄생일을 축하합니다.

그날 레슬리와 나는 푸장강 옆의 아파트로 이사했다. 밴을 한 대 빌려 셰러턴에서 짐을 옮겼고 레슬리는 가구를 사기 위해 택시를 타고 시내 건너편 이케아로 갔다. 짐을 풀고 있는데 휴대폰이 계속 울리기에 6반 그룹의 대화를 확인해보았다. 부모들은 자기 배우자를 가리킬 때도 아이의 이름을 사용하고 있었는데, 이는 위챗에서 수동적 공격성을 발휘할 더 많은 기회를 만들어준다.

11:58 AM
16분 저우리밍 엄마:
오후 몇 시에 아이들을 데리러 가야 하는지 물어봐도 될까요?

천치란 엄마:
3:40에 정문에서 아이들을 픽업하라고 어제 장 선생님이 학부모 회의에서 말했어요.

16번 저우리밍 엄마:
@천치란 엄마―오, 고맙습니다. 저우리밍 아빠가 학부모 회의에 갔는데 저한테는 얘기 안 해줬어요. [눈을 가리고 울면서 웃는 이모티콘]

3시가 되기 조금 전, '54번 장싱차이 55번 장싱러우 엄마'가 내게 전화를 걸어와 이케아에서 여러 일이 늦어지는 바람에 아이들을 데리러 시간 맞춰 학교에 갈 수 없다고 설명했다. [눈을 가리고 울면서 웃는 이모티콘] 나는 정문 앞에서 혼자 아이들을 기다렸다. 6반이 교정을 걸어나올 때 보니 장 선생님이 나란히 줄지어 선 아이들 맨 앞에 섰고 애리얼과 나타샤는 맨 뒤에 있었다. 쌍둥이는 내 앞에 올 때까지 꾹 참고 있었다.

"나 진짜 바보 같았어!" 애리얼이 말했다. 내 옆구리를 꼭 안으며 울음을 터뜨렸다. "우리 한마디도 못 알아들었어!" 나타샤도 흐느끼고 있었다. "나 저기 다시는 안 가!"

학부모 몇 명이 측은한 눈으로 우리 쪽을 바라봤고 장 선생님이 서둘러 다가왔다. 장 선생님은 크고 초롱초롱한 눈에 상냥한 태도를 가진 중년 여성이었다. 선생님은 "아이들이 힘들었을 거예요"라고 말했다.

나는 선생님의 인내심에 감사드리고 집에서 중국어 공부를 계속 시키겠다고 얘기했다. 그리고 나타샤와 애리얼이 진정할 때까지 기다렸다가 함께 지하철역으로 걸었다. 돌아가는 길에 커다란 붉은 간판을 지나쳤다.

청두시 실험소학교

(1918년 개교)

지역 선도를 위해 실험하고 연구하는 학교

———

청두실험학교에는 미국인 학생이나 교사가 아무도 없었지만 초기

158

에는 미국의 사상으로부터 큰 영향을 받았다. 19세기 말 미국의 철학자이자 교육가인 존 듀이가 실험학교라는 개념을 처음 만들어냈다. 존 듀이는 평생 중국에 특별히 관심을 가진 적이 없었으나 1919년 봄 일본에 초청받아 여러 차례 강연을 하게 되었다. 그가 도쿄에 있는 동안 중국 학계 대표단이 찾아와[2] 중국에 가서 강의 투어를 해 달라고 설득했다.

존 듀이의 중국 방문은 역사적으로 매우 중요한 순간과 맞아떨어졌다. 유교의 학문에 대한 강조는 2000년이 넘는 세월 동안 중국문화의 강점이었다. 7세기에 제도화된 황실의 과거제도는 1300년 넘게 지속된, 세계에서 가장 오래된 표준 시험 제도다.[3] 그러나 학문의 주된 목적은 늘 한가지에 좁게 국한되어 있었다. 바로 남성이(남성만 가능하다) 황실의 과거시험에 합격해 정부 관리가 되도록 준비시킨다는 목적이다. 그러다가 아편전쟁 및 서구 열강들과 각종 갈등을 겪으며 청나라가 쇠락한 뒤, 1905년에 과거제도는 갑자기 폐지되었다. 지식인들은 이런 실존적 의문을 갖게 된다. 근대 중국에서 학교 교육의 목적은 과연 무엇이 되어야 하는가?

그가 중국에 도착한 지 사흘 뒤였던 1919년 5월 4일, 수천 명의 대학생이 베르사유 조약의 내용에 항의하기 위해 베이징에 모여들었다. 학생들은 승전국들이 중국 동부에 있는 독일 조계지를 일본에 넘겨주려 한다는 사실에 분개하고 있었다. 이들의 시위는 다른 사회정치적 이슈로까지 확장되면서 마침내 5·4 운동으로 알려졌다.

존 듀이가 중국에서 했던 첫 공개 강연의 제목은 '미국의 민주주의 발전'이었다.[4] 1000명이 넘는 청중이 참석했고 존 듀이는 곧 '제2

의 공자님'으로 환영받았다. 중국 체류를 2년 넘게 연장하며 전국에서 약 200회의 강연을 했다. 뉴욕에 있던 중국인들의 간행물『월간 중국 학생』은 당시의 반응을 이렇게 묘사했다.

은행가와 편집자들이 그의 숙소를 빈번히 드나들었고[5] 교사와 학생들이 그의 교실로 모여들었다. 클럽들은 그의 말을 들으려 경쟁적으로 그를 접대했고 언론은 앞다투어 그가 최근에 한 발언을 번역했다.

존 듀이는 실용주의와 실험정신을 강조했고 중국의 청중에게 서양의 특정한 교육 모델을 맹목적으로 도입하지 말라고 경고했다. 그의 의견에 따르면 중국은 "서양 사상 중 가장 좋은 것을 자유롭게 받아들이되[6] 중국의 상황에 맞게 수정된 새로운 문화"를 필요로 했다. 그는 교육이 모름지기 학생들을 민주주의에 참여할 수 있도록 준비시켜야 한다고 믿었고, 학생들이 민주 선생, 과학 선생으로 의인화해 부르던 가치를 장려했던 5·4 운동은 그의 생각을 반겼다. 이런 개념은 중국의 전통과 근본적으로 달랐다. 과거제도의 존재 때문에 중국의 교육은 항상 정치권력과 밀접하게 연관되어 있었다. 고등교육을 대체로 종교 기관에서 제공했던 근대 이전의 서구와는 다르다. 하버드대학의 역사학자인 엘리자베스 J. 페리는 고대 중국의 제도가 '식자들의 묵인'을 만들어내는 데 효과적이었다고 설명했다. 중국 정치 체제 내에서 교육받은 사람들은 체제에 반대할 가능성이 적었고, 이것이 중국 왕조의 안정에 기여했다는 것이 페리의 견해였다.

이 시스템이 무너지고 나서, 교육받은 개인들이 정치권력에 반대하는 전통을 가진 서양으로부터 갑자기 새로운 사상들이 유입되었다. 중국공산당도 이러한 사상들이 낳은 결과물 중 하나다. 페리는 '식자들의 묵인'이라는 제목의 에세이에서 "마오쩌둥을 포함한 중국공산당의 초기 지도자들은[7] 서구 학문과의 접촉으로부터 크게 영향받아 정치화된 지식인들이었다"고 말한다. 이들은 존 듀이와 같은 미국 철학자들의 사상도 접했다. 1920년 청년 마오쩌둥은 존 듀이의 책을 공부하고 있다고 편지에서 언급한 바 있다.[8] 원래 젊은 공산주의자 마오는 폭력적인 혁명에 반대하는 존 듀이의 입장에 경도되었다. 마오는 초기 에세이에 "그러므로 우리는 광범위한 혼돈을 부추기지도 않고[9] 비효율적인 '폭탄의 혁명'이나 '피의 혁명'을 추구하지도 않을 것이다"라고 썼다.

듀이의 강연과 수업을 들었던 많은 교육자가 곧이어 그의 사상을 중국의 학교에 도입하려고 했다. 그중 한 명이 훗날 청두에서 가장 중요한 초등학교의 교장이 된 후옌리胡顏立다.[10] 듀이에게 경의를 표하기 위해 학교 이름에 '실험'이라는 단어를 넣도록 바꾸었다.

후옌리는 청두실험학교를 12년간 이끌었고 학교에서는 여전히 그 시기를 기념하고 있다. 쌍둥이가 처음 학교에 간 날, 우리는 교정에서 눈에 띄는 여러 기념 전시물을 지나쳤다. 그중 하나는 후옌리와 교사들이 현재 학교 부지에 모여 있는 흑백 사진이었다. 또 하나는 후옌리의 말을 인용하며 그의 재임 기간에 학교를 다녔던 가장 유명한 학생에 대해 언급하고 있었다.

"이런 개념들을 다른 학교에서도 쉽게 도입할 수 있도록 즉흥적인 방법을 사용하지 않고 일관되게 자기 주도적 학습을 강조했으며, 특히 민주 정신의 배양에 중점을 두었습니다. 학생 개개인의 개성에 맞춰 그들의 특별한 재능이 완전히 발현되기를 원했습니다."

1935년에서 1939년까지 전 국무원 총리 리펑李鵬이 청두시 실험초등학교에서 공부했다.

———

학교는 애리얼과 나타샤가 처음에는 수학 숙제만 하면 된다고 동의했다. 위원語文, 즉 중국어는 같은 학년 수업을 따라가기 불가능했지만 무엇을 해야 할지는 명확했다. 저학년 때의 중국어 쓰기 수업은 그 자체로 일종의 수학이다. 기본 덧셈을 연습하듯 한자를 하나하나 외워나간다.

중국 전역의 모든 초등학교 1학년생은 하늘 천天이라는 같은 한자를 배우는 것으로 문해력 행군을 시작한다.[11] 그로부터 가을학기 동안 299자의 한자를 더 배우고 이듬해 봄이면 400자를 추가한다. 2학년이 되면 속도가 빨라진다. 한 학기에 450자씩 배워서 마지막 수업은 무덤 분墳자로 끝난다. 이 모든 것이 교육부에서 발간한 플래시카드 상자가 딸린 네 권의 교과서 시리즈에 나와 있다. 제대로 된 중국의 초등학교 3학년생이 되려면, 다시 말해 하늘에서 무덤까지 가려면 애리얼과 나타샤는 총 1600자의 한자를 외워야 했다.

둘은 하루에 열 글자씩 시작했다. 레슬리가 가정 학습 시스템을 고안해 매일 오후 쌍둥이가 학교에서 돌아오면 새로운 플래시 카드 세트를 건네주었다. 열 장들이 한 세트마다 우리가 한 번은 읽기, 한 번은 쓰기, 이렇게 두 번의 테스트를 했다. 플래시 카드에는 정확한 획순이 나와 있었고 쌍둥이가 한자를 수없이 반복해서 쓴 싸구려 갈색 연습장이 곧 아파트 여기저기에 낙엽처럼 흩어졌다. 연필이 사방에 널려 있었고 전동 연필깎이가 수명을 다해 레슬리가 새것을 구입해야 했다. 교과서는 모두 두 권씩 한 세트로 구입해야 했는데, 쌍을 이룬 이 교과서들도 우리 집을 점령해버렸다. 국어 교과서의 첫 페이지에는[12] 중국의 국기, 다양한 소수민족 어린이들이 행복하게 모여 있는 모습, 그리고 마오쩌둥의 유명한 초상화가 걸려 있는 베이징의 톈안먼 이미지가 실려 있었다. 페이지 윗부분에는 큰 글씨로 이렇게 쓰여 있다.

我是中國人

(나는 중국인이다)

쌍둥이의 첫 학기 수업 일수는 콜로라도의 공립학교보다 30퍼센트나 더 많았다. 중국에는 방학이 별로 없기 때문에 가을에 유일하게 의미 있는 방학이라고는 10월 1일 국경절뿐이다. 2019년 중국의 모든 학교는 국경절 연휴에 닷새를 쉬었지만 그중 이틀은 주말에 보충해야 했다. 애리얼과 나타샤의 학급에서는 또한 연휴 동안 끝내야 할 36페이지짜리 수학 숙제가 주어졌다.

레슬리와 나는 자주 벅차다고 느꼈는데 1학년 때부터 학교를 다녔던 아이들의 부모조차 힘들게 따라잡는 듯했다. 애리얼과 나타샤의 반 친구들은 거의 모두 학원을 등록해 다니고 있었고, 자녀의 학교 교육에 이들만큼 신경 쓰는 부모는 상상할 수도 없었다. 학교 첫날 내 위챗 그룹 메시지는 49번 울렸다. 둘째 날에는 거기에 70번이 더해졌다. 셋째 날은 237번으로, 24시간 동안 평균 6분마다 한 번씩 메시지가 울렸다. 내가 위챗 알림을 묶음으로 하는 방법을 알아낸 날이기도 하다.

부모들은 밤이고 낮이고 아무 때나 메시지를 보냈다. 한번은 레슬리와 내가 수학 숙제에 대해 잘 모르는 부분이 있어서 질문을 올렸더니 10분 만에 두 명의 다른 아이 부모들이 숙제 사진을 보내왔다. 학교는 공문을 배포한다든지 교복과 급식 비용을 걷는 것과 같은 행정 업무를 학부모 위챗 그룹에 의존하고 있었다. 가끔 학부모가 아이들의 교과 활동을 사진으로 촬영하기 위해 학급을 방문하기도 했다. 첫 주 어느 날의 늦은 저녁, 탕즈윈 엄마가 과학 시간에 찍은 사진들을 올렸다. 각 장의 사진은 하얀 실험실 가운을 입고 있는 아이 한 명 한 명을 완벽하게 포착하고 있었다. 나타샤를 31번째 사진에서, 애리얼을 73번째 사진에서 찾을 수 있었다. 마침내 자정이 지나 107장의 사진이 다 올라오고 나서야 위챗 대화가 잠시 멈췄다.

12:10 AM

42번 레이허자 아빠:

@탕즈윈 엄마, 아직도 안 자요? 열심이네요.

12:15 AM

탕즈원 엄마:

훨씬 더 많은데 지금 다 보낼 수가 없어요. 내일 다시……

과연, 탕즈원 엄마는 10시간 11분 뒤에 실험실 가운을 입은 아이들 사진 76장을 더 보냈다.

오후에 아이들을 데리러 가면 나는 주변 사람들의 얼굴을 보며 겉으로 드러난 평범함에 놀랐다. 대부분의 학부모는 중국의 전형적인 중산층 도시민처럼 보였다. 비싼 옷을 입지도 않았고 우리처럼 지하철을 타고 오는 사람이 많았다. 이야기를 해보면 예전 푸링에서 가르쳤던 제자들이 떠올랐다. 상당수가 노동자 계급이나 농촌 가정에서 자랐지만 쓰촨의 중하위권 대학을 졸업한 사람들이다. 이들은 지방 출신이면서 대학 교육을 받은 초기 집단에 속했고, 지금은 자녀를 청두의 명문 학교에 보내며 다음 세대는 더 나은 무언가를 누리길 원하고 있었다.

학부모들은 쌍둥이를 차이차이采采와 러우러우柔柔라고 불렀다. 중국에서 세 글자로 된 이름은 마지막 글자만 두 번 반복하는 것으로 줄여 부르는 일이 흔하다. 쌍둥이들의 별명이 거의 곧바로 그렇게 생겨났다. 다른 외국인이 없다는 점을 고려하면 학교가 애리얼과 나타샤를 체제에 편입시킨 속도는 놀라울 정도였다. 등교 둘째 날 장 선생님은 영어를 조금 할 줄 아는 학생 둘을 찾아 쌍둥이들과 한 명씩 붙어다니도록 했다. 첫째 주의 마지막 날, 지역 축제인 청두 국제 시詩 주간을 기념하는 학교 행사가 열렸다. 위챗 그룹에서 전교생이 운동장에 줄지어 앉아 있는 집회 이미지가 담긴 포스터를 올렸다. 아이들은 하얀 교복 셔츠와 빨간 소년선봉대 스카프 차림으로 파란색의 중국 고전 『당시삼백수唐詩三百首』를 가슴에 안고 있었다.

자세히 보니 나타샤와 애리얼이 맨 앞줄에 앉아 있었다. 스카프는 누군가 빌려준 것이 틀림없었고 아직 읽지도 못하는 책을 꼭 움켜쥐고 있는 모습이었다. 다른 아이들처럼 쌍둥이도 오른팔을 45도 각도로 흔들고 있었다. 또한 다른 아이들이 그럴 뿐 아니라 많은 중국인이 사진을 찍을 때 그렇듯 나타샤와 애리얼도 웃지 않고 있었다. 고전 당시 책만 들고 있지 않았다면 마오쩌둥 사상 집회라고 해도 이상할 것이 없는 장면이었다. 참으로 묘한 느낌이 들었다. 하지만 한자도, 당시도, 별명도, 집회도, 중국으로 이사 오면서 이미 각오했던 일이다. '나는 중국인이다我是中國人.'

다른 중국계 미국인 부부들이 흔히 그러듯이 레슬리와 나도 딸들에게 태평양 양쪽 각각에서 쓸 수 있도록 다른 성을 주었다. 쌍둥이들의 성은 영어로는 헤슬러지만 장張이라는 중국어 성은 레슬리로부터 왔다. 이름의 첫 번째 글자 싱興은 아이들이 태어나기 100년도 더 전에 외가 쪽 고조부가 골라놓은 것이다. 고조부는 한때 만주라고 알려졌던 중국 동북 지역 출신이었다. 동북은 유사 이래 대체로 외지고 사람이 많이 살지 않던 지역이었지만 19세기 말부터 개발되기 시작했다. 이 시기에 중국 최초의 철도 노선이 연안 지역과 해외 시장으로 통하는 새로운 통상 루트를 열기 시작했다.

쌍둥이의 고조부는 이런 변화에 발맞춰 착유기 공장과 제분소를 인수했다. 얼마 지나지 않아 마을 최대의 지주가 되었고 집안이 위대한 가문으로 발전하길 바라며 기반을 닦았다. 네 명의 부인을 두었고, 훌륭한 저택을 마련했으며, 자손과 지역 어린이들을 위한 초등학교를 세웠다. 그는 거기에 그치지 않고 향후 20대에 걸친 장씨들의 이름을 지어놓았다. 이 이름들은 고전 중국시의 형식으로 되어 있다.

鳳立同興殿 펑 리 통 싱 뎬 [13]
鴻連毓寶朝 훙 롄 위 바오 차오
萬傳家慶延 완 촨 자 칭 옌
九錫國恩昭 주 양 궈 언 자오

각 세대의 사람들은 시구의 순서대로 자기 이름에 글자를 하나씩 넣게 된다. 인간이라고 치면 약 500년이 지나야 끝나는 시다. 4대인 애리얼과 나타샤는 번영을 뜻하는 네 번째 글자 싱興을 물려받았다. 시의 내용은 가문의 성공을 중국의 성공에 연관 짓고 있다.

함께 번영하는 궁궐에 봉황이 서 있고
기러기는 보배로운 왕조를 잇고 키운다
이어지는 가문의 경사를 만세토록 전하니
아홉 장식이 국은을 비춘다

장씨 가문의 이 가부장은 유교적 가치를 믿었지만 또한 새로운 사상에 열려 있기도 한 사람이었다. 자신이 세운 학교에서 아들들과 나란히 딸들도 교육시켰다. 그 전 시대에는 듣도 보도 못 한 일이었다. 그는 첫 번째 부인의 둘째 아들, 즉 쌍둥이의 증조부에게 근대세계로 나아갈 준비를 시켜야겠다고 생각했다. 그리고 그를 신학문이라 불리던 교과과정을 가르치는 지린성 최초의 중학교에 입학시켰다. 학교에서는 중국 고전도 가르쳤지만 수학, 역사, 지리학, 자연과학을 가장 우선시했다. 소년은 뛰어난 실력을 보였고 10대 후반에 장학금을 받아 미국으로 유학을 떠났다.

1920년 미국에 도착한 뒤, 그는 장선푸張莘夫라는 이름으로 개명해 새로운 전환을 맞이했다. 뒤의 두 글자는 "임무를 받고 몰려가는 성실한 사내들莘莘征夫"이라는 뜻의 고전 문구에서 따왔다. 장선푸는 미국에 공부하러 몰려간 최초의 중국 학생 그룹 중 한 명이었고 당시는 존 듀이가 중국에서 자신의 사상을 널리 알리고 있던 때이기도 했다. 미국에 유학 온 중국의 젊은이들은 주로 조국에 도움이 될 것 같은 실용적인 전공을 택했다. 1905년에서 1924년 사이 미국에서 유학한 중국 학생의 3분의 1 이상은 엔지니어가 되었다.[14]

선푸는 문학을 공부하고 싶었지만 채광학으로 전공을 바꿨다. 캐나다와의 국경 근처에 있는 미시간 광산대학을 다녔고 졸업 후에는 미국 전역에서 다양한 일을 했다. 일기에 보면 그는 애국적 책임감의 관점에서 자신의 업무 경험을 이야기하고 있다.

1926년 1월 26일

중국에는 아직도 기계를 생산할 수 있는 사람이 없다.[15] 내가 미래에 그걸 시작할 수 있다면 정말 멋진 일이 될 것이다.

1926년 2월 4일
하얼빈의 교통은 정말 편리하다.[16] 거기서 일을 좀 해보고 싶다. 하지만 하얼빈의 철도는 모두 외국인 소유다. 가증스러운 일이 아닐 수 없다.

1926년 6월 4일
중국이 부유하고 강해지려면 철강 산업을 발전시켜야 한다.[17] 그렇지 않으면 열강의 잠식에 맞설 수 없다. 현재 철강 기계는 전적으로 수입에 의존하고 있다. 전쟁이 발발하고 해외로부터의 자원이 끊기면 중국은 반드시 패한다.

장선푸는 자기 계발을 위해 스스로를 자주 다그쳤고 미국의 기술과 미국 정치 전통의 여러 측면을 동경했다.

1926년 3월 8일
윌슨 대통령은 미국 건국 당시에[18] 가장 뛰어난 인재들이 모여 있었다고 믿었다. 헌법 초안을 만들었던 매디슨이나 도덕성과 철학적 사상이 풍부했던 프랭클린과 같은 이들이다. 미국의 헌법은 이런 사람들 덕분에 효력을 발휘할 수 있었다. 중국에서는 다들 공공의 윤리라고는 전혀 생각지 않고 이기적인 이득만을 추구하고 있으며 내부의 갈등이 끊이지 않는다. 끔찍한 일이다.

하지만 그는 민주주의를 경계하는 듯 보였고 선거 부정의 사례들을 언급하곤 했다. 무엇보다 미국 문화의 특정 측면들에 진저리 치는 점이 눈에 띈다.

1926년 1월 1일

내 개인적인 행동은 명예로워야 하고[19] 만사에 있어 더욱 검소해야 한다. 집주인인 해리 위어트 씨와 점심을 먹었다. 그의 이웃인 노인 부부는 강아지며 새들과 노는 것을 좋아하고 반려동물에 대해 이야기한다. 나는 이런 종류의 이야기가 역겹게 느껴진다.

1926년 1월 9일

미국의 젊은이 사회는 온통[20] 춤과 자동차뿐이다. 가정의 삶은 완전히 파괴되었다. 여성은 가정의 해체를 추구하고 남성은 게으름을 쾌락으로 추구한다. 절도와 살인이 날이 갈수록 늘고 있다. 도덕성이 퇴보하고 있다. (…) 중국은 미국을 앞으로 닥칠 일에 대한 전조로 봐야 한다.

레슬리의 책 『팩토리 걸』은 가족사에 대한 부분을 포함하고 있다. 2000년대에 책 집필을 위해 자료를 조사하는 동안 레슬리는 중국 대학원생의 도움을 받아 일기의 내용을 번역했다. 일기를 보면 줄줄이 써내려간 한자 사이로 산업체 기업들의 영어 이름이 적혀 있는 것이 눈에 띈다. 일리노이주 헤린의 신세리티 석탄 회사, 인디애나주 이스트 시카고의 인터내셔널 납 정제 회사 등등. 장선푸는 공장직,

엔지니어링직, 광산직을 전전했다. 그는 중국인에 대해 인종차별주의적 발언을 하는 현장 관리자들에 대해 불평하며 그런 냉혹한 도시에서 때로 안전에 위협을 느꼈다.

1926년 4월 26일
아침에 공장으로 일하러 갔다.[21] 전날 밤 흑인 두 명이 백인 한 명을 칼로 찔러 죽였다. 어제는 백인들이 흑인 교회에 불을 질렀다. 거리의 상황은 긴장감이 가득하다. 오늘 밤 백인들이 모든 흑인을 지역에서 쫓아냈다. 나는 짐을 싸서 내일 뉴욕으로 떠날 예정이다.

이러한 공포는 금세 지나갔던 것 같다. 혹은 '광란의 20년대'(활기와 자신감이 넘치던 미국의 1920년대—옮긴이)의 과도함이 그의 신경을 분산시켰는지도 모른다. 당대의 과도함은 광산에서 일하던 만주인에게 거의 화성인이 느꼈을 법한 기괴함처럼 다가왔을 것이다.

1926년 5월 22일
아침에 72번 광산에 들어가 회전식 폐기장을 살펴봤다.[22]
여기서 일하기 시작한 후로 매일 6시 15분에 일어난다. 에너지가 넘친다. 사람은 늦잠을 자지 말고 일찍 일어나야 한다.
뉴욕의 한 극장주가 어떤 여성에게 500명의 손님 앞에서 옷을 벗고 거대한 술병 앞에 서 있으라고 한 다음 손님들에게 술을 따라주었다. 여기에 대한 소송이 진행 중이다.

장선푸는 미국에서 7년을 보내고 1927년 중국으로 돌아왔다. 20대에 걸친 장씨에게 이름을 지어주었던 그의 아버지는 마을에 커다란 잔치를 열어 아들을 환영했다. 이튿날 아버지는 가법家法이라고 불리는 전통 나무막대로 장선푸의 등을 때렸다. 예를 갖춘 이 매질을 행한 이유는 아들이 바다 건너편에서 아버지의 허락도 구하지 않고 전공을 바꾸었기 때문이다. 매질이 어찌나 심했던지 장선푸는 며칠 동안이나 제대로 앉을 수가 없었다. 문학에서 공학으로 전공을 바꿨다고 아들을 때리는 중국 부모라니, 거의 한 세기가 지나 고속철도와 985 대학이 존재하는 지금의 중화인민공화국에서는 믿을 수 없는 일이다.

레슬리와 나는 숫자는 만국 공통이니까 수학은 아이들에게 상대적으로 해볼 만할 거라고 생각했다. 그러나 우리는 중국 교과서가 숫자를 언어 더미 아래에 파묻어놓곤 한다는 사실을 곧 깨달았다. 쌍둥이의 수학 교과서에 실린 많은 문제는 긴 문단으로 된 배경 설명을 포함하고 있었는데 이 중 일부는 헷갈리게 하려고 고안된 것처럼 보였다.

2009년 우리 나라의 총 이주 노동자 수는 2억3000만 명이었고[23] 도시의 건설과 개발은 이들의 근면한 노동력과 떼려야 뗄 수 없습니다.
할머니: 나는 매달 185위안의 정부 보조금을 받아요.
량량(손자): 엄마와 아빠는 도시에서 일해요. 매달 우리에게 800위

안을 보내줍니다.

1. 량량과 할머니는 8월에 745위안을 소비했습니다. 남은 돈은 얼마일까요?
2. 9월에는 260위안이 남았고, 10월에는 9월보다 30위안이 덜 남았습니다. 이 두 달 동안 남은 돈을 합친 금액은 얼마인가요?

많은 문제가 돈과 관련 있었다. 시골 기업 및 운송과 더불어 이주 노동 이야기가 자주 나왔다. 제1단원의 대부분은 많은 수의 사람을 버스와 기차와 선박에 태우는 것과 관련 있었다. 학교 운동장 집회에 관한 질문들도 있었다.

학급에서 공연 연습과 단체 체조에 참석할 학생의 수는[24] 남학생 18명, 여학생 18명입니다.
개구쟁이: 공연 연습 중에 우리 학급은 네 줄로 서요.
빙그레: 단체 체조 시간에 남학생 3명과 여학생 3명이 한 조가 되어 하나의 패턴을 이룹니다.
공연 연습에서 각각의 줄에는 평균 몇 명의 학생이 서 있을까요?
체조 시간에 36명이 있다면 몇 개의 패턴을 이룰 수 있을까요?

만화 캐릭터들의 대화를 통해 문제가 주어지는 경우가 많았는데, 이 중 일부는 개구쟁이, 덤벙이, 똑똑한 강아지, 현명한 노인처럼 의도가 다분한 이름을 갖고 있었다. 더러는 문제 속에 고의로 실수를 넣어두기도 했다.

어떤 두 자리 숫자를 또 하나의 두 자리 숫자로[25] 곱하는 과정에서 덤벙이는 22를 25로 잘못 읽었습니다. 그 결과 답이 정답보다 69 만큼 더 커졌습니다. 정답은 무엇이었을까요?

쓰촨대학에서 긴 일과를 마치고 나면 덤벙이의 두 자리 숫자 문제를 해결하는 일만은 절대 하고 싶지 않았다. 하지만 레슬리와 나는 사전을 손에 들고 꾸역꾸역 해나갔다. 가끔은 영어로도 알 수 없는 단어가 나오기도 했다. 제7단원에서 배운 윤閏이라는 단어는 영어로 '인터캘러리intercalary'라고 하는데, 메리엄-웹스터 사전에 의하면 '달력에 끼워넣다'라는 뜻이었다. 쌍둥이들은 우리가 69페이지에 있는 작은 글자를 읽기 전까지는 윤년에 관한 문제들을 계속 틀렸다.

[4년마다 한 번씩] 2월에 하루를 더해[26] 366일이 되는 해가 있고 이 것을 윤년이라고 부른다. 또한 두 개의 0으로 끝나는 해는 400으로 나누어 떨어져야 윤년이 될 수 있다고 규정되어 있다. 그러므로 2000년은 윤년이지만 1700년은 윤년이 아니다.

레슬리와 나는 400으로 나뉘어야 윤년이라는 규칙을 설사 언젠가 배웠다고 하더라도 잊은 지 오래였다. 이건 우리가 2100년까지 살아서 130세의 나이에 28일밖에 없는 2월에 대한 계획을 세울 필요가 있을 때만 상관있는 얘기 아닌가. 하지만 중국의 초등학교 3학년들은 지금 이 정보를 필요로 했다.

> 1900년, 1996년, 2018년, 2016년 중에[27] 윤년은 몇 개나 있나요?
> 1800년, 1960년, 2040년 중에[28] 윤년이 아닌 것은?

아이들은 또한 각 달의 일수를 다 외워야 했고, 어떤 문제들은 기만적이었다.

> 핑핑: 달력을 살펴보니 11월에 토요일이 다섯 개,[29] 일요일이 다섯 개 있는 해가 있었어.
> 황페이페이: 그렇다면 그해의 11월 1일은 무슨 요일이었을까?

이게 정말 수학이었을까? 언어를 가르치는 선생으로서 내 눈에는 단순 암기에 치우치는 경향이 항상 눈에 띄었다. 학생들은 영어 단어의 긴 목록을 쓰고 또 쓰면서 공부했는데, 한자를 공부하던 방식에서 비롯된 패턴이다. 수학도 반복적인 문제 풀이일 것이라고 생각했으나 그보다 훨씬 더 역동적이었다. 문제 안에 문제가 들어 있었다. 학생들은 문제가 실제로 묻고 있는 바가 무엇인지, 관계없는 정보는 무엇인지 알아내야만 했다. 등식을 어떻게 배열했는지 보여주어야 했으며 채점은 엄격했다. 첫 학기가 끝날 무렵 학부모들이 회의를 위해 학교에 모였을 때 수학 선생은 가치에 대한 말로 얘기를 끝맺었다. "수학은 미덕입니다"라고 선언했다.[30] "수학은 나를 수양하는 방법입니다."

수학은 또한 경각심을 필요로 하는 초경쟁 사회를 위해 고안된 것처럼 보였다. 중국의 초등학교 3학년 수학을 아우르는 기본 원칙은 '호구가 되지 말 것'으로 요약할 수 있다. 레슬리에 의하면 미국의 시험문제는 읽어보면 출제자가 아이들이 제대로 된 답을 이해하길 원한다는 사실을 알 수 있다. 그러나 중국의 시험은 틀린 답을 노리고 있다.

그 학기에 우리가 가장 좋아했던 문제는 수학 교과서 56페이지에 나왔다. 거울이 그려져 있고 거울 안에는 시계의 이미지가 있다. 문제는 다음과 같다.

> 룽이밍은 학교에서 집으로 돌아와 숙제를[31] 시작했습니다. 거울 속에는 벽시계(눈금만 있고 숫자는 없음)가 6:30을 가리키고 있는 것이 보였습니다. 룽이밍이 숙제를 마치고 텔레비전을 켰더니 18:30에 방영하는 「드래곤 게이트 이야기」가 막 시작했습니다. 어떻게 된 일일까요?

이런 것이 전형적인 방해 요소였다. 본론과 무관한 이야기, '6:30'과 '18:30'의 혼란스러운 사용, 숫자가 없는 시계라는 교묘한 디테일. 하지만 원칙은 여전히 같았다. 호구가 되지 말 것. 이미지가 반전되어 있다면 6시의 왼쪽에 있는 것으로 보이는 시침이 사실은 오른쪽에 있다. 나타샤는 서툰 글씨로 정답을 끄적여놓았다.

> 거울에서 '6:30'을 봤지만 사실은 5:30이었어요. 그러니까 숙제를

한 시간 한 거예요.

———

쌍둥이의 중국인 증조부가 미국에서 공부한 지 얼마 지나지 않아 미국인 증조부 한 분도 자신만의 학문 여정을 떠났다. 내 어머니의 아버지 프랭크 디츠는 태평양을 건넌 것이 아니라 대서양을 건넜다. 하지만 프랭크는 종국에 장선푸의 꿈과는 다른 길을 택했다. 서양에서 공부해 그 지식을 중국에 적용하는 길이었다.

중국인 증조부처럼 프랭크도 철도로 인해 탈바꿈하고 있는 나라의 시골 마을에서 자랐다. 그러나 20세기 초반의 미국은 이 과정이 중국보다 훨씬 더 앞서 있었다. 프랭크 가문의 상당수가 남쪽의 철도에서 일했고 프랭크의 아버지는 아칸소주 파인 블러프의 노선에 고용되어 있었다. 철도는 번영을 가져왔으나 때로 현대사회의 더 위험한 부산물을 실어오기도 했다. 프랭크의 아버지는 1917년, 29세의 나이에 갑자기 사망했다. 나중에 스페인 독감으로 알려지는 바이러스 유행의 초기에 감염된 후의 일로 보인다. 삼형제 중 첫째였던 프랭크는 겨우 여섯 살이었다.

프랭크의 어머니는 결혼반지를 전당포에 맡기고 사무직 일자리를 구했지만 결국 혼자서는 아이들을 키울 수 없음을 깨닫고, 삼형제를 아칸소주 중서부에 있는 베네딕트 사원인 수비아코 수도원에 기숙학생으로 등록시켰다. 프랭크는 뛰어난 학생이었고 수도사들은 그에게 사제직에 관심을 가져보라고 권했다. 1929년, 베네딕트 수도회는 프랭크를 로마에 있는 산탄셀모 알아벤티노 수도원으로 유학 보내 사제 수련을 받게 했다.

이러한 변화 과정에서 18세의 프랭크는 이름을 프랭크 안셀름 디츠로 바꾸었다. 그가 로마에서 쓴 일기는 장선푸의 일기와 마찬가지로 후손들에게 전해져 내려왔다. 한 명은 고전 중국어로, 다른 한 명은 영어로 글을 썼던 두 젊은이는 때로 같은 일에 대해 코멘트하고 있다. 둘 다 베니토 무솔리니가 독재 권력에 올랐던 1925년 1월 3일의 기념일을 맞아 무솔리니에 대해 썼다.

[장선푸]

1926년 1월 3일

무솔리니의 부상 이후,[32] 이탈리아의 사회 상황은 개선되었고 시민들의 야심도 많이 커지고 회복되었다. 이는 유럽에 더 큰 문제를 불러일으킬 것이다.

[프랭크 디츠]

1931년 1월 3일

무솔리니의 미국에 대한 우호 연설문을 읽었다.[33] 절반 정도는 '볼로니boloney'(헛소리)라고 생각한다.

두 사람의 일기 모두 낯선 환경에서 살며 발생하는 스트레스로 인한 것이 틀림없을 열악한 건강 상태에 대해 얘기하고 있다. 언어 또한 어려움의 일부였다. 선푸는 영어를 배웠고 프랭크는 라틴어, 이탈리아어, 히브리어와 씨름했다. 유교와 베네딕트회 사이의 공통점 중 하나는 자책인데, 장선푸 일기의 '만사에 있어 더욱 검소해야 한다' 와 같은 부분에 드러난 어조는 프랭크의 그것과 일치한다.

1931년 1월 12일
끔찍하게 게을러서 올해 처음으로 늦잠을 잤음. 신의 뜻으로Deo volente, 이게 올해의 마지막이기를.

1931년 1월 24일
수업에 전혀 흥미를 느끼지 못하고 하루 종일 아무런 공부도 하지 않았음. 계속 이럴 수는 없다!

그러나 조국에 대한 두 사람의 태도는 매우 달랐다. 장선푸에게는 중국의 가난과 정치 혼란이 개인적인 짐으로 다가왔고 그의 일기는 군벌이며 민족의 반역자, 외국 침략 세력에 관한 이야기로 가득하다. 반면 프랭크는 미국의 뉴스에 대해 거의 언급하지 않는다. 프랭크 를 태운 배가 나폴리에 도착했을 때는 1929년의 주식 대폭락이 있 던 달이지만 그는 그 사건에 대해서도 대공황에 대해서도 전혀 얘기 하지 않는다. 미국의 경기 침체는 중국이 겪었던 트라우마에 비하면 가벼운 일이었는지도 모른다. 어찌 됐든 국가적 이슈는 프랭크의 고 민이 아니었고 그는 종종 방향을 잃은 것처럼 보인다. 그러다가 수 도원에서 맞이한 두 번째 봄에 갑자기 삶의 불꽃이 타오른다.

1931년 3월 18일

베이징 가톨릭대학의 총장인 돔 프랜시스 클로어티가 중국으로 돌아가는 길에 오늘 여기 도착한다. 덩치가 크고 건장한 아일랜드인이다.

1931년 3월 22일

클로어티 신부님의 이야기는 매우 흥미롭다. 그에 따르면 베이징 가톨릭대학은 완벽하게 탄탄한 기반을 갖추고 있으며 베네딕트회 및 기타 수도회의 상당수 유능한 교사들로부터 중국에 오겠다는 약속을 받았다고 한다.

1931년 3월 23일

미국인들이 나누는 한담은 이제 모두 중국에 관한 것이다.

1931년 3월 25일

아침에는 사제 대미사를 집전하고 저녁 식사 전에는 장엄 저녁 기도…… 돌아와서는 휴와 도널드와 함께 중국에 대해 얘기했다. 클로어티 신부님은 오늘 바쁜 하루를 보냈지만 도널드의 방으로 와서 도널드, 휴, 에드워드와 나에게 영감을 주는 이야기를 하셨다. 너무 흥분한 나머지 클로어티 신부님이 12시에 떠난 뒤에도 도널드와 휴와 나는 새벽 3시가 다 되도록 잠들지 않고 이야기를 나누었다. 이것이 내 인생의 전환점이 될 것이라 믿는다. 나는 중국행을 지원할 것이다. 신이 우리와 함께하기를!

중국어로 당시 푸젠사(輔仁社)이라고 알려진 베이징의 가톨릭대학은 1925년 펜실베이니아주에서 온 베네딕트 수도사들에 의해 설립되었다. 그 시절의 수많은 외국 프로젝트와 마찬가지로 베이징 가톨릭대학도 실용주의와 신앙, 과학과 신을 결합시키려 했다. 교황 비오 11세는 이런 포고령을 발표했다. "베이징의 대학에 한편으로는 다스리고,[34] 가르치고, 경건한 영혼을 키우기에 가장 적합한 사람들을 보내고, 다른 한편으로는 과학을 제대로 가르칠 수 있도록 장비와 도구들을 공급해야 합니다."

프랜시스 클로어티 신부(덩치가 크고 건장한 아일랜드인)는 사실 펜실베이니아주 출신의 아일랜드계 미국인이었다. 그의 로마 방문은 짧았지만 프랭크와 다른 젊은 수도사들의 진로 계획을 바꿀 만큼 영감을 주었다. 그해 봄 프랭크의 일기는 이들이 거대한 가톨릭 관료 조직과 협상하는 과정을 기록하고 있다. 교회의 일부 직책명은 미래의 중화인민공화국에서도 어색하게 들리지 않을 법하다.

1931년 3월 27일

지금은 모든 것이 온통 중국이다. 나는 중국을 숨 쉬고, 먹고, 꿈꾼다. '중국 그룹'에 있는 우리 모두 그럴 것이라고 생각한다. 클로어티 신부님은 오늘 아침 아파서 침대에 누워 있다. (…) 그와 도널드는 오늘 오후 선전국장 반 로세움 추기경과 면담한다.

1931년 5월 8일

라프가 워싱턴에 있는 선배에게 매우 고무적인 편지를 받다. 그는

라프가 중국행을 위해 서원을 변경하는 것에 반대하지 않는다고
한다.

1931년 5월 24일
휴가 수도원장에게 중국에 가는 문제에 대해 이야기해보지만 언제
나 그렇듯 애매한 답변을 받다. 마틴은 최고존엄 신부Reverendissimo
에게 보내는 편지의 대략적인 초안을 작성했고 며칠 안에 보낼 예
정이다.

프랭크는 1932년에 미국으로 돌아왔다. 거기서 사제 서품을 받을
계획이었다. 그는 베네딕트회의 상급자에게 자기가 베이징 가톨릭
대학에 가서 가르치라는 신의 소명을 받았다고 이야기했다. 상급자
는, 속세의 상급자에 대한 젊은이의 순종을 시험하기 위해 신은 때
때로 거짓 소명을 주신다고 답했다. 그리고 그 속세의 상급자는 프
랭크가 아칸소주 시골의 수비아코 수도원에서 다음 세대의 소년들
을 가르치기를 기대하고 있었다.

11월 중순이 되자 애리얼과 나타샤는 한자를 500자 이상 외웠고
교실에서 오가는 말을 대부분 이해하게 되었다. 레슬리와 나는 쌍둥
이가 부담될까 걱정했지만 장 선생님은 한 번도 어려운 기색을 보이
지 않았다. 그녀가 대단히 뛰어난 교사라는 사실을 금세 알 수 있었
다. 두 명의 외국인 아이를 53명의 다른 3학년 학생들과 함께, 게다
가 중국식으로 가르친다는 것을 나는 상상조차 할 수 없었다. 반을

나누거나 조를 편성하지도 않는다. 55명이 모두 똑같은 속도로 교재를 배워나갔다. 학부모 회의에서 장 선생님은 '꼬리의 문제尾巴的問題'에 대해 말했다.[35] 파워포인트를 사용해가며 우리에게 지난 학기 기말고사에서 90점을 받지 못한 학생이 7명이었다는 사실을 보여주었다. 이번 학기에는 90점 이하가 4명으로 줄었다. 장 선생님은 "우리가 가장 많은 시간을 할애하는 것이 이 학생들입니다"라고 말했다.

미국식 교육이 소규모 수업을 중시하는 반면 중국의 시스템은 효율성과 전문성에 집중한다. 보통 미국의 초등학교 선생님은 모든 과목을 가르치지만[36] 장 선생님은 중국어만 가르쳤다. 수습 교사의 보조를 받았는데, 그 또한 중국어 전문이었다. 수학 교사가 들어와 수학을 가르치고, 영어 교사는 영어, 이런 식으로 전 과목이 나뉘어 있었다. 아이들은 하루 종일 자리에서 거의 움직이지 않는다. 점심은 금속 카트에 실려 교실로 들어왔고 아이들은 꼬마 일 중독자처럼 책상에서 식사를 했다. 수업 중에는 두 발을 모두 바닥에 붙이고 팔은 책상 위에 다소곳이 포갠 채 앉아 있는다. 교사가 학생을 호명하면 아이는 말하기 전에 자리에서 일어선다. 수학에서 등호나 뺄셈 부호, 나눗셈 부호를 써야 할 때는 언제나 자를 사용해야 했다. 수학 교사는 애리얼과 나타샤가 이 부호들을 그냥 손으로 쓰는 것을 한동안은 참아주다가 이내 감점하기 시작했고 그러자 쌍둥이는 재빨리 자를 사용하는 데 익숙해졌다. 이러한 훈육은 전반적인 효율성 강조의 일환이었다. 아이들이 질서정연하면 시간 낭비가 줄어든다.

이 시스템은 또 부모의 도움을 극대화하면서 부모의 개입은 사실상 0으로 최소화했다. 학부모들은 간혹 사진사 역할을 한다거나 다른 특별한 용무가 있을 때를 제외하고는 정문 안쪽으로 들어오지 못하게 했다. 엄마 아빠들은 위챗에서 비용을 걷거나 다른 행정적 업무를 처리하느라 바빴고, 숙제며 교복이며 하늘 아래 존재하는 거의 모든 주제에 관해 수천 개의 메시지를 교환했다. 하지만 장 선생님에 대한 조언을 올리는 학부모는 한 번도 보지 못했다. 건의도 불평도 비판도 없었다. 학교의 메시지는 명확했다. 우리가 알아서 합니다.

그리고 챗그룹의 '우리', 즉 학부모가 아이들에게 흡수되어버리는 방식은 오프라인에서도 마찬가지였다. 학부모-교사 회의는 학급 전체가 한데 모여 이루어지고 학부모들은 자기 아이의 책상에 앉았다. 레슬리와 나만이 온전한 엄마 아빠 커플로 참석했다. 쌍둥이라서 두 자리를 차지할 수 있기 때문이었다. 다른 부부들은 부모 중 한 명만 참석해야 했다.

학부모들은 책상에 앉는 순간 몸가짐이 달라졌다. 눈은 정면을 응시했고 파워포인트 슬라이드 사진을 찍을 때를 빼면 휴대폰을 만지작거리지도 않았다. 회의는 두 시간씩 계속되기도 했지만 학부모들은 끝까지 집중했다. 4학기 동안 아무도 질문하지 않았다. 그 메시지 또한 명확했다. 여기서는 듣기만 하세요.

중국의 또 다른 교육 전략은 학문의 우선순위에 엄격한 위계를 부여한다는 점이다. 거의 병원에서 환자를 분류하듯 했다. 청두실험학교에서는 모든 것이 국어와 수학을 중심으로 돌아갔다. 보통 매일 밤 총 두 시간에서 세 시간 정도 걸리는 숙제가 거의 다 여기서 나왔다. 이 두 과목의 교사들이 가장 높은 지위를 누렸고 교과서 또한 가장 좋았다. 특히 수학 교과서는 훌륭하게 구성되어 있었다.

하지만 일부 다른 과목의 교과서는 '덤벙이'와 그의 패거리가 만든 게 아닌가 싶었다. 정부에서 간행한 영어 교과서의 제2단원은 사고와 부상과 치료에 대한 대화를 통해 신체와 관련된 단어들을 소개하고 있다. 아이들이 개에게 물리고, 바위에 부딪혀 머리가 박살 나고, 축구를 하다가 심각한 부상을 입는다. 음식을 먹는 것조차 위험했다. 어떤 페이지에는 뚱한 얼굴의 남자아이가 "점심시간에 혀를 깨물었어요. 정말 아파요"라고 말하는 광경이 나와 있다. 아이들이 빨리 배우게 되는 영어 단어 중 하나는 바로 '아프다hurts'라는 단어다. 다른 페이지에는 네 명의 아이가 영어로 된 팻말이 붙은 병원 침대에 누워 있다.

빌 —	8세	— 발이 아프다[37]
벤 —	10세	— 다리가 아프다
릴리 —	9세	— 귀가 아프다
제인 —	10세	— 팔이 아프다

이것이 언어 학습을 고무하는 좋은 방법일까? 도대체 누가 아홉 살짜리를 귀가 아프다고 병원에 처넣는가? 1990년대 나의 중국 학생과 동료들은 건강에 대해 어쩐지 두려워하는 태도를 갖고 있다는 인상을 풍겼다. 가난과 전염병과 자연재해로 점철된 중국의 긴 역사를 생각하면 놀랍지는 않았다. 개혁개방 이후로 중국은 획기적으로 안전하고 부유해졌지만, 특히 한 자녀밖에 갖지 못하는 가정에는 옛 사고방식이 남아 있었다.

'도덕과 규칙' 과목은 더 재앙투성이였다. 3학년 학생들에게 행동을 바르게 하고 공산당과 국가를 사랑하도록 가르치기 위한 정치 과목이다. 교과서에 보면 부주의한 어린이들이 강이나 연못에 곧잘 빠져 죽고,[38] 친절해 보이지만 알고 보니 범죄자인 아주머니들에게 납치된다.[39] 한 챕터에는 텅 빈 들판에서 아버지의 담배 라이터를 갖고 노는 모모라는 아홉 살짜리의 이야기가 나온다. 여기서 좋은 소식은 병원의 헌신적인 의료진이 모모의 목숨을 구해낸다는 것이다. 나쁜 소식은 이렇다.

하지만 모모는 온몸에 심각한 화상을 입고[40] 영구 장애를 갖게 되었습니다. 맹목적인 호기심과 부주의한 실험이 모모와 가족과 사회에 큰 불행을 가져다주었어요.

여기서 "호기심"과 "실험"이라는 명사가 부정적인 형용사와 짝 지워져 있다는 사실은 시사하는 바가 있다. '호구가 되지 말 것'이 중국의 초등교육을 아우르는 하나의 기본 원칙이라면, 또 하나의 원칙은 '교실 밖의 모든 것을 두려워할 것'이 아닌가 싶다. 이는 이름에 '실험'이라는 단어가 들어 있는 교육 기관이 갖고 있는 수많은 모순 중 하나였다. 학교의 아름다운 캠퍼스에는 농구 코트와 축구장과 정글짐과 육상 트랙이 있었다. 하지만 아이들이 밖에서 노는 모습을 본 일은 거의 없고 6학년 미만 학년은 정글짐을 만지지 못하도록 하는 엄격한 규정이 있었다. 애리얼과 나타샤는 이게 말도 안 된다고 생각했다. 그 정글짐은 콜로라도에서는 유치원생에게도 시시해 보일 거라며.

학교 역사를 소개하는 전시물 근처에 '초등학생을 위한 규칙'이라는 제목의 표지판이 있었다. 거의 300자에 달하는 이 규칙은 당에서 시작해 폴로니어스(『햄릿』에 나오는 오필리아의 엄격한 아버지—옮긴이)와 그보다 더한 것까지 연상시키는 아홉 부분으로 구성되어 있었다.

1. 당을 사랑하고, 조국을 사랑하고, 인민을 사랑하자……
6. 정직하고 약속을 지키자. 자신의 말에 충실하고 거짓말하거나 속이지 않는다. 빌린 물건은 제시간에 돌려주고 실수는 바로잡는다……
8. 생명을 소중히 하고 안전을 지킨다. 빨간불에 서고 파란불에 간다. 물에 빠지지 말고 불장난을 하지 않는다……

규칙은 존 듀이의 추종자였던 후엔리가 찬양했던 개성이나 자기주도 학습, 또는 기타 덕목에 대해서는 언급하지 않는다. 교정 안에서 '민주 정신'은 리펑 전 총리의 이름이 나와 있는 표지판에 언급된 것이 유일했다. 부근에는 리펑의 짧은 전기와 그의 서예 글씨가 전시되어 있었다. 물론 이런 자료들 어디에도 1989년 6월 리펑이 톈안먼 광장에서 학생과 노동자들의 시위를 진압하기 위한 무력 사용을 옹호했다는 얘기는 나와 있지 않다. 최소한 수백 명이 사망한 이 학살 이후 청두실험학교의 가장 유명한 졸업생은 '베이징의 도살자'라는 별명으로 불렸다.

톈안먼 시위는 존 듀이가 중국에 있을 때 시작된 운동의 마지막 메아리였다. 1919년 5월 4일 이후로 중국의 학생들은 정치적 봉기가 있을 때마다 눈에 띄는 역할을 하곤 했다. 그러나 이 역할은 1989년의 탄압으로 막을 내렸다. 일견 이런 변화는 필수 정치 과목에서부터 빈센트가 내 수업의 에세이에서 언급한 의무 군사 훈련에 이르기까지, 톈안먼 사태 이후의 캠퍼스 정책 때문이라고도 할 수 있다. 그러나 이것은 국가에 봉사하기 위해 교육이 존재한다는 중국의 훨씬 더 오래된 전통으로 되돌아가는 것이기도 했다. 페리는 「식자들의 묵인」에서 중국 대학들이 해외 학자들을 더 많이 받아들이고 해외 사상과의 접촉을 확대하는 와중에도 이런 전통을 강력히 유지해오고 있는 점에 주목한다. 그녀는 이렇게 말한다. "중국의 상아탑에 전 세계의 학자들과 자금이 유입되면서[41] 중국 대학가의 지적 풍토가 자유로워지지 않을까 하는 기대가 있었다. 하지만 중국의 대학들은 여전히 정치적 순응의 오아시스로 남아 있다."

20세기 초반에도 해외로부터의 영향이 기대했던 만큼의 결과를 가져오지 않으리라는 징후가 있었다. 강연 투어가 끝나고 존 듀이는 한 번도 중국으로 돌아오지 않았고 그의 사상 대부분은 중국에서 장기적인 영향력을 갖지 못했다. 마오쩌둥은 적어도 혁명 초기에는 실용주의와 실험정신을 계속 중시했지만 비폭력의 원칙은 재빨리 뒤집었다. 마오는 고향인 후난성에서 현지 농민운동을 체계적으로 연구했고, 그가 관찰한 결과는 교조적인 마르크스주의자들과 마찰을 빚었다. 마오는 공산주의에 대한 지지가 도시 노동자보다 농촌 지역에서 이뤄질 가능성이 크다고 결론 내렸다. 이 생각은 중국공산당의 승리에 중요한 역할을 하게 된다. 마오는 권력을 잡고 나서 존 듀이와 그의 중국인 추종자들을 공격하는 정치 캠페인을 시작했다.[42]

이는 미국과 중국 사이에 교육을 두고 이루어진 초기 교류에서 흔히 볼 수 있는 패턴이었다. 놓쳐버린 연결 고리와 잃어버린 기회로 점철된 역사라고 할 수 있다. 미국의 관점에서는 중국이 민주적 가치 없이 실용주의만을 취하고, 신앙 없이 과학만을 취하는 것처럼 보이는 일이 많았다. 프랭크 디츠의 경우에는 차이나 드림이 금방 막을 내리고 말았다. 신으로부터의 첫 거짓 소명이 마지막 소명이기도 했던 것이다. 베이징으로 가는 선택지가 사라지고 나서 프랭크는 베네딕트회를 떠나기로 결심했다. 로스쿨에 입학하고, 결혼해서 두 명의 아이를 낳고, 결국에는 작은 보험 대리점을 운영했다.

훗날 우리 할아버지는 사제 서품을 거부하기로 한 결정에 대해 거의 언급하지 않았다. 할아버지는 독실한 가톨릭 신자로 남았지만 할아버지가 중국에 관심을 가졌다는 사실은 생전에 전혀 알지 못했다. 20대 중반 평화봉사단에 들어가기 얼마 전 어머니가 내게 프랭크 할아버지의 일기를 주셨다. 나는 할아버지가 베이징 가톨릭대학에 있는 베네딕트회 수도사들과 함께했더라면 어떻게 됐을까 궁금해하곤 했다. 클로어티 신부("덩치가 크고 건장한 아일랜드인")는 중국에서 20년 이상의 세월을 보냈다. 제2차 세계대전 중에는 일본에 맞서 싸우던 중국 군인들을 지원하는 구호 활동을 지휘했다. 진주만 공습이 있고 한 시간도 되지 않아 일본군이 클로어티 신부를 체포했고[43] 그 후 4년을 전쟁포로로 지냈다. 거기서 살아나온 다음 그는 미국에서 긴 은퇴의 삶을 보냈다. 베이징에서는 공산당이 권력을 잡은 뒤 가톨릭대학을 접수해 그 시설을 당 기관에 배정했다. 결국 타이완에 또 다른 버전의 가톨릭대학이 세워졌고 그곳이 오늘날 푸젠가톨릭대학天主教輔仁大學(푸런대학)이라고 알려져 있다.

장선푸의 직업도 전쟁의 영향을 받았다. 일본과의 전쟁 중에 그는 미국에서 받은 교육을 활용해 국민당 정부를 위해 중국의 광산을 감독했다. 선푸는 아내 상형과 함께 자주 이사를 다녔으며 다섯 자녀는 모두 외딴 광산 마을에서 태어났다. 선푸는 일기를 계속 써나갔다.

1940년 7월 17일
지난 몇 년의 세월이 별 의미 없이 빠르게 지나갔다.[44] 첫째, 나는 외부 세계와 단절된 채 산에서 오랫동안 살아왔기 때문에 친구가 한 명도 없다. 둘째, 광산과 채광 작업 외에 나는 삶을 전혀 모른다. 삶의 궁극적인 목적은 무엇인가? 아직도 내 삶의 목적을 정하지 못했다. 그렇게 42년이 지났다. 안타깝고 후회스러운 일이다.

1945년 8월 일본이 항복하고 나서 국민당은 가치가 큰 광산에 대한 통제권을 되찾아야 했다. 그러나 동북부에서는 중국의 공산주의자들이 소련군의 도움을 받아가며 지원 세력을 구축하고 있었다. 이듬해 1월 국민당은 관리를 파견해 중요한 탄광 한 곳을 조사하도록 했다. 위험하다고 알려진 그 탄광은 랴오닝성 푸순에 있었다. 정치에 능하다는 평이 있던 그 관리는 꾀를 써서 파견 임무에서 벗어날 수 있었다. 그 임무는 선푸에게 떨어졌다. 선푸는 프랭크와 달리 수도사의 복종 서약을 한 적이 없었지만 그의 애국심은 어떤 종교적 신앙

못지않게 강력했다. 그는 푸순 임무를 받아들였다.

광산에서는 지역 공산당과 소련 요원들이 선푸가 제대로 된 조사를 할 수 없도록 미리 방해했다. 성의 수도로 돌아가려고 했지만 버려진 역에서 한 무리의 무장한 군인들이 기차에 올라탔다. 몹시 추운 저녁 9시, 이들은 선푸와 국민당 광산 기술자 6명을 인근 산비탈로 끌고 가 거기서 손을 등 뒤로 묶은 채 총검으로 찔러 살해했다. 선푸는 열여덟 차례 찔렸다. 중국의 한 신문은 그의 마지막 말을 다음과 같이 보도했다. "내 임무를 위해 죽는 것이니 불만 없습니다."[45]

당시 선푸의 둘째 아들은 겨우 아홉 살이었다. 아들의 이름은 장리강張立綱. 리立는 가부장 할아버지가 지었던 시의 두 번째 글자였다. 이들 가족은 1949년에 본토를 떠났고 소년은 타이베이에서 뛰어난 학생이 되었다. 그는 대학원 진학을 위해 태평양을 횡단하는 여행을 떠났다. 미국에서 공학과 물리학을 공부했고 거기서 과학을 공부하던 타이완 출신의 학생과 결혼했다. 결국 둘은 미국 시민이 되었다. 레슬리와 남동생(퉁허彤禾와 퉁이)이 태어나면서 가족의 시는 또한 글자 앞으로 나아갔다.

푸순에서의 임무를 거부했던 관리는 국민당을 버리고 공산당에 입당한 뒤 오랜 관직생활을 누리고 102세까지 살았다.

당의 어느 누구도 장선푸의 암살에 대해 공로를 인정받지도 책임을 지지도 않았다. 어째서 민간인을 표적으로 삼았는지에 대해서도 아무런 설명이 없었다. 장선푸에게 공산주의자들은 언제나 알 수 없는 존재였다. 살해당하던 날로부터 거의 20년 전, 그는 미국에서 이렇게 썼다.

1926년 1월 19일

공산주의를 찬양하는 저 사람들은 마음속에[46] 진짜 무슨 생각을 하고 있는지 알기 힘들다. 레닌과 트로츠키는 신념을 바꾸지 않고 많은 고통을 견뎌냈다. 도덕성이 훌륭한 사람들이다. 하지만 중국 공산주의자들의 도덕성은 도대체 어떤지 모르겠다.

———

레슬리와 내가 청두로 이사했을 때 친구들은 우리에게 공립학교의 정치적 세뇌 작업에 대해 경고했다. 그러고 보면 애리얼과 나타샤는 증조부가 공산당에게 살해당했는데, 지금은 "당을 사랑하자"라는 말로 시작되는 학칙이 있는 학교를 다니고 있지 않은가. 하지만 중국인 다수는 정치적인 것과 개인적인 것을 구별한다. 중국과 미국이 외교 정상화를 위한 첫걸음을 내디뎠던 1970년대에 레슬리의 아버지 장리강은 초기 미국 과학자 대표단에 합류해 중국 본토를 방문했다. 미국에서 은퇴한 이후에는 홍콩의 한 대학에서 학장으로 근무했다. 다른 나라에서였다면 아마 순교자의 아들이 그런 일을 하지는 않았을 것이다. 쿠바에서 망명한 사람이 카스트로 정권과 이런 식의 교류에 참여하는 것은 상상하기 힘들다. 그러나 장리강은 자신이 중국과 맺고 있는 깊은 유대가 정치를 초월한다고 믿었다. 개인적이고 문화적이고 지적이고 정서적인 유대였다. 그에게 교육은 성스러운 것이었고 그는 교류가 주는 가치에 대한 믿음이 있었다.

우리 또한 비슷한 믿음을 갖고 애리얼과 나타샤를 청두실험학교에 보냈다. 나는 장 선생님과 교사들이 쌍둥이를 미국인이 아닌 그저 아이 개인으로 봐줄 가능성이 클 거라 믿었다. 그리고 아이들이 새로운 언어를 배우고 다른 시스템을 경험하기를 바랐다. 사실을 말하자면 미국과 중국 양쪽의 교육 모두에 내가 좋아하는 점과 싫어하는 점이 있었다. 중국의 전통으로부터 배울 점이 아주 많다고 생각했던 존 듀이와 크게 다르지 않다. 역사학자 제시카 칭세 왕은 『중국의 존 듀이』에서 이 미국 철학자의 개혁에 대한 시각이 전혀 일차원적이지 않았다고 강조한다.[47] 물론 상황은 존 듀이가 바랐을 법한 방향으로 전개되지는 않았고, 이는 미중 교류의 길고 굴곡진 역사에서 전형적으로 볼 수 있는 모습이기도 했다. 두 나라의 전통을 결합시키려는 희망을 안고 태평양을 건넜던 사람들이 기대했던 결과를 얻은 경우는 거의 전무하다.

그럼에도 나는 장 선생님과 같은 교사들이 매우 헌신적이라는 것을 알고 있었다. 이는 교사가 된 옛 제자들 사이에서도 볼 수 있었던 성향이다. 설문 조사로 추정해보면 푸링에서 가르쳤던 학생의 90퍼센트 이상이 여전히 교사로 일하고 있었다. 2021년의 설문에서[48] 졸업 후 지금까지 몇 개의 일자리를 거쳤는가 물었더니 교사들의 평균은 겨우 2.1개였다. 4분의 1 이상은 거의 20년 동안 같은 학교에서 일하고 있었는데 개혁개방 시대에 일어난 모든 변화를 고려하면 놀라운 수치였다. 1990년대 미국에서 교사 교육을 받은 비슷한 집단에서 이런 수준의 안정성을 찾아볼 수 있을지 의문이었다. 그러나 중국의 교사들은 높은 사회적 지위를 누리고 지난 세월 동안 급여도 적절한 수준으로 올랐다. 옛 제자들에게 직업 만족도를 1점부터 10

점까지 평가해달라고 하니 교사들의 평균은 7.9점이었다.

하지만 이들은 의무적으로 가르쳐야 하는 국정 교재에 대해서는 신랄했다. 한 여제자는 설문에 "중국 교육은 정크푸드 같아요"라고 답했다.[49] 다른 한 명은, "중국의 교육은 쓰레기입니다. 창의력도 없고, 공부할 것은 너무 많고, 스트레스만 받아요. 학생들이 학교에서 배우고 있는 것의 대부분은 미래에 쓸모가 없습니다"라고 답했다. 2017년에 옛 제자들에게 지난 10년간 중국이 거둔 가장 큰 성공이 무엇이냐고[50] 물었더니 모두 경제나 발전과 관련된 것을 꼽았다. 월등하게 많은 대답은 교통의 개선이었다. 응답자 30명 가운데 교육을 말한 사람은 아무도 없었다.

옛 제자 중에 초등학교 교사는 에밀리가 유일했다. 에밀리는 2000년대 초반 선전에서 이주민으로 자리를 잘 잡았고 친구들 중 일부는 결국 성공적으로 자기 사업을 시작했다. 에밀리도 그 대열에 합류할 수 있었지만 2009년에 이주의 흐름을 거슬러 푸링으로 돌아왔다. 고향에서는 아버지의 학연에 기댔다면 지역에서 제일 좋은 학교 중 한군데에 쉽게 취직할 수 있었을 것이다. 그렇지만 에밀리는 그런 식으로 연줄을 이용하지 않기로 했다. 그녀는 이메일에서 푸링의 시골 외곽에 있는 변변찮은 학교에서 치렀던 면접을 이렇게 묘사했다.

더 이상 내 이익을 위해 '꽌시'를 이용하지 않겠다고[51] 마음먹었어요. (…) [학교는] 유명한 곳이 아니었습니다. 그러니 어려울 게 없었죠. 9월 1일에 내가 사는 곳에서 버스로 40분 거리에 있는 새 학교를 찾아갔어요. (…) 그곳의 풍경은 사뭇 달랐습니다. 학교 가운데에 넓은 운동장이 있었고 한쪽 면은 뚫려 있어서 농부들이 밭에서 일하는 모습이 보였어요. "여기가 내가 머물고 싶은 곳이야"라고 마음속으로 생각했습니다.

면접 과정에서 여러 관리자가 에밀리에게 좀더 번듯한 자리를 넌지시 제안했다. 초등학교 교사는 중학교나 고등학교 교사에 비해 급여가 적다. 그리고 수학이나 중국어 같은 주요 과목 위상이 더 높았다. 에밀리가 묘사한 인터뷰 장면이다.

"중학교에서 가르쳐보는 건 어떻습니까?" 호리호리한 노년의 남자가 들어와서 물었어요.
"여기 중학교가 있나요?"
"그럼요."
"죄송합니다. 저는 초등학교가 더 좋아요."
노년의 남자가 방을 나갔다.
"중국어나 수학을 가르쳐보시겠어요?" 이번엔 호리호리한 젊은 남자가 들어와서 물었어요.
"저는 영어를 가르치고 싶어요. 선전에서 여러 해 영어를 가르쳤고 그걸 잘합니다."
젊은 남자도 방을 나갔다.

에밀리가 일을 시작한 지 2년 뒤 푸링시의 빠른 성장세 덕에 학교는 정식으로 푸링시 시스템에 편입되었다. 대부분의 사람에게 이는 환영할 만한 발전의 신호였겠지만 에밀리는 이메일에 이렇게 썼다.

> 어제 오후 학생들이 줄 서서 담임 교사들의 인솔을 받아[52] 학교를 나가는 것을 보니 슬펐어요. 이번 학기부터 우리 학교는 더 이상 시골 학교가 아니라 이제 '도시 학교'입니다. 많은 게 바뀌고 있고 더 많은 규율과 규칙이 생길 거예요. 학교라기보다 공장에 더 가까워질 것입니다.

에밀리는 내 옛 제자 중에서 아마 가장 독특하고도 사려 깊은 사람일 것이다. 에밀리는 종종 사촌 류에 대해 이야기했다. 사촌은 상상을 초월하는 부자가 됐으나 여전히 삶에 만족하지 못하고 있는 듯했다. 에밀리는 내게 "류는 사실 돈에 별 관심이 없어요"라고 말한 적이 있다. "다른 뭔가를 원하지만 그게 뭔지는 잘 몰라요." 사촌 류는 노모를 위해 고향 마을에 저택을 지었으나 어머니는 여전히 농부와 다름없이 살고 있었다. 대저택 옆의 논밭에서 벼와 채소를 가꾸며 몇 시간이고 일했다. 에밀리는 큰어머니가 일하는 이유는 새로 생긴 부가 신기루일지 모른다는 두려움 때문이기도 하다고 설명했다. "모든 건 언제라도 사라질 수 있다고 말씀하세요."

중국에서는 사람들이 일상의 소소한 일들을 관찰할 시간이 거의 없다. 에밀리는 서두르지 않았고 푸링의 어디를 가더라도 관찰하고 귀를 기울였다. 에밀리의 편지는 도시에서 벌어지는 작은 순간들을 묘사했다.

하루는 버스에서 어떤 엄마와 아들이[53] 하는 대화를 듣고 슬퍼졌어요.

아들: 엄마, 오늘 휴일이야. 나 이제 놀아도 돼.

엄마: 안돼 아들. 지금은 놀 때가 아니야. 열심히 공부해야 돼. 대학에 가면 놀 수 있어. (아들은 열 살도 안 돼 보였어요.)

지난 세월 동안 에밀리로부터 한동안 소식이 없었던 것은 딱 한 번뿐이다. 공교롭게도 내 인생에 중요한 변화가 생긴 때이기도 했다. 레슬리와 나는 2006년에 결혼해서 이듬해 봄 베이징을 떠나 콜로라도주 서남부로 이사했다. 이 변화의 와중에 한참이 지나서야 에밀리로부터 소식이 없다는 사실을 깨달았다. 여러 번 연락해본 끝에 마침내 에밀리로부터 답이 왔고 몇 차례의 긴 이메일을 교환했다. 한번은 에밀리의 남동생이 어떻게 지내고 있는지 물었더니 이내 답장이 왔다.

헤슬러 선생님,

어떻게 지내시나요?[54]

다시 컴퓨터 앞에 앉아 답장을 보내기가 너무 힘겨워요. 지난번에 동생에 대해 물으셨죠. 어떻게 답해야 좋을지 모르겠더라고요. 동생은 더 이상 우리와 함께 있지 않아요. 3년 전 충칭의 어느 다리에서 뛰어내렸답니다…… 미안해요. 역시 더 쓸 수가 없네요. 다음번에 다시 이야기할까봐요.

이런 소식을 전하게 되어 미안합니다.

에밀리

———

중국에서 가족의 비극은 타인과 공유하는 이야기가 아니다. 이것은 어느 정도 기본적인 예의의 문제다. 왜냐하면 슬픔은 혼자 짊어지는 것이 가장 낫기 때문이다. 이런 소식을 전하게 되어 미안합니다. 비극이 공개적인 사건이고 부끄러울 게 없더라도 감정은 가족끼리만 공유하는 것이 좋다. 레슬리 할아버지의 죽음은 여러 면에서 국가적 행사였다. 장례식에 1만 명이 넘는 사람이 참석했고,[55] 장선푸의 이름을 딴 베이징 트램 노선이 생겼다.[56] 그러나 가족들은 이에 대해 거의 이야기하지 않았다. 아내 샹헝은 처음 소식을 듣고 다섯 자녀를 불러모았다. 아버지의 죽음에 대해 알려주고는 울었다. 그리고 이것이 너희가 볼 엄마의 마지막 우는 모습일 거라고 아이들과 약속했다. 몇 달 새 샹헝의 머리는 백발로 변했다. 담배도 많이 피우기 시작했는데 흡연 습관은 죽는 날까지 계속되었다. 그러나 샹헝은 두번 다시 아이들 앞에서 눈물을 흘리지 않았다.

한 세대 뒤, 뉴욕에서 자랐던 레슬리는 할아버지의 죽음에 대한 이야기를 듣지 못했다. 할아버지가 공산주의자들에 의해 살해되었다거나 열사로 지정되었다는 사실을 전혀 몰랐다. 레슬리가 30대 중반이 되어 이미 중국에서 기자로 일하고 있을 때 그녀의 아버지는 마침내 자식들에게 할아버지가 어떻게 살해되었는지 설명해주었다. 이야기를 마친 아버지는 울었다. 자신의 어머니처럼, 그도 처음이자 마지막으로 아이들 앞에서 울었다.

에밀리 남동생의 죽음에 관한 다른 자세한 내용은 듣지 못했다. 남동생과의 짧은 만남에서 느껴지던 그의 다정함과 그의 고통은 내게 깊은 인상을 남겼었다. 에밀리는 동생을 적극적으로 보호하려 했고, 그랬기 때문에 그의 자살은 훨씬 더 충격적이었을 것이다. 에밀리가 푸링에 돌아온 것은 동생의 사망으로부터 1년이 지나지 않았을 때의 일로, 부모님 곁에 있기 위한 이유도 있었다. 하지만 가족들은 그 일에 대해 이야기하길 꺼렸다. 나도 에밀리와 대화할 때 남동생을 언급하지 않도록 조심했다.

그러나 나는 당시의 상실이 에밀리가 학생을 가르치는 데 영향을 미쳤다는 것을 알 수 있었다. 에밀리는 편협한 야망을 거부했다. 남동생이 개혁개방 시대 중국의 경쟁적인 환경 때문에 고통받았다고 생각했기 때문이다. 학생을 가르치는 일을 편지에 쓸 때면 에밀리는 학업적인 성공에 집착하지 않았다. 그녀에게 있어 아이들에게 줄 수 있는 가장 중요한 가르침은 사회적이고 정서적인 것이었다. 에밀리는 성취와 지위를 바탕으로 경력을 쌓았던 아버지가, 자기 딸이 어째서 평범한 배경을 가진 학생들에게 헌신하는지 이해하지 못한다는 사실에 괴로워했다. 한번은 이메일에 이렇게 썼다.

매번 아버지와 전화하고 나면 슬퍼요.[56] 아버지 앞에서 나는 너무 무지할 뿐이죠. 나는 수학이나 역사, 지리에 대해 아버지와 나눌 만한 충분한 지식이 없어요. (…) 나는 학생들이 내게 꽃다발을 줄 때의 행복을 아버지와 나누고 싶습니다. 또 학생들이 "저는 에밀리 선생님이 좋아요"라고 할 때, 유치원에서 1년 반 동안 조용하기만 했던 여자아이가(예전 선생님이 그렇게 얘기해주었어요) 마침내 손을 들고 연극에 참여하고 싶다고 할 때, 공격적이던 남자아이가 잘못을 받아들이고 친구들에게 잘해주려고 할 때, 파탄 난 가정의 우울한 남자아이가 내 곁에서 안전하다고 느낄 때, 내가 목이 아프면 아이들이 조심스럽게 행동하려고 할 때…… 내가 진심으로 소중히 여기는 이 모든 것을 아버지와 함께 나누고 싶어요.

에밀리는 여가 시간에 학교와 육아에 관한 다양한 책을 읽었다. 한 세기 전 중국인 교육자들처럼 에밀리도 해외의 가치와 사례들을 찾아보곤 했다. 어떤 해에는 아이들을 어른의 압력으로부터 해방시키는 민주적 교육을 옹호했던 스코틀랜드의 교장 A. S. 닐이 1960년에 쓴 『서머빌Summerville』을 읽었다. 다음에는 1980년대에 사상적으로 큰 영향을 끼친 미국의 흑인 교육자 마바 콜린스를 공부했다. 에밀리는 이메일에 이렇게 썼다.

닐은 '간섭하지 않는 것'이 아이들을 관리하는 최선의 방법이라[58] 믿었어요. 반면 콜린스는 물론 긍정적인 방식이긴 했지만 간섭을 많이 했어요. 둘이 이처럼 달랐던 것은 그들의 배경이 달랐기 때문이 아닌가 해요. 콜린스와 그녀의 학생들은 거의 흑인이었죠. 그리고 당시의 흑인들은 대부분 하층민에 속해 있었어요. 교육은 이들의 사회적 지위를 바꿀 수 있는 수단이었죠. 열심히 공부해 대학에 가서 높은 위상의 직업을 구해야 했습니다. 닐은 백인이었고 그의 학생들도 거의 백인이었어요. 지위를 바꾸는 것이 주목표가 아니었습니다. 이들은 창의성과 자아에 충실하는 것을 중시했어요.

중국에서는 대부분의 사람이 교육을 더 나은 삶을 위한 수단으로 보기 때문에 진지하게 대합니다. 그렇지만 학교 교육에 대해 더 많이 알아갈수록 그게 그렇게 중요한가 의문이 들어요. 올해는 1, 2학년 중국어 선생님, 수학 선생님들과 같은 교무실을 쓰고 있어요. 이들이 아이들과 학부모가 얼마나 멍청한지 불평하는 소리를 지긋지긋하게 듣고 있습니다. 어떤 때는 학부모에게 전화해서 아이들 숙제를 봐주지 않는다고 뭐라고 해요. 어떤 때는 문제 풀이에서 실수했다고 아이들을 교무실로 불러 심하게 혼내기도 하고요. 내가 아이라면 학교에 절대 가고 싶지 않을 거예요.

에밀리는 중국의 교육이 변화해야 할 시기가 한참 지났다고 믿었다. 많은 중국인에게 가난에서 탈출하고자 발버둥 치던 때는 지났지만 사람들이 열심히 일하고 아이들을 다그치는 걸 보면 여전히 어딘가 절박한 데가 있었다. 딸들을 청두실험학교에 입학시킨 뒤 에밀리와 나는 내가 관찰한 것들에 대해 자주 얘기했다. 에밀리는 우리 학교가 더 이상 아이들을 시험 성적으로 등수를 매기지 않는 것은 좋은 신호라고 했다. 좀더 진보적인 학교들은 그런 종류의 압박으로부터 벗어나려 노력하고 있었다. 청두실험학교는 또한 교과과정을 개발해 쓰촨성 저개발 지역의 학교들과 공유하기도 했다. 이제 존 듀이의 사상을 공개적으로 표방하지는 않았으나 중국의 시스템 안에서 가능한 작은 혁신들을 여러 가지로 시도하고 있었던 것이다. 그리고 나는 학교에서 대담하게 우리 아이들을 받아준 것에 대해 감사했다. 정치적으로 민감한 시기에 외국인 작가와 엮인다는 것은 위험이 따르는 일이었지만 학교 관리자들은 미국인 학생을 받아들이는 일에 분명 어떤 가치가 있다고 생각하는 것 같았다.

에밀리의 아들 타오타오는 쌍둥이들보다 세 살 많았고 역시 실험정신으로 잘 알려진 충칭의 한 학교에 다니고 있었다. 하지만 중국의 분위기상 교육자들이 개혁을 밀어붙이는 데는 한계가 있었다. '식자들의 묵인'이라는 전통이 여전히 강력하게 작용하고 있었고 부모들은 아이가 너무 창의적이고 자유로운 사고를 하게 되면 뒤따를 잠재적 위험에 대해서도 잘 알고 있었다. 이것이 간혹 에밀리와 남편 원펑 사이에서 갈등 요인이 되곤 했다.

원펑은 시골에서 자랐고 학력도 대단하지 않았다. 하지만 총명함을 타고났던 그는 선전 주변의 공장에서 승승장구해 숙련된 기술자가 되었다가 생산 라인의 매니저로 승진했다. 에밀리 부부가 푸링으로 돌아올 수 있었던 이유 중 하나도 원펑이 전기차 배터리를 만드는 현지 외국계 공장에서 좋은 일자리를 구했기 때문이다.

타오타오는 아버지를 쏙 빼닮았다. 커다란 두 눈과 건장한 체격, 약간 거친 이목구비까지 똑같았다. 하지만 정신은 어머니에게 물려받았다. 사려 깊고 신중한 지능의 소유자였다. 오래전 내가 가르치던 교실의 에밀리는 질문에 답하기까지 오래 뜸을 들이곤 했다. 말하기 전에 여러 측면을 고려했기 때문이다. 에밀리의 아들도 그와 비슷한 종류의 느긋함을 갖고 있었다. 그리고 역시 어머니와 마찬가지로 틀에 박히지 않은 의견을 생각해내는 편이었다.

가끔 에밀리가 아들의 생각에 대해 얘기할 때면 나는 쓰촨대학의 학생이 대담한 발언을 하거나 민감한 주제에 대해 글을 썼을 때와 비슷한 느낌을 받았다. 중국의 교사나 부모에게 가장 영감을 주는 순간은 불안감에 주위를 둘러보게 만드는 순간일 수도 있다. 어떤 편지에 에밀리가 썼던 내용이다.

지난주 토요일에 저녁을 먹다가[59] 타오타오가 역사와 중국 정치 지도자들에 관한 어려운 질문들을 던졌어요.

어떻게 대답하면 좋을지 생각하고 있는데 아이 아빠가 먼저 말했어요. 그런 질문은 하지 말라고.

"아빠하고는 도대체 대화를 할 수가 없어!" 타오타오는 짜증을 냈어요.

나는 "매우 흥미로운 질문들이네. 역사 선생님한테 물어보면 어떨까"라고 말하면서 분위기를 가라앉히려고 했어요.

"학교에서 타오타오에게 스스로 생각하는 법을 권장하는데, 당신은 왜 반대로 해?" 식사를 끝내고 같이 걷다가 내가 원펑에게 물었어요.

"일부러 그렇게 말한 거야. 타오타오가 그런 식으로 생각하는 걸 막아야 돼. 인터넷에 당에 반대하는 말을 썼던 대학생들이 어떻게 되는지 알기나 해? 졸업장도 못 받는다고. 그러면 중국에서는 아무런 미래가 없어!"

5장   지진

2019년 12월

중국의 대학에서는 학생이 교수의 정치적 잘못을 신고하는 경우, 그런 행위를 가리키는 말로 쥐바오舉報라는 동사를 쓴다. 쥐바오는 흔히 발생하진 않더라도 가능성은 언제나 있다. 무엇이 잠재적인 위반행위인지 정의되어 있지도 않고 그 종류도 엄청나게 다양하기 때문이다. 교사가 민감한 역사적 사건에 대해 말하거나 공산당 정책과 위배되어 보이는 발언을 하면 학생은 쥐바오할 수 있다. 시진핑에 대한 모호한 발언은 특히 위험하다. 내가 강의를 시작했던 2019년, 탕원이라는 문학 교수가 충칭사범대학에서 강의 도중 무심코 시진핑의 슬로건 중 하나의 표현이 거칠다고 말했다. 학생들이 이에 대해 항의하자 탕원은 도서관에서 일하는 직책으로 강등되었다.

강의 교재가 문제 될 수도 있다. 한번은 민감한 내용이 포함된 강의계획서를 만들었다가 곤욕을 치른 쓰촨성 어느 대학의 로스쿨 강사를 만났다.[2] 강의계획서에는 『동물농장』이 포함되어 있었으나 그에 의하면 문제는 조지 오웰이 아니었다. 문제가 됐던 교재는 예술가 아이웨이웨이艾未未가 중국의 사법 시스템을 겪으며 만든 다큐멘터리 「치안 방해Disturbing the Peace」였다. 이 로스쿨 강사는 같은 다큐 멘터리를 2년 동안 아무 문제 없이 강의에 사용해왔지만 그다음 학기 중 어떤 학생들이 쥐바오하기로 마음먹었다. 그는 일주일도 되지 않아 다른 강사로 교체되었다. 그러나 최초의 불만이 소셜미디어에서 제기된다면 이 과정은 더 느리고 예측 불가능하게 전개될 수 있다. 내게 일어났던 일이 그랬다.

12월 11일 저녁, 논픽션 수업에 들어가기 몇 분 전에 레슬리로부터 전화가 왔다. 친구가 코넬대학의 역사학자 쑨페이둥이 올린 트윗을 전달해주었다는 것이었다.[3]

> 허웨이何偉라는 중국 이름을 쓰는 미국인 작가이자 저널리스트 피터 헤슬러…… 쓰촨대학에서 논픽션 글쓰기를 가르치기 위해 2019년 8월에 가족들과 중국으로 이사했던 그가 아마도 부적절한 행동/언행으로 신고당한 것 같다.

쑨페이둥의 트윗은 쓰촨대학의 내부 게시판에 올라와 있는 글을 가리키고 있었다. 누군가가 그 글의 스크린숏을 찍어서 중국판 트위터인 웨이보에 올렸다. 중국의 소셜미디어에는 사람들이 흔히 스크린숏을 퍼뜨린다. 원본 게시물은 검열에 의해 금세 삭제될 수 있지만 스크린숏은 검열이 더 어렵기 때문이다. 이번의 스크린숏은 너무 흐릿해서 내 휴대폰에서는 잘 보이지 않았다. 레슬리의 친구는 이 신고가 중국과 미국의 소셜미디어 양쪽 모두에서 빠르게 퍼지고 있다고 했다. 레슬리는 "수업 시작하기 전에 알고 있어야 할 것 같아서"라고 했다.

시계를 보니 원본 게시물을 찾아보기에는 시간이 부족했다. 최근 며칠 동안 학생들이 쥐바오를 할 만한 일이 있었는지 생각해봤다. 이디가 강의실 앞에 나와 VPN 딜러에 관한 보고서를 읽은 것이 바로 일주일 전이었다. 당시에는 몹시 당황했지만 수업을 듣는 학생 중 그 뒤로 불편해하는 사람은 없어 보였고 이디와 나는 계속 다른 일로 연락을 주고받았다. 만약 누군가가 문제를 일으키려 했다면 이디가 나에게 얘기해주었을 것이다.

기말 프로젝트를 위해 몇몇 학생이 캠퍼스 밖에서 취재하고 있는 주제가 민감하게 받아들여질 수도 있었다. 세레나는 동성애 활동가들을 인터뷰하고 있었다. 하지만 수업 시간에 세레나의 프로젝트에 대해 얘기한 적은 없다. 1학년 작문 수업에서 『동물농장』을 읽기 시작했지만 이 책은 대학에서 승인한 교재다. 누군가 나를 쥐바오할 만한 확실한 이유는 떠오르지 않았다. 그래서 저녁 수업은 평소와 다름없이 시작하기로 했다.

강의실에 들어서자 이디가 늘 그렇듯 정중앙 자리에 앉아 있는 것이 보였다. 이디에게 동요하는 기색은 없었고 세레나도 평소와 다름없어 보였다. 강의실 앞쪽에 있는 감시 카메라를 힐끗 올려다보았다. 카메라를 본다고 무엇을 알 수 있을까. 카메라에는 불이 없었고 녹화 중인지 아닌지도 알 도리가 없었다. 나는 카메라를 등지고 강단에서 강의 노트를 정리하기 시작했다.

출석을 부르는데 학생들이 수군거리는 소리가 들렸다. 몇 명은 주위 학생들에게 휴대폰 화면을 보여주고 있었다. 결국 앞쪽의 여학생

한 명이 입을 열었다. "헤슬러 선생님, 이거 보셨어요?"

학생은 내게 자기 휴대폰을 건네주었다. 대학 게시판에 올라온 일곱 개의 댓글이 스크린숏으로 저장되어 있었다. 첫 번째 댓글은 중국어로 이렇게 쓰여 있었다.

허웨이를 우리 학교에서 가르치도록 하는 것은 정말이지 반역 행위다.[4]

내가 다른 댓글들을 살펴보는 동안 강의실은 조용했다. 마침내 나는 이렇게 말했다. "이거 무슨 일인지 압니다. 다른 수업에서 나온 거예요. 여러분과는 아무 상관이 없습니다."

나는 화제를 바꾸고자 팀이라는 이름의 공대생에게 취재 보고서의 초안을 읽어보라고 했다.[5] 팀은 스스로를 '짠돌이 남성 연맹'이라고 부르는 온라인 커뮤니티를 연구했다. 연맹의 멤버 중 상당수는 좋은 직장을 갖고 있었고 심지어 부유하기도 했지만 오로지 저축과 투자에서 나오는 이자로만 생활을 하는 데 집착했다. 이들은 서로 전략을 공유했다. 한 멤버는 한 번 이를 닦는 데 필요한 치약의 최소량은 3밀리미터라고 설명했다. 백만장자인 한 남성 멤버는 모든 짐을 들고 무료 공유 자전거로 청두 공항까지 갔던 과정을 기록으로 남겼다. 팀은 이렇게 결론 내렸다. "이처럼 비정상적으로 검약하는 삶을 살아오고 있는 사람들이 있다…… 과거 가난하던 시절에 형성된 습관 때문이다."

취재 프로젝트의 상당수가 중국인들이 갑작스러운 번영에 어떻게 반응했는지를 다루고 있었다. 다음 주에는 팀이 조사한 구두쇠 프로젝트에 이어 애나라는 학생이 조사 대상으로 삼았던 포르셰 영업사원을 다룰 계획이었다. 다른 대부분의 학생처럼 애나는 그때까지 기자로서의 경험은 없었지만 타고난 재능을 보였다. 캠퍼스 근처의 포르셰 대리점에서[6] 친근하고 열린 태도로 영업사원 한 명을 설득해 따라다녀도 좋다는 허락을 받았다. 어느 오후, 애나는 영업사원이 50세라는 나이가 포르셰를 사기에 너무 늦은 것은 아니라고 고객을 설득하다가 실패하는 것을 봤다. 중국에서는 부를 이룬 첫 번째의 유의미한 세대가 중년이 되어가고 있었고 이들은 어떻게 행동해야 어울리는지 알아내려 애쓰고 있었다.

논픽션 수업에서 이런 주제들은 언제나 관심을 끌었고 학생들은 팀의 보고서를 재미있어했다. 그러나 쉬는 시간에 학생들이 휴대폰을 확인하는 것이 보였고 두어 명이 내게 오더니 자신들은 쥐바오 행위를 싫어한다고 말했다. 강의 마지막에 나는 학생들에게 걱정 말라고 하고 예정대로 다음 주에 만나자고 약속했다. 하지만 사실 내게는 확신이 없었다. 게시판에 올라온 글은 내가 '쓰러死了'라고 말하고 있었다. 대략 '끝났다'라는 의미였지만 살해 협박으로도 해석할수 있었다. 한 트위터 유저가 마지막 줄을 영어로 번역해놓았다.

[허웨이는] 자기가 대단한 작가라도 되는 줄 알고[7] 아무 거리낌 없이 떠든다. 그는 곧 죽을 것이다.

———

집에 돌아왔을 때는 밤 10시가 넘어 있었다. 레슬리와 나는 식탁에 앉아 앞으로 일이 어떻게 전개될 수 있을지에 대해 이야기했다. 이미 중국 및 해외의 기자 몇 명에게 연락이 온 참이었다. 정직을 당하거나 심지어 중국에서 강제로 추방당할 수도 있다는 두려움이 엄습했다. 나에 대한 공격과 대학 측 반응에 대해 더 자세히 알게 되기전까지는 공개적인 발언을 하지 않기로 결정했다. 최악의 타이밍이었다. 이제 겨우 청두에서의 새로운 생활에 적응해 애리얼과 나타샤가 마침내 학교에 익숙해지던 때였다.

그날 밤 나는 늦게까지 자지 않고 웨이보의 댓글들을 확인했다. 다수의 반응은 나를 지지하는 것처럼 보였다. 사람들은 '소분홍'에대해 불만을 토로하고 있었다.

이 세대의 젊은이들은 답이 없어.[8]

쓰촨대학 학생들은 자기 손으로 학교 간판을 부숴버려야 해.[9]

허웨이를 쥐바오한 학생들은[10] 자기들 눈만 멀게 하는 것이 아니라 대중의 눈도 멀게 하고 있다. 루쉰이 말한 그대로다. 철창에 갇힌 사람을 깨우는 것은 고통스러운 일이다.

몇몇 댓글은 시진핑을 언급했다. 하지만 이들은 중국식 검열의 장단에 맞춰 시 주석의 이름을 직접 쓰지 않는 방법을 동원했다.

주된 이유는 강사가 학생의 생각에 동의할 수 없다는 것이 아니라,[11] 아무도 〈그〉의 생각에 동의할 수 없다는 것이다.

2학년 때 시 감상 강의를 들었다.[12] 강의 도중에 강사가 100명이 넘는 학생들 앞에서 ***를 풍자했으나 아무 일도 없었다. 그리고 나서 강의실 천장에 마이크가 설치되었다.

어떤 이들은 투명성과 제대로 된 절차의 부재를 지적했다.

사람마다 가치관이 다르다.[13] 이들은 쥐바오를 통해 자기가 옳은 일을 했고 잘못된 일을 막았다고 생각한다. 진짜 문제는 왜 이런 쥐바오가 행해졌고, 누가 그것에 대해 판정 내리고, 누가 그걸 해석할 것인가다.

이 댓글을 단 사람은 그 아래에 영어로 이렇게 썼다.

진짜 문제는 빅브라더다.

———

이튿날 아침 스쿠피의 담당 학과장인 미국인으로부터 전화가 왔다. 그는 걱정스러운 목소리로 어쩌면 우리가 시내의 경찰서까지 가야 할지도 모른다고 말했다. 나중에 그에게 다시 전화가 걸려와서 이번에는 학장을 만나야 하니 캠퍼스로 오라고 했다. 그때쯤 나는 이미 이번 공격이 내 강의 교재나 내가 수업 중에 한 발언과는 상관 없다고 거의 확신하고 있었다. 모든 정황은 어느 1학년 학생의 논증적 에세이 초안에 내가 남겼던 코멘트에서 문제가 비롯되었음을 가리키고 있었다.

중국에서 교사 일을 하며 나는 항상 이런 유의 에세이가 두려웠다. 1990년대에 푸링의 학생들에게 '논증'에 관한 단원이 포함된 '글쓰기 안내서'라는 국정 교재가 주어졌다.[14] 이 단원에 실린 모범 에세이의 제목은 '싼샤 프로젝트는 이롭다'였다. 에세이는 서론, 본론, 반론, 결론이라는 표준 구조를 따르고 있었다. 반론 부분에서 글쓴이는 수몰되는 경관, 문화유산의 유실, 지진이 구조물을 파괴할 위험 등 싼샤댐을 반대해야 할 몇 가지 이유를 든다. 에세이는 "이런 우려와 경고는 정당한 것이다"라고 이어지다가 다음과 같이 문장을 전환한다. "그러나 우리는 질식하는 게 두렵다고 먹는 것을 포기해서는 안 된다."

푸링에서 나는 몇 가지로 이유로 이 논증 에세이를 가르칠 수 없었다. 첫째, 싼샤댐에 관해서는 아무에게도 논쟁이 허락되지 않았다. 푸링시 전역에 이 프로젝트에 관한 표지판이 세워져 있었다. 정부는 도시의 저지대에 빨간 페인트로 선을 그어 미래의 저수지 수위를 표시해놓았다. 비유적으로 말하자면 댐에 관한 이야기 자체에도 빨간 선이 있었다. 내가 푸링에 살던 때는 중국인 과학자가 이 프로젝트에 대해 공개적으로 반대하는 글을 발표하는 것이 불가능했다. 댐은 정치적으로 민감한 사안이었고 총리이자 쓰촨 출신이자 청두실험학교의 가장 유명한 졸업생인 리펑의 숙원 사업으로 알려져 있었다.

이보다는 훨씬 더 작지만 내 에너지를 더 많이 잡아먹던 문제는 바로 '전환 문장'에 관한 것이었다. 전통적인 중국 교육은 정해진 관용구의 사용을 강조하고 푸링의 학생들은 영어에서도 동일한 시도를 하려 했다. 이들은 논증적 에세이에 부지런히 전환 문장을 집어넣었고, 이는 곧 개인 서사, 대화문, 문학 에세이와 같은 다른 종류의 글쓰기에도 영향을 미쳤다. 햄릿에 관한 학생의 보고서를 읽다가 죽은 왕의 귀신보다 더 무서운 목소리가 갑자기 튀어나온다. "그러나 우리는 질식하는 게 두렵다고 먹는 것을 포기해서는 안 된다." 이 문장은 중국의 관용구인 '인예페이스因噎廢食'의 직역이다. 나는 아무리 아름다운 한자로 이루어진 중국어 문장이라도 영어로는 끔찍하게 들릴 수 있다고 거듭해서 설명하려고 했다.

쓰촨대학에서도 이따금 똑같은 문구를 반복하는 1학년생들의 논증적 에세이를 보았다. 약간 향수를 느꼈던 것도 사실이나 바로 그게 문제이기도 했다. 20년이나 지났는데도 여전히 같은 제약 아래서 같은 에세이를 가르치고 있다니. 빈센트와 같은 소수의 용기 있는 학생들이 에세이를 통해 정부 정책을 비판하긴 했지만 대부분의 1학년은 안전한 쪽을 택했다. 심지어 민감한 주제에 대해 친정부적 입장을 택한 학생들조차 반론 부분을 제대로 전개하지 못했다.

한편 선의의 비판자 역할을 하는 교사는 중대한 위험을 감수해야 했다. 1학년 학생 한 명이(존이라고 하자) 정부는 언론의 자유를 제한

할 필요가 있다고 주장하는 에세이 초안을 제출했다. 존은 "법치주의가 존재하는 문명국가에서는" 국민이 국가 주권에 의문을 제기할 수 없다고 썼다. 나는 코멘트 부분에 이렇게 답해주었다.

> 법치주의가 존재하는 문명국가에서[15] 국민이 국가 주권과 사회 안정에 도전하는 발언을 할 수 없다고 하는 것은 정확하지 않습니다. 미국이나 캐나다, 유럽 등을 보더라도 누구나 국가의 일부 지역이 독립해야 한다고 주장하는 발언을 할 수 있습니다.

이 코멘트는 단도직입적이기는 했어도 중국이나 공산당을 직접적으로 비난하고 있지는 않았다. 그러나 쓰촨대학 게시판에는 내 말이 다르게 왜곡되어 있었다.

> 강의 시간에 한 학생이 국가의 주권은 침해되어서는 안 된다는 발언을 했다.
> 허웨이는 그렇다면 어째서 퀘벡, 텍사스, 캘리포니아, 스코틀랜드에서는 침해해도 괜찮은지 물었다. 그런 곳에서는 사람들이 국권을 매일 침해한다면서.

게시판의 글은 이런 식으로 계속됐다. 작성자는 내가 존의 에세이에 남겼던 코멘트의 세부적인 몇 군데를 이용해 내가 학생들과 공격적으로 논쟁하는 듯한 장면을 만들어냈다. 대화는 모두 통째로 꾸며낸 것이었다.

일부 학생이 CNN, NBC, 미국의 소리가 반중 성향의 미디어 기관이라고 말했다.

그러자 허웨이는 그 미디어의 기사를 몇 개나 읽어봤냐고 반문했다.

최초의 게시글은 익명으로 올라와 있었다. 공격이 있고 난 직후, 글은 아마도 검열에 의해 삭제되었다고 한다. 하지만 스크린숏이 웨이보에 떠돌고 있었고 더 큰 문제를 초래할 수도 있었다. 생각해보니 내가 수업을 하는 곳 중 1학년 강의실이 감시 카메라가 없는 유일한 공간이었다. 학교 측에서 조사해도 수업 시간에 그런 논쟁이 전혀 없었다는 디지털 증거는 없었다.

존은 조용했고 학업 성적은 반에서 중간 정도 되었다. 우리 사이에 불쾌한 일이 있었던 적은 없고 나는 그의 학년 학생들에게 좋은 인상을 갖고 있었다. 하지만 논픽션 학생들과 달리 1학년은 스스로 선택해서 내 강의를 듣는 것이 아니었고 나는 이들의 정치 성향에 대해 아는 것이 별로 없었다. 존이 공격하는 게시글을 올렸던 것일까? 혹은 같은 수업을 듣는 다른 학생일까? 아니면 대학 어딘가 다른 곳에 있는 소분홍이었을까?

존의 에세이에 남겼던 내 코멘트를 다시 살펴보니 특히 문제 될 만한 구절이 하나 있었다. 에세이에서 존은 중대한 사건이 발생하고 정부가 그에 대해 거짓말하는 가상의 상황을 설정했다. 이렇게 썼다.

그토록 큰 사건이 실제로 발생한다면 처음 그걸 사람들에게 알리는 주체가 틀림없이 정부일 것이기 때문에 이런 가능성은 존재하지만 매우 작다고 봐야 한다. 공식 정보가 개인의 정보보다 항상 더 빠르고 더 정확하다고 생각한다.

내가 이 에세이에 코멘트를 남긴 것은 2019년 12월 7일이다. 이미 청두 동쪽으로 1000킬로 떨어진 우한에서 이상한 바이러스가 퍼지기 시작하던 때였다. 그러나 첫 공식 보고는 아직 나오지 않았고, 정부의 은폐를 목도하게 될 줄은 전혀 모르고 있었다. 내 코멘트는 그게 아니라 2003년에 발발했던 중증 급성 호흡기 증후군, 즉 사스 SARS에 대해 언급했다. 당시에 중국 정부가 처음에 실제 감염자 수를 속였다고 첫 보도를 한 것은 외신 기자들이었다. 나는 이렇게 코멘트를 남겼다.

전 세계 어디에서나 미디어의 역할 중 하나는 정부가 숨기고 싶어 할지도 모르는 일에 대해 보도하는 것입니다. 공식 정보가 항상 정확하거나 시의적절하지 않다는 것을 우리는 수많은 국가에서 수없이 봐왔습니다.

———

과거에 중국을 경험했음에도 불구하고 쓰촨대학의 정치적 분위기는 가늠하기 어려웠다. 학생들은 지금까지 한 번도 민감한 주제에 대해 내가 푸링에서 봤던 방식으로 반응한 적이 없었다. 푸링에서는 교실이 조용해지고 모두들 고개를 떨구었다. 그렇다고 해서 쓰촨대학 학생들이 내가 한 말에 불쾌감을 느끼지 않았다는 뜻은 아니다. 시간이 지나며 나는 이들이 자신의 반응을 숨기는 데 더 능숙하다는 것을 알게 되었고 어떤 면에서 이는 교사에게 더 위험할 수 있었다.

가을학기가 끝나고 한참 뒤, 세레나는 10월 레슬리가 논픽션 강의에 참석했을 때 있었던 사건에 대해[16] 내게 얘기해주었다. 레슬리는 중국계 미국인 저널리스트로서의 경험에 대해 얘기하던 중 자신의 집안 배경을 설명하는 과정에서 무심코 '중국과 타이완China and Taiwan'이라는 영어 문구를 사용했다. 자신도 깨닫지 못하는 사이에 금지된 영역에 발을 들여놓은 것이다. 중화인민공화국에서는 이 두 고유명사를 역사 문화 지리적으로 연결할 수는 있지만 절대로 '과(와) and'라는 접속사로 연결해서는 안 된다. 언어로 이 두 지역을 연결하는 행위조차 정치적으로 이 둘이 분리되어 있음을 암시할 수 있다.

세레나는 당시 학생들의 반응을 이메일에 이렇게 묘사했다.

레슬리가 그 말을 하자마자 [한 친구가] 저를 돌아보며[17] 레슬리의 말을 끊으려고 했던 기억이 나요. (그 친구는 벌써 말을 하려고 손을 들었지만 중국 학우들로부터 약간의 동조가 필요했던 것 같아요.) 저는 "外國人這樣想很正常" ["외국인들이 이런 식으로 생각하는 건 아주 정상적인 거야"]라는 식으로 말해주었던 것 같아요. 물론 이론적으로야 타이완이 중국의 일부라고 믿지만(그렇게 기억해두어야 하는 일로 여깁니다), 논쟁을 벌이는 것 자체를 좋아하지 않고 그런 식의 논쟁을 보는 것도 좋아하지 않아요. 그리고 어쨌든 레슬리의 강의가 그에 관한 것도 아니었고, 딱 한 번 그렇게 말했을 뿐이에요. 저는 레슬리의 말을 방해하고 싶지 않았어요.

세 단어에 대한 반응으로, 손을 들고, 학생들 간에 신속한 대화가 오가고, 말을 할지 말지 계산하는 이 모든 일이 동시에 일어났다. 하지만 레슬리도 나도 아무런 눈치를 채지 못했다. 세레나의 이메일을 읽으며 우리는 당시 레슬리가 무슨 맥락에서 그런 말을 했는지조차 기억나지 않았다. 이 젊은이들이 타이완에 그토록 신경 쓴다는 사실이 놀라워 보였다. 수업을 듣는 학생 중 타이완에 가본 사람이 있을지조차 의문이었다.

반면 레슬리의 가족은 할아버지가 공산주의자들의 총검에 찔려 죽은 후 타이완으로 도망쳤다. 그 강의실에서 '타이완'이라는 단어에 예민하게 반응해도 좋은 사람이 있다면 그건 바로 레슬리였다. 하지만 레슬리는 미국에서 태어나고 자랐다. 미국에서는 그 누구도 태평양에 있는 어느 섬에 대한 코멘트에 감정적으로 대응하는 법을 가르치지 않는다. 이것이 늘 중국 사람들에게 전달하기 가장 어려운 부분이었다. 자유는 후환을 두려워하지 않고 말하고 쓸 권리만을 뜻하지 않는다. 자유는 또한 자신의 국가와, 자신의 정체성과, 자신의 과거와 어떻게 관계 맺을 것인지 스스로 결정하는 능력을 뜻한다.

푸링에서 가르치던 시절 정치 과목들은 '마오쩌둥 사상' '중국식 사회주의 건설'과 같은 제목이었다. 그로부터 20년의 공산주의 역사가 더 쌓이면서 쓰촨대학의 필수 과목 제목들은 점점 더 길어지는 듯했다. '마오쩌둥 사상에 대한 소개 및 중국 특색 사회주의에 대한 이론 체계'[18] '새로운 시대를 위한 중국 특색 사회주의에 대한 시진핑 사상 연구'[19] 같은 식이었다. 이런 제목들이 부자연스럽게 느껴진다면 학생들이 교과서를 펼치는 순간 상황은 더 심각해진다.

사회주의 핵심 가치를 기본 내재성과 목표 규범을 가진 주요 과제로 삼아야만[20] 이런 핵심 가치를 실현할 수 있고, 동시에 중국 특색 사회주의가 항상 올바른 방향으로 나아가고 끊임없이 더 강한 생명력을 발휘할 수 있도록 하기 위해 인민들의 앞으로 나아갈 길에 대한 자신감—이론적 자신감, 제도적 자신감, 문화적 자신감을 고양시킬 수 있다.

여기서 한 문장에 '자신감'이라는 말이 네 번이나 반복된 것은 적절하다. 그게 근본적인 문제이기 때문이다. 당은 젊은이들이 스스로의 힘으로 생각하도록 놔둬도 좋다는 자신감이 없다. 예전에는 세뇌가 대체로 효과적이었던 것 같다. 나는 푸링의 학생들이 『영국과 아메리카 개론』과 같은 말도 안 되는 텍스트조차 대개 믿었던 것을 기억한다. 하지만 쓰촨대학에서 처음 받은 인상은 '식자들의 묵인'을 위한 수단이 더 이상 작동하지 않는다는 것이었다. 일단 바깥세상의 자료가 차고 넘쳤다. VPN에 비교적 쉽게 접근할 수 있었고 강의 교재에도 흔히 『동물농장』과 같은 외국 자료가 포함되어 있었다. 많은 젊은이가 풍부한 여행 경험을 가졌고 조악한 선전을 믿기에는 너무 세련되어 보였다. 사실 내가 자신감에 관한 위 문장을 알게 된 것도 1학년생의 논증적 에세이에 인용되어 있었기 때문이다. 그를 스콧이라고 부르기로 하자.

스콧은 존과 같은 반에 속해 있었다. 스콧은 수업 토론에서 말이 거의 없었지만 글솜씨가 좋았다. 논증적 에세이 과제를 내준 날, 수업이 끝나고 스콧이 내게 다가왔다. 보통 수업을 마치는 종이 울린 뒤에도 남아서 이야기하는 학생이 몇 명 있는데, 스콧은 이들이 모두 갈 때까지 참을성 있게 기다렸다. 우리만 남게 되자 그가 물었다. "다른 사람들도 우리 에세이를 보게 되나요?"

나는 다른 사람들이 누구를 가리키느냐고 물었다.

"다른 강사들이요." 그가 대답했다.

스콧은 필수 정치 과목에 반대하는 주장을 펴고 싶다고 설명했다. 나는 에세이를 스쿠피 시스템에 올리지 말고 나에게 직접 제출하거나 개인 이메일 주소로 보내면 된다고 말해주었다. 스콧은 대답에 만족한 것 같았고 그 뒤 몇 주 동안 근무 시간에 나를 여러 번 찾아왔다.

스콧은 민감한 주제를 선택한 것이 자신의 프로젝트를 훨씬 더 어렵게 만들었음을 금세 깨달았다. 한번은 나를 찾아와서 "바이두에 검색해보면 제 주장에 대한 반론만 나와요"라고 말했다. "아니면 '우리에게 이익이 되기만 한다면 세뇌가 되더라도 상관없다'는 식으로 말하는 사람들이 있어요." 스콧은 대부분의 유용한 자료가 검열에 의해 삭제되거나 방화벽에 의해 차단되었다고 생각했다. 그는 "온라인에 있는 모든 의견이 다 똑같아요"라며 이렇게 말했다. "반동분자가 되고 싶은 건 아니지만 의견이 항상 똑같기만 하다면 위험해질 수 있다고 생각합니다."

스콧은 필수로 들어야 하는 당 수업의 경험을 에세이에 이렇게 묘사했다.

우리 학교에는 정치 수업마다 약 100명의 학생이 있다. 하지만 사실 매번 수업에 출석하는 학생 수는 평균 40명에 불과하다. (⋯) 그리고 또 흥미로운 것은 앞줄에 앉는 학생이 몇 명 없고 다수는 강의실 뒤쪽에 모여 있다는 사실이다. 이들은 수업으로부터 거리를 두려고 한다. 이 수업에서 더 흥미로운 것은 학생들이 여기서 무엇을 하고 있느냐다. 한번은 학생들의 수를 세어봤다. 전부 43명이었는데 강사에게 집중하고 있는 학생은 고작 대여섯이었다. 나머지는 휴대폰을 들여다보거나 아예 잠자고 있었다.

나는 이 프로젝트가 스콧을 불안하게 만든다는 것을 알 수 있었고 주제를 바꿔도 된다고 말해주었다. 하지만 그는 정치 과목에 대한 좌절감이 컸던 탓인지 이 주제에 대해 꼭 쓰고 싶어하는 것 같았다. 에세이의 내용이다.

오늘날의 사회는 경제와 사상에서 모두 점점 더 개방적으로 되는 추세다. 요즘 학생들은 좀더 개인적인 것을 좋아하고 개인화된 삶을 기대한다. 모두 분명한 생각으로 살길 바라며 예전처럼 집단화되는 것을 선호하지 않는다.

자료를 조사하는 과정에서 스콧은 만리방화벽을 넘어 논거를 수집해야 했으므로 VPN을 설치하는 법을 배웠다. VPN에 접속하고 나서는 그걸 사용해 외국에 기반을 둔 지메일 계정을 만들어 스쿠피 시스템 바깥에서 소통할 수 있게 되었다. 공산당 입장에서는 필수 과목들과 그 외 다른 형태의 선전 선동이 젊은이들에게 고도로 정치화된 환경을 조성하는 데 성공했다는 점은 의심의 여지가 없다. 레슬리의 발언에 대한 반응이 이를 뚜렷이 보여준다. 학생들은 특정한 단어와 문구를 경계하도록 매처럼 훈련되어 있었다. 그러나 중국 젊은이들 마음속에는 그런 단어와 문구에 신경을 끄도록 훈련된 부분도 있었다. 세레나는 이메일에 '논쟁을 벌이는 것 자체를 좋아하지 않아요, 레슬리의 말을 방해하고 싶지 않았어요'라고 썼다. 첫 학기에 스콧에게 가장 오래 남을 정치적 교훈은 아마도 필수로 들었던 당 수업이 아니라 VPN 및 지메일 계정 사용법을 배운 데서 얻었을 것이라고 생각한다. 하지만 얼마나 많은 학생이 세레나나 스콧 같은지, 얼마나 많은 학생이 소분홍인지 알 수가 없었다. 그리고 문제를 일으키는 데는 단 한 명의 극단주의자만 있으면 충분하다.

담당 학과장과 스쿠피의 학장 민킹 추를 만난 것은 이른 오후였다. 대학의 당 관료들은 강의실에서 일어났던 일의 진실을 밝히기 위해 내 수강생 여러 명과 이미 면담을 마쳤다. 민킹 추는 학생들이 한결같이 게시판과 웨이보에 묘사된 것과 같은 상황은 보지 못했다고 말하더라고 했다.

쓰촨대학의 하이브리드 프로그램에서 민킹 추는 피츠버그대학을 대표했다. 원래 타이완 출신인 그는 지금은 미국 시민이었고, 미국에서 공대 교수로 경력을 시작해 나중에 대학의 행정가가 되었다. 그는 유창한 중국어를 구사했지만 외국인이었으므로 당의 어떤 조사에도 직접 참여할 수는 없었다. 당 관리들이 조사 결과를 그에게 전달했고, 민킹 추는 나와의 면담 도중에 당 간부들이 강의실 논쟁이 발생하지 않았다는 사실에 만족해하는 것 같다고 말해주었다.

나는 존의 에세이를 출력해서 가져갔다. 그걸 학장에게 건네면서 내가 사스에 대해 코멘트한 페이지를 보여주었다.

"이게 정부에 대해 비판적인 내용이 있는 유일한 부분입니다." 내가 말했다. "그 외에는 단순히 추론의 오류를 지적한 것뿐이에요."

학장은 에세이를 한쪽으로 밀어놓고 "그건 이제 중요하지 않습니다"라고 했다. 그는 아무도 정식으로 쥐바오 절차를 밟지 않았다고 했다. 불만이 공식적으로 접수되지 않는 한 대학은 추가 조치를 취할 필요가 없었다. 학장은 조용히 있으면서 논란이 잠잠해지기를 바라는 것이 우리에게 최선이라고 했다.

나는 기자들이 연락해왔으며, 만약 침묵을 지킨다면 사람들이 내가 곤경에 처했다고 생각할 것이라고 설명했다. "성명서를 내야 할 것 같습니다." 내가 말했다. "사실 나는 고발당하지 않았고 게시물의 내용은 사실과 달랐다고 말하면 됩니다."

학장은 잠시 생각하더니 동의했다. 면담이 끝나고 나는 NPR 특파원에게 성명을 전했고[21] 특파원은 그걸 트위터에 올렸다. 그와 거의 동시에 소셜미디어 논쟁은 사그라들기 시작했다.

같은 달, 학과에서 이 사건에 대한 회의를 열었다.[22] 외국인 강사들은 전원 참석을 요청받았고 스쿠피 부학장 한 명과 대학의 공산당 관료 한 명도 참석했다. 회의실에 들어가자마자 나는 본능적으로 카메라를 찾았다. 천장 가운데에 한 대가 설치되어 있었다.

회의의 시작 부분에 내게 사건에 대해 이야기해달라는 요청이 있었다. 이어서 스쿠피 부학장인 T. C. 마이가 발언했다. 민킹 추와 마찬가지로 T. C. 마이도 타이완에서 자랐지만 미국 여권 소지자였다. 그는 "우리는 이 나라의 법을 존중해야 합니다. 그리고 이 법은 정치적인 이슈에 대해 이야기하는 것을 금지하고 있습니다. 어떤 정치적인 이슈나 의견도 피해주시길 바랍니다"라고 말했다.

그러자 한 미국인 교수가 "명시적으로 금지된 것이 있습니까?"라며 대담하게 물었다.

당 관료가 준비된 입장문을 꺼내 영어로 크게 읽었다. "강의 내용과 유형은 다양할수록 좋습니다. 그러나 특정 주제는 교사든 학생이든 언급하지 말아야 합니다. 여기에는 성에 대한 노골적인 묘사나 비하, 일반적으로 동의할 수 없는 정치적 의견, 교리를 홍보하거나 비하하는 종교적인 내용, 정치적으로 민감하다고 여겨지는 주제들이 포함됩니다. 강의 주제는 중립을 유지해야 합니다."

입장문은 겉보기에 상세했지만 사실 구체적인 것은 거의 없었다. 당 간부들은 대체로 명확한 선을 긋지 않는다. 그랬다가는 교사들이 그 경계에 도전할 수 있기 때문이다.

"어떤 때는 수업 중에 토론하다가 학생들이 주제를 스스로 꺼내기도 합니다." 미국 교수가 말했다. "그리고 아슬아슬한 주제를 꺼낼 수도 있어요. 우리가 어디까지 개입해야 하지요?"

이번에는 당 관료가 중국어로 대답했다. "그런 주제에 대해서는 얘기하지 않는 것이 좋습니다. 왜냐하면 그 학생은 여전히 중국 학생이기 때문입니다. 판궈라이反過來할지도 모르니까요."

판궈라이는 "거꾸로 뒤집는다"는 뜻이다. 당 관료는 젊은이들의 그런 변덕스러움과 잠재적인 탈선을 두려워하는 듯했다.

여러 회의가 진행되는 동안 아무도 내가 잘못했다고 하지 않았다. 하지만 교사의 코멘트가 왜곡되어 소셜미디어에 올라간 것이 문제라고 말하는 사람도 없었다. 스쿠피가 실제로는 하이브리드 프로그램이 아님을 보여주는 또 하나의 측면이다. 만약 피츠버그대학이나 미국의 타대학에서 개인끼리 학술적으로 주고받은 내용이 공개되어 강사를 위협했다면 조사가 제대로 이루어졌을 것이다. 하지만 여기서는 공격의 배후를 알아내는 데 아무도 관심이 없어 보였다. 행여 당 관료들이 존과의 면담을 통해 사건에 대해 더 많은 것을 알고 있었다고 해도 내게는 알려주지 않았다. 아무 일도 일어나지 않았다는 듯 행동하는 것이 대응책이었고, 이는 곧 게시판에 공격 글이 올라온 지 닷새 뒤 내가 존과 그의 학급을 다시 가르쳐야 한다는 뜻이었다. 우리가 강의실에서 함께할 시간은 아직 3주 남아 있었다. 조지 오웰과 함께.

아이웨이웨이의 다큐멘터리를 수업에 사용했다가 징계받은 로스쿨 강사에게 내 사건을 상의했더니 그는 두려움이 보통 두 방향으로 작용한다고 했다. 교직원들은 학생들이 무슨 짓을 할지 두려워하고, 동시에 상급 관료들도 두려워한다. 다큐멘터리 사건이 있고 나서 로스쿨 학장은 상급자들에게 자기가 해당 강사를 징계하겠다며 재빨리 안심시켰다. 하지만 징계는 상대적으로 가벼웠다. 강사는 해당 강의에서 하차했지만 다른 과목들을 가르치는 것은 허용되었다. 그는 스캔들이 더 커졌다가는 모두에게 좋지 않은 영향을 미쳤을 거라고 말했다. 그의 말이다. "그 사람들은 저를 보호하고 있었지만 자기 자신들도 보호하고 있었던 겁니다."

내 경우도 이와 비슷했다. 보통 때라면 나는 존이나 다른 학생들과 직접 얘기해봤을 테지만 그러기에는 너무 위험하다고 판단했다. 나는 아직 대학에 갓 부임한 터였고 가족들도 불안정한 상황이었다. 언젠가 좀더 안정되면 더 많은 것을 알아보겠지만 지금 상황에서 내 계산은 시스템 내 대부분의 사람과 비슷했다. 조용히 있는 게 모두에게 최선이었다.

로스쿨 교사는 자신을 고발한 학생들이 마르크스주의대학에 있다는 것을 알게 되었다고 했다. 하지만 그게 누구인지 알지도 못했고 관심도 없었다. "저는 근본 원인이 무엇인지 알고 있어요." "그것은 바로 이 나라 교육 시스템입니다." 이어 그는 "문제는 학생들이 아닙니다. 학생들은 이해하지 못해요. 자신이 뭔가 잘못하고 있다는 걸 모릅니다. 자기네가 상처 입고 있다는 사실을 몰라요. 특정 사상의 노예가 되고 있다는 사실을 모릅니다"라고 했다.

이 사건은 그에게 선을 넘지 말라는 교훈을 주었다. 그는 "그 사건 뒤로 나 자신이 별로 용감한 사람이 아니라는 걸 깨달았다"고 했다. 그는 최근 곤경에 처한 몇몇 유명한 인권변호사를 언급했다. "그 사람들의 자녀는 학업에 영향을 받았고 아내들은 취업 기회를 잃었어요. 금전적 비용도 발생했죠. 저는 그런 걸 감당할 수 없어요. 그래서 더 침묵하게 됐죠."

침은 '가라앉음'을 의미하고 묵은 '조용하다'라는 뜻이다. 조용함 속으로 가라앉는다, 입을 잘 열지 않게 된다는 뜻이다. 교사는 이어서 말했다. "학생들에게는 화가 나지 않습니다. 저는 시스템에 화가 나요."

———

공격이 있고 나서 첫 수업 날[23] 나는 강의실에 일찍 도착했다. 존은 두 명의 다른 학생과 함께 벌써 와 있었다. 내가 학생들과 인사할 때 존은 나와 눈을 마주치지 않았다.

우리는 그날 『동물농장』에 대해 토론할 예정이었다. 하지만 나는 강의 시간이 다가올수록 점점 더 초조해졌고 결국 조지 오웰에 대한 토론을 일주일 미루기로 했다. 대신 몇 가지 샘플 에세이를 놓고 이야기한 뒤 교정 편집 연습을 했다. 학생들 간의 역학관계를 좀더 파악하고 싶었지만 강의가 끝나가도록 존의 에세이로 인해 일어난 일에 대해 알고 있는 사람이 있는지 여전히 알 수 없었다. 심지어 존조차 수수께끼였다. 존은 토론에 참여하지 않았고 내 시선을 피하는 게 아닌가 느껴지기도 했지만 생각해보면 그는 늘 수줍은 학생이었다. 논픽션 수업에서 관찰했던 것과 비슷했다. 정치적인 면에서 보자면 요즘 학생들은 1990년대에 가르쳤던 학생들보다 생각을 읽기가 훨씬 더 힘들었다.

수업을 마치는 종소리가 들리자 안도감이 들었다. 몇몇 학생은 『동물농장』에 대해 얘기하지 않아 실망한 듯 강의가 끝나고도 남아 있었다. 한 남학생은 『동물농장』이 『1984』보다 훨씬 더 우울하다고 말했다. 그는 "윈스턴은 자신만의 행복을 찾기 때문"이라며 "적어도 윈스턴에게는 그런 순간이 있죠. 동물들에게는 그조차 없잖아요"라고 했다.

또 다른 학생은 『멋진 신세계』를 가져와서 올더스 헉슬리가 창조해낸 사회는 조지 오웰의 사회와 사뭇 다르다고 했다. "하지만 결말은 아주 비슷해요. 역시 매우 부정적이에요."

"빅브라더 말인데요." 앞의 남학생이 말했다. "어떤 학생들은 빅브라더가 되고 싶어해요."

존도 아직 강의실에 있었고 이제 나는 그가 있는 쪽을 보지 않으려고 조심했다.

"선생님은 어떠세요?" 남학생이 내게 물었다. "빅브라더가 되고 싶으세요?" 그는 대수롭지 않게 말하며 웃었지만 나는 무슨 의도로 내게 그런 말을 하는 것인지 알 수 없었다.

———

중국에서 금지되고, 차단당하고, 검열되는 수많은 것의 목록에 조지 오웰의 소설들은 포함되지 않았다. 우리 아파트는 당이 관리하는 시내의 가장 큰 서점인 신화문헌에서 몇 블록 떨어진 곳에 있었다.[24] 서점에 가면 시진핑의 경력과 이론을 시시콜콜하게 기록한 서적을 쌓아 진열한 대형 테이블이 맨 먼저 눈에 띄었다. 스무 권의 서적 중에는 이런 것들이 포함되어 있었다.

『시진핑 지식청년으로서의 7년』

『시진핑의 빈곤 퇴치 이야기』

『푸저우의 시진핑』

『샤먼의 시진핑』

『정딩의 시진핑』

『닝더의 시진핑』

10미터도 떨어지지 않은 곳에는 '디스토피아 3부작'으로 판매하
는 책들을 진열한 또 다른 큰 테이블이 있었다. 『1984』 『멋진 신세
계』와 1920년경 예브게니 자먀틴이 썼다가 소련에서 금지된 소설
『우리들』이었다. 디스토피아 3부작 테이블 바로 위 천장에는 감시 카
메라가 달려 있었다. 『1984』 표지에는 큰 글씨로 이렇게 쓰여 있다.

전쟁은 평화다

자유는 예속이다

그리고 빅브라더가 당신을 지켜보고 있다.

진열대에는 『동물농장』의 중국어판도 놓여 있었다. 상하이의 한
출판사는 『동물농장』의 번역본이 매년 10만 부 정도 팔리고 『1984』
는 그 두 배쯤 팔린다고 했다. 중국의 정치적인 분위기에도 불구하
고, 많은 대학의 필독서 목록에 남아 있는 조지 오웰의 작품을 검열

하려는 움직임은 없었다.

웨이보 공격이 있고 나서 2주도 채 되지 않아 쓰촨대학의 다른 학과 학생들이 나를 「1984」 연극 공연에 초대했다.[25] 강당에 도착하자 교수가 나를 따뜻하게 맞아주었다. 그는 내가 쓰는 글에 자신의 강의 이름을 언급하지 말아달라고만 부탁했다. 그것만 빼면 아무도 내 존재에 대해 신경 쓰지 않는 듯했다. 나는 감시 카메라 근처 맨 뒷자리에 앉았다. 앞쪽에도 카메라가 한 대 있었다.

강의 과제는 조별로 고전 외국 소설의 새로운 버전을 준비해 공연하는 것이었다. 첫 번째 조는 알렉산드르 푸시킨의 『예브게니 오네긴』을 각색했고 또 다른 조는 『죄와 벌』을 공연했다. 거기서 빨간 망토를 입은 여학생들은 마치 『시녀 이야기』(마거릿 애트우드의 디스토피아 소설—옮긴이)를 연상케 했다. 그다음 조가 조지 오웰이었는데, 배우들은 마오 시절의 공장 노동자처럼 식별 번호가 가슴에 새겨진 베이지색 점프수트를 입고 있었다.

연극은 소설의 주인공인 윈스턴이 직장 동료와 최근에 있었던 공개 교수형에 대해 대수롭지 않게 이야기하는 장면으로 시작했다. 이들의 대화는 점프수트를 입은 학생들이 중국어로 욕을 퍼붓는 '2분 증오'(『1984』의 빅브라더 사회에서 매일 2분간 반대파에 저주를 퍼붓는 의식—옮긴이)에 의해 중단된다.

팡피放屁!(방귀 뀌는 소리 하고 있네!)

양롄더쭈羊臉的豬!(양의 얼굴을 한 돼지!)

양롄더뤄즈羊臉的騾子!(양의 얼굴을 한 노새!)

'2분 증오'의 마지막에 학생들은 '1만 년' 혹은 '오래 살라'는 뜻의 완수이(만세)를 연호한다. 문화대혁명 기간에 이 단어는 흔히 마오쩌둥의 이름과 함께 불렸다. 학생들은 이제 이렇게 외쳤다.

빅브라더 만세!
빅브라더 만세!
영국통신사 만세!
영국통신사 만세!

다음으로 연극은 윈스턴의 연인이 되는 줄리아에 초점을 맞췄다. 소설에서 줄리아는 국가의 통제를 싫어하며 심하게 성적 대상화되어 있는 인물인데, 학생들은 노골적인 내용을 넣었다.

> 윈스턴: 당신을 처음 봤을 때 강간하고, 죽이고, 2분 증오의 끝에서 절정을 느끼고 싶었어요. 그리고 그녀는, 그녀는 그저……
> '당에 대한 우리 의무를 다하는 것'이죠.
> 줄리아: 내가 얼마나 많은 남자와 함께했는지 짐작이 가세요?
> 윈스턴: 상관없어요. 더 많은 남자와 함께했을수록 나는 당신을 더 사랑합니다.

윈스턴은 줄리아의 얼굴에 화장을 해주고 그녀를 바라본다. "줄리아, 당신은 여자예요." 그가 말했다. "당원은 아니죠." 거기서부터 대본은 조지 오웰의 원작에서 벗어난다. 소설에서 줄리아는 성적인 저항을 빼면 별다른 특징이 없다. 윈스턴이 정치 얘기를 할 때마다 지루해하는 철저히 비지성적인 인물이다. 하지만 쓰촨대학 학생들은 이 여성을 당의 비밀 요원으로 재해석했다. 줄리아는 윈스턴을 함정에 빠트리는 임무를 맡았지만 그 과정에서 어쩔 수 없이 사랑에 빠진다. 윈스턴이 고문을 받고 그녀를 배신하자 그녀의 감정은 산산조각 난다.

그 뒤로 줄리아는 국가에 대한 헌신을 새롭게 다진다. 연극은 줄리아가 당의 상관인 오브라이언에게 보고하는 것으로 끝난다. 오브라이언은 그녀에게 새로 유혹할 대상의 이름을 알려준다. 그 대상의 이름은 풍자적인 소설로 금지당하곤 하는 현대 중국 작가 옌롄커를 살짝 바꾼 것이다. 대본은 이렇다.

> 오브라이언: 줄리아 동지, 임무를 완수한 것을 축하하네. 자네의
>   다음 임무는 예렌커일세.
> 줄리아: [동의하는 듯한 소리를 낸다.]
> 오브라이언: 다시 대답해, 똑바로!
> 줄리아: 알겠습니다, 각하!

공연이 끝나고 나는 대본을 쓴 학부생 중 한 명을 만났다. 그녀는 조지 오웰의 원캐릭터가 덜 발전된 것 같아 줄리아의 역할을 확대했다고 설명했다. 수준 높은 독해였다. 이 학생은 소설 전반에 흐르는 여성 혐오의 기류를 감지했던 것이다. 성적인 내용 자체만으로도 당의 비난을 받기에 충분했지만 그녀는 위험을 감수했다. 강사들은 자

유롭게 창의력을 발휘해보라고 격려했고, 학생들은 자기 작품을 자랑스러워했다. 나는 이들의 용기에 뿌듯함을 느꼈다. 길고 길었던 한 달 끝에 밝은 빛을 보는 기분이었다.

학기 초에는 세레나가 안 좋은 소식을 들고 사무실로 찾아왔다. 논픽션 수업에 뒤늦게 받아들여진 탓에 서류 작업에 착오가 있었고 결국 수강 등록이 제대로 되어 있지 않다는 사실을 발견한 것이다. 내가 행정 부서에 간곡한 메시지를 보냈지만 관료주의의 수레바퀴는 꿈쩍도 하지 않았다. 대학 측은 세레나가 해당 수업의 학점을 받을 수 없다고 통보했다.

처음엔 거절당하고 그다음에는 학점을 취소당했던 논픽션 수업에서의 경험에 대한 세레나의 반응은 다음 학기에 정식으로 수강해도 되는지 정중하게 묻는 것이었다. 새로운 취재 프로젝트가 몇 개 있다고 했고, 강의 내용이 반복되더라도 상관없다고 했다. 이 역시 뿌듯한 일이었다. 정치적인 분위기에도 불구하고, 쥐바오 문화의 추악한 모습에도 불구하고, 여전히 배움을 위해 뭐든 하고자 하는 수많은 젊은이가 있었다.

———

12월에는 옛 제자인 메이와 그녀의 남편을 만나러 푸링에 다녀왔다. 메이는 푸링시에서 자랐고 졸업 후에는 현지의 직업학교에 교사로 취직했다. 당시에는 동창생들이 서로 연락을 유지하기가 어려웠다. 푸링에서 어딘가로 가려면 보통 큰 여객선을 타고 강을 여덟 시간 거슬러 올라 가장 가까운 대도시인 충칭으로 갔다.

그 시절에 나는 제자에게 소식을 들으면 그걸 다음 학기의 편지에 포함시켜 동창들끼리 서로 최근 소식을 알고 지내도록 했다. 2000년 봄, 메이는 편지에 이렇게 썼다.

> 동창들 소식을 많이 알려주셔서 기뻐요.[26] 연락하고 지내지 않기 때문에 아무것도 알지 못했거든요. 언젠가 선생님과 동창들이 푸링으로 와서 모임을 가졌으면 좋겠어요. 그러면 근사할 거예요. 그때 우리는 아마 늙었을지도 모르죠. 아빠, 엄마, 삼촌이나 이모가 되어 있겠죠. 오늘은 결혼하고, 내일은 아이를 갖고, 모레는 늙고……
> 어쩌면 올해나 내년에 결혼하게 될지도 모르겠어요. 너무 많은 생각은 하지 않으려 해요. 지금이건 나중이건 무슨 차이가 있겠어요.

시골 출신의 학우들처럼 메이도 좋은 소식을 애써 깎아내렸다. 사실 메이의 결혼에는 전혀 의심의 여지가 없었다. 대학 시절 메이는 중학교 동창이었던 루용이라는 남학생과 이미 진지한 관계였다. 메이가 편지를 보내고 얼마 지나지 않아 둘은 결혼식을 올렸고 이듬해에 아들이 태어났다. 세월이 빨리 흐를 거라던 메이의 말은 좋은 쪽으로든 나쁜 쪽으로든 맞았다. 부부가 사십대 중반이 되어가던 2016년, 루용은 폐암 4기 진단을 받았다.

12월에 나는 메이에게 푸링에 갈 계획이라고 말했다. 나를 만나고 싶지 않다거나 루용의 병에 대해 얘기하고 싶지 않아도 이해한다고 덧붙였다. 중국에서는 사람들이 흔히 그런 주제를 회피한다. 다른 비극에 대해 얘기하지 않는 것과 똑같은 이유다. 친구에게 부담을 지우고 싶지 않은 것이다. 하지만 메이는 언제나 솔직한 사람이었고 여전히 모임을 꼭 주선하고 싶어했다. 이렇게 답장이 왔다.

우리 집에서 만나면 돼요.[27] 푸링에 사는 다른 동창들도 함께 불러볼게요. 제 남편은 외향적인 사람이에요. 병의 예후에 대해 얘기해도 괜찮아요.

일요일 아침 일찍 충칭에서 푸링으로 가는 고속열차를 탔다. 열차가 이동 시간을 8시간에서 38분으로 단축시키면서 옛 여객선은 운행을 멈춘 지 오래였다. 푸링 역에는 루용이 스코다 세단에 앉아 기다리고 있었다. 그는 내가 기억하는 것과 같은 무거운 검은 뿔테 안경을 쓰고 있었는데 지금은 안경이 더 커 보였다. 얼굴 주변의 피부가 팽팽하고 광대뼈가 튀어나온 루용은 14킬로그램 정도는 빠져 보였다. 바싹 깎은 머리는 강철을 짧게 자른 듯한 색이었다.

그는 몇 달 만에 처음으로 운전하는 것이라고 했다. "보통은 날씨가 좋으면 삼림공원으로 산책을 갑니다." 양쯔강을 가로지르는 새 다리 중 하나를 건너면서 그가 말했다. "그게 아니면 밖으로 잘 안 나가요."

이 부부와 10대 아들은 공원 건너편의 고층 아파트 단지에서 루용의 부모님과 함께 살았다. 루용의 아버지는 정부에서 성공적인 커리어를 누렸고, 널찍한 아파트는 두 층에 걸쳐 뻗어 있었다. 도착하고 나서 루용은 나를 데리고 옥상 발코니에 올라 양쯔강을 보여주었다. 겨울의 양쯔강은 안개 밑으로 회갈색을 띠고 있었다.

루용은 강 수면이 현재 해발 170미터라고 했다. 강의 고도는 웹사이트에 매일 기록되었고 루용은 그걸 정기적으로 확인하는 게 습관이 되어 있었다. 루용의 원래 직업은 도시 관리국에서 푸링 근처의 강을 청소하는 책임자였다. 그는 발코니에 서서 2000년에 일을 시작했던 때를 회상했다. "그 시절에는 댐 근처에 쌓여 있던 온갖 쓰레기 더미를 밟고 강을 건널 수 있을 정도였어요." 그가 말하는 댐은 싼샤 프로젝트 전에 있던 작은 구조물인 거저우바葛洲壩 댐이었다. "푸링에는 특히 비가 오고 나면 언제나 나무와 가지가 많았어요. 동물 사체도 있었죠. 보통은 돼지나 개였지만 가끔은 시체가 발견되기도 했습니다."

시의 재정 지원이 나아지면서 루용의 부서는 배를 열네 척 구입해 쓰레기 양을 획기적으로 줄였다. 루용은 암 진단을 받고 나서 2년 전 일을 그만두었다. "한동안 가슴에 통증이 있었어요." 그가 말했다. "마침내 병원에 가서 검사를 받았죠. 의사가 '더 일찍 왔어야죠'라고 하더군요."

루용은 계속해서 "너무 늦었던 겁니다. 암이 벌써 상당히 진행되었고 수술할 수 없는 상태였습니다. 지금은 등까지 전이됐고, 여기 목에 있는 거 보이죠? 여기 머리에도 또 하나가 있어요"라고 말했다.

그는 두 개의 혹을 만졌다. 혹은 그의 광대뼈처럼 팽팽하고 얇은 피부 아래 불거져 있었다. 루용은 주기적으로 기침을 했고 안색은 창백했다. 하지만 활기가 넘쳤고 암에 대해 얘기하는 것을 불편하게 생각하지 않는 듯했다. 원래는 여명을 3개월에서 6개월 정도 전망했지만 이미 그 기간이 지난 지 거의 2년이 되었다고 했다. "항암치료는 하지 않았어요." 그가 말했다. "지금은 임상실험용 약을 먹고 있어요. 완치의 희망은 없고 다만 시간을 늦추는 것뿐이죠. 스티브 잡스를 봐요. 그런 사람조차 암을 없애지 못했어요."

개혁개방 세대의 많은 중국인 남성이 그랬듯이 루융도 골초였다. 폐암은 현재 중국인 암 사망률 1위를 차지하고 있다.[28] 루융은 처음 진단을 받고 그 충격에 두어 주 동안 담배를 계속 피웠다고 했다. 그러다가 결국 끊었고 그 뒤로는 담배를 피우지 않았다.

"아마 담배가 원인이었을 거예요" 그가 말했다. "하지만 의사는 확신할 수 없다고 해요. 중국은 세계 어느 나라보다 폐암 발병률이 높습니다. 폐암에 걸리는 많은 사람이 흡연자이지만 아닌 경우도 있어요. 대기 오염 때문일 수도 있지요."

옛 제자들은 사회생활을 시작했던 초기에도 꽌시를 만드느라 치르는 건강상의 비용에 대해 심심찮게 불만을 토로했다. 교사와 공무원들은 푸짐한 요리, 담배 선물, 수수로 만든 독주인 바이주白酒 건배가 난무하는 연회 자리에 참석해야 했다. 그런 식의 행사는 특히 사업에 관여하고 있는 사람이라면 누구에게나 흔한 일이었다. 푸링을 떠나고 얼마 되지 않았을 때 지미는 자기 아내를 만나게 된 일에 대해 편지에 쓴 적이 있다. 당시 그녀는 식당에서 일하고 있었는데 이 조용한 웨이트리스가 알고 보니 대단한 사람이었다. 나는 2002년 싼샤를 방문해 지미 부부와[29] 한 살배기 딸을 만났다. 부부는 작은 호텔과 식당을 운영하고 있었고 사업은 크게 번창했다. 그들은 강의 입구라는 뜻인 장커우江口에 여전히 살고 있었는데 싼샤댐의 첫 단계가 완공되는 이듬해에 마을이 수몰될 예정이었다.

지역 유지에 어울리는 체격이 되어버린 지미는 시카고 불스 셔츠를 입고 다니던 시절보다 몸무게가 10킬로그램은 더 나갔고, 양복에 넥타이 차림인 날이 많았다. 여전히 교사 일을 하면서도 아내의 사업을 돕고 있었다. 그해의 어느 날 근황을 알려오는 편지에서 지미는 성공한 사업에도 단점이 있음을 시인했다.

반면 모든 일에는 양면이 있죠.[30] 저는 와인과 맥주를 너무 많이 마셔서 건강이 매우 안 좋습니다. 그래서 지금은 늘 약을 잔뜩 갖고 다녀요.

30대에 접어들면서 옛 제자들은 더 심각한 건강 문제를 거론하기도 했다. 2003년에 한 남자 제자는 이렇게 썼다.

저는 하루에 약을 두세 번 먹어야 하고[31] 맥주나 와인은 마시면 안 됩니다. 동료나 상관들과 식사할 때면 늘 제게 술을 권하죠. 마시지 않으면 저를 예의 없다고 생각합니다. 그렇지만 저는 사실대로 말하고 싶지 않아요. 저를 끼워주지 않을까봐 두렵거든요. 그중에는 우호적이지 않은 사람들도 있습니다.

내가 평화봉사단에 있을 때도 음주 강요는 건강의 커다란 위협이어서 교육 과정에 연회에 대한 특별 세션이 포함되어 있었다. 거기서 그런 연회를 주도하는 다양한 단골 캐릭터들에 대해 배웠다. 사람들을 괴롭히는 부서장, 원샷으로 일관하는 보좌관, 언제라도 불쑥 다가와 술 취한 외국인 봉사단원에게 연속 건배를 요구하는 충성당원형 호위무사. 쓰촨성을 통틀어 연회로 가장 악명 높은 곳은 충칭에서 강을 따라 상류에 있는 도시 이빈宜賓이었다. 이빈은 유명한 바이주 브랜드인 우량예를 생산하는 곳이었고 현지 관리들은 술을 마실 수 있는 기회를 절대로 놓치지 않았다. 평화봉사단은 이빈에서의 연회 때문에 끊임없이 문제를 겪어왔고, 한 봉사단원의 건강이 너무 악화되어 치료를 위해 하와이로 후송되어야 할 지경에까지 이르렀다. 그 뒤로 한동안 평화봉사단은 남성 단원의 이빈 파견을 거부했다. 오직 용감한 여성 단원, 양쯔강 상류의 아마존 전사만이 이빈에서 근무할 수 있었다. 간부들이 여성들을 괴롭혀 억지로 술을 먹일 가능성은 상대적으로 덜했기 때문이다.

푸링은 이빈만큼은 아니었지만 그래도 술자리 연회가 많았다. 훗날 푸링을 찾아갈 때마다 친구와 옛 제자들은 매번 바이주를 끝없이 털어넣는 기나긴 식사 자리를 마련했다. 하지만 이 모든 것이 2013년부터 바뀌었다. 시진핑이 벌인 반부패 운동의 일환으로 정부 기관에서 호화로운 연회를 개최하지 못하게 된 것이다. 그 뉴스를 처음 봤을 때는 쓰촨과 충칭 사람들이 고분고분 따르는 모습을 상상하기 힘들었다. 하지만 변화는 마치 누군가가 회로 차단기를 내린 것처럼 철저했다. 쓰촨대학에서 첫 학기 전체 연회 횟수는 딱 한 번이었고 단 한 방울의 술도 없었다. 학과장은 규정이 너무 엄격해서 내 돈으로 내가 마실 맥주 한 병을 주문하는 것조차 안 된다고 했다.

요즘 중년의 친구들과 만나면 가끔 모두가 전국적인 디톡스에 참여하고 있는 것만 같다. 사람들은 여전히 연회를 열지만 술을 많이 마시는 일은 드물다. 식사 자리에서 나는 종종 남자들이 많이 늙은 것에 놀란다. 푸링에서 가르쳤던 여자들의 상당수는 거의 변하지 않았지만, 대부분의 남자는 살이 꽤 쪘고 얼굴은 다년간의 담배와 바이주 남용으로 처져 있었다. 옛 제자와 그 배우자들 중에서는 루융이 첫 번째 폐암 환자였으나 그가 마지막이 아닐 것만 같아 걱정이었다.

점심을 먹으려고 자리에 앉자 루융의 어머니가 "오늘 운전을 했다니 정말 기쁘구나"라고 말했다. 그것 말고는 아무도 암 얘기를 꺼내지 않았다. 손님은 모두 1990년대부터 알고 지내던 친구들이었고 메이와 루융이 시련을 겪는 동안 계속 연락을 주고받았다. 그랜트와 케이틀린은 푸링사범대학 학생 시절 만났고 나중에 결혼했다. 또 다른 부부인 린다와 황둥은 중학교 시절부터 서로 알고 지내던 사이였다. 황둥은 린다가 2000년의 편지에서 연애 이야기를 하며 언급했던 바로 그 짝이었다. 세 부부는 각각 20년 넘게 함께하고 있었다.

2000년대 초반 옛 제자들의 결혼은 대개 서둘러 이루어진 것처럼 보였다. 대부분 연애 경험이 없었고 배우자를 폄하하듯 묘사했다. "별로 잘생기지는 않았어요. 못생겼지만 푸링사범대학 수학과를 졸업한 여자와 결혼했다는 사실이 행복합니다." 그렇지만 이런 급작스런 구애의 절대다수는 오래도록 지속되는 결혼으로 이어졌다. 2016년 설문 조사에서 혼인 상황을 물었을 때 33명의 응답자 가운데 단

한 명만이 이혼한 상태였다. 2021년에 같은 질문을 다시 했더니[32] 수치는 32명 중 1명이었다. 일부는 코멘트를 덧붙였다.

저는 좋은 사람이고 유부남입니다.[33]

저는 물론 기혼이죠. 이혼은 1980년대나 1990년대에 태어난 젊은 사람들 사이에서의 유행이라고 생각합니다.

제게는 아내가 있습니다. 주변에 이혼한 사람은 많지 않아요. 교사는 그럴 만한 돈이 없어요.

지금도 결혼을 유지하고 있어요. 우리는 아주 전통적인 중국인입니다. 이혼은 좋지 않다고 생각해요.

이들의 결혼 경험은 커다란 추세와 맞지 않았다. 중국의 이혼율은 2000년부터 세 배 이상 증가했고[34] 지금은 미국보다 높다. 그러나 내가 가르쳤던 학생 대부분은 이혼을 안 좋게 보는 시골 공동체에서 자랐다. 도시민이 되고서도 그런 가치관을 견지하고 있었다. 시골의 변치 않는 또 다른 특성은 평정심을 유지하려는 경향이다. 옛 제자들은 행운을 별일 아닌 듯 치부했던 것과 마찬가지로 상황이 어려워져도 흔들리지 않았다. 2001년에 한 여성은 편지에서 연애를 하고 있다고 했다.

남자친구가 있어요.[35] 라오터우老頭(남편)는 아니에요. 우리는 잘 지낼 수 없는 것 같아요. 자주 싸우고, 싸우고, 또 싸웁니다. 결혼하기 싫어요. 너무 신쿠辛苦(힘듦)하거든요.

그렇게 말했음에도 불구하고 둘은 결혼했다. 5년 뒤에 그녀가 업데이트된 내용을 보내왔다.

남편은 교도소에서 경찰관으로 일해요. 시간 여유가 많고 주말에는 항상 카드놀이를 하러 나가요. 저는 바쁘고 힘든데 말이죠. 그래서 화날 때가 많습니다.

2021년에 보낸 이메일에서는 새 차, 새 아파트, 새 월급, 그리고 변함없이 똑같은 남편에 대해 얘기했다.

남편은 성격이 고약한 교도소 경찰관이에요. 예전에는 자주 싸웠죠. 제가 적응했어요. 여전히 가끔 싸우지만 이제는 좀 나아요.

아무것도 변하지 않았지만 모든 것이 변했다—이 조합은 곧잘 모순처럼 보였다. 하지만 시간이 지나면서 옛 제자들의 결혼이며 교사로서의 직업과 같은 특정한 버팀목들이 어지러운 변화의 와중에 이들의 중심을 잡아주었음을 느꼈다. 나 자신도 어느 정도는 그렇게 느낀다. 푸링을 방문할 때마다 방향감각을 잃는 순간들이 있었다. 강은 저수지가 되었고, 한적한 마을은 번영하는 도시로 변했다. 8시간

가던 뱃길은 38분짜리 고속철도 여행으로 바뀌었다. 하지만 사람들의 어떤 기본적인 품성은 변하지 않았다. 중학교 때부터 서로 알고 지내온 이 부부들과 함께 식사를 하고 있으니 마음이 편해졌다.

푸링으로 오기 전 옛날 사진들을 출력해두었다가 점심을 먹으며 옛 제자들에게 나눠주었다. 루용도 자기 사진들이 있다며 나를 서재로 데려가 컴퓨터를 켰다.

"이건 단웨이에서 찍은 사진이에요." 디지털 이미지들이 있는 파일을 열며 그가 말했다. "강을 기록하는 작업을 하고 있었고, 이게 단웨이에서 모은 사진들이에요. 제가 복사를 해뒀죠. 전부 1997년에서 2000년 사이에 찍은 겁니다."

이미지들은 내가 기억하는 옛 색채를 띠고 있었다. 갈색 도시와 회색 공기, 모든 것이 공해로 흐릿해진 모습이었다. 거리는 텅 비어 보였다. 당시에는 차가 거의 없었고 언덕이 많은 도시라 자전거도 흔치 않았다. 파일 끝부분에 루용은 1998년 여름의 사진을 모아두었다. 댐이 생기기 전 마지막으로 푸링에 큰 홍수가 났을 때다. 그때는 시내의 저지대가 아직 싼샤 프로젝트를 위해 철거되기 전이었고, 양쯔강이 범람해 수많은 거리와 아파트 1층이 물에 잠겼다. 허벅지까지 차오른 커피색 물을 헤치고 가는 주민들이 사진에 보였다. 많은 남자가 웃통을 벗고 있었고 작은 체격에 밧줄 같은 근육이 보였다. 그러고 보니 요즘에는 이렇게 근육질인 도시 주민들을 본 적이 없다는 사실을 깨달았다. 1990년대에 내가 알던 모든 남자 중에 체격이 줄어든 사람은 루용뿐이라는 생각을 하지 않을 수 없었다.

루융은 사진을 복사해주고 싶어했지만 정치적으로 민감한 부분이 없을지 재검토해야 한다고 했다. 사무실을 떠났음에도 여전히 단웨이 직원으로서 조심스러운 습관을 갖고 있었다. 그는 찬찬히 이미지들을 넘겨보고 마침내 네 장을 골라 지웠다. 두 장은 홍수 관련 특별 회의가 끝나고 단체 사진을 위해 줄지어 있는 당 간부들의 웃음기 없는 사진이었고, 다른 두 장은 자연재해의 기록 업무를 위탁받은 사진가들의 모습이었다. 루융은 이 사진들을 삭제하고 나머지를 USB 드라이브에 복사했다. 그는 "이 모든 것이 푸링 역사의 일부예요"라고 말했다. "선생님이 갖고 싶어할 것 같았어요."

식사를 끝냈을 즈음 양쯔강의 안개를 뚫고 햇살이 비추었다. 우리 중 몇이 드라이브를 나갔다. 루융이 운전대를 잡고 메이, 린다와 나를 태워 강 건너 베이산핑北山坪산으로 향했다.

1990년대에 도시 주민들은 가끔씩 베이산핑으로 주말 여행을 다녀왔다. 이들은 여객선을 타고 양쯔강을 건너 산의 남면을 따라 수백 개의 돌계단을 올랐다. 길고 평평한 정상에는 소나무 숲이 우거져 있었고 푸링시와 두 강이 내려다보이는 경관이 아름다웠다. 외지고 열악한 농지가 있던 산 정상에는 포장도로가 없었다. 계단을 오르기가 무척 힘들었기 때문에 찾는 사람이 상대적으로 많지 않았다.

나중에 정부는 산 양쪽으로 새 도로를 건설했는데, 그 후 산은 수많은 개발 프로젝트의 현장이 되었다. 루융은 가파른 경사면을 지그재그로 올라가는 동쪽 도로를 따라 차를 몰았다. 정상 근처에서 10여 동의 아파트 건물이 들어선 새 주택 단지를 지나갔다. 루융의 설명에 따르면 각종 개발 프로젝트를 위해 원주민의 땅을 수용하고 그 보상으로 지어진 건물들이었다. 그렇지만 도시에 일자리가 있는 경우에는 불편했기 때문에 거기 실제로 살고 있는 사람은 거의 없었다. 대부분의 소유주가 빈 아파트를 투자 목적으로 남겨두고 시내나 자신이 일하는 지역에 집을 임대해서 산다고 했다. 그곳을 지나쳐가는 동안 건물 밖에 나와 있는 사람은 한 명도 보지 못했다.

루용은 "베이산핑의 모든 것이 실패"라며, 시의 지도자를 5년 임기로 임명하고 나서 다른 지역으로 순환 근무시키는 중국의 시스템에 문제의 일부가 있다고 했다. 이것은 오래된 전통이었다. 황제가 집권하던 시대에도 중앙정부는 지방의 지도자들이 현지에 너무 유착하지 않도록 신경 썼다. 급격한 발전의 시기 동안 푸링에 부임했던 공산당 서기들은 저마다 서로 다른 지역에 자신의 흔적을 남기려고 했다. 루용은 "첫 번째 당서기는 모든 프로젝트를 리두李渡에서 시작했죠"라고 했다. 리두는 새 대학 캠퍼스가 들어선 양쯔 강변을 가리킨다. "그리고 다음 당서기는 장둥江東을 개발하고 싶어했어요. 그다음 당서기가 여기 베이산핑으로 왔죠. 그리고 새로 온 현재의 당서기는 다시 리두로 돌아갔어요. 거기서 더 많은 프로젝트를 벌이고 있죠. 당서기마다 뭐든 자기가 원하는 걸 할 수 있는 5년의 시간이 있어요. 이 시스템은 부패를 줄이기 위한 것이지만 사람들이 긴 안목으로 보지 않는다는 뜻이기도 해요." 새로운 개발 부지 중에는 리두가 가장 성공적이었다. 양쯔 강변을 따라 위치해 있었기 때문이고, 반면 베이산핑은 외딴곳이라 실패할 운명이었다.

루용은 산 정상을 넘어 다른 개발 구역을 지나갔다. 그곳은 골프 코스 주변을 따라서 훨씬 더 큰 규모로 개발되어 있었다. 그러나 역시 건물 바깥에 나와 있는 사람은 아무도 없었다. 우리는 시적인 중국어 문구가 엉터리 기계 번역 느낌을 주는 영어 버전과 짝을 이룬 일련의 광고판들을 지나쳤다.

리버타운 골프 RIVER TOWN GOLF
2만 인터내셔널 헬스 스파 THE 20,000 INTERNATIONAL HEALTH SPA
향기롭고 보존 공식 가스가
FRAGRANT AND CONSERVATION OFFICIAL GAS
멘털과 피지컬을 지켜준다 KEEP A MENTAL AND PHYSICAL

리버타운 골프 RIVER TOWN GOLF
세계 최고의 호화 시설로 AS THE WORLD'S TOP LUXURY FACHJTIE
인간 미래의 정의 THE DEFINITION OF THE HUMAN FUTURE

문장紋章과 함께 영어로 '리버타운 골프'라고 쓰여 있는 수십 개의 현수막이 도로를 따라 걸려 있었다. 문장에는 필기체 'R'과 뒷발로 일어선 사자, 그리고 황금색 골프채가 그려져 있었다. 나는 '리버타운 골프' 현수막의 글씨체가 내 첫 책의 영국판 표지에 있는 것과 똑같다고 지적했다.

뒷좌석에 앉아 있던 메이가 골프장 개발 관계자들과 이름에 대해 얘기해본 적이 있는지 물었고 나는 그렇다고 답했다.

"그 사람들이 뭐라고 하던가요?"

"내 책과는 아무 상관이 없다고 하던걸."

모두 웃음을 터뜨렸다. "당연히 그랬겠죠!"

내가 푸링에 살던 시절에는 아무도 푸링시를 '리버타운'이나 '리버시티'를 뜻하는 장청江城이라고 부르지 않았다. 중국의 도시들은 종종 깊은 역사적 뿌리를 가진 별명을 가지고 있는데, '장청'은 양쯔강과 한장漢江강이라는 두 강이 만나는 지점에 위치한 우한을 가리키는 말로 유명하다. 아마도 중국에서 가장 위대한 시인이었을 이백이 1200년도 더 전에, 당시를 통해 제일 먼저 우한을 장청이라고 불렀다. 푸링이 이 이름을 썼다면 주제넘은 일이었을 것이다. 그 대신 푸링은 훨씬 더 소박한 샤오산청小山城, 즉 '리틀 마운틴 시티'라고 불렸다. 충칭의 별명이 산의 도시 산청山城이었으므로, 비슷한 지형에 인구는 훨씬 적었던 푸링에 그 축소형 이름이 주어진 것이다.

책 제목을 '리버타운'으로 결정한 다음 나는 푸링 사람들이 그게 아니라고 지적할 것임을 알고 있었다. 또한 '리틀 마운틴 시티'가 영어로 얼마나 형편없는 이름인지 이들에게 절대 설명할 수 없다는 것도 알고 있었다. 어쨌든 푸링 사람들이 이 책을 좋아할 것이라고도 기대하지 않았다. 중국인들에게는 자국에 대한 외부인의 묘사에 부정적으로 반응하는 오랜 전통이 있기 때문이다. 이런 반응이 정당할 때도 많다. 역사를 통틀어 수많은 외부인이 편견에 사로잡혀 중국을 불공평하거나 완전히 잘못된 방식으로 묘사했다. 그러나 외국인이 중국을 잘 알고 중국에 대해 동정적인 글을 쓴다고 해도 공격받을 가능성이 높다. 중국의 지식인들은 『대지』와 같은 소설에서 깊은 개인적 지식을 보여준 펄 벅을 대체로 무시해왔다. 펄 벅은 저장성에서 자라 현지 방언과 중국어 고전을 모두 배웠으며 중국에서 거의 40년을 살았다. 그럼에도 『대지』의 최초 중국어 번역자 중 한 명은 펄 벅이 중국을 부정적으로 보이게 만들었다고 비판하며 저자의 관점이 '백인 우월성'에서 나온 것은 아닌가 하는[36] 웅변조의 질문을 던졌다.

중국을 가난하거나 후진적이라고 묘사하는 외국인만큼 중국 독자가 싫어하는 것도 없다. 1998년에 책을 쓰기 시작하며 나는 가난과 후진이라는 주제를 피해갈 수 없다는 것을 알고 있었다. 푸링이라는 도시와 내 수업을 듣는 거의 모든 이가 빈곤과 고립의 산물이었기 때문이다. 나는 유일한 해결책은 정공법이라 판단하고 책의 첫 페이지에 다음과 같이 썼다.

푸링에는 철도가 없다.[37] 이곳은 늘 쓰촨성의 가난한 지역이었고 도로 사정도 좋지 않다. 어디라도 가려면 배를 타야 하지만 대체로 아무 데도 가게 되지 않는다. 이후 2년 동안 이 도시가 내 집이었다.

1998년 말 초고를 완성하고 나서 에밀리에게 보냈다. 에밀리의 글 중 일부를 인용했기 때문에 확실히 허락을 얻고 싶었다. 에밀리의 고향을 묘사한 부분에 대한 그녀의 생각도 궁금했다. 에밀리는 첫 두 장을 읽고 편지에 이렇게 썼다.

이 이야기를 읽고 푸링시를 좋아할 사람은 아무도 없을 거예요.[38] 하지만 책에 쓴 모든 것이 사실이기 때문에 불평할 수는 없네요. 시간이 흘러 도시가 더 매력적이 되길 바랄 뿐이에요.

에밀리는 책을 읽어가며 업데이트된 내용을 보내왔다. 때로 어떤 부분을 마음에 들어했지만 다음 편지에는 좌절이나 부끄러움을 드러내기도 했다. 도시의 불결함이나 혼돈을 묘사한 부분을 특히나 민망해했다. 책을 다 읽고 에밀리는 이렇게 썼다.

첫 장에서는 우월한 입장에 있는 외국인이 푸링과[39] 그 사람들에게 호기심과 동정심을 나타내는 모습이 보였어요. 선진국에서 온 외국인치고는 괜찮았습니다. 하지만 나는 그의 모든 호기심과 동정심을 완전히 편하게 받아들이기에는 너무 예민한지도 모르겠네요. 책을 읽어가며 나는 점차 그 외국인을 좋아하게 됐어요. 특히 그가 시골에 대한 애정을 드러냈을 때…… 29세의 남자도 가난한 곳의 아름다움을 느끼는 모습을 보고 기뻤습니다.

에밀리만큼 솔직한 독자는 찾을 수 없었다. 나는 에밀리가 뒤섞인 반응을 보인다면 대부분의 중국인, 특히 푸링에 사는 사람들은 책을 싫어할 것이라고 생각했다.

『리버타운』은 2001년에 출판되었고, 그 뒤로 푸링을 방문하면 사람들은 내가 예상했던 발언을 했다. 중국인이라면 누구나 '리버타운 江城'이 우한을 지칭한다고 알고 있다고 말해주는 일이 흔했다. 푸링

대학에서 학교 관리들이 읽을 수 있도록 이 책의 비공식 번역을 의뢰했을 때 제목을 '장판청江畔城', 즉 '리버사이드 타운'으로 바꾼 것도[40] 그런 이유에서다. 사람들은 내가 산 이름 '베이산핑Beishanping'을 '바이산핑Baishanping'으로 썼다는 등의 오류를 지적하기도 했다. 현지 사투리에서는 두 단어의 소리가 똑같았고, 나는 잘못 인쇄된 현지 지도의 표기를 따랐던 것이다.[41]

그러나 놀랍게도 빈곤과 고립을 묘사한 부분에 대한 불만은 거의 없었다. 책이 출판되었을 때는 첫 페이지의 단도직입적인 문장 중 일부가 이미 쓸모없어졌다. 푸링에는 첫 번째 고속도로가 완성되었고 여객 철도 노선이 건설 중이었다. 그 뒤로 몇 년 동안 네 개의 새 고속도로와 두 개의 철도가 추가로 건설되었다. 시진핑 정권하에서 검열이 강화되기 전인 2012년에 마침내 책의 정식 중국어판이 출간되었다. 중국을 다룬 여러 외국 서적이 예상치 못한 인기를 끌던 때였다. 교육받은 중국인 사이에서 외부인이 자기 나라를 어떻게 보는지에 대한 새로운 호기심이 생겼고, 독자들은 과거보다 더 큰 자신감을 갖게 된 듯했다. 다들 향수에 젖어 있기도 했다. 사람들은 종종 개혁개방 시기가 너무 버거워 무슨 일이 일어났는지 기록할 시간이 없었다며, 누군가 그 시절에 대한 초상을 보여줘 좋다고 말했다. 그게 비록 외국인이 그린 초상화라고 하더라도. 자신들이 얼마나 멀리 왔는지를 상기해주었다는 이유만으로도 이들은 힘들었던 시절을 얘기한 이 책을 즐겨 읽었다. 책이 출간된 지 10년이 지나 에밀리는 책을 다시 읽은 다음 이런 메시지를 보내왔다.

시간이 지나고 보니 책 속의 모든 것이 매력적으로 변했어요.[42] 심지어 더럽고 지친 꽃까지도요. (…) 소중한 추억을 기록해주어서 정말 고마워요.

결국 책은 미국보다 중국에서 더 많이 팔렸다. 시간이 지나면서 젊은 미국 독자들은 외국인인 백인 남성이 중국의 외딴 도시에 대한 글을 썼다는 사실을 더 불편해하는 듯했다. 중국인보다 더 평화봉사단을 불신했을 수도 있다. 굿리즈Goodreads와 같은 서평 사이트에서 밀레니얼 미국 독자들은 때로 이 책을 시대착오적이라고 일축했다.

자발적으로는 절대 이 책을 고르지 않았을 것이다.[43] 왜냐하면 평화봉사단 출신 중에 자기는 리버럴이니까 문제의 일부가 아니라고 생각하는 인간, 그리고 자기가 돕고자 하는 사람들보다 자기 이야기를 중심에 두고 있다는 것을 깨닫지 못하는 백인 선교사에 가까운 순진한 리버럴이 아닌 인간을 본 적이 없기 때문이다.
민족 중심적인 견해와 편견들이 눈에 띈다.[44] 저자는 현지인들의 정치와 그들의 견해 일부를 비판하고 있다.

평화봉사단의 회고록을 즐기는 것은 좀 닭살 돋는 일이라고 들었는데[45] 이 책은 재미있게 읽었다.

———

'리버타운 골프'에 대해 처음 알게 된 것은 2014년 푸링을 다시 찾았을 때다. 새로운 개발 프로젝트에 대한 광고판을 보고 택시를 불러 그곳으로 데려다달라고 했다. 베이산핑 정상에서 택시는 수십 채의 짓다 만 호화 빌라와 콘도가 골프 코스 주변에 널려 있는 광경을 지나쳤다. 새로 세운 광고판에는 기계 번역된 영어가 적혀 있었다.

녹아내리는 철의 방주의 산Melting Iron Ark of Mountains

애그리그노트 항산의 정신The Spirit of Aggregnotes Hangshan

원시림의 가스 The Gas of the Native Forest

택시 기사에게 돈을 지불하고 내려서 걸었다. 골프장의 그린은 잔디가 짧게 깎여 있었지만 홀은 아직 설치되어 있지 않았다. 최근에 누군가 골프를 친 흔적은 전혀 보이지 않았다. 길을 따라 걸으니 상점들이 있는 작은 아케이드가 나왔다. 입구에는 달려드는 황소를 앞에 두고 물레타 망토를 휘두르는 실물 크기의 스페인 투우사 동상이 있었다. 상점들의 문은 잠겨 있었고 근처 표지판에는 '차세대 푸링시'라고 쓰여 있었다.

400미터쯤 길을 따라 오르니 회전교차로 한가운데에 콘크리트로 된 거대한 유럽풍 아치를 지어놓았다. 이게 뭘 상징하는지 알아보려고 그 둘레를 천천히 걸어봤다. 나중에 인터넷에서 사진을 찾아보고 그게 1850년대에 루트비히 1세가 의뢰해 만든 뮌헨 개선문의 모조품이라는 사실을 깨달았다. 리버타운 골프의 개선문은 뮌헨의 것보다 약간 작았고 독일어로 새겨넣은 '바이에른 육군을 위하여Dem

Bayerischen Heere'라는 문구는 없었다.

이튿날 '푸링 베이산 신도시 종합개발 유한회사'의 마케팅 이사 리퍄오하이를 만나기 위해 다시 그곳을 방문했다.[46] 리는 이 회사를 더 큰 국영 기업이 소유하고 있으며 리버타운 골프의 총 투자 규모는 100억 위안(약 16억 달러)에 달할 것으로 예상한다고 했다. 이들은 이 프로젝트를 위해 베이산핑의 이 일대에서 6000명이 넘는 농민을 이주시켰다. 이들 중 일부가 내가 나중에 루용과 함께 방문했던 주택단지로 이주했다. 리버타운 골프의 중심 시설은 골프 관광객을 위한 매리엇 호텔이 될 예정이었다.

나는 영어 이름에 대해 물어보았다. 30대에 짙은 정장과 넥타이 차림의 리는 그 이름이 내 책의 제목과는 아무 상관이 없다고 설명했다. 그는 "그냥 강이 있고 골프장이 있는 작은 마을이라는 뜻"이라고 했다. "그게 전부예요. 그리고 영어 이름은 중국 이름과 다릅니다."

문학적으로 들리는 네 글자로 이루어진 중국 이름 '위린장산御臨江山'은 '황제가 제국을 바라본다'는 뜻이다. 나는 두 이름이 왜 다른지 물어보았다.

리는 "직역을 할 수는 없어요"라며, "중국어로 '리버타운'이라고 말하면 사람들은 우한을 가리킨다고 생각할 겁니다. 푸링에는 그 이름을 사용하지 않아요"라고 답했다.

우한의 별명을 잘못 가져다 쓴 일로 이야기가 새길 바라지 않았던 나는 화제를 바꾸었다. 왜 어떤 표지판에도 중국어로 '골프'라는 단어가 없는지 물어보았다.

"여기는 양쯔강 기슭에 최초로 지어지는 골프장입니다." 그가 말했다. "하지만 여기에는 다른 것도 많이 생길 예정이에요. 예를 들어 온천이요. 그래서 '스포츠 중심 산업'이라는 의미로 '티위주티궁예體育主題工業'라고 부르고 있죠." 리는 이어서 "콕 집어서 '골프'라고 부르지는 않는다"고 했다.

나는 혹시 당이 반부패 운동의 일환으로 골프를 겨냥하기 시작했기 때문은 아닌지 물었다. 사실 중국 정부는 2004년부터 신규 골프장 건설을 금지했지만,[47] 당시의 자유분방한 분위기 속에서 대부분의 성은 이런 규제를 무시했다. 그러나 시진핑이 집권하면서 규제들이 갑자기 실행되기 시작했다. 황제가 자신의 제국을 바라보고 있었다. 리는 이게 프로젝트에 문제가 되었음을 시인했다.

"중앙정부는 경작지를 신규 골프장으로 만드는 일을 권장하지 않습니다." 그는 조심스럽게 말했다. "그래서 우리는 이곳이 골프뿐 아니라 스포츠 전반에 관한 것임을 강조하죠." 리버타운 골프는 정부에서 결국 골프 코스 개장을 허가할 거라고 확신하고 있다고 했다. "이런 산악지대에 무슨 가치가 있겠습니까?" 그가 설명했다. "농민들도 여기서 생계를 유지하기 어려웠어요."

지난번 이곳을 방문했을 때 현장을 어슬렁거리는 과거 주민을 몇 명 만났다. 이들은 농사짓던 땅에 대해 공정한 보상을 받지 못했다며 이주 조건에 대해 불평을 늘어놓았다. 리버타운 골프의 전망에 대해서도 리에 비해 훨씬 더 직설적이었다. 한 농민은 "이거 절대로 못 끝낸다"라고 했다. 왜냐고 묻자, 그는 충칭의 옛 망령을 언급하며 "이 프로젝트는 보시라이가 승인한 거요"라고 설명했다. "시진핑이 집권하고 나서 도저히 계속할 방법이 없었지."

그 뒤로 푸링을 다시 찾을 때마다 리버타운 골프의 상황을 확인해 봤다. 4년이 지난 2018년에도 골프장에는 여전히 홀이 설치되지 않았고,[48] 페어웨이의 잔디는 방치되어 있었다. 일부 농민이 되돌아와 골프 코스의 가장자리를 따라 옥수수와 채소들을 키웠다. 빌라와 메리엇 호텔은 아직 짓다 만 콘크리트 껍데기인 채였다. 텅 빈 아케이드 앞에는 청동 황소와 투우사가 끝나지 않는 마지막 결투 속에 얼어붙어 있었다.

그해 관리사무소에서 나는 게리 샤라는 이름의 또 다른 매니저를 만났다. 게리는 중앙정부에서 현지 당국에 골프 코스를 개장하지 못하도록 금지한 사실을 확인해주었다. "이유는 땅이 낭비되기 때문이라고 합니다." 그가 말했다. "하지만 보시라이 때문이기도 하죠." 게리는 관리가 부패로 구속되면 그 사람의 감독하에 승인됐던 프로젝트에도 전부 문제가 생긴다고 설명했다. 이 산꼭대기에 쏟아부은 그 모든 투자와 그 모든 사람의 이주에도 불구하고 아무도 한 라운드의 골프도 치지 못했다.

하지만 이 사람들은 모든 현수막과 광고판에 '리버타운 골프'라는 영어를 계속 사용했다. 게리 샤는 매리엇이 호텔 계약에서 손을 뗐으나 회사는 여전히 이 호화 개발 프로젝트를 계속 진행하려 한다고 말했다. 그는 "여기에 테마파크를 건설할 계획"이라며, "「슝추모熊出没」 브랜드 공원이죠"라고 덧붙였다.

「슝추모」는 곰 형제 두 마리가 나오는 어린이 인기 만화였다. 나는 만화 캐릭터 곰이 어떻게 골프와 스페인 투우사와 바이에른 육군의 개선문과 어울리는지 도저히 그림이 그려지지 않았다. 아니나 다를까, 2019년 12월 루용이 우리를 베이산핑에 데려갔을 때는 개발사가 이미 슘추모 사업을 포기한 상태였다. 골프장은 주로 피크닉 용도로 사용되고 있었다. 개선문 옆의 예전 퍼팅 그린에는 상인들이 합판으로 된 가판대를 설치하고 꼬치구이, 국수, 맥주와 같은 가벼운 음식들을 팔고 있었다. 아이들이 버려진 페어웨이에서 뛰어다니는 동안 부모들은 햇살을 쬐며 느긋한 시간을 보냈다.

산악지대 개발 프로젝트의 다양한 실패를 돌아보며 루용과 일행은 그걸 놀랍다고 느끼지 않는 듯했다. 여러 해가 지나도록 나는 리버타운 골프와 관련된 질문들에 대한 답을 전혀 얻지 못했다. 이러한 자원의 낭비에 화가 난 사람은 없었나? 이주 농민들은 왜 더 불만을 표출하지 않았을까? 투우사가 푸링이나 골프와 대체 무슨 상관이 있지? 그리고 도대체 누가 양쯔강 상류 외딴 산꼭대기에 뭔헨 아치형 개선문의 모조품을 세우는 것이 현명한 투자라고 생각했을까?

중국의 거의 모든 지역에 비슷한 질문을 던질 수 있다. 2019년에는 모든 도시에 리버타운 골프와 비슷한 문제가 있어 보였다. 무분별한 개발 프로젝트들이 반쯤 진행되다 방치되어 있었다. 전국적인 해독 작업, 아니 어쩌면 전국적인 숙취의 일환이었다. 모든 일이 너무 빨리 일어난 탓에 다들 20년쯤 약간 취해 있던 것처럼 기억이 흐릿해져 있었다. 책에서 빈곤을 묘사한 것에 대해 걱정했던 일이 마치 엊그제 같은데, 갑자기 푸링의 개발 회사가 책 제목을 호화 브랜드의 이름으로 가져다 쓰더니, 어느새 리버타운 골프의 짓다 만 콘도들이 과거의 과도함을 기리는 기념비처럼 서 있다. 현지인들이 정확히 무슨 일이 일어났는지 이해하는 데 에너지를 쓰려 하지 않는 것도 놀랍지 않았다. 이들에게는 차라리 볕 좋은 오후를 기다렸다가 양꼬치를 사서 바이에른 육군의 영광을 기념하는 개선문 옆에서 피크닉을 즐기는 편이 훨씬 더 나았다.

———

2019년의 마지막 날, 중국 정부는 우한에 알 수 없는 종류의 중증 폐렴이 발생했다고 세계보건기구에 통보했다. 같은 날 아침 우한 당국은 그때까지 알려진 사례의 대다수가 나온 화난 수산물 도매시장을 폐쇄했다. 우한 경찰은 발병에 대한 소문을 퍼뜨린 8명을 조사 중이라고 발표했고, 정부는 크게 당황할 이유가 없다는 인상을 심어주었다.

2020년 초에도 우한으로부터 뉴스가 계속 흘러나왔다. 1월 6일, 『뉴욕타임스』는 우한에서 59명이 감염되었다고 보도했지만[49] 그때까지만 해도 사망자는 없는 것으로 알려졌다. 기사는 싱가포르의 한 감염병 전문가의 말을 인용했는데, 그는 중국이 의료 종사자들에게는 병세가 없다고 보도했기 때문에 바이러스가 사람 대 사람으로 전염되는 것은 아니라고 추측했다. 이 기사는 『타임스』 인쇄판 13쪽에 실렸다.

대부분의 사람과 마찬가지로 나도 이 바이러스의 잠재적 위험성을 인지하지 못하고 있었다. 나에게 우한은 언제나 그랬듯 또 하나의 리버타운으로만 남아 있었다. 청두에서의 일상을 간간이 기록하

던 내 일기의 1월 6일자에는 『타임스』 기사도, 바이러스도, 우한도
언급되어 있지 않다. 그 대신 나는 그날 저녁 쌍둥이와 함께 풀었던
수학 문제를 기록해놓았다.

누나와 동생이 같은 책을 사고 싶습니다. 하지만 누나의 돈은 2.4
위안 부족하고 동생의 돈은 3.6위안 부족합니다. 둘이 가진 돈을
합치면 책을 사기에 충분합니다. 책은 얼마일까요?

1월은 매일같이 신경 쓸 일이 많고, 먼 곳의 뉴스는 쉽게 잊히는
달이었다. 1월 9일에 나는 채점 결과를 쓰촨대학에 제출했다. 같은
날 중국 당국은 처음으로 신종 코로나 바이러스의 발생을 공식 인정
했다. 1월 10일, 우한시 위생건강위원회에 따르면 화난 수산물 도매
시장을 정기적으로 방문했던 남성이 전염병의 첫 공식 사망자가 되
었다. 그날은 애리얼과 나타샤가 청두의 모든 초등학교 3학년생이
치르는 수학 70분, 중국어 70분의 표준화된 기말고사를 치른 날이기
도 했다. 총 91일을 교실에서 보냈던 그 학기는 그때까지 쌍둥이의
짧은 일생에서 가장 긴 학기였다. 하지만 청두실험학교에서의 그 모
든 시간은 헛되지 않았다. 나타샤와 애리얼은 이제 중국어로 문제없
이 소통할 수 있었고, 같은 반에 대여섯 명의 친한 친구 그룹이 생겼
다. 레슬리와 나는 기말고사가 끝나고 아이들을 데리러 갔다가 다른
학부모들과 함께 설 연휴에 모이자는 얘기를 나눴다. 다들 평범한
음력설이 될 것으로 여기고 있었다.

1월 17일 아침, 내가 청두 시내에서 평화봉사단 현역 단원 140명에게 강연하러 가기 조금 전, 평화봉사단의 중국 프로그램을 종료한다는 갑작스러운 발표가 있었다. 이 소식은 코로나 바이러스와는 무관했다. 벌써 몇 달에 걸쳐 플로리다의 상원의원 릭 스콧과 마르코 루비오가 평화봉사단이 중국을 떠나야 한다고 거듭 촉구한 터였다. 이들을 심각하게 받아들이는 사람은 거의 없었다. 상원에는 평화봉사단원을 어디에 배치할지 결정할 권한이 전혀 없고, 평화봉사단은 정치적 논쟁에서 자유로워야 한다는 것이 오랜 전통이었다. 60년에 가까운 평화봉사단 역사에서[50] 미국이 외교적 갈등을 이유로 프로그램을 중단한 적은 한 번도 없었다.

과거에는 평화봉사단이 특정 나라가 더 이상 봉사단원을 필요로 하지 않는다고 판단하면 프로그램을 '졸업'시켰다. 이 과정은 보통 2~3년 걸렸고, 원만한 철수를 위해 파견국 대표들과의 충분한 회의를 거쳐 이루어졌다. 하지만 중국 정부와는 평화봉사단 프로그램 종료에 관한 그 어떤 소통도 없었다. 발표는 평화봉사단이나 트럼프 행정부에서 나온 것이 아니었다. 플로리다의 상원의원들이 먼저 트위터에 이 소식을 알렸다.

루비오는 이렇게 썼다. "너무 오랫동안 중국은 세계은행이나 세계무역기구와 같은 조직들을 속여왔습니다." 스콧도 거들었다. "평화봉사단이 드디어 정신을 차리고 세계에서 두 번째로 큰 경제 대국이자 미국의 적국이라는 공산주의 중국의 실체를 보게 되어 다행입니다."

이 트윗은 중국 시간으로 1월 17일 이른 아침에 올라왔다. 청두 평화봉사단은 현역 봉사단원 전원에게 실무 교육을 하던 중이었다.

나는 중국 프로그램 초기 졸업생으로서 내 경험에 대해 얘기해달라는 초청을 받았다. 하지만 청두 시내 호텔에 있는 교육장에 도착했을 때는 이미 옛날 얘기의 향수에나 젖을 분위기가 아니었다. 대부분 20대인 미국인 봉사단원들은 충격을 받은 모습이었다. 몇몇은 울어서 눈이 빨개져 있었다. 교육장 뒤쪽에는 열 명이 넘는 중국인 직원이 굳은 표정으로 서 있었다. 이들 중 일부는 평화봉사단에서 수십 년간 일해왔고, 지금 막 일자리가 없어진다는 소식을 들은 참이었다. 중국인 직원들 뒤쪽에는 누군가가 실무 교육을 기념하는 붉은 나일론 현수막을 걸어놓았다. 중국에서 선전용으로 사용하는 현수막과 같은 형태였는데, 오늘은 내용도 그와 똑같이 무신경해 보였다.

2020년 실무 교육에 오신 것을 환영합니다
당신이 세상에 원하는 바로 그 나무가 되세요

미국인 직원들의 표정을 보니 이들이 그 순간 가장 원치 않는 나무가 저널리스트라는 사실을 알 수 있었다. 평화봉사단 관리자가 내게 다가와서, 연설이 끝나고 예정되어 있던 점심 식사에 참석하지 않아도 된다고 최대한 세련되게 말했다. 나중에 내가 프로그램의 종료에 대한 기사를 썼을 때도 평화봉사단의 책임자 그 누구도 인터뷰에 응하지 않았다.

나와 유일하게 인터뷰한 사람은 상원의원 릭 스콧뿐이었다.[51] 그는 전화 인터뷰에서 자신이나 참모진 중 누구도 이 프로그램을 더자세히 알아보기 위해 단 한 명의 현직이나 전직 중국 봉사단원과도 이야기해본 적이 없음을 시인했다. 내가 프로그램이 미국 외교에 공헌할 가능성에 대해 언급하자 그는 이렇게 말했다. "거기에 대해 평화봉사단에 물어봤습니다. 평화봉사단 출신으로 국무부에 진출한 사람은 한 명도 모른다고 하더군요."

나는 전직 중국 봉사단원 중 27명이 현재 국무부에서 일하고 있다고 설명하고, 혹시 이 사실을 듣고 생각이 바뀌었는지 물어봤다. 그는 "정보를 더 알아봐야 할 것 같다"고 답했다.

중국 평화봉사단 초기의 봉사단원들은 이 프로그램의 취약성에 대해 거듭 경고받았다. 중국의 강경파는 미국 청년들이 중국의 내륙 깊숙이 배치된다는 사실을 특히 싫어했다. 나의 평화봉사단 근무가 끝나고 오랜 시간이 지난 다음 푸링사범대학의 예전 동료 한 명은, 원래 푸링의 봉사단원들을 양쯔강 유역의 또 다른 도시 완셴萬縣의 사범대학으로 보낼 계획이었다고 했다. 하지만 당 관리들은 완셴이 싼샤댐 건설 현장에서 너무 가까워 외국인들이 민감한 정보를 알게 될까봐 우려했다. 그래서 우리를 200킬로미터 상류의 푸링으로 밀어냈다.

물론 나는 어쨌거나 결국 댐에 대해 글을 쓰게 되었다. 어떤 면에서 어느 리버타운을 선택하느냐는 중요하지 않았다. 젊고 열린 마음의 미국인들을 중국의 외딴곳으로 보내면 그곳에서 새로운 사상을 가르칠 수밖에 없는 것처럼, 이들은 자신을 둘러싼 환경에 대해서도 배울 수밖에 없다. 이들은 또한 좌충우돌하지 않을 수 없다. 봉사단원의 업무는 실패와 좌절로 가득하고, 이는 나쁜 일이 아니다. 이런 경험은 봉사단원들에게 다른 관점을 고려하지 않을 수 없도록 한다.

이것이야말로 사람이 배울 수 있는 가장 쓸모있는 교훈 중 하나이며, 특히나 젊은 시절에는 더 그렇다.

중국 프로그램은 규모가 작긴 했지만 중국 관련 커리어에 종사하는 수십 명의 졸업생을 배출해냈다. 나와 함께 푸링에서 교사 일을 했던 애덤 마이어는 나중에 국무부에서 풀브라이트 프로그램 및 기타 국제 교류의 관리 업무를 도왔다. 작가와 저널리스트가 된 사람도 유독 많았다. 1기에서 10기까지의 봉사단원들은 중국에 관한 책을 최소 열한 권 써냈고, NPR, 뉴스위크, 뉴욕타임스와 같은 다양한 언론에서 특파원으로 근무했다. 당을 불안하게 만들었던 리버타운 완셴에서조차 봉사단원 출신 특파원이 한 명 나왔다. 중국은 2000년에 마침내 평화봉사단을 완셴으로도 초청했고, 첫 번째 봉사단원은 제이크 후커라는 이름의 스물다섯 살 청년이었다. 후커는 중국어에 대한 사전 지식이 전혀 없었음에도 놀라울 정도로 유창한 중국어를 익혔다. 그는 2008년 『뉴욕타임스』 기자로서 중국 시골의 공장들이 어떻게 전 세계 의약품에 사용되는 유해 물질을 수출하고 있는지 폭로해 퓰리처상을 받았다.

이 모든 것이 공산당 내 가장 보수적인 세력의 이익에 부합하지 않았다. 이 반동 세력은 고립과 자립을 내세웠다. 중국 학교의 어린이들이 마오의 유명한 에세이 「잘 가시오, 레이턴 스튜어트!」를 의무적으로 공부해야 했던 것도 그래서다. 개혁개방 시대에 외부 세계와의 접촉을 재건하는 과정은 느리고 고통스러웠으며, 평화봉사단이 안정감을 느끼기까지는 수십 년의 세월이 걸렸다. 그러나 이제 이 프로그램에 대해 아무것도 모르는 정치인들이 올린 한 바탕 트윗으로 모든 게 끝나고 말았다. 양측 다 어딘지 불만족스럽게 끝나버리는 미중 교류의 오래된 패턴이 다시 한번 되풀이되었다.

플로리다의 상원의원들이 이 소식을 전한 뒤,『관차저觀察者』라는 중국의 보수 매체가 마오의 에세이에 대한 오마주를 실었다. 새 버전의 에세이 제목은 '잘 가시오, 중국의 평화봉사단. 멀리 안 나갑니다'52였고, 저자는 판공위潘攻愚라는 이름의 칼럼니스트였다. 판공위는 "미국의 외교 사무소들은 27년간 중국에 머무르며 '늑대를 키우려고' 했지만 한 무리의 허스키만 키워내고 말았다"고 썼다. 태평양 건너편의 보수주의자들도 축하 분위기였다. 1990년대에는 봉사단원들이 정보요원으로 활동할까봐 중국이 걱정했으나 이제는 똑같은 피해망상이 미국에 뿌리내렸다.『워싱턴 이그재미너』의 평론가 톰 로건은 일부 미국 봉사단원이 중국 스파이가 되었을지도 모른다는 것을 이유로 평화봉사단의 폐쇄를 긍정적으로 보는 글을 썼다.53

우리는 이제 1300명이 넘는 과거 중국 봉사단원 중 과연 얼마나 많은 수가 복무 기간에 중국 국가안전부에 의해 포섭되었을지 물어야 한다. 숫자는 매우 적겠지만 하나도 없을 리는 없다. 그럼 그런 봉사단원 중 미국으로 돌아와 국무부나 다른 미 정부 기관에 고용된 사람은 몇 명일까?

———

평화봉사단에서는 현역 단원들이 복무 기간을 마치고 귀국할 것이라고 약속했지만 신종 코로나 바이러스로 인해 모든 게 바뀌었다. 우한시 전체가 격리 조치되고 닷새 후인 1월 28일, 평화봉사단은 중국에서 모든 단원을 철수시켰다. 이튿날 베이징의 미 대사관과 청두를 포함해 중국 전역의 미 영사관들은 비필수 인력을 귀국시키기 시작했다. 1월 30일 아침에는 미 국무부가 자국민에게 중국을 여행하지 말라는 권고문을 발표했다.

1월의 마지막 날까지 중국에서는 공식적으로 1만1791명의 확진자와 259명의 사망자가 발생했다.[54] 그러나 우한에서 은폐가 있었다는 것은 분명했고, 대부분의 전문가가 실제 수치는 훨씬 더 많을 것이라고 믿었다. 레슬리와 나는 이제 더 이상 바쁜 일이 없었고 먼 곳의 뉴스 같던 일도 마침내 우리 문 앞까지 왔다. 1월 31일 청두는 일주일 전에 발표했던 첫 번째 봉쇄 정책을 더 강화했다.[55]

우리가 아는 외국인 친구 중 자녀가 있는 사람들은 이미 대부분 중국을 떠났다. 1월 마지막 주에는 청두의 식료품점과 약국에서 발작적으로 사재기 현상이 벌어지기도 했다. 하지만 이제는 거의 아무도 밖에 나오지 않았다. 이른 저녁이 되면 고층 건물들의 창에 불이 켜졌지만 동네는 쥐죽은 듯 조용했다. 청두는 멈춰버린 도시 같았다. 삶의 모든 흔적이 거리에서 삽시간에 휩쓸려 계단과 엘리베이터를 타고 올라갔다. 주민들은 이제 집 안에 머무르며 무슨 일이 벌어지나 보려 기다리고 있었다. 레슬리와 나는 이런 상황에서 바이러스에 감염될 확률은 거의 없다고 판단했다. 우리 가족은 이 도시에 정착하기 위해 얼마나 무던히 애썼던가. 둘 중 아무도 중국을 떠나는 비행편을 알아보지 않았다.

봉쇄 11일째였던 2월 3일, 내가 막 잠자리에 들었던 밤 12시 5분 43초에 청두의 동북쪽 외곽에서 지진이 발생했다.[56] 나는 지진을 느끼기도 전에 소리로 먼저 들었다. 불규칙한 두드림이 먼저 있었다. 마치 공사장 인부들이 위층에서 작업하는 것처럼 멀고도 먹먹한 소리였다. 그러다 마치 하늘에서 진동이 시작된 것처럼 소음이 점점 더 커지면서 위로부터 내려왔다.

건물이 흔들리고 있었기 때문에 지진이 거꾸로 느껴졌다는 사실을 나중에야 깨달았다. 우리가 살던 43층 건물은 2008년의 쓰촨 대지진 이후 제대로 지어진 모든 고층 건물과 마찬가지로 진동이 오면 움직이도록 설계되어 있었다. 층수가 높을수록 흔들림의 폭도 컸고 벽이며 지지물에 더 큰 장력이 가해졌다. 그리고 지진에 대처하도록 설계된 커다란 충격흡수기인 댐퍼가 있어서 두드리는 소리를 냈다. 처음에는 소음과 진동이 위쪽 층에서 가장 심하다가 중간 층으로 퍼져 내려왔다. 한동안 소리를 듣고 있으니 창문이 덜컹거리고 침대가 흔들리기 시작했다. 나는 똑바로 일어나 앉았다. 레슬리도 잠에서 깨어났다. 우리 둘 중 한 사람이 말을 꺼내기까지 한참의 시간이 흐른 것만 같았다.

"끝난 거예요?" 레슬리가 물었다.

15초, 아니 30초였을까. 나는 진동이 얼마나 계속되었는지 알지 못했다. 일어나서 쌍둥이의 방을 확인했다. 아이들은 무거운 목재로 된 2층 침대에서 잔다. 침대 기둥을 하나하나 흔들어봤지만 견고했다. 방 안의 아무것도 쓰러지지 않았다. 문을 닫고 나오는데 잠든 아이들의 쌔근대는 숨소리가 들렸다.

서재에 가서 컴퓨터를 켰다. 인터넷 보도는 이내 진앙지가 청두에서 65킬로미터쯤 떨어진 더양德陽이라는 작은 도시의 외곽이라고 밝혔다. 진도는 5.2도로 측정되었고 큰 피해는 없는 것 같았다. 하지만 나는 더러 작은 지진이 전조일 수도 있음을 알고 있었다. 2008년 봄 거의 7만 명의 목숨을 앗아간 지진이 있기 전에도 청두 주변에서 여러 차례 작은 지진이 있었다.

발코니로 나가보았다. 도시 불빛으로 수면이 반짝이는 진장강이 먼 굽이까지 선명하게 보였다. 주변의 고층 건물에는 아무런 활동의 기미가 보이지 않았다. 대부분의 주민은 지진을 느끼지 못하고 자고 있겠거니 생각했다. 내일 아침 신문을 보고 알게 되겠지. 전통적으로 중국에서는 지진을 불길한 징조로 여기지만 지금 그런 생각을 하는 것은 의미가 없었다. 레슬리와 나는 이미 결정을 내렸고, 우리는 여기 19층 우리 집에 있다. 멈춰버린 도시에 있는 다른 모든 이들과 마찬가지로 우리도 기다릴 것이다.

2부

6장 멈춰버린 도시

2020년 2월

청두의 봉쇄가 27일째 되던 날,¹ 마스크를 쓴 다섯 명의 남자가 100인치짜리 'TCL 엑스클루시브 TV'를 배달하러 우리 아파트 로비에 나타났다. 늦은 아침이었고 나는 나타샤와 애리얼을 데리고 바람을 쐬러 나가던 중이었다. 우리 셋도 수술용 마스크를 쓰고 있었다. 나는 그렇게 커다란 TV를 본 적이 없었다. TV는 무게가 140킬로그램이 넘는 2.5미터 길이의 상자에 담겨 도착했다. 남자들 가운데 두 명은 상자가 들어갈 수 있는지 보려고 엘리베이터 안에 줄자를 들고 서 있었다. 들어갈 수 없다면 계단으로 한참을 끌고 올라가야 했다. 상자 위쪽에 휘갈겨 쓴 주소를 보니 28층에 살고 있는 고객에게 배달하는 물건이었다.

배달원들은 특별 출입증을 갖고 우리 아파트 단지에 들어왔다. 단지는 가운데 정원을 중심으로 아홉 동의 고층 건물로 이루어져 있고, 중국의 많은 주택단지처럼 단지 전체가 높은 담으로 둘러싸여 있었다. 평소에는 세 군데의 출입구가 있었지만 1월의 마지막 날 두 군데가 쇠사슬로 묶여 폐쇄되었다. 그 뒤로 모든 주민과 방문객과 배달원은 검문소가 되어버린 한 군데로만 통과해 다녔다. 이 출입구에 도착하는 모든 사람을 이마에 쏘는 적외선 체온 측정기가 맞아준다. 측정기를 갖다 대는 사람은 흰 방호복 차림의 정부가 파견한 자원봉사자였고, 그 사람 뒤로 회전문을 지나면 표백제 용액을 흠뻑 적신 두꺼운 플라스틱 발판이 있었다. 표지판에 '신발 밑창 소독 구역'이라고 쓰여 있었고, 거기에는 공공 수영장의 발 씻는 곳처럼 발판으로부터 멀어져가는 젖은 발자국이 항상 찍혀 있었다.

다른 곳들과 비교하면 우리 단지의 규제는 상대적으로 가벼운 편이었다. 출입증만 갖고 다니면 원할 때 언제든지 단지 밖으로 나갈 수 있었다. 출입증은 공산당의 가장 밑바닥 조직인 쥐웨이후이居委會, 즉 주민위원회에서 발행했다. 쓰촨과 충칭의 다른 지역에 있는 옛 제자들과 연락해보면 대부분은 가구당 이틀에 한 명만 외출하도록 제한되어 있었다. 외출하는 사람은 어디로 가는지 당국에 통보해야 했다. 우리 단지에서는 행선지를 설명하지 않아도 됐지만 그럼에도 출입문 밖으로 나가는 주민은 거의 없었다. 거의 모든 식당, 관공서, 상점이 문을 닫았고 학교도 무기한 휴교 상태였다. 청두 정부는 1월 31일에 더 엄격한 봉쇄령을 내리면서 '모든 종류의 단체 회식'까지 금지해버렸다.

다수의 주민이 집 밖으로 나가지 않고도 생필품을 구매할 수 있었다. 코로나19라는 이름으로 알려진 코로나 바이러스가 발생하기 전부터도 온라인 쇼핑이 인기였던 중국 전역의 도시 지역은 다 그랬다. 봉쇄 기간에 내 이웃들은 중국 최대의 온라인 쇼핑몰 타오바오淘寶에서 물건을 시켰고, 근처에 지점이 있던 전국 식료품 체인 허마셴성盒馬鮮生에서 식품을 주문했다. 타오바오와 허마셴셩은 둘 다 중국 최대 테크 기업 중 하나인 알리바바 그룹 소유였다. 하루 종일 오토 바이 배달원들이 아파트 경비원들에게 택배를 전달했고, 경비원들 은 손수레와 쇼핑 카트를 밀고 단지를 돌아다니며 동호수가 검은 잉 크로 쓰여 있는 믿을 수 없을 만큼 많은 수의 상자와 봉지를 떨구고 갔다. 우리 동 로비에서 내가 세어본 제일 많은 숫자는 125개였다.[2]

나는 밖으로 나갈 때마다 로비에 멈춰서서 배달된 물건들을 살펴 봤다. 엑스클루시브 TV가 도착했던 아침의 물품을 보니 사람들이 장기전에 들어갔다는 느낌이 더 강해졌다. 1101호 앞으로 멀티탭이 두 개, 3003호 앞으로 오모 브랜드 세탁용 세제가 세 병, 3704호 앞 으로 거대한 생강 한 상자가 도착해 있었다.

나는 TV 배달원 중 한 명과 대화를 시도해보았다. 엘리베이터 문 근처에 서 있던 그 사람은 쌍둥이와 내가 '권총집'이라고 부르는 자 세로 수술용 마스크를 착용하고 있었다. 권총집은 귀에 마스크 끈을 걸기는 했지만 침을 뱉거나 담배를 피울 수 있도록 마스크를 턱 아 래로 내린 자세를 말한다. 그에게 TV가 엘리베이터에 안 들어가면 어떻게 하냐고 물었다.

"들어갑니다." 그가 툴툴거렸다. "문제없어요."

그는 권총집 자세를 풀고 마스크를 다시 얼굴 위로 당겨 썼다. 별 로 친절해 보이지 않는 사람이었다. TV 운반 작업에 별로 진전이 없 는 것 같아 쌍둥이와 나는 밖으로 나왔다. 강변에는 몇 주간 거의 아 무도 손대지 않은 공유 자전거들이 줄지어 서 있었다. 휴대폰으로 그중 한 대를 잠금 해제했다. 쌍둥이는 어른용 사이즈의 자전거를 타는 도전을 좋아했고, 텅 빈 강변길을 따라 둘이 차례를 바꿔가며 뒤뚱뒤뚱 자전거를 타고 달렸다.

그러다가 아이들이 지루해하면 우리는 아파트 단지 옆의 좀비 지하철역으로 향했다. 역은 폐쇄되지 않고 여전히 운영 중이었지만, 있지도 않은 승객들에게 발밑을 조심하라고 경고하는 안내 방송이 무한 반복되는 것을 빼고는 조용했다. 매표소가 있는 층에는 38대의 감시 카메라가 모두 가동되어 텅 빈 역에서 아무 일도 일어나지 않는 모습을 기록하고 있었다. 애리얼과 나타샤는 깔깔거리면서 진행 방향과 반대로 에스컬레이터를 오르내리며 출입구를 하나하나 다 가봤다. 이것이 봉쇄 기간에 쌍둥이가 어느 정도의 에너지를 쉽게 발산하도록 하는 우리 일상이 되었다. 쌍둥이는 거의 한 달 동안 다른 아이들을 보지 못했다.

단지로 돌아와 적외선 체온 측정기를 이마에 겨누고 표백제 발판을 철벅거리며 지나오자 배달원들이 손수레에 텅 빈 TV 상자를 싣고 돌아가는 중이었다. 아까 나와 얘기했던 남자가 상자를 엘리베이터에 집어넣기 위해 위쪽 절반을 떼어내야 했다고 설명해주었다. 그는 여전히 별로 말을 섞고 싶어하지 않았다.

사람들은 그 무렵 낯선 이들을 특히 경계했다. 어쩌다 다른 주민이 엘리베이터에 함께 타면 내게 등을 돌리곤 했다. 대부분은 우리 단지가 적어도 현지 기준으로 감염 핫스폿이라는 사실을 아마도 알고 있었을 것이다. 청두의 코로나 확진자 수를 지도에 보여주는 다양한 정부 앱에서 우리 단지에 빨간 불이 밝게 들어와 있었다. 근방에서 유일하게 양성 판정을 받은 사람이 단지 내 어딘가에 있었다.

경비원들은 우한 부근의 가족을 방문했던 남자가 확진 판정을 받은 것이라고 했다. 우한에서 온 사람, 심지어는 후베이성에서 온 사람과 접촉만 해도 격리될 수 있었기 때문에 우한 기피증이 만연해 있었다. 청두가 봉쇄되고 나서 1월 말에는 스쿠피의 당 관계자가 교직원 전원의 위챗 계정으로 메시지를 배포했다.[3]

여러분,

신종 코로나 바이러스의 확산을 막기 위한 절차의 일환으로, 지난 달 후베이성 우한에 다녀온 사람은 알려주시기 바랍니다. 혹은 우한이나 후베이성에서 온 사람과 접촉한 일이 있다면 14일간 자가 격리하면서 본인의 건강 상태를 면밀히 관찰하시기 바랍니다.

추가 안내 메시지가 없었는데도 불과 몇 분 사이에 교사와 직원들이 인증 메시지를 올리기 시작했다. 당이 무엇을 원하는지 즉각 알아차린 중국인 강사들이 먼저 메시지를 올렸고 외국인들이 그 뒤를 따랐다. 동료들의 성명이 잇따라 위챗에 뜨는 것을 보면서 어딘가 불길한 느낌이 들었다.

저는 우한에 다녀온 적이 없고 우한 사람들과 어떠한 접촉도 하지 않았습니다. 겨울방학 내내 청두에 있을 예정입니다.

저는 우한에 가지 않았고 1월 9일 이후로는 우한에서 온 누구와도 접촉하지 않았습니다. 겨울방학 동안 계속 충칭에 있을 예정이고 최대한 집 안에 머무르도록 하겠습니다.

저는 우한에 한 번도 가본 적이 없고 후베이에서 온 사람과 접촉한 적도 없습니다. 지금은 쓰촨성 청두에 있고 최대한 집 안에 머무르도록 하겠습니다.

——

화난 수산물 도매시장이 폐쇄되었던 1월 1일부터 바이러스가 사람 간 전이를 통해 확산되고 있다고 중국의 한 관리가 처음 인정했던 1월 20일까지, 정부의 무대책과 잘못된 정보가 거의 3주간이나 이어졌다. 우한에는 실제 상황을 더 잘 파악하고 있는 개인이 상당수 있었고, 이들 중 일부가 다른 이들에게 경고하려고 시도했다. 12월 30일 우한시 중심의원武汉市中心医院에서 일하는 리원량李文亮이라는 안과의사가 사스에 감염된 것으로 추정되는 환자의 의료 기록을 보았다. 리는 그 기록의 스크린숏을 약 150명의 의대 동기생이 있는 위챗 그룹에 올렸다.[4] 그는 "화난 수산물 도매시장에서 7명의 사스 확진자가 발생해 우리 병원 응급실에 격리되어 있다"고 썼다. 그날 늦게는 업데이트와 정정 사항을 이렇게 올렸다. "최신 소식에 의하면 코로나 바이러스 감염인 것으로 확인되었다고 하며, 정확한 바이러스 균주는 아형 분류 중이다."

리의 위챗 그룹에 있는 누군가가 이 경고 내용의 스크린숏을 찍어 소셜미디어에 올렸다. 이 스크린숏은 중국 내 민감한 정보가 따르는 일반적인 패턴대로 한동안 퍼져나가다가 검열에 걸렸다. 리의 경고가 인터넷에서 지워진 뒤 경찰이 그의 집으로 찾아왔다. 리는 강제로 사과문에 서명해야 했고 경찰은 "사실과 다른 진술을 발표했다"는 이유로 그에게 서면 경고를 내렸다.

우한의 다른 이들도 루머를 퍼뜨렸다는 이유로 징계를 받았고 당국은 바이러스가 사람 간에 전염될 수 있다는 사실을 계속해서 부인했다. 심지어 존경받는 과학자들조차 나중에 보니 은폐로 의심되는 일에 가담했다. 베이징대학의 저명한 호흡기 전문가 왕광파王廣發는 국가 위생건강위원회에서 조직한 조사단의 일원으로 우한을 방문했다. 왕은 1월 10일, 바이러스가 질병을 일으킬 만한 능력이 거의 없으며 발병이 통제되고 있다고 중국 국영 매체에 말했다.[5] (나중에 왕은 자신이 감염된 사실을 밝혔다.) 그 후 열흘간 우한의 고위 관료들은 계속해서 발병 상황을 별것 아닌 듯 일축했다.

도시 전체가 봉쇄되고 나서 많은 주민이 정부의 은폐에 대해 분노하는 글을 썼다. 그중 가장 잘 알려진 사람은 65세의 소설가 팡팡方方이었다. 수십 년간 우한의 역사와 문화에 대해 소설을 써온 팡팡은 우한과 가장 가까운 관계를 맺어온 작가였다. 봉쇄 기간에 팡팡은 웨이보에 매일 일기를 올렸다. 1월 25일에는 정부의 실패를 이렇게 분석했다.

하지만 내가 지금 말하고 싶은 것은[6] 당신이 저 후베이성 공무원들로부터 본 모습이 중국 정부의 간부 대부분이 보여줄 법한 모습이라는 사실이다. (…) 이번 바이러스가 중국의 다른 성에서 발생했더라도 그곳 공무원들의 행동은 우리가 여기서 보는 것과 별반 다르지 않았으리라고 확신한다. 관료사회가 경쟁이라는 자연스러운 과정을 생략하면 재앙을 불러온다. 사실로부터 진실을 추구하지 않으면서 정치적 올바름에 대해서만 공허하게 떠드는 것도 재앙을 불러온다. 사람들이 진실을 말하지 못하도록 하고 언론이 진실을 보도하지 못하도록 해도 재앙을 불러온다. 그리고 우리는 지금 이런 재앙의 과실을 하나하나 맛보고 있다.

봉쇄령이 전국으로 확대되면서 팡팡의 일기는 어마어마한 인기를 얻었다. 한때 독자 수가 5000만 명이 넘었다.[7] 팡팡은 매일매일 글을 올렸고 주제와 어조를 고르는 소설가의 본능을 갖고 있었다. 어떤 글에는 "내가 관심을 기울이고 경험할 수 있는 것은[8] 주변에 일어나는 사소한 일들뿐이다"라고 썼다. 그중에는 봉쇄된 도시에서 사료를 구할 수 없어 열여섯 살 된 개에게 쌀밥을 먹이는 일에 대한 묘사도 있었다. 글의 상당수는 자정이 지나서 올라왔고 팡팡은 스트레스 때문에 매일 저녁 수면제를 먹고 있다고 했다.

살기 좋을 때도 우한은 쉽지 않은 도시다. 우한의 날씨는 여름의 사정없는 더위와 겨울의 숨 막히는 안개로 악명 높다. 한장강이 양쯔강과 합류하는 저지대 습지 평야에 위치해 있기 때문에 여느 강변 도시보다 홍수 문제가 훨씬 더 심각하다. 이렇게 자연의 교차로인 것 외에 우한은 중국 중부에서 제일 큰 두 개의 철도 허브 중 하나가 있는 곳이기도 하다. 근현대를 거치며 질병과 군대와 정치운동과 같은 수많은 종류의 혼란이 우한에 집중되어 발생했다. 마지막 황조였던 청나라를 결국 무너뜨렸던 폭력 봉기도 1911년 10월 우한에서 시작되었다.

우한의 봉쇄는 중국의 여느 도시와도 달랐다. 봉쇄를 지칭하는 단어도 특이하게 '도시 봉인'이라는 뜻의 '펑청封城'이었다. 봉인된 도시 안에서 주민들은 청두처럼 산책을 나가거나 자전거를 탈 수도 없었고, 우한을 떠나는 것은 엄격하게 금지되어 있었다. 격리의 규모 또한 전무후무했다. 총 900만 명이 넘는 사람이 아파트와 주택단지 안에 사실상 갇혀 지냈다.

팡팡은 심각한 고립을 얘기했지만 우한에 대해 애정 어린 글을 쓰기도 했다. 이것이 그녀의 매력이었다. 작가로서 성공을 거둔 뒤에도 팡팡은 고향을 버리고 베이징이나 창작자들이 선호하는 동부의 도시로 떠나지 않았다. 한 일기에서 팡팡은 오래전 다큐멘터리를 위해 자기가 썼던 글을 이렇게 인용했다.

내가 우한을 좋아하는 이유는⁹ 여기가 내가 가장 친숙한 곳이라는 사실에서 출발한다. 전 세계의 모든 도시를 내 앞에 늘어놓아도 내가 진실로 아는 곳은 우한뿐이다. 마치 군중의 무리가 나를 향해 걸어오는데 그 낯선 얼굴의 바다에서 내가 알아볼 수 있는 미소를 슬쩍 보여주는 단 하나의 얼굴을 발견하는 것과도 같다. 내게는 그 얼굴이 바로 우한이다.

성공한 작가였던 팡팡은 대부분의 시민보다 더 대담한 발언을 할 수 있었다. 그녀는 웨이보에서 실명으로 공무원들을 비난했고, 안과 의사 리원량을 비롯 감염되었던 유명인들의 죽음을 애도했다. 리는 경찰에게 심문을 당한 지 일주일도 채 되지 않아 직장에서 바이러스에 감염되었고 2월 6일에 사망했다. 겨우 서른셋의 나이였고 아내와 어린 두 자녀가 있었다. 리가 사망한 날 저녁 팡팡은 이렇게 썼다. "지금 이 순간 도시의 모든 사람이 그를 위해 울고 있다.[10] 가슴이 찢어진다."

이 글도 팡팡이 올렸던 다른 수많은 글처럼 결국 웨이보에서 사라졌다. 하지만 그녀는 계속 써나갔고 가끔은 검열하는 사람들을 직접 언급하기도 했다.

친애하는 인터넷 검열원들에게.[11] 우한 사람들이 입을 열어 하고 싶은 말을 하도록 해주는 편이 좋을 것입니다! (⋯) 아픔의 일부를 드러내는 것조차 허용하지 않는다면, 조금 불평하거나 무슨 일이 벌어지고 있는지 생각조차 하지 못하게 한다면 당신들은 우리 모두를 미치게 만들려고 하는 게 틀림없어요!

———

청두에서 나는 쓰촨대학의 요청에 따라 우한이나 후베이에서 온 사람과 접촉한 적이 없다고 증언하는 서류를 매일 정오까지 제출해야 했다. 또한 체온과 함께 피로, 기침, 호흡곤란에 시달리고 있지 않다는 확인 내용도 함께 보내야 했다. 봉쇄가 계속되면서 나는 매일

36.2도라는 같은 숫자를 보냈다. 그리고 매일 똑같이 읊조리는 '코로나의 주문'을 제출했다. "나는 오늘 우한에서 온 사람과 접촉하지 않았습니다. 나는 오늘 후베이성에서 온 사람과 접촉하지 않았습니다."

중국의 많은 일이 그러하듯 정오까지라는 기한은 실제로는 정오까지가 아니었다. 틀림없이 누군가가 서류를 수합하는 업무를 맡은 불쌍한 직원을 압박한 탓에 시간은 매일 조금씩 앞당겨졌다. 그 직원은 교과서적인 위챗 스타일의 수동적 공격성을 띤 메시지를 계속 보내 내가 '우한이 없는 아침'을 좀더 빨리 마무리해야 한다는 점을 분명히 했다.

2020년 2월 22일 11:37 AM
안녕하세요 헤슬러 박사님,
오늘은 어떻게 지내고 계신가요? 일일 보고서를 제출하기 전에 그냥 확인 중입니다.
힘찬 하루!

2020년 2월 22일 11:12 AM
안녕하세요 헤슬러 박사님,
오늘은 어떻게 지내고 계신가요? 햇살을 즐기세요. [웃는 얼굴 이모티콘]
안부 전합니다.

2020년 2월 22일 10:58 AM

안녕하세요 헤슬러 박사님,

오늘은 어떻게 지내고 계신가요? 좋은 하루 되세요. [웃는 얼굴 이모 티콘]

안부 전합니다.

우리 학교의 학기는 2월 마지막 주에 시작했다. 나는 새로운 학생들을 대상으로 지난 학기와 같은 과목들을 가르칠 예정이었다. 그러나 이제 캠퍼스로의 복귀가 아무에게도 허용되지 않는 상황이었고 학교에서는 무기한 원격 강의가 이루어질 것이라고 했다. 우리 학과는 서둘러 온라인 플랫폼을 마련했고 모든 강사에게 사용법을 한 시간 동안 교육했다.

중국은 전국적으로 2200만 명이 넘는 대학생을 상대로 온라인 교육을[12] 실시할 계획이었다. 약 1억8000만 명의 초중고생도 마찬가지였다.[13] 바이러스가 처음 확산된 나라였던 중국은 원격 수업을 처음 시도하는 나라이기도 했다.

매일 아침 8시가 되면 이 수천만 명의 사용자가 로그인을 시작한다. 우리 집 인터넷 연결은 불안정한 때가 많아서 나는 곧 테크놀로지에 대한 욕심을 버리는 법을 배웠다. 중국 전역이 다 마찬가지였다. 내가 아는 교사 중 모두가 화면에 얼굴을 드러내는 줌 스타일의 수업을 하는 사람은 아무도 없었다. 학생들은 보이지 않았다. 카메라를 한 대만 켜서 강사의 모습만 보여주기도 했으나 그조차 문제가 될 수 있었다. 논픽션 수업에서 첫 강의를 실시간 스트리밍하려고 해봤지만 시스템이 여러 차례 먹통이 되는 바람에 결국 포기했다.

그 뒤로는 비디오 사용을 피했다. 수업마다 저해상도 이미지와 문서를 준비해 화면에 띄우고 학생들과 나는 오디오와 텍스트만으로 소통했다.

세 개의 반에서 60명 정도의 학생을 가르쳤는데 그중 실제로 만나본 학생은 세레나가 유일했다. 나머지 학생들에 대해 아는 것이라곤 헤드폰을 통해 들려오는 그들의 목소리, 화면에 뜨는 그들의 메시지, 그들의 영어 이름뿐이었다. 1990년대였다면 이들의 얼굴을 상상하기가 더 쉬웠을 것이다. 바깥세상을 잘 모르는 시골 학생들이 중국식 디킨스의 감성으로 자기 이름을 짓던 시절이었기 때문이다. 앤리와 노스 외에도 내가 가르치던 학생 중에는 영시Youngsea, 사일런트 힐Silent Hill과 소디Soddy가 있었다. 똑같이 조이Joy라는 이름을 쓰는 여학생과 남학생도 있었다. 남학생 한 명은 알바니아의 수도를 따라 자신을 티라나Tirana라고 불렀고, 조용하고 진지하고 이상적이었던 어느 학생은 이름을 마르크스라고 했다. 푸링 북쪽 가난한 마을 출신의 남학생 삼총사는 레이지Lazy, 하우스House, 옐로Yellow라는 이름이었다.

20년이 지난 지금 나는 영어 이름들을 통해 중국의 부상을 추적해볼 수 있을지 궁금했다. 1학년 글쓰기의 온라인 수업에는 대부분의 학생이 애그니스, 플로렌스, 데이비드, 앤디, 찰스, 스티브, 피터, 브라이언과 같이 예전에 백인 중산층에서 유행하던 이름을 택했다. 이런 이름들이 화면에 등장할 때마다 미주리에서 나와 함께 자란 아이들을 떠올리지 않을 수 없었다. 1980년에는 5학년에만 세 명의 브라이언이 있었다. 미국에서 사람들이 마지막으로 아이 이름을 브라이언이라고 지은 게 대체 언제일까? 하지만 요즘에는 중국인들이 쓰촨과 충칭에서 브라이언을 만들어내고 있다. 만약 다음 세대에 중국이 쇠퇴하기 시작한다면 케이틀린과 에이든과 매디슨 같은 이름을 가진 이들로부터 비롯되지 않을까 싶었다.

다행히 논픽션 수업에 시시포스라는 이름의 학생이 있었다. 시시포스는 졸업반이었고 나는 첫날 학생들에게 취미를 적어보라고 했다. '물리학, 재무학, 경제학'이라고 쓴 시시포스의 짧은 답변은[14] 커다란 바윗덩이를 올려다보는 지친 모습의 청년을 떠올리게 했다. 특이한 이름도 여전히 몇 개 있었는데, 요즘에는 흔히 고립보다는 국제적인 세련됨을 드러내곤 했다. 1학년의 한 반에는 골든 워리어즈의 가드 이름을 따 자신을 커리라고 부르는 스포츠 팬이 있었고, 라킴Rakim이라는 이름의 랩 마니아도 있었다. 내 상상 속의 커리는 온라인 수업에 늘 파란색과 금빛으로 된 옷을 입고 와 마우스피스를 갖고 장난을 쳤고, 라킴은 흑인이었다. 라킴은 학기 초 보고서에서 「중국의 새로운 랩中國新說唱」이라는 리얼리티 쇼를 분석했다. 이 쇼는 어느 잘난 당 간부의 명령에 따라 중국인 참가자들에게 레게 머리를 금지했다. 라킴은 이렇게 썼다. "내가 보기에 이런 규정은 흑인 문화Black Culture에 대한 모욕일 뿐 아니라[15] 참가자들이 누려야 할 권리에 대한 침해다." 나는 그의 철자법에 감탄했다. 후난 동부에서 자랐음에도 불구하고 라킴은 '흑인Black'이라는 단어를 대문자로 써야 한다는 사실을 알고 있었다. 그는 이것이 『뉴욕타임스』의 공식 표기법이 되기 몇 주 전부터 이미 그렇게 해오고 있었다.

학생들은 저 멀리 서남쪽 윈난성부터 북한과 국경을 맞대고 있는

286

지린성까지 15개의 성과 직할시에 흩어져 있었다. 이런 지리적인 다양성에도 불구하고 이들의 상황은 대체로 비슷했다. 개강 첫 주에 학생들에게 코로나에 감염된 사람을 개인적으로 알고 있냐고 물었더니[16] 56명 전원이 아니라고 대답했다. 이들은 여전히 봉쇄령에 묶여 있었고 조심스러워했다. 거의 3분의 1이 한 달 동안 주택단지 밖으로 나가본 적이 없다고 했다. 이들도 나처럼 매일 체온과 증언을 대학에 제출해야 했다. "나는 오늘 우한에서 온 사람과 접촉하지 않았습니다. 나는 오늘 후베이성에서 온 사람과 접촉하지 않았습니다."

첫 주에는 존 치버의 「기괴한 라디오」를 읽도록 했다. 이 소설은 뉴욕에 사는 한 부부가 같은 건물에 사는 사람들의 대화를 엿듣게 해주는 라디오를 얻는 이야기다. 책을 읽고 학생들은 봉쇄 기간에 이웃에 대해 발견한 점을 이야기했다. 아파트에서 루머가 얼마나 빨리 퍼졌으며 사람들이 서로를 어떻게 피하는지 묘사했다. 한 남학생의 글이다.

뉴스를 읽다가 정부가 발표한 공지 하나가 눈길을 끌었다.[17] 격리된 사람들의 명단이었는데 거기 옆집 사람의 이름이 포함되어 있는 것을 봤다. 그 여자가 격리된 이유는 회사에 코로나 확진자가 있었기 때문이다. 커뮤니티의 안전을 확보하기 위해 그녀는 격리시설에서 14일간 혼자 지내게 되었다. 정부가 그렇게 한 것은 수긍됐지만 그다음에 일어난 일은 조금 예상 밖이었다.

그날 아침 아버지가 도대체 전화를 몇 통이나 받았는지 모르겠다. 아버지의 소위 오랜 친구들은 한날한시에 아버지가 그리웠나보다.

처음에는 우리 가족의 안부를 묻다가, 정보를 얻기 위해 자연스럽게 우리 이웃을 언급하는 척했다. 심지어 어떤 친구들은 아버지에게 옆집 사람이 집을 떠난 시간까지 알려달라고 했다.

———

봉쇄 39일째,[18] 아파트 로비의 택배에는 3703호로 가는 화초 상자와 2903호로 가는 꽃이 포함되어 있었다. 이제 3월이 되었고 발코니에서 화초를 관리하는 사람들의 모습이 이따금 보였다. 하지만 단지 밖으로 나가는 주민은 여전히 드물었다. 여자들이 아래층으로 택배를 가지러 내려올 때는 심지어 오후에도 잠옷 차림일 때가 많았다. 로비에는 관리사무소에서 알코올 75퍼센트의 소독용 스프레이를 비치해두었고, 마스크와 잠옷 차림의 주민이 택배 더미 앞에 서서 손이며 택배물이며 쇼핑백에 닥치는 대로 스프레이를 뿌려대는 모습이 가끔 보였다.

그런 상황에서 사람들은 거의 말을 하지 않았다. 인사도, 농담도, 위로를 나누는 순간도 없었다. 이는 마스크 때문이기도 했다. 우리 층에 사는 사람들은 문에서 겨우 3미터 떨어진 곳에 쓰레기를 버리러 나올 때도 마스크를 썼다. 바깥에는 헬멧도 없이 휴대폰을 만지작거리며 시속 50킬로미터로 달리는 오토바이 배달원들이 마스크는 제대로 하고 있는 모습을 자주 볼 수 있었다.

우리 단지의 어떤 사람들은 마스크 외에 투명 비닐장갑을 끼고 수술용 신발을 신기도 했다. 이런 격리 복장은 다른 모든 제한 조치와 함께 시민들을 실내로 향하게 했고, 사람들은 자기에게 남겨진 얼마 안 되는 공간에 에너지를 쏟았다. 로비의 택배 중에는 가구와 청소 도구가 많았다. 602호로 가는 핀차이 브랜드 수납장, 2304호로 가는 디마 진공청소기, 303호 앞으로는 테이프와 비닐로 싸맨 거대한 카펫이 있었다. 홈오피스 장비도 있었다. (4201호의 무선 마우스, 301호의 파일 캐비닛.) 44일째가 되자 3704호의 누군가는 코사카 브랜드의 전기 족욕기를 사야 할 필요를 느꼈나보다. (광고 문구: "파워풀 바이 드림스".)

택배로 판단해보건대 이웃들의 봉쇄 식단은 건강했다. 신선한 야채와 과일이 넘쳐났다. 술이 어디론가 배달된다는 증거는 우리 집인 1901호 말고는 없었다. 정부는 담배와 술 상점들이 계속 영업을 하도록 전략적으로 허용했으나 동네 상점 주인들에게 물어보면 매출은 형편없었다. 이 세상에는 다양한 종류의 외로움이 있지만 43층 건물에서 도시 봉쇄를 술로 버텨나가는 사람이 오로지 나밖에 없다는 느낌은 특별한 고립감이다.

아이들의 모습은 거의 본 적이 없다. 아이들이 어딘가 있다는 사실은 알고 있었다. 2703호에서는 미니 테이블 축구 게임기를 주문했고 1804호에서는 환치 브랜드의 장난감 상자를 샀다. 단지에서는 주민들이 요청한 문서들을 인쇄해서 로비에 놔두었는데, 그중 온라인 수업을 받는 아이들을 위한 숙제가 눈에 띄었다. 2012호는 화학에 관한 챕터, 3802호는 북조와 남조의 시가에 관한 유인물이었다. 하지만 부모들이 전염병을 극도로 두려워했기 때문에 아이들은 문밖에도 나오지 않았다. 레슬리와 내가 애리얼과 나타샤 둘이서만 잠깐

단지 마당에서 놀게 했더니 경비원을 비롯한 사람들이 기겁을 하고 달려와 아이들에게 괜찮냐고 물었다. 아이들과는 항상 함께 있어야 한다는 걸 깨달았다.

그 무렵 과학자들은 바이러스가 아이들에게는 덜 위험하고, 야외에서 전염될 위험은 거의 없다고 믿기 시작하고 있었다. 어쨌든 청두의 전체 감염자 수는 놀랍도록 적었다. 3월 1일 기준, 인구 1600만 명의 도시에서 보고된 확진자 수는 우리 단지의 한 명을 포함해서 143명에 불과했다.[19] 그러나 정부의 수치를 믿지 않는 이들도 있었는데, 우한에서 일어났던 모든 일을 고려하면 놀랍지 않았다. 하지만 사람들의 행동은 대체로 질병에 대한 뿌리 깊은 공포를 반영했다. 쌍둥이의 학교 교과서에 나온 내용과 비슷한 구석이 있었다. 전염병과 재난과 정치적 혼돈과 높은 사망률로 점철된 긴 역사를 겪은 중국인들은 질병과 부상이라면 기겁하는 경향이 있었다. 아이와 관련된 것이라면 특히 더 그랬다. 내가 가르치던 젊은이들 — 십대 후반과 이십대 초반에 갑자기 부모님이나 어른들과 함께 집에 갇힌 이 청춘 남녀들은 틀에서 벗어나려 하지 않는 것 같았다. 학생들은 규정보다 훨씬 더 오래 집 안에 머물렀다고 말하곤 했다.

라킴은 일흔여덟 살의 할머니와 함께한 봉쇄 기간에 대해 에세이를 썼다.[20] 몇 주 동안 감염자가 발생하지 않자 현지 정부는 규제를 완화하기 시작했다. 라킴의 할머니는 매일 밤 야외 광장에서 함께 춤추던 노인 친구들과 다시 만날 계획이라고 했다. 라킴은 자신의 반응을 이렇게 묘사했다.

"뭐라고요?" 나는 완전히 충격을 받아 이렇게 물었다. "그런 공공 활동을 다시 시작하시겠다고요?"

"그래, 그럴 거다." 할머니는 화가 나서 말했다. "바이러스 때문에 오랫동안 활동이 중단됐어. 이제 다시 일상으로 돌아갈 때야."

"알았어요. 조심하시고 마스크 잘 쓰세요." 나는 속절없이 대답했다.

팬데믹이 발생하기 전에도 내가 보기에 학생들에게는 조심스러운 면이 있었다. 아마도 외동으로서 느끼는 극심한 압력과 책임감이 반영된 것인가보다 생각했다. 라킴의 에세이에는 세대 간의 역할이 뒤바뀌어 있다. 할머니가 대담하게 놀러 나가고 청년은 집에서 노심초사한다.

10시 30분쯤에 목이 말라 거실로 나갔다. 그런데 집에 나밖에 없었다! 할머니는 아직도 집에 돌아오지 않았다! 뭔가 안 좋은 일이 있을까 걱정되어 할머니에게 곧장 전화를 걸었다. 할머니는 몇 초 뒤에 전화를 받았다. "애야 무슨 일이냐? 나는 아직 친구들하고 있어."

"할머니 왜 이러세요?" 내가 걱정되어 물었다. "지금이 몇 시인지 아세요? 무슨 일이라도 생긴 줄 알았잖아요."

"내 걱정은 하지 마라." 할머니가 말했다. "12시 전에는 집에 들어갈 거야."

밤이 되면 자전거를 타고 멀리 나갔다. 텅 빈 거리가 좋았고 불 켜진 창이 줄지어 반짝이는 고층 건물들을 올려다보는 것이 좋았다. 사람들이 아직도 그 안에서 기다리고 있다. 처음으로 중국의 도시가 인내심이 많다는 생각이 들었다. 평소 청두의 저녁 길거리는 쓰촨 요리 특유의 향신료인 고추와 산초 냄새로 가득하다. 그러나 모든 식당이 문을 닫은 지금은 거리에서 냄새가 사라졌다. 냄새의 부재는 이 도시를 뒤덮은 침묵의 일부처럼 느껴졌다.

자전거를 타고 정부에서 배치한 방호복 차림의 자원봉사자들이 서 있는 수많은 담과 대문을 지난다. 거주 단지에 담을 두르는 중국인들의 습관은 정부가 바이러스를 통제하는 데 유리하게 작용했다. 입구를 봉쇄하고 단지를 작은 요새로 만들어버리면 주민들을 조사하기도 편리했다. 봉쇄 기간에 주민위원회의 자원봉사자들이 세 차례에 걸쳐 우리 집에 들렀다.[21] 이 사람들은 언제나 같은 질문을 한다. "이 집에 열나는 사람이 있나요? 우한에 다녀온 사람 있습니까? 후베이는요?" 자원봉사자들은 친절하고 말이 많았는데, 정보를 전달하고 사람들을 안심시키기 위한 목적인 듯했다. 한번은 어떤 자원봉사자가 우리 단지의 확진자가 우한과 관련 있는 9동 주민이라고 알려주었다.

그 뒤로 외출할 때면 일부러 9동 앞으로 돌아서 다녔다. 사람들이 유별나게 경계하는 듯한 행동을 하는 것이 눈에 띄기 시작했다. 한번은 잠옷 차림에 마스크와 비닐장갑과 수술용 신발을 신은 여자가 택배와 소독제 한 병과 면봉을 들고 내 옆을 걸어 지나갔다. 당시 다들 그랬듯이 그녀도 나와 눈을 마주치지 않으려고 했다. 보호장구를 두른 잠옷 차림으로 저 멀리를 응시하고 있는 그녀는 마치 몽유병에 걸린 외과 의사처럼 보였다. 9동 로비로 들어가더니 면봉으로 조심조심 엘리베이터 버튼을 눌렀다. 장갑을 끼고 있는 손조차 버튼에 닿지 않았다.

나는 우한에서 무슨 일이 벌어지고 있는지 궁금했다. 친구 한 명이 봉쇄된 우한의 병원에서 일하고 있는 어느 약사와 연락할 수 있도록 연결해주었다. 우리는 거의 매일 위챗 메시지를 주고받았다. 약사의 이름을 장이라고 하자. 장은 사태의 최전선에서 일하고 있었고 가까운 동료 10여 명이 이미 병에 걸렸다. 한 명은 중증 치료를 받고 있었다. 장의 메시지는 종종 정부를 향한 분노를 드러냈다.

정부가 언제나 부주의했고 반대 의견을 억압했다는 것이 제 개인적인 의견입니다.[22] 사태의 원인 중 둘이 그겁니다. 그것 때문에 바이러스를 통제할 수 있는 골든타임을 놓쳤어요. (…) 저는 국영 언론을 믿지 않고 기사도 읽지 않아요. 그보다는 친구들이 하는 말에 더 주의를 기울입니다. 제 첫 반응에 대해 물어보셨죠? 사실은 지금도 이 질병이 그렇게 무섭지는 않습니다. 그냥 필요한 예방 조치를 취하면 되죠. 하지만 만약 제가 감염된다면 가족들에게 옮길까 봐 많이 걱정됩니다.

장은 푸링의 제자들과 비슷한 나이였고 개혁개방 세대에게서 흔히 보이는 차분한 성격이었다. 그는 아내와 딸로부터 스스로를 격리하기 위해 호텔에 묵을 생각도 해봤지만 우한에서 아직 영업 중인 몇 안 되는 호텔에 투숙하려면 특별 승인이 필요했다. 나는 우리 가족의 일상에 대한 자세한 얘기는 너무 많이 하지 않으려고 했다. 긴 산책이나 쌓여 있는 택배 더미와 같은 많은 것이 우한에서는 불가능했기 때문이다.

기본적인 욕구는 충족되고 있어요(적어도 음식과 옷은 충분합니다).[23] 어릴 때 경험했던 계획경제 시대로 돌아간 것 같아요. (…) 담배, 술, 차, 간식, 음료, 반려동물 사료 같은 것은 거의 구할 수가 없어요. 나중에는 상황이 나아질 수도 있겠죠?

장의 딸은 열한 살이었고 우리는 아이들 사진을 서로 주고받았다. 그는 딸이 지루해하지 않도록 하는 것이 어렵다고 했다.

제한된 공간에서 시간을 많이 보내는 사람들은[24] 게으르고 우울해지기 쉽습니다. 동기 부여를 하기가 쉽지 않아요. 지금은 딸에게 거실 벽에 대고 탁구 연습을 하는 법을 가르치고 있습니다. 제가 어렸을 때는 학교에 탁구대가 많지 않았기 때문에 그런 식으로 연습을 하곤 했어요. 이제 딸은 꽤 능숙해졌습니다. 어떤 때는 진짜 밴드의 기타리스트처럼 일어나서 박자에 맞춰 움직이며 기타를 쳐보라고 부추기기도 합니다.

<hr />

3월 5일, 청두실험학교가 위챗 학부모 그룹에 전체 공지를 올렸다.

전염병의 예방과 통제 측면에서 상황은 여전히 좋지 않습니다. 학교는 각 가정에서 매일 자녀의 건강 상태를 학급별 위챗 그룹에 보고해주실 것을 요청하는 바입니다. 학교는 또한 유관 부서의 요구에 따라 일련의 데이터를 수집할 것이므로 여러분 모두의 협조를 바랍니다.

그 뒤로 쌍둥이의 체온과 매일매일의 동선을 제출해야 했다. 익숙한 증언도 함께였다. "나는 오늘 우한에서 온 사람과 접촉하지 않았습니다. 나는 오늘 후베이성에서 온 사람과 접촉하지 않았습니다." 청두의 확진자 수는 적었지만 당국은 어린이와 대학생들이 언제 등교 수업을 하게 될지 날짜를 정해놓지 않았다. 중국 대부분의 초등학교와 마찬가지로 청두실험학교도 실시간 온라인 수업은 시도하지 않았고, 장 선생님과 교사들은 수업 내용을 담은 짧은 동영상을 올렸다. 레슬리와 나는 동영상은 건너뛰기로 하고 그 대신 쌍둥이가 매일 익히는 한자의 양을 두 배로 늘렸다. 아이들은 이제 매일 아침 20개의 한자를 외웠다. 오후에는 수학 교과서에 있는 서술형 문제와 씨름했다.

핑핑: 한 자리 숫자로 나눠 떨어지는 세 자리 숫자를 계산했더니[25] 몫은 104였고 나머지는 5였어.

황페이페이: 왜 약수가 6이 아니라 9라고 생각했지?

정답은 무엇일까요?

교육부는 2억2000만 명 이상의 어린이와 청소년이[26] 집에 갇혀 있는 것으로 추산했다. 시간이 지날수록 3~4급 도시의 교직에 있는 옛 푸링의 제자들로부터 점점 부정적인 소리가 들려왔다. 고등학교 교사인 한 제자는 "온라인 수업은 최악"이라며[27] "학생들이 스스로를 통제하지 못한다"고 했다. 그의 학생들은 보통 휴대폰으로 수업을 들었다. 집에 여분의 컴퓨터가 거의 없는 소도시에서는 흔한 일인 듯했다.

3월이 지나가면서 중국 전역의 도시에서 봉쇄 조치가 부분적으로 완화되었고, 일부는 일터로 돌아가기 시작했다. 그러나 학교는 거기 포함되지 않았다. 질병과 어린이에 대한 정서적 두려움이 과학적 증거보다 더 커 보였다. 이는 부모가 일하러 나가면 많은 어린이가 홀로 집에 남겨진다는 뜻이었다. 나는 윌리와 종종 연락을 주고받았는데, 그는 자기가 가르치는 중학교 3학년생의 80퍼센트가 낮에 보호자 없이 혼자 있다고 추정했다. 학부모들은 그 시간 동안 자녀가 보이는 행동에 대해 윌리에게 불평을 늘어놓곤 했다.

윌리는 "학부모들은 아이들을 선쇼우神獸라고 불러요"[28]라고 말했다. 이 단어는 얼추 '신비한 짐승'이라는 뜻이다. 이어서 그는 "학부모들은 '신비한 짐승이 이제 그만 우리로 돌아갔으면 좋겠다'고 말하죠. 여기서 우리는 바로 학교예요"라고 했다. 윌리의 두 자녀도 휴대폰으로 수업을 들었고, 그는 10대 딸의 행동이 급격히 악화되는 것을 보았다. 그는 "우리는 아이가 언제 수업을 하는지, 언제 휴대폰으로 채팅하거나 게임을 하는지 모른다"며, "지금은 통제 불능"이라고 했다.

온라인 수업 4주 차에 푸링의 한 친구가 베이산핑에 사는 중학생이 5층 아파트에서 뛰어내렸다고 했다.[29] 그 학생은 온라인 수업에 집중하라고 채근하는 아버지와 줄곧 다투던 중이었다. 친구는 그 근처에 사는 사람이 휴대폰으로 찍은 동영상을 보내주었다.

문제의 아파트는 '리버타운 골프' 때문에 이주한 농민들을 위해 개발한 주택 시설 중 하나였다. 평소에는 거기 사는 주민이 거의 없었지만 팬데믹의 와중에 일부 세대가 피신을 왔다. 동영상에는 건물 아래에서 꼼짝하지 않는 무언가를 두 사람이 웅크린 채 보고 있다. 경찰차가 구급차와 함께 도착하고, 마스크를 쓴 세 명의 남자가 들 것을 들고 꼼짝 않는 그 무언가에 다가간다. 구경꾼들이 짧은 대화를 주고받는다.

"발이 먼저 땅에 닿았네요."
"가족들이 이걸 어떻게 받아들이죠? 세상에! 너무 슬퍼요."
"5층에서 뛰어내린 거 맞죠?"
"5층 맞아요."

중국의 15~35세 젊은이들 사이에서는 자살이 가장 큰 사망 원인이었다.[30] 증거를 찾기는 힘들었지만 팬데믹으로 인한 고립이 더 많은 젊은이를 극단적인 선택으로 몰아가고 있지 않나 싶었다. 3월에 허베이성의 한 자살 사건에 관한 기사를 봤는데,[31] 초등학생이 휴대폰으로 수업을 듣는 대신 동영상을 봤다며 꾸중을 들었다고 했다. 그 소년도 푸링의 중학생처럼 자기 아파트 건물에서 뛰어내렸다.

허베이성의 기사는 곧 삭제되었고, 이런 사건의 대부분은 언론에서 다뤄지지 않는 것처럼 보였다. 푸링의 친구는 소년이 결국 부상으로 인해 사망했다고 했지만,[32] 현지 뉴스에는 아무것도 보도되지 않았다. 소셜미디어에 게시물이 올라오면 재빨리 삭제되었다. 팬데믹 이후 몇 달 동안 옛 제자들의 상당수가 내게 자기 커뮤니티에서 벌어진 자살 및 자살 시도 사건에 대해 얘기해주었다. 나는 그런 사건들이 전국적으로 수백 건 있었을 거라고 추정했지만, 당은 팬데믹에 관한 서사에서 이를 삭제했다. 제자 한 명은 이렇게 말했다. "바이러스를 물리쳐야 하는 것처럼 온라인 수업도 마치 이겨야만 하는 캠페인 같아요. 그러니까 이런 일들이 발목을 잡으면 안 되죠."

동생의 자살 때문에 에밀리는 정신 건강 문제에 대해 매우 민감해했다. 그녀 역시 베이산핑에서 발생한 사망 사고에 대해 들었다. 타오타오는 원격 수업을 상대적으로 잘 받아들이고 있다고 했지만 에밀리는 자기가 가르치는 학생들이 걱정이었다. 2월 말의 이메일에 이렇게 썼다. "어떤 아이들은 긴장된 분위기에 크게 겁먹고 있어요.[33]

특히 혼자 있을 때는 더 그렇죠." 2주 뒤에 에밀리는 업데이트된 내용을 보냈다.

처음에는 온라인 수업에 낙관적이었어요.[34] 선택의 여지가 없다면 새로운 경험이라 생각했고, 적어도 컴퓨터 게임을 하는 것보다는 낫잖아요. 하지만 이제는 제가 지나치게 낙관적이었다는 걸 깨닫습니다. 어떤 학생들은 낮 시간에 어른 없는 집에 혼자 있어요. 그리고 어떤 어른들은 부모 자질이 부족해서, 아이와 부모 둘 다 큰 스트레스를 받고 있을 때 아이들과 제대로 된 소통을 하지 못해요.

중국인들이 사고와 질병을 걱정하며 아이들을 보호하는 것과 비교하면, 정신 건강 문제에는 그만큼 민감하지 못한 경우가 흔하다. 극심한 스트레스는 그저 어린 시절의 당연한 부분으로 받아들인다. 에밀리는 베이산핑의 자살 사건이 얼마나 빨리 일상의 대화에서 사라졌는지 알려주었다.

동료에게 그 사건 얘기를 해도 별로 관심들이 없어요.[35] 어쩌면 요 몇 년 이런 사건이 너무 많았던 탓인지도 모르죠. 모두가 빨리 달리는 열차에 올라타려고 할 때는 아무도 떨어진 사람에게 신경 쓸 틈이 없어요. 그리고 연약한 마음을 숨기지 않으면 앞으로 나아가기 정말 어렵습니다.

주민위원회에서 아파트 단지 입구에 여러 개의 안내 게시판을 세웠다. 게시판 하나는 '자택 격리를 위한 공산당 봉사팀'이라는 단체의 조직도를 보여주었는데, 거기에는 정부 관리 7명의 얼굴 사진과 휴대폰 번호가 적혀 있었다. 과거에는 이런 정보가 공공장소에 나붙는 것을 한 번도 본 적이 없었다. 저널리스트로서 나는 간부와 인터뷰를 시도하는 것이 대개 시간 낭비라는 사실을 잘 알고 있었다. 이들은 언론을 회피하기 때문이다.

어느 날 오후 조직도의 맨 꼭대기에 있는 번호로 전화를 걸었다. 격리 봉사팀의 팀장이 즉각 전화를 받았다. 내가 자기소개를 하자 그녀는 인터뷰를 준비해놓겠다고 약속했다. 한 시간도 되지 않아 주민위원회 당서기로부터 전화가 왔다. 그는 토요일인 다음 날 아침 자기 사무실에 들르라고 했다.

청두에는 총 1685개의 주민위원회가 있었다. 중국의 모든 도시는 이런 단위로 나뉘어 질병 통제에 핵심적인 역할을 했다. 우한에는 봉쇄 초기에 1만 명 정도로 추정되는 접촉 추적관이 있었다. 이들은 다섯 명에서 일곱 명의 팀으로 나뉘고, 각 팀은 공중보건 교육을 받은 사람이 지휘했다. 하지만 팀원들은 이전에 보건 분야에서의 근무 경험이 전무한 경우가 많았다. 상당수가 주민위원회에서 나왔고, 이들은 동네의 역학관계를 이해하고 있었다. 이들의 조사 작업이 바이러스가 어떻게 퍼져나갔는지에 대한 가장 초기의 세부 정보를 제공했다. 첫 몇 주 만에 우한의 접촉 추적관들은 사람들이 증상을 나타내기도 전에 바이러스를 전염시키는 경우가 많다는 사실을 발견했다.

인력 투입의 순수한 규모가 이 기간에 차이를 만들어냈다. 주민위원회 활동은 대부분 쓸데없는 짓이었다. 예를 들면 표백제를 흠뻑 뿌린 발판은 아무 의미가 없었다. 그러나 사태 초기의 다른 조치들은 매우 유효했던 것으로 드러났다. 우한에서 최악의 실수가 저질러지고 불과 몇 주 뒤였던 2월, 상황은 명백히 반전되고 있었다. 비판자들조차 정부의 접근법을 지지하기 시작했다. 2월 13일 팡팡은 봉쇄된 도시에서 이런 포스팅을 올렸다.

하지만 한 가지 분명한 것은 확산 통제를 위해 취해진 정부의 조치들이[36] 점점 효과를 내고 있다는 사실이다. 시간이 지나면서 정부는 또한 좀더 인간적인 방법을 찾아가고 있다.

우리 동네의 안내 게시판은 이런 인간 중심적 조치의 일부였다. 주민위원회의 당서기는 나와 만나[37] 중국 간부들에게서 거의 본 적이 없는 개방적인 태도로 내 질문에 대답했다. 그의 이름은 '왕이'였고, 40대의 진지한 남자였다. 파란색 재킷 소매에 '당원 봉사대'라고 쓰여 있는 완장을 안전핀으로 꽂은 차림새였다. 그는 근방에서 자랐고 부친도 거기서 공무원으로 일했다. 부친은 은퇴했음에도 불구하고 전염병이 도는 동안 방호복을 입고 나왔다. 아파트 건물 앞에서 체온을 재는 자원봉사자 가운데 한 명이었다. 사실 이 사람들은 '자원봉사자'라고 불렸지만 모두 적당한 금액의 일당을 받았다. 일부는 봉쇄 조치 때문에 가게 문을 닫은 자영업자들이었고 주민위원회 일로 생계를 이어가고 있었다.

당서기인 왕은 봉쇄 조치 후 첫 2주 동안 매일 아침 8시부터 자정까지 일하며 사무실 소파에서 잤다고 했다. 그의 팀은 38명이었고 대부분 최근에 채용한 자원봉사자였다. 주민위원회는 약 6000명의 주민이 거주하는 관할 지역을 감독하고 있었다. 이들이 이 지역을 열심히 조사한 결과 찾아낸 것은 딱 한 명의 확진자, 바로 9동에 살고 있는 그 주민이었다.

당서기는 그가 "후베이에 다녀왔다"고 했다. 음력설을 쇠기 위해 우한 외곽에 있는 고향을 방문한 것이었다. 조사원들은 우한이나 후베이에 다녀온 사람을 발견하면 지역의 보건 서비스 센터로 연락하도록 되어 있었다. 보건 센터 직원들이 9동으로 찾아와서 해당 주민의 체온이 37.1도임을 확인했다. 정상 체온의 범위였으나 어쨌든 바이러스 검사를 실시했다.

"그 사람은 아프진 않았어요." 당서기가 말했다. "하지만 양성이었습니다." 나중에 그 주민은 증상을 보였다. 타인을 감염시킬 가능성은 있으나 본인은 아프다는 것을 자각하지 못했던 결정적인 시기의 주민을 그의 팀이 찾아냈다는 뜻이었다. 그는 병원에서 보호 관찰하에 열흘을 보내고 추가로 14일을 집에서 격리했다. 이렇듯 신속하게 격리된 덕에 다른 사람은 아무도 감염시키지 않았다.

당서기에게 언제쯤이면 통행증 없이 단지를 드나들 수 있게 되냐고 물었다. 그는 "제 생각에는 14일이 두 번 지나야 할 겁니다"라고 답했다. 이 사람은 중국에서 실시되고 있는 표준 격리 기간을 단위로 시간을 생각하는 듯했다. 그리고 세 번의 14일이 더 지나 4월 중순이나 4월 말이 되어야 우리 딸들이 다시 학교에 다닐 수 있을 것이라고 추측했다. 팬데믹 정책에 대해 심한 저항이 있었냐고 묻자 그는 고개를 저으며 "인구의 90퍼센트가 동의합니다"라고 했다. "불편하다고 생각하는 사람은 일부 있습니다. 밖에 나가서 마작 같은 걸 하고 싶어하죠. 하지만 대부분의 사람은 규정을 따릅니다."

내가 보고 들은 바로도 그의 말은 과장이 아니었다. 옛 푸링 제자들은 온라인 수업을 싫어하긴 했지만 필요하다고 믿었다. 내 학생들도 그렇게 생각하는 것 같았다. 그러나 팬데믹의 혼란스러운 초기 단계를 목격했던 우한 사람들의 생각은 아마 다르지 않았을까. 한번은 우한의 약사 장과 이야기를 나누다가 내가 아는 청두 사람 대부분은 팬데믹 통제를 지지하고 있다고 말했다. 그의 답신이다.

모두 불평하지만 모두 엄격하게 규정을 따르고 있습니다.[38] 매우 모순적이지만 그게 중국이에요. 우리의 문화적 전통이 우리 사고를 지배합니다. 개인적으로 좋아하는 표현은 아니지만 우리는 '승리'라는 단어를 사용해 전염병의 종식을 이야기할 거예요.

시진핑 주석은 이미 중국이 "바이러스를 물리칠 것"이라고 선언했다.[39] 나중에는 트럼프 대통령의 트윗도 비슷한 어조를 띠었다. (2020년 3월 17일. "우리는 이깁니다WE WILL WIN!") 장에게 무슨 뜻인지 설명해달라고 했더니 그는 이렇게 답했다.

지금 중국에는 국가 선전부가 슬픈 사건으로 기억해야 할 일을[40]

위안이 되는 일로 둔갑시키는 고약한 경향이 있습니다. 이들은 '승리'라는 단어를 아무 데나 갖다 붙이는 데 익숙해요. 이른바 인간이 자연을 정복한다는 식이죠. 그런 사건에 기쁨이란 없다고 생각합니다. 너무 많은 사람이 죽었고, 그 가족들은 이게 무슨 승리라고는 생각하지 않을 겁니다.

———

어느 날 오후, 드디어 9동에 들어가봤다.[41] 엘리베이터 버튼 위에는 비닐이 한 겹 씌워져 있었고 나는 고층 층수 중 하나를 눌렀다. 경비원과 자원봉사자들이 감염된 남성의 집 주소를 알려주었다. 남성의 의무 격리 기간은 끝난 지 오래였지만 사람들은 여전히 9동 근처에서 이상하게 행동했다.

집 앞에는 신발장이 놓여 있었고 일부 신발은 작은 사이즈였다. 최소한 아이가 한 명 살고 있다는 뜻이다. 문을 두드려봤다. 잠시 후 남자가 거칠게 외치는 목소리가 들렸다. "누구요?"

나는 이웃 주민이고 물어볼 게 있다고 했다. 남자가 문을 열었다. 중년의 나이에, 사업하는 사람처럼 배가 나온 남자였다. 투명 비닐장갑을 낀 채 담배를 피우고 있었다. 마스크는 하지 않았다. 나는 자기소개를 하고 이 집 주민이 감염되었다는 소식을 들었다고 말했다.

"여기 감염된 사람 없습니다." 남자가 말했다.

그를 안심시키기 위해 나는 당서기 왕과 다른 보건위생 공무원들로부터 경미한 사례라고 들었다는 설명을 했다. "격리 기간이 끝난

것도 알고 있습니다." 나는 말을 이었다. "회복과정이 어땠는지 알고
싶을 뿐입니다."

"그러시겠죠." 남자가 말했다. "내 이웃의 누군가가 아팠다면 나도
알고 싶을 거예요. 하지만 여기서는 아무도 감염되지 않았습니다."

"그럼 이 건물에서 감염된 사람의 이야기를 전혀 들어보신 적이
없나요?"

"없어요." 그가 답했다. 9동 내부나 근처를 통틀어 유일하게 마스
크를 쓰지 않은 사람이었음에도 그의 표정에서는 아무것도 읽어낼
수 없었다. 남자는 예의 바르게 인사하고 문을 닫았다. 내려오는 엘
리베이터에는 알코올 소독제 냄새가 진동했다. 이튿날 대학에서 정
한 정오 마감이 되기 한 시간도 더 전에 나는 익숙한 36.2도 체온과
함께 증언을 제출했다. "나는 오늘 우한에서 온 사람과 접촉하지 않
았습니다. 나는 오늘 후베이성에서 온 사람과 접촉하지 않았습니다."

———

청두의 봉쇄가 45일째 되던 날 우리 가족은 처음으로 저녁 외식을
했다. 그 무렵에는 이게 과연 봉쇄인지조차 애매했다. 주변 상점들은
당의 신비한 논리에 따라 우선순위를 정해 문을 열기 시작했다. 아
마도 온라인에서는 대안이 없기 때문인지 이발소가 제일 먼저였다.
머리카락 다음에는 돈이었다. 은행이 시간 제한을 두고 영업을 시작
했다. 그다음에는 음식이었다. 일부 식당이 밤에 문을 열었다. 도시
가 멈춰버린 기나긴 몇 주 동안 나는 이 모든 것이 한 번에 바뀔 것

이라고 상상하곤 했다. 당이 명령을 내리면 사람들이 순식간에 고층 빌딩에서 쏟아져 나오는 것이다. 하지만 변화는 단계적으로 찾아왔다. 마치 모래시계를 뒤집어놓는 것 같았다. 매일매일 더 많은 상점이 문을 열었고 주민들도 요새화된 단지에서 하나둘 서서히 나오기 시작했다. 애리얼과 나타샤는 그때까지 여전히 다른 아이들과 만나지 못했고 초등학교를 다시 연다는 발표도 아직 없었다.

첫 외식으로 푸장강 옆에 있는 바비큐 식당에 갔다. 식당 여주인이 쌍둥이들 이마에 적외선 체온계를 갖다 댔고 레슬리와 내가 그다음이었다. 우리 이름과 휴대폰 번호가 체온계에 뜬 숫자와 함께 클립보드에 기록되었다. 애리얼 36.5도, 나타샤 36.2도, 레슬리 36.2도, 나 36.0도.

자리에 앉아 마스크를 벗었다. 이 식당은 늘 인기가 많은 곳이었지만 그날 밤에는 손님이 반 정도 차 있었다. 중국 전역에 걸쳐 공식 집계된 확진자는 8만 명이었고[42] 사망자는 3119명이었다. 하지만 두 수치 모두 증가율은 급격히 둔화되고 있었다. 총 세 명의 사망자가 발생한 청두에서 가장 최근의 사망자가 나온 것은 3주도 더 지난 일이었다. 세 명의 나이는 각각 64세, 73세, 80세였고[43] 모두 감염되기 전에 복합적인 만성 기저질환을 앓고 있었다. 세계보건기구는 사흘 뒤 공식적으로 팬데믹을 선언할 예정이었다.

식당은 애쓰고 있었다. 문은 활짝 열려 있었고 모든 조명이 환하게 켜져 있었다. 종업원들은 큰 목소리로 손님을 맞았다. 주문을 마치자 매니저가 비록 마스크 위로 눈만 보이기는 했지만 뭔가 음모를 꾸미는 듯한 미소를 지으며 나를 불러냈다. 그는 내게 꽃이 달린 가지 하나, 찹쌀 한 공기와 밸런타인데이 스타일의 빨간 카드가 담긴 은쟁반을 건네주며 "3월 8일이잖아요!"라고 말했다.

잊고 있었다. 오늘은 세계 여성의 날이었다.

그는 찹쌀과 카드를 가리키며 "이건 그냥 드리는 겁니다"라고 했다. "아내분에게 메시지를 써주세요!"

나는 빨간 종이를 가만히 바라보다가 지금이 2013년 카이로의 군사 쿠데타 이후로 우리가 함께한 가장 낭만적인 순간이라는 요지의 메시지를 적었다. 마스크를 쓴 매니저가 휴대폰으로 사진을 찍어 이 순간을 기록하는 동안 나는 은쟁반을 테이블로 가져갔다. 종업원이 우리가 주문한 맥주를 가져와 레슬리와 나의 잔을 채워주었다. 조금 있다 종업원은 칭다오 맥주를 한 병 들고 다시 나타났다. "이건 공짜예요." 그녀가 말했다. "전염병 덕분이지요!" 종업원이 병을 땄고 우리는 그것도 나눠 마셨다.

7장   코로나의
       아이들

2020년 5월

대면 수업으로 돌아가기 며칠 전인 5월 27일, 자전거로 장안 캠퍼스의 인적 없는 곳을 달리다가 로봇을 마주쳤다. 가슴 높이쯤 되는 땅딸막한 기계에, 네 바퀴가 달렸고 골프 카트 길이보다 조금 짧았다. 앞면에는 일종의 센서처럼 보이는 T자형 장치가 달려 있었다. 로봇은 나를 지나쳐 반대쪽을 향해 움직였다. 나는 자전거를 돌려 5미터쯤 거리를 유지하며 뒤를 밟았다.

마지막으로 캠퍼스에 왔던 것이 2월 말, 학교에서 봄학기는 원격수업으로 시작한다고 교직원에게 통보한 직후였다. 나는 사무실에 있는 자료를 가져오기 위해 허겁지겁 장안 캠퍼스에 왔었다. 캠퍼스가 얼마나 오랫동안 폐쇄될지 아무도 몰랐기 때문이다. 당시만 해도 바이러스는 아직 유령과도 같은 존재였다. 내 주변에는 감염된 사람이 아무도 없었고, 학생들과 옛 제자들 주변도 마찬가지였다. 내가 캠퍼스를 마지막으로 방문했던 2월 20일은 청두시에서 지역사회 전파로 인한 새로운 감염 사례를 발표한 마지막 날이기도 했다.

내가 개인적으로 아는 사람이 감염되었을 무렵에는 학기 4주 차에 접어들어 있었다. 그해 봄에는 두 종류의 시간이 흘렀다. 예측 가능하게 흘러가는 학사일정의 느린 시간과 전 세계에 폭발적으로 확산되는 바이러스의 빠른 시간이었다. 학기 3주 차에 코로나는 공식적으로 팬데믹이 되었다. 6주 차에는 미국의 사망자 수가 중국을 넘어섰고, 그 주 중국은 외국인이 입국하지 못하도록 국경을 폐쇄했다. 중국 바깥에 확진자가 너무 많았기 때문이다. 나는 대학 당국에 여전히 체온과 함께 늘 하던 증언을 매일 제출했지만 이런 조치는 이제 무의미해 보였다. 내가 개인적으로 아는 최초의 감염자는 우한도 후베이도 심지어 중국에 있지도 않았다. 뉴욕에 있는 나의 출판 에이전트가 미팅을 위해 런던에 다녀오자마자 병세가 나타난 것이었다. 1월에 윌리엄은 미국에서 내게 근심 어린 메시지를 보내온 수많은 친구와 친척 중 한 명이었다. 그때의 메시지는 이랬다. "코로나 바이러스 발발의 와중에 당신과 당신의 가족을 걱정하고 있어요."[1] 6주 차에는 내가 윌리엄과 그의 아내의 안부를 묻고 있었다. 그의 답장이다.

우리는 괜찮아요. 지금 브루클린에 있습니다.[2] 우리 둘 다 후각과 미각을 잃었지만 아직 열이나 호흡곤란은 없어요. 의사 친구들은 우리가 거의 다 나은 것 같다고 해요.

시간의 왜곡은 그 후로도 계속되었다. 7주 차에 우한은 봉쇄령을 해제했고, 10주 차에는 미국의 사망자 수가 중국의 열 배에 달했다. 11주 차에 애리얼과 나타샤가 대면 수업을 시작했고, 13주 차에 나는 코로나 사태 이후 처음으로 비행기를 탔다. 14주 차인 5월 27일 오늘, 나는 마침내 쓰촨대학으로 돌아와 로봇을 따라 캠퍼스를 돌아다니고 있다.

로봇이 어느 기숙사 앞에서 갑자기 멈출 때까지 따라갔다. 전자 음성이 "다오다 짠뎬到達站點!"(정류장 도착)이라고 외쳤다. 길에는 아무도 없었다. 대부분의 학부생은 아직 복귀하지 않았고 돌아온 학생들은 캠퍼스 안에만 머물러 있어야 했다. 대학으로 들어오는 모든 입구에는 자동 개찰구, 적외선 체온계, 안면인식 스캐너가 설치되었다. 마스크 쓴 얼굴을 인식할 수 있도록 특별히 보정된 스캐너였다. 그날 일찍 동문 개찰구에 도착하자 경비원은 내게 스캔이 이뤄지는 동안 마스크를 쓰고 있으라고 했다. 내 이름과 신분증 번호가 체온과 함께 스크린에 뜨더니 개찰구가 활짝 열렸다. 교직원인 나는 학생들과 달리 개찰구를 양방향으로 통과해 다닐 수 있었다. 학생들에게는 개찰구가 한쪽으로만 열렸다. 일단 캠퍼스의 담장 안쪽으로 들어오면 다시 나갈 수 없다.

나는 고요한 기숙사 옆에서 로봇과 함께 기다렸다. 이윽고 마스크를 쓰고 휴대폰을 손에 쥔 세 명의 학생이 서로 다른 방향에서 나타났다. 한 명씩 로봇 뒤쪽에 있는 터치 스크린에 코드를 입력하자 보관함이 열리더니 택배가 그 안에 들어 있었다.

한 여학생이 온라인 쇼핑몰 타오바오를 통해 주문한 것이라고 말해주었다. 팬데믹 이전에는 학생들이 캠퍼스 내 창고에 가서 택배를 찾아왔지만 이제는 로봇이 배달한다. 학생은 로봇이 기숙사 가까이 오면 전화를 하고 문자를 보낸다고 했다.

나는 그 뒤로도 30분 동안 로봇을 따라다녔다. 따라가다보면 결국은 로봇의 주인에게 데려다주겠지 하는 생각이었다. 자전거가 너무 가까이 다가갈 때마다 경적이 울렸다. 앞쪽으로 끼어들면 로봇이 멈췄다. 소리를 질러봐도 아무 반응이 없었다. 이따금 로봇이 멈춰 서서 "다오다 짠뎬!"을 외치면 마스크를 쓴 학생들이 나타나 손에 휴대폰을 들고 내가 있는 쪽으로 몰려들었다. 인적이 드문 캠퍼스에서의 이런 모습은 마치 공포영화의 한 장면처럼 느껴졌다. "코로나의 아이들"이라고 해야 할까. (1984년 영화 「옥수수밭의 아이들」의 패러디—옮긴이)

로봇은 마침내 캠퍼스 한쪽 구석에 있는 택배 창고 앞에 멈춰 섰다. 파란색 조끼를 입은 작업자가 나와서 로봇에 택배를 채워넣기 시작했다. 그는 "지금 이런 로봇이 세 대 있습니다"라고 했다. 창고 직원들이 매일 저녁 캠퍼스 밖에 있는 집으로 퇴근하기 때문에, 잠재적 감염을 일으킬 만한 접촉을 줄이기 위해 로봇을 도입했다고 설명해주었다.

나는 캠퍼스를 가로질러 자전거를 마르크스주의대학 옆에 세웠다. 우리 건물 입구에는 적외선 스캐너가 설치되어 있는 또 다른 검문소가 있다. 위층으로 올라가 잠긴 사무실 문을 열자 책상 위에 소포가 기다리고 있었다. 대면 강의로의 복귀를 위해 대학에서 마련해준 물건들이었다. 수술용 마스크가 다섯 개, 고무장갑 한 쌍, 오퓰러 브랜드의 알코올 소독 패드가 한 상자 있었다. 3개월간 자리를 비웠음에도 사무실은 멀쩡해 보였다. 누군가, 아니면 무엇인가가 그동안 내 화초에 계속 물을 주고 있었다.

학기 초의 몇 주 동안은 얼굴을 볼 수 없는 사람들을 가르치는 일상에 적응하려고 노력했다. 학생들을 더 잘 알기 위해서 수업 때마다 설문을 실시했고 각자의 봉쇄 경험에 대해 에세이를 쓰는 과제를 내주기도 했다. 학생들이 마이크를 켜면 가끔 부모나 조부모가 뒷배경에서 떠드는 소리가 들렸다. 세레나의 집이 가장 시끄러웠던 것 같다. 자동차 엔진, 경적, 여러 말소리 때문에 세레나의 목소리를 거의 들을 수 없을 때가 많았다. 세레나는 난충의 자기 집 건물이 부실하게 지어져 벽이 얇고 바깥에는 부산한 도로가 있다며 "다음 지진에는 무너질 것 같아요"라고 아무렇지 않은 듯 말했다.

세레나는 부모님뿐만 아니라 조부모님과도 작은 아파트에서 함께 살고 있었는데 상당수의 학생이 그런 상황이었다. 중국이 점점 더 부유해지면서 많은 성인이 노년의 부모와 따로 살기 시작했지만 급수가 낮은 지방 도시로 가면 여러 세대가 함께 사는 가구가 여전히 흔했다. 이런 가구들의 모습이 중국의 오랜 전통이었고, 중국문학을 보면 숨 막히게 좁은 집 안을 묘사한 장면이 넘쳐난다. 우리 딸들이 학교에서 배운 문구 중 이걸 잘 연상시키는 표현으로 "네 세대가 한 지붕 아래 산다"는 뜻의 '쓰스퉁탕(사세동당四世同堂)'이 있었다. 사각으로 각진 한자들의 형태조차 비좁은 방에 사람이 가득한 모습을 연상시켰다.

봉쇄 기간에 자전거를 타고 다니며 나는 건물들을 올려다보고 불켜진 창문 뒤에서 다들 어떻게 살고 있는지 궁금해하곤 했다. 학생들의 에세이를 읽고 나서는 장면들을 훨씬 더 선명하게 상상하기 시작했다. 봉쇄는 중국인들이 잘 견딜 수 있는 종류의 일이었다. 많은 사람이 혼잡한 상황에 익숙했고 일상의 성가심을 견뎌내는 가히 영웅적인 인내심을 지니고 있다. 학생들은 부모님이 요리를 가르쳐주고 나서, 한입 먹을 때마다 불평과 비판을 내뱉으면서도 즐겁게 식사하더라는 얘기를 많이 썼다. 조부모들은 보통 새벽같이 일어나서 위챗의 특별한 사용법을 통해 지인들과 원격으로 대화를 나눴다. 노인들은 휴대폰 문자를 읽기 힘들기 때문에 큰 소리로 음성 메시지를 보내고, 지인들이 보낸 답신을 최대 볼륨으로 재생했다. 이것은 일련의 의례적인 대화가 느리디느리게 펼쳐지는 위챗의 또 다른 희곡 장르였다. "밥 먹었어? 응! 너는 먹었어? 응! 집에 있어? 응! 너는 집에 있어? 응!" 많은 학생이 이러한 대화 소리에 잠에서 깨는 광경을 묘사했다.

시안에 사는 일레인이라는 여학생은[3] 아침마다 아버지가 거실에서 숫자를 일일이 세어가며 테니스 라켓을 정확히 300번 휘두른다고 썼다. 어머니들은 시끄러운 음악에 맞춰 춤을 췄고 할머니 할아버지들은 태극권을 연마했다. 학생들의 에세이를 보면 종종 어머니들이 소셜미디어에서 배워온 민간 코로나 대응법을 한사코 써먹으려고 했다. 어떤 어머니는 집 여기저기에 식초를 뿌리기도 하고, 계란 위주의 식사가 바이러스를 물리친다는 말을 위챗에서 보고 아이에게 억지로 계란을 먹이기도 했다. 아버지들 사이에서도 그에 버금가는 근거 없는 자신감이 만연한 듯했다. 특히 여학생들이 이런 봉쇄의 현자들을 포착하는 데 능했다. "장소의 특성은 지리적인 특징에 의해 정해지는 거야."[4] 청두에 사는 원신이라는 학생은 집에서 긴 저녁을 보내다가 아버지가 했던 말을 인용했다. "청두는 분지라서 사람들이 근시안적이고 야심이 없어."

나에게 학생들의 에세이는 치버의 「기괴한 라디오」보다 훌륭했다. 가장 재미있는 코로나의 사세동당은 한가한 수다, 세대 간의 수동적 공격성, 저급한 소문 퍼 나르기와 음모론 만들기로 점철되어 있었다. 홍이라는 이름의 학생은 집에서 부모와 조부모와 함께하는 일상적인 저녁 풍경을 묘사했다. 이들은 마오 시절의 하방下放운동을 다룬 영화 「지구천장地久天長」을 함께 보고 있었다. 하방운동은 1950년대 말에 시작되어 수백만의 도시 중국 청년들을 강제로 시골에 내려보내 농민들로부터 배우도록 한 캠페인이다. 이 역사적인 드라마가 화면에서 펼쳐지고 바이러스의 드라마가 전 세계를 휩쓰는 동안 홍이의 가족은 쉴 새 없이 떠든다.

"바이러스가 왜 우한에서 발생했는지 알아?"[5] 아버지가 물었다.
"많은 사람이 오가는 교통의 중심지이기 때문이야."
"바이러스가 어떻게 퍼져야 하는지 스스로 알고 있는 것만 같네요."
"바이러스는 모르지. 하지만 바이러스가 인위적으로 생겨난 게 아닌지 누가 알겠어? 사실 미국이 이번 바이러스 발생을 꾸몄다는 분석이 있어." 아버지는 젓가락을 휘두르며 말했다.
"왜요? 저는 그걸 뒷받침할 만한 확실한 증거가 없다고—"
"뻔하잖아. 미국인들은 그래야 할 동기가 충분해. 미국은 항상—"
"네네, 알았으니 그만하세요. 네 아버지는 그런 보고서들을 자주 읽잖니." 어머니가 끼어들었다. "논쟁해봐야 소용없어. 어쨌든 정말 드문 일이기는 해."

"그래, 정말 드문 일이지." 할머니가 어머니의 말에 동의했다. "지난 65년 평생 이렇게 엄격하게 관리하는 건 처음 봤다. 1960년대에도 이렇지는 않았어. 정말 드물어. 평생 한 번 있을 법한 일이야."

"영화 보지 않으실래요? 「지구천장」이란 영화가 베를린 영화제에서 상도 여러 개 탔대요."

"그러자꾸나." 어머니가 가볍게 대답했다.

영화가 시작되었다. 아버지는 정원을 손질하러 밖으로 나갔다. 나는 행복했던 가족이 운명에 의해 산산조각 났다가 종국에는 비록 내키지 않았지만 타의에 의해 재결합하는 과정을 지켜보았다.

"뭐에 관한 영화야?" 아버지가 돌아와 유리문을 닫으며 물었다.

"하방운동에 영향받은 중국 사람들 얘기. 꽤 슬픈 내용이에요. 아무도 잘못한 게 없지만 모두 피해자가 되죠…… 그때 태어났더라면 제 인생이 어떻게 됐을지 모르겠네요."

"너무 복잡하고 문학적인 영화야." 어머니가 말했다. "상을 탄 영화들이 그렇지."

아버지는 더 이상 아무 말도 하지 않았다. 그러고는 안으로 들어가 뭔가에 몰두한 물소마냥 손을 씻었다. 우리 가족은 매우 자연스럽게 다들 흩어졌다. 나는 내 침실로 들어가 문을 잠갔다.

에세이에서는 미국에 관한 대화가 자주 언급되기도 했다. 악화되어가는 미중 외교 갈등이 우리 학기에도 그 영향을 드리웠기 때문이다. 2주 차에 트럼프 정권은 미국 내 중국 국영 매체에 새로운 규제를 적용해 사실상 직원의 절반을 추방해버렸다. 3주 차에는 중국의 고위 관리가 트위터를 통해 미국이 바이러스를 우한에 들여왔을지도 모른다고 주장했다. 4주 차에는 도널드 트럼프 대통령이 이 질병을 '차이나 바이러스'라고 부르기 시작했다. 같은 주에 중국 외교부는 『뉴욕타임스』『월스트리트저널』『워싱턴포스트』에서 파견된 언론인의 비자를 취소한다고 발표했다. 논픽션 수업의 학생들은 베이징 주재 『타임스』 기자 이언 존슨이 쓴 종교에 관한 책 『중국의 영혼 The Souls of China』의 짧은 발췌문을 읽었다. 강의 시간에 나는 미중 갈등의 일환으로 이언 존슨의 비자가 취소되었다고 말해주었다.

학기가 시작될 때만 해도 캠퍼스로의 복귀가 가능할지 확신할 수 없었기 때문에 강의 계획을 유연하게 남겨두었다. 외부 취재는 아무래도 어려워 보였지만 정부의 팬데믹 통제는 예상보다 훨씬 더 효과적인 것으로 드러났다. 청년들의 놀랄 만한 인내심도 코로나19의 사세동당에 마침내 흔들리기 시작하고 있었다. 6주 차의 설문 조사에서 이렇게 물어보았다.[6] "지금 살고 있는 커뮤니티에서 외출이 허용되고 있습니까? 이동에 제한은 없나요?" 답변은 만장일치였다. 윈난성에서 지린성까지 학생들은 자유롭게 이동할 수 있었다. 나는 학생들에게 밖으로 나가 팬데믹에 관한 기사를 쓰라고 주문했다.

가을학기에 학생들이 청두에서 진행했던 프로젝트도 흥미로웠지만, 지금 학생들이 고향에서 진행하는 프로젝트에도 장점이 있음을 알게 되었다. 이들에게는 현지의 꽌시가 있었기 때문이다. 부모님들이 학생들에게 팬데믹의 와중에 흥미로운 일을 하고 있는 친구나 동료를 소개해주었다. 앤디라는 신입생은 난징 근처에 살았는데,[7] 그의 가족은 환풍기 공장을 운영하는 사장을 알고 있었다. 사장은 앤디와 공장을 둘러보며 생산량이 10배 이상 증가했다고 했다. 북한에서 멀지 않은 랴오닝성에 사는 모모라는 신입생은 현지의 국영 담배 회사를 방문해 정반대 상황을 보고했다. 모모의 부모님과 친구였던 이 회사의 회계 담당자는 모모에게 봉쇄 기간 동안 사업 매출이 급감했다고 말했다. 이 무렵 이미 미국에서는 팬데믹으로 인한 스트레스와 고립 탓에 흡연량이 증가했다는 보고가 있었다. 하지만 중국인들의 흡연은 사회적인 행위다. 회식이나 개인끼리 주고받는 선물이 사라지자 담배에 대한 수요도 감소했다. 회계 담당자는 모모에게 담배 회사의 코로나19 이후 전략 중 하나가 (공중보건에 대한 참으로 혁신적인 접근 방식이기도 하다) 담배를 구매하는 소매업자들에게 마스크와 소독제를 나눠주는 것이라고 했다.

이처럼 전국 각지의 팬데믹 생활상을 엿볼 수 있어서 좋았다. 쓰촨성에서는 시시포스가 어떤 약사를 취재했다.[8] 정부에서 마스크 가격 인상을 금지하는 규정을 발표하기 전인 1월에 마스크 가격을 올려 10만 위안에 가까운 수익을 올렸다는 사람이었다. 어느 학생 둘은 자기 동네에서 폐업하는 반려동물 가게에 대해 썼다. 미국에서는 팬데믹으로 인해 새로 개나 고양이를 구입하는 가정이 급증했지만 중국은 반대였다. 동물이 바이러스를 옮길 수 있다는 두려움 때문에 봉쇄 기간 동안 반려동물을 버리는 사람들에 대한 이야기가 많았다.[9]

팬데믹의 아주 다양한 측면에서 미국과 중국은 서로 다른 평행우주를 살고 있는 것처럼 보였다. 미국 정부는 경기 부양책과 기타 일시적인 경제 지원책을 빠르게 승인했지만, 중국에서는 그런 정책이 매우 제한적이었다. 청두에서 훙이는 팬데믹으로 피해를 입은 대출자에게 상환을 유예해주는 새 제도를 담당하는 국영 은행의 대출 관리자를 밀착 취재했다.[10] 훙이는 370명이 이 제도에 대해 문의했으나 은행이 22명에게만 상환 유예를 승인했다고 했다. 다른 지점에서는 신청자 전원이 거부당했다.

경제적 측면에서 보면 개인은 대부분 혼자서 상황을 감당해야 했다. 당은 독립적인 노동조합의 보호 행위를 허용하지 않았고, 중국 전역에서 급여가 삭감되며 노동자들이 해고되었다. 4월에 중국은 1976년 문화대혁명 종식 이후 처음으로 경기 위축을 기록했다. 그러나 정부의 경기 부양책은 미미한 수준에 머물렀다. 미국식으로 현금을 지급하는 대신 중국은 사업자들이 스스로 해결책을 찾을 공간을 마련해주는 방식을 선호했다. 청두에서는 시 당국이 길거리에 노점 설치를 허용했다. 도시 질서 확립을 위한 캠페인이 시작되기 전인 1990년대에는 노점상을 흔히 볼 수 있었다. 이제 노점상들이 한꺼번에 다시 등장했고, 저녁 시간 동네에 북적이는 인파는 20년 이전 청두의 모습을 떠올리게 했다.

많은 노점상이 원래 공장이나 회사에서 하위직으로 근무하다가 해고되었다고 했다. 화이트칼라 직종에 있는 이들조차 급여가 삭감되곤 했다. 중국항공의 한 승무원은 자신과 동료들이 비행 시간에 따라 급여를 받고 있고, 비행 시간이 줄어들면서 평소 급여의 4분의 1을 받게 되었다고 했다. 조종사들의 삭감은 더 심각했다. 하이난 항공의 조종사였던 한 남자는[11] 두 달 동안 평소 임금의 10퍼센트도 안 되는 돈을 받았다. 다른 업계의 사람들과도 비슷한 대화를 나눴지만 보통은 저축해놓은 게 있어 괜찮다고 했다.

안정성에 대한 기대치도 낮았다. 중국의 번영은 여전히 너무 새로운 것이라 많은 이가 거기 안주하지 못하거나 그걸 누릴 자격이 없다고 느꼈고, 스스로를 중산층으로 인식하지 못하곤 했다. 미국인은 스스로를 중산층이라고 생각하는 것으로 유명하다. 인구의 절반 정도가 중산층에 속하는데, 일부 설문 조사에서는 응답자의 무려 70퍼센트가 스스로를 중산층이라고 여기는 것으로 나타났다.[12] 중국에서는 이 수치가 훨씬 더 낮은 편이다. 2015년 중국사회과학원이 연 소득 20만 위안(약 3만2000달러, 중국 도시 평균 소득의 거의 5배) 이상인 가구를 대상으로 조사한 결과 44퍼센트만이 스스로를 중산층이라고 답했다.[13] 푸링 옛 제자들에게서는 이 수치가 훨씬 더 낮았다. 2014년에 이들의 경제 상황을 설문 조사해보니[14] 응답자 30명 중 29명이 아파트 한 채와 자동차 한 대 이상을 소유하고 있었다. 그리고 다들 연금 및 기타 혜택이 좋은 안정적인 직장에 다녔다. 하지만 자신이 중산층 이상이라고 답한 사람은 8명에 불과했다. 나머지 75퍼센트에 가까운 응답자들은 '가난' '하층민' '하류층' '빈곤층' '프롤레타리아' '우리는 어디에도 속하지 않는다' 등의 말로 자신을 정의했다. 윌리는 저장성에서 연봉 약 8만 달러를 받는 좋은 직장에 다니며 아파트 세 채와 자동차 한 대를 대출 없이 소유하고 있었다. 1300제곱미터 남짓한 땅에 농사를 짓던 문맹 부모 밑에서 자란 사람으로서는 놀라운 성과였다. 하지만 설문 조사에서 그는 "우리는 하층민에 속한다"고 답했다.

한때 가난했던 경험의 트라우마는 떨치기 힘든 듯 보였다. 개혁개방 세대는 돈을 저축하는 편이었고 정책이나 환경의 급변에 대처한 경험이 많았기 때문에 팬데믹 극복에 도움이 되었다. 중국 북부 허베이성에 거주하는 캐시라는 학생은[15] 부모님의 친구 첸이라는 사업가에 대한 이야기를 썼다. 첸은 2000년대에 주류 유통 회사를 설립해 번창했다. 하지만 2012년 공산당이 연회 및 기타 향응에 철퇴를 가한 후 매출이 급감했다.

이에 대한 대응으로 첸은 부패와 관련이 덜한 상품인 우유로 업종을 전환했다. 우유 유통업체로 재기에 성공했지만 코로나19가 닥치면서 또다시 모든 것이 무너졌다. 첸은 포기하지 않고 배달 직원들과 함께 두 달 동안 매일 10시간씩 차를 타고 다니며 만나는 모든 상점 주인과 대화하는 끈질김을 보였다. 일련의 기발한 프로모션을 개발해 5월 초까지 매출을 역대 최고 수준으로 끌어올렸다. "사실 나는 코로나19에 매우 감사하고 있단다"라고 첸은 캐시에게 말했다. "코로나가 아니었다면 아마도 영업사원들과 함께 매장을 방문할 일이 절대 없었겠지." 이 모든 상황 속에서도 그는 이름을 바꾸지 않아서 회사명에는 여전히 '주류'라는 단어가 들어 있다. 등록을 변경하는 것은 관료적인 절차 때문에 번거로운 일이었으리라. 캐시는 우유를 유통하는 사람이 주류 영업사원으로 불리는 것이 문제가 되지는 않는지 물어봤다. 첸은 이렇게 답했다. "사람들은 네 이름을 보지 않아. 네가 하는 일을 본단다."

당 간부들은 인민의 경제적 수완에는 믿음을 갖고 있는 듯했지만 공공 보건에는 정반대 접근법을 취했다. 개인의 선택이나 책임에 맡겨두는 법이 없었다. 감염된 사람은 가정에서 즉각 분리되어 정부가 운영하는 의료 시설에 최소 2주간 격리되었다. 중국은 3월 28일 국경을 외국인에게 사실상 봉쇄하고, 아직 운항 중인 소수의 국제 항공편을 통해 자국민만 귀국토록 했다. 귀국한 중국 국민은 국가가 승인한 시설에서 2주간의 엄격한 격리 조치에 처해졌다.

도시 곳곳의 공공 안내문에는 사회적 거리두기를 의미하는 중국어인 '안취안 쥐리安全距離'라는 말이 간혹 눈에 띄었지만 사람들이 이 문구를 실제로 말하는 걸 들어본 적은 없다. 당연히 어떤 형태로든 실천되지도 않았다. 청두시에는 봉쇄에서 벗어난 다음 버스와 지하철의 승객 수를 제한하려는 어떤 노력도 없었고, 이내 전과 다름 없이 붐볐다. 4월부터 인터뷰를 더 많이 다니게 되면서 나는 재계나 외교가 사람들이 마치 여전히 2019년인 것처럼 악수하는 데 깜짝 놀랐다. 실내에서와 이동 중에는 여전히 마스크를 의무적으로 착용해야 했지만 형식에 그칠 때가 많았다. 사람들은 때로 '권총집' 자세를 하거나, 쌍둥이와 내가 '로 라이더'라고 부르는 자세로 마스크를 코 아래에 걸었다.

5월 초 애리얼과 나타샤가 마침내 청두실험학교로 복귀했을 때는 학생이 넘쳐나던 3학년 학급이 딱 한 명 줄어 있었다. 사회적 거리두기와는 전혀 상관없는 일이었다. 그 여학생은 가족들과 키프러스에서 휴가를 보내던 중 팬데믹이 시작되었고 돌아오는 항공편을 구하지 못하고 있었다. 교실 안 책상 간격을 넓히려는 시도가 있었지만 그리 크지 않은 공간에 54명의 아이가 있는 상황에서 거리두기란 그저 몇 센티미터 차이에 불과했다. 학교는 다른 방식의 전략에 집중했다. 적외선 체온 스캐너가 설치된 텐트 터널을 학교 정문에 만들었다. 복도의 안내판에는 새로운 노래의 가사가 적혀 있었다.

학교로 돌아오면 무얼 할 수 있지?
걱정 말고 내 말을 들어봐
마스크를 쓰고 열심히 공부해
너와 나 모두를 보호할 수 있어

잠깐 동안은 마스크 쓰기가 열심이었다. 애리얼과 나타샤는 음악 수업 첫째 날 마스크를 쓴 채 리코더 연주하는 법을 배웠다. 마스크의 밑단을 들어올려 리코더를 끼워넣는 일종의 '역 로 라이더'였다. 방과 후 쌍둥이를 데리러 학교에 가면 선생님들의 마스크에는 허리춤에 차고 있는 휴대용 스피커와 연결된 마이크가 달려 있었다. 그러나 불과 일주일 만에 교육부가 저위험 지역의 학생들은 더 이상 얼굴을 가릴 필요 없다고 발표하자 학교는 규정을 완화했다. 애리얼과 나타샤는 반 친구들이 버려진 마스크를 점심 시간에 활용하는 법을 찾았다고 얘기해주었다. 아이들은 마스크를 뒤집어서 작은 주머니처럼 만든 다음, 뼈나 다른 음식 찌꺼기를 담아서 버렸다.

학교에서는 정기적으로 손 씻는 시간을 정해놓았고, 매일 오후

"체온 측정 시간이 되었습니다"라는 안내 방송이 나왔다. 우리 딸들은 매일 최소 다섯 번은 체온을 측정해야 했다. 아침 6시 반, "용을 잇는다"라는 뜻의 '제룽接龍'이라 부르는 학부모 위챗 그룹에서의 활동이 그 시작이다. 제룽은 동료 집단의 힘으로 중국인들에게 강한 압박을 가해, 관료 행정을 위한 데이터 수집에 참여토록 하는 위챗의 수많은 기막힌 혁신 중 하나다. 매일 아침 그날의 당번인 부모가 아이의 이름, 학생 번호, 체온을 적고 "건강 상태 양호"라는 말과 함께 #제룽이라는 해시태그를 시작한다. 다른 부모들도 한 명씩 뒤이어 "21번 리룽산, 36.3도, 건강 상태 양호"와 같이 용을 이어 목록을 늘려간다. 8시가 다가오면 아직 참여하지 않은 부모들에게 다급한 메시지가 날아온다. "44번 왕린신 엄마, 용을 이어주세요!"

나는 용이 두려웠다. 매일 아침 용 꼬리 어디쯤에 뒤처져 있었고 가끔은 재촉을 받을 수밖에 없었다. 한동안은 더 잘해볼 요량으로 5등 이내로 용을 잇는 상상을 하며 오전 6시 30분이면 휴대폰에 눈을 고정시켰다. 하지만 그것은 불가능했다. 중국 사람들은 이런 종류의 일에 믿을 수 없을 만큼 빨라, 6시 31분이면 일고여덟 명이 용을 이어놓는다. 나는 문자를 빠르게 입력할 수 없었고, 서두르다가 외국인이나 낼 법한 부끄러운 오타를 냈다. 오타는 돌고 도는 이메일에 계속 따라다니는 무례한 표현처럼 용이 이어질 때마다 다시 나타난다. 결국 포기하고 꼬리를 내 위치로 받아들였다. 학교는 체온이 37.3도 이상인 아이는 병원에서 검사를 받아야 한다고 통보했지만 학부모들은 대개 자기 아이가 36.6도 이하라고 보고했다. 나도 그렇게 했다. 또 애리얼과 나타샤의 체온이 서로 다르도록 각별히 신경 썼다.

나의 아침은 각각의 관료주의 싱크홀을 위해 설계된 다양한 건강 앱과 씨름하느라 아수라장이었다. 나 자신도 여전히 매일매일 낡아 빠진 증언과 함께 체온 기록을 쓰촨대학에 제출해야 했다. ("저는 우한에 다녀온 적이 없고 우한 사람들과 어떠한……") 게다가 두 딸을 위해 매일 건강보고서 QR 코드를 따로따로 스캔해야 했다. 어딘가 기묘할 뿐 아니라 압도당하는 기분이 들곤 했다. 제롱이 시작되었던 첫 달, 3학년의 체온을 기록한 위챗 메시지를 1146개 받았다.[16]

이 중 얼마나 많은 부분이 보여주기식 쇼인지 궁금했다. 전염병 학자들은 체온 측정이 어느 정도 쓸모는 있으나 조악한 수단에 불과하며, 마스크 착용보다는 사회적 거리두기의 효과가 훨씬 더 크다는 의견이었다. 미국에서는 다들 마스크가 중국과 아시아 다수 국가의 전략에 결정적인 역할을 했다고 믿었다. 그러나 그것은 대체로 마스크가 그만큼 눈에 뻔히 띄었기 때문이다. 중국의 팬데믹을 다룬 모든 뉴스 기사에는 마스크를 쓴 군중의 사진을 함께 실었다. 그리고 보통의 중국인들이 마스크가 가진 보호 기능을 부적처럼 믿는 편이었던 것도 사실이다.

하지만 정책 담당자들의 의견은 아마도 다를 거라는 생각이 들었다. 쓰촨대학 수강생 두 명의 아버지가 질병예방통제센터에서 중요한 직책을 맡고 있었고, 두 학생 모두 아버지가 사석에서는 마스크가 갖는 공중보건 수단으로서의 가치를 폄하한다고 내게 얘기해주었다. 그중 아버지가 질병예방통제센터의 과학자였던 남학생은 아버지가 마스크는 '플라시보'라고 말했다고 했다. 반 농담으로 한 말일 수도 있지만 어느 정도 실재하는 경각심을 반영하고 있는 듯했다.

5월에 나는 팬데믹에 대응하고 있는 과학자들을 만나러 비행기를 타고 상하이로 갔다. 한 전염병 학자는 실험실의 실험에서[17] 마스크가 효과를 발휘한다는 점에는 의심의 여지가 없다고 했다. 하지만 사람들은 마스크를 잘못 착용하기도 하고, 마스크에 대한 믿음이 행동에 영향에 미칠 수도 있기 때문에 공공 정책으로서는 효과가 떨어질 수 있다고 했다. 내가 받은 인상으로 중국의 정책 입안자들은 마스크를 최후의 방어 수단 정도로 여길 뿐 거기 크게 의존하고 있지 않은 것이 분명했다. 1월 말 봉쇄가 시작된 이래 정부는 전염이 심각한 지역사회에서 시민들의 자유로운 이동을 결코 허락하지 않았다. 마스크 착용과 사회적 거리두기와 사람들의 현명한 판단이 감염을 줄일 수 있을 거라는 기대는 없었다.

그 대신 언제나 바이러스가 완전히 제거될 때까지 봉쇄를 계속하는 전략을 택했다. 청두실험학교는 끊임없이 체온을 측정하는 것과 같은 비교적 쉬운 정책에 집중했다. 아마도 학부모와 아이들이 안전하다고 느끼도록 하기 위해 그러는 게 아닐까 싶었다. 학급 규모를 줄인다든가 시설을 리모델링하는 것과 같이 좀더 효과적이지만 진짜 변화가 필요한 정책은 전혀 고려하지 않았다. 청두에서 바이러스가 확산되고 있지 않다는 사실을 알고 있었기 때문이다. 우리 딸들이 대면 수업을 시작한 첫 달, 인구 1600만의 도시 어디에서도 지역사회 감염은 단 한 건도 발생하지 않았다.

정부는 개인이 절대 스스로의 행동을 결정하도록 놔두지 않았지만 열심히 하려는 개인의 의지에는 크게 의존했다. 세레나를 포함해서 논픽션 수업을 듣는 학생들 상당수가 현지 정부의 전략에 관한 취재 보고서를 쓰기 위해 고향의 주민위원회에 적극 참여했다. 세레나는 팬데믹 전에는 그런 조직이 있는지조차 몰랐다고 했다. 사실 주민위원회는 공산주의 시대를 훨씬 더 거슬러 올라가는 중국 전통의 일부다. 960년에서 1279년까지 중국을 지배했던 송나라 황실은 보갑保甲과 이갑里甲이라는 지역 조직을 활용했다.[18] 이 시스템은 마을과 도시 구역을 열 가구 내외의 단위로 나누어 각 단위의 지도자들로 하여금 세금을 징수하고 이웃을 감시하고 반체제 인사 및 잠재적인 문제를 보고하도록 했다. 명나라와 청나라도 이런 세포형 조직에 의존해서 풀뿌리 단위와 정부 고위층 간의 효과적인 연결 고리를 만들었다.

공산혁명 후 당은 시골 지역에 이와 비슷한 생산 단위 네트워크를 조직했다. 도시 지역에서는 주민위원회를 조직했는데, 이것이 나중에 한 자녀 정책을 감시하고 집행하는 데 핵심적인 역할을 하게 된다. 이주가 늘고 민간 경제가 발전하면서 주민위원회는 시민들 사이에서 의미를 잃어갔다. 세레나가 그 존재를 몰랐던 것도 그래서다. 하지만 주민위원회는 여전히 거기 있었다. 마치 휴면기에 들어간 고대 생명체처럼 최소한의 인원만 유지한 곳이 많았다.

주민위원회는 알고 보니 팬데믹 관리를 위한 완벽한 도구였다. 코로나 이전 시기의 주민위원회를 연구했던 캘리포니아 샌타크루즈대학의 정치학자 벤저민 L. 리드에 따르면 주민위원회는 국가의 "말단 신경"으로 기능했다.[19] 주민위원회는 당이 지역 상황을 감시하고 정보가 양방향으로 전달되도록 해주었으며, 이러한 구조는 쉽게 확장할 수 있었다. 새로운 자금이 투입되면서 주민위원회는 주거단지 조사와 같은 일에 필요한 인력을 즉시 확보할 수 있었다.

물론 새로운 인력은 더러 실수를 하기도 했다. 1월 말 세레나의 취재에 의하면[20] 난충에서 그녀가 속한 주민위원회의 한 간부가 1136개 가구가 있는 단지를 조사하는 임무를 맡았다. 간부와 계약직 직원 여럿이 아침 8시부터 자정까지 꼬박 이틀간 계단을 오르내리고 대문을 두드렸다. 그러나 이들은 딱 한 집을 빠뜨리고 말았다. 문을 두드렸지만 아무 응답이 없었다. 이들은 쪽지를 남기지도 후속 조치를 위해 재방문하지도 않았다.

이런 종류의 실수는 이내 자취를 감췄다. 세레나는 두 달 동안 매주 2~3일을 주민위원회와 함께 보내며 이들이 전문성을 갖춰가는 것을 지켜보았다. 이들은 팬데믹의 심각성과 함께 자신의 역할을 이해하게 되었다. 중국 언론은 바이러스를 통제하는 과정에서 53명의 주민위원회 인력이 사망했다고 보도했다. 또 다른 이들은 아주 작은 실수에도 해고되거나 처벌받았다. 한 집을 빠뜨렸던 난충의 간부도 그런 일을 당해, 당의 오랜 기율에 따라 자아비판서를 작성해야 했다. 알고 보니 그 지역의 첫 감염자가 마침 그 집에 있었던 것이다. 덩이라는 이름의 주민은 주민위원회 사람들이 문을 두드렸을 때 샤워를 하던 중이었다.

덩은 그보다 한 주 전 어느 파티에서 DJ와 긴 대화를 나누었다. 나중에야 알게 되었는데 DJ는 후베이에서 온 누군가에게 감염된 상태였다. 덩은 35세에 싱글이고 활기가 넘치는 사람이었다. 그가 감염

된 뒤의 자세한 동선이 지방 정부 매체 사이트와 각종 공공 위챗 채
널에 공개되었다.[21] 중국에는 전국 단위나 성 단위로 이런 감염자 동
선을 집계한 데이터베이스가 없었다. 하지만 지방 정부에서는 주민
들을 위한 자료로 위챗에 올리곤 했다.

동선은 놀라울 만큼 자세했다. 덩을 덩모라고 부르는 식으로 사람
이름은 가렸지만 실제의 장소명을 사용했다. 덩은 감염된 후 사흘
동안 술집 한 곳, 상점 한 곳, 약국 두 곳, 주유소 세 곳, 식당 여섯 곳
을 방문했다. 그의 음식 취향은 팡궈쿠이方鍋盔(난충의 전통 요리—옮긴
이) 옆의 오래 삶은 연두부 식당부터 시후西湖 거리의 개구리와 생선
머리 식당까지 실로 다양했다. 그는 빈장난로에 있는 중국 석유화공
주유소에서 기름을 넣고는, 진후이 샹펀 둥면 세탁소에서 옷을 찾았
다. 가는 길에는 황모라는 친구를 태웠고, 허밍루에 위치한 농업 기
계 단지에 계신 연로한 부모님을 찾아뵈었다. 출근도 했다. 그리고
열이 났다. 열이 난 뒤에는 수술용 마스크를 구하려고 몇 군데 약국
을 돌아다녔고, 그러고도 멈추지 않았다. 리모를 차에 태웠고 연로한
부모님을 다시 찾아갔다. 두모의 집에서 열리는 파티에도 참석했다.
위챗에서 덩은 난충의 코로나 버전 레오폴드 블룸(제임스 조이스의 소
설『율리시스』의 주인공—옮긴이)이었다. 그가 지나온 도시 오디세이의
모든 과정이 소름 끼칠 만큼 상세하게 기록되어 있었다. 이 남자는
도대체 언제 멈출 셈이었을까?

이렇듯 자세한 감염자 동선 기록은 질병예방통제센터의 지시에
따라 이루어졌다. 중국에는 약 3000곳의 질병예방통제센터 지부가

있고, 각 지부에 100~150명의 인원이 근무한다. 이런 규모의 인력을 거느리고 있음에도 질병예방통제센터는 중국의 전반적인 공공보건이 다 그렇듯 예전부터 예산이 부족했다. 하지만 질병예방통제센터는 주민위원회를 활용할 수 있었고, 접촉자 추적과 격리 정책은 누가 보더라도 대단한 성공이었다. 이는 우한 정부가 거의 모든 것을 망쳤던 초기 몇 주와 상반되는 모습이다. 당시 팡팡은 관료적인 구조가 하급 간부들로 하여금 현지 문제를 감추기 급급하도록 만들었다며 중국이 저지른 실패의 구조적인 특성을 강조했다.

그러나 똑같은 관료주의가 팬데믹의 다음 단계에서는 긍정적인 역할을 했다. 정부 구조가 일종의 공사장 비계처럼 작용해, 접촉자 추적 작업이 기존의 주민위원회 네트워크를 타고 이루어졌다. 시기 또한 장점으로 작용했다. 역사적인 흐름에서 보자면, 팬데믹 당시의 중국인 다수는 디테일을 매우 강조하는 학교 교육을 받은 이들이었으며 이들의 가족은 최근까지도 가난을 경험한 적이 있었다. 사람들은 힘든 일을 두려워하지 않았다.

상하이에서 나는 중국 질병예방통제센터와 빌게이츠 재단에서 각종 프로젝트에 참여하고 있는 장시린이라는 이름의 24세 과학자를 만났다.[22] 장은 옥스퍼드대학에서 로즈 장학생으로 유전체 의학과 통계학을 공부하는 박사과정 3년 차였다. 3월 초에 중국으로 돌아와 질병예방통제센터에서 모델링, 컴퓨터 프로그래밍, 제안서 작성을 돕고 있었다. "첫 번째 주말, 일요일 밤 12시에 전화를 받았죠." 장의 말이다. "아무도 '이렇게 밤늦게 전화드려서 죄송합니다'라고 말하지 않았어요. '제안서 다 작성됐나요?'라고 물었죠. 제가 '아니오'라고 했더니 '그 제안서 정오까지 필요해요'라고 하더군요." 장시린은 이런 식의 요구에 금세 익숙해졌다. 또한 밤 늦게 전화를 건 사람이 침묵하고 있다면 상대가 피곤에 지쳐 잠들었을 가능성이 크다는 사실도 알게 되었다.

그 무렵 미국과 유럽이 팬데믹에 엉망으로 대응하고 있다는 사실이 명확해지면서 다른 중국인들도 대거 귀국하고 있었다. 귀국한 이들이 정확히 어디에 있었는지 알 수 있다면 유용했을 것이므로 장은 위챗을 소유한 상장사 텐센트에게 이들의 로그인 IP 정보를 제공하도록 요청하는 제안서를 작성했다. "텐센트는 개인정보 보호를 이유로 거절했습니다." 장이 말했다. 텐센트는 자사의 정보가 이런 식으로 사용되는 것에 완강히 반대한다고 했다.

장과 나는 작은 테이블을 앞에 두고 앉아 있었고, 그는 우리의 휴대폰이 블루투스 기능을 통해 어떻게 자동으로 서로를 감지하는지 보여주었다. 이런 정보는 누가 감염자와 가까이 있었는지 알아내는 데 사용될 수 있었다. 질병예방통제센터의 또 다른 업무 회의에서 장의 동료가 접촉자 추적에 이 기능을 사용하자고 제안했다. 하지만 제안은 즉각 일축되었다. "사람들은 '그것은 데이터 보호 위반입니다. 그렇게는 할 수 없어요'라고 말했어요." 장이 설명했다. "무척 놀랐습니다."

나 역시 놀랐다. 수많은 봉쇄 정책이 보여주는 가차 없음과 매일 목격하는 대규모 감시 장비로 미루어볼 때 정부가 가능한 모든 수단을 사용하리라고 생각했다. 하지만 잘 알려진 테크 기업들, 심지어 바이러스 통제에 협조하도록 의뢰받은 기업들조차 어느 정도 저항을 했던 것으로 보인다. 텐센트와 알리바바는 둘 다 정부를 도와 시민들 사이의 바이러스 확산을 추적하고 통제하는 데 도움을 주는 '건강 코드' 앱을 개발했다. 여행을 하려면 이 앱이 필요했고 나는 상하이 출장에 앞서 내 휴대폰에 청두 버전을 설치했다. 가는 길에 있는 모든 공항과 기차역과 호텔에서 이 앱을 확인했는데, 거기에는 내가 방문한 모든 장소가 기록되어 있었다. 기록에는 놀랍게도 내가 평생 한 번도 방문한 일이 없는 쓰촨성 중남부 도시 이빈도 들어 있었다. 최근에는 이빈의 반경 240킬로미터 이내에도 간 일이 없었다.

상하이에서 만난 전염병 학자 중 한 명에게 이 이야기를 했다.[23] "건강 코드는 오류가 많습니다." 그는 웃으며 말했다. "그렇게 강력하지 않아요." 많은 지역에서 이 앱은 대체로 수동 데이터 전송에 의존해 사용자의 위치 변화를 기록한다고 했다. 예를 들어 사용자가 공항에서 신분증을 보여주고 탑승 수속을 하거나, 톨게이트에서 자동차 번호판을 인식하는 순간의 데이터다. 이 전염병 학자는 한국과 싱가포르의 팬데믹 앱이 데이터 활용 면에서 중국보다 훨씬 더 적극적이라고 했다. 구글과 애플에서 개발한 소프트웨어에 기반한 각종 바이러스 앱을 수백만 명이 자발적으로 내려받은 유럽에서도, 중국이 지나친 개인정보 침해라고 보는 블루투스 데이터를 사용했다.

이 전염병 학자는 테크 산업으로 유명한 선전시가 좀더 강력한 건강 코드 앱의 개발을 의뢰했다고 했다. 선전시의 시스템은 GPS 데이터와 인공지능을 결합해 감염자에게 접근하는 모든 사람에게 경고 메시지를 보낸다. "그렇지만 그 시스템은 선전시에서조차 실행되지 못했습니다." 그가 말했다. "개인정보 문제 때문에 정부의 어딘가에서 승인을 통과할 수 없었죠." 그는 현행 중국 앱들은 정확성을 높일 수 있는 GPS 데이터를 사용하고 있지 않다고 했다.

전염병 학자는 선전시 정부가 해당 프로젝트에 대해 성명을 발표한 적이 없다며 자신의 이름을 밝히지 말아달라고 했다. 하지만 그는 지금까지 중국의 팬데믹 전략에서 첨단기술이 별다른 역할을 하지 못했다는 사실에 충격을 받았다. 접촉자 추적과 격리 정책을 언급하며 "코로나19 통제에 가장 유용했던 것은 구식 과학이라고 할 수 있습니다"라며 말을 이어갔다. "이런 방법론은 50년 혹은 70년 전의 것이죠. 바뀐 것이 없습니다."

질병예방통제센터의 정책은 이랬다. 새로운 감염자가 나타나면 한밤중이더라도 접촉 추적관들에게 즉시 통보한다. 추적 작업을 완료하기까지 이들에게 딱 여덟 시간이 주어진다. 고된 일이었지만 효과는 상당했다. 베이징에서 56일간 현지 감염 사례가 보고되지 않다가 6월의 어느 날, 신파디新發地라고 불리는 농산물 도매시장에서 갑자기 집단 감염이 발생했다. 시장은 잘 관리되고 있었다. 마스크 착용이 필수였고 시장에 들어가려면 건강 코드를 보여주고 체온을 측정해야 했다. 그랬음에도 첫 감염 사례가 알려지기까지 300명이 넘는 사람이 감염되었다. 하지만 정부는 그 후 온갖 테스트와 접촉자 추적을 통해 추가적인 감염자들을 재빨리 찾아내 격리시킬 수 있었다. 집단 감염 사태는 순식간에 진정되었다.

물론 힘든 노력이 아무런 성과를 거두지 못하는 경우도 많았다. 이것이 막대한 노동력을 낭비해도 되는 중국식 관료주의의 또 다른 특징이다. 난충의 코로나 버전 레오폴드 블룸인 덩모. 아무런 제재

없이 도시 전역을 돌아다녔던 8일간의 여정을 극도로 자세한 기록으로 남겼던 그는 다 합쳐서 0명을 감염시킨 것으로 드러났다. 추적관들은 그가 방문했던 어떤 장소에서도 양성 반응자를 발견하지 못했다. 그래도 정치적으로는 아무 차이가 없었다. 난충의 주민위원회 간부는 집 한 채를 빠뜨렸다는 이유로 처벌받았고, 베이징에서는 여섯 명의 공무원이 집단 감염 건으로 징계를 받았다. 덩 본인은 가벼운 증상만 보였다. 코로나19 병동에서 일주일을 보냈고, 상태도 양호했으며, 검사 결과 음성 판정을 받았다. 그리고 호텔에서 엄격한 격리생활을 2주 가까이 더 한 뒤 또다시 양성 판정을 받고 다시 병동에 격리되었다. 덩은 65일에 걸친 의료 격리를 마치고서야 마침내 오래 삶은 연두부 식당과 개구리와 생선머리 식당의 세계로 돌아올 수 있었다. 세레나는 인터뷰를 요청했지만 주민위원회 사람은 덩이 이번 경험으로 인해 심리적으로 아주 취약한 상태라고 했다.

———

나는 청두에 왔을 때부터 감시 카메라를 눈여겨봤고, 감시 국가가 작동하는 방식에 대해 생각하곤 했다. 조지 오웰을 가르치는 교사로서 중국을 기술이 고도로 발달한 디스토피아로 상상하기란 쉬운 일이었으며, 택배 배달 로봇처럼 새로운 기기들이 속속 도입되고 있었다. 하지만 거기에는 한 가지 패턴이 있었다. 정부가 디지털 수단에 크게 의존할 것이라고 예상하는 중대한 순간에, 당 간부들은 곧잘 사람 간의 상호작용이라는 구식 수단을 찾았다. 가장 눈에 띄는 사례는 팬데믹이었지만, 교수들이 정치적 위반으로 고발당할 때도 전형적으로 똑같은 일이 벌어졌다. 내 경우 대학 당국에서 내 강의 동영상을 검열했다거나 이메일이나 통화 내용을 조사했다는 증거는 보지 못했다. 이들의 즉각적인 반응은 나나 내 학생들과 직접 대화하는 것이었다. 빈센트가 온라인 활동으로 인해 곤경에 빠졌던 때에도 이 공안 국가가 취했던 가장 중요한 조치는 대면으로 이루어졌다.

예일대학의 대니얼 C. 매팅리 교수는 시민사회 단체가 당에 의해 통제되고 감시당하고 포섭되는 방식을 다년간 연구해왔다. 그는 저서 『중국의 정치적 통제 기술The Art of Political Control in China』에서 이렇게 말한다.

> 언론 보도에서는 때로 중국이[24] 대규모 감시, 인공지능, 안면인식 소프트웨어, 사회 신용 점수 제도를 통해 힘들이지 않고 시민의 일상을 감시하게 될 것이라고 예측한다. 타당한 우려지만 현실에서 이러한 테크노 디스토피아는 아직 다가오지 않았다. 이런 디지털 도구들이 성숙기에 도달하더라도 중국은 관료 조직이 정보 생성을 위해 수집한 방대한 양의 데이터를 어떻게 활용할 것인가라는 해묵은 문제에 직면하게 된다.
>
> 중국은 당분간 권위주의적 압박과 통제를 가하는 디지털 전술이 아니라 계속해서 인력에 대부분 의존할 것이다.

나와의 화상 통화에서 매팅리 교수는[25] 디지털 도구들은 대규모로 대화를 감시하는 것과 같은 일에 유용하다고 설명했다. "반면에 카메라를 통해 볼 수 없는 모든 일에는 형편없습니다. 삶의 많은 부분이 여전히 그런 일로 이루어져 있죠"라고 말했다. "정치적 사상 공작에서는 옛날식으로 사람들의 정치적 온도를 재고 순응 여부를 감시하는 개인을 지역사회에 두는 것이 여전히 유용합니다. 이런 방식은 마오 시대, 심지어 보갑 제도까지 거슬러 올라가죠."

매팅리 교수는 대부분의 데이터가 극도로 지역화되어 있기 때문에 조율이 어렵다고 지적했다. "지역 지도자들에게 쓸모있는 정보를 많이 수집하는 것은 가능하지만, 그걸 집계해서 상부로 올려보내는 일은 어렵다"고 했다. 이러한 패턴은 또한 한 부서에서 하는 일이 다른 부서에서 하는 일과 완전히 다를 수 있는 중국 관료주의의 사일로 현상을 초래한다.

"제 동료 중에 이렇게 묻는 사람이 있어요. '중국은 오웰식 관료주의인가요, 아니면 카프카식인가요?'" 매팅리 교수는 이렇게 답했다. "대체로 카프카라고 생각합니다. 왼손이 하는 일을 오른손이 모르는 것이죠."

나는 본능적으로 인간적인 접촉에 의존하는 당의 성향이 당이 그토록 오래 지속되어온 이유의 하나가 아닐까 생각했다. 만리방화벽, 감시 카메라, 안면인식기에 의해 삶이 전적으로 규정되는 진정한 테크노 디스토피아는 견딜 수 없는 시스템처럼 느껴졌을 것이다. 신장의 탄압받는 무슬림과 같이 중국 사회의 어떤 부분은 이미 그러한 지점에 도달했다. 그러나 중국 시민 대부분에게 시스템은 아직 영혼을 짓밟을 정도는 아니었고 팬데믹의 두 번째 단계에서 봤듯이 명백한 이점이 있었다. 카프카적인 순간들조차 중국을 인간적으로 만드는 요소의 일부였던 것이다.

팬데믹이 한창이던 어느 날 저녁 두 남자가 우리 집을 찾아왔다.[26] 주민위원회로부터 우리 단지의 외국인들을 모두 체크하는 임무를 맡았다고 했다. 이 무렵에는 이웃에 남아 있는 외국인이 거의 없었고 우리가 해외에서 갓 입국했을 가능성도 없었기 때문에 이런 작업은 질병 통제로서의 가치가 하나도 없었다. 하지만 이들은 임무를 부여받았으므로 성실하게 19층까지 올라와 국적, 직업, 체온, 우한과의 접촉에 대한 일반적인 질문을 던졌다. 그러다가 한 남자가 나와 휴대폰으로 사진을 찍어야 한다고 말했다. 레슬리는 진짜 외국인처럼 보이지 않았기 때문인지 사진을 찍을 필요가 없었다.

사진을 찍고 나서 남자는 재킷을 벗더니 이번에는 거실에서 살짝 다른 포즈로 사진을 찍자고 했다.

"제가 왜 이렇게 하는지 아시겠어요?" 그가 웃으며 물었다.

"우리 집에 두 번 방문했어야 하는 건가요?" 레슬리가 말했다.

"두이터우對頭!" 그가 답했다. "정답이에요!" 그는 지난달에 왔어야 했지만 방문하지 못했다고 설명했다. 내가 셔츠를 갈아입는 게 좋겠냐고 물었더니 그는 "그래주시면 정말 좋죠!"라고 말했다.

이왕 이렇게 된 김에 나는 그에게 근처에 걸려 있던 재킷을 빌려주었다. 우리는 몸을 돌려 발코니를 등지고 섰다. 두 번째 사진의 또 다른 큰 차이점은 우리 둘 다 웃음을 터뜨릴 것처럼 보인다는 사실이다.

학기의 마지막 달이 다가오면서 상당수 학생이 에세이에 프로이트의 죽음을 언급했다. 학생들이 조지 플로이드(푸뤄이더弗洛伊德)에 대한 중국의 언론 보도를 읽고 기계 번역을 통해 이름을 다시 영어로 옮겼다는 사실을 깨닫기까지는 시간이 좀 걸렸다. 플로이드와 프로이트. 두 이름 다 한자로는 같은 글자로 쓸 수 있었다.

학기 초 수업 시간에 어떤 학생이 채팅 창에 이렇게 썼다. "어떤 모습이신지 볼 수 있을까요?" 그 뒤로 나는 수업을 시작할 때마다 잠깐씩 노트북의 카메라를 켜서 비대면 수업 경험에 인간성을 부여하고자 했다. 강의실에서의 상호작용이 그리웠다. 학생들이 플로이드의 죽음에 대한 항의 시위, 코로나19에 대한 미국의 전반적인 대응 실패와 같은 미국의 사건에 대해 조심스럽게 질문을 던진 적이 몇 번 있다. 그러나 이런 주제들은 중국의 국영 매체에서 매우 정치적으로 다루었기 때문에, 얼굴도 볼 수 없는 학생들에게 이에 대한 미묘한 부분까지 설명하기란 쉽지 않았다.

이 기간에 길에서 내가 미국인이기 때문에 표적이 되었다는 느낌을 받지 않은 것이 신기했다. 그 무렵에는 상당수의 중국인이 미국 정부가 바이러스를 우한으로 가져왔다고 믿는 듯했고 가끔은 대화 중에 그렇게 말하기도 했다. 그런 대화는 미국 정부가 팬데믹에 얼마나 엉망으로 대응했는지에 대한 언급도 포함하기 마련이었다. 그러면 나는 이렇게 되묻곤 했다. "정말로 미국 정부가 바이러스를 개발했다면 왜 바이러스에 대응할 준비가 안 되어 있었을까요?" 사람들은 때로 웃거나 방금 했던 말을 반복하는 것으로 반응했다. 그러나 아무도 화를 내지는 않았다. 중국인들은 진짜로 바이러스에 감염될 가능성이 있는 세계 각국의 사람들이 느끼는 것과 같은 압박감에 시달리지 않았다. 대체로 음모론에 딱히 관심이 없는 듯했고, 바이러스의 발원지에 대해 별다른 호기심을 보이지 않았다. 중국인들은 알수 없는 것과 함께 사는 데 익숙하고 대개는 너무 자세히 들여다보지 않는 편이 낫다는 걸 잘 알고 있기도 하다. 간혹 여름 휴가 때 우한에 갈 계획이라고 말하면 사람들은 예외 없이 내가 미쳤다고 생각했다.

청두는 안전하게 느껴졌으나 애리얼과 나타샤가 걱정이었다. 이무렵 청두에 남아 있는 아이들의 외국인 친구는 단 한 명뿐이었고그 아이의 가족마저 여름에 떠날 계획이었다. 쌍둥이는 청두실험학교의 유일한 미국인이라 다른 아이들이 미국에 대해 무슨 얘기를 들어도 그 영향을 받을 수밖에 없었다. 한동안 나는 학교에서 교묘한구실을 찾아 애리얼과 나타샤가 더 이상 학교에 올 수 없다고 하지는 않을까 궁금했다. 팬데믹 기간에 너무나 많은 규정이 강화되었기때문이다. 그러나 아무도 그런 취지의 말을 꺼내지는 않았다.

5월의 마지막 금요일, 애리얼과 나타샤는 같은 반 남자애가 반미발언을 하며 놀렸다고 했다. 그 주에 조지 플로이드가 살해되었고코로나19로 인한 미국인 사망자 수는 10만 명에 육박했다. 레슬리와나는 이런 시기에는 이런저런 얘기를 듣게 될 수밖에 없지만 반 친구 대부분은 계속해서 따뜻하게 대해주고 있다는 사실이 가장 중요하다고 말해주었다. 학교에는 이 일에 대해 전혀 알리지 않았다.

하지만 장 선생님은 눈치를 챘던 게 틀림없다. 다음 주 월요일 장선생님은 중국식으로 반 아이들에게 이 문제를 간접적으로 다루는이야기를 들려주었다. 캘리포니아에 있는 일론 머스크의 회사가 유인 로켓을 우주로 발사했다는 주말 동안의 뉴스 이야기였다. 이민자였던 일론 머스크의 개인적 배경을 이야기하며 성공적인 로켓 발사에서 미국의 과학과 교육이 했던 역할을 강조했다. 이야기의 마지막에는 "모든 나라에는 강점과 약점이 있어요"라고 했다.

16주 차에 드디어 강의실에 들어갔다.[27] 다른 몇몇 성에서 이미 그랬듯 학부생들이 복귀한다는 소문은 벌써 한 달 넘게 돌고 있었다. 최종 결정권은 지역 공무원들에게 있었지만 쓰촨대학 당국은 굳이 위험을 무릅쓸 필요가 없다고 결정한 듯했다. 졸업반 학생들이 기말고사를 치르기 위해서라거나 특별 요청을 한 학생들이 복귀하는 경우는 있었지만 대부분의 저학년 학부생에게는 자택에 머물 것을 권고했다. 이름과 목소리들을 드디어 만나게 되나 하고 학기 내내 바랐던 나로서는 실망이었다. 내가 가르치는 1학년생들은 아무도 캠퍼스로 복귀하지 못했다.

결국은 또 하나의 보여주기식 쇼가 되고 말았다. 본공연 전 총연습과도 같았다. 대학 당국은 배달 로봇과 안면인식 스캐너를 도입했지만 이런 시스템은 대체로 가을을 대비한 테스트 목적이 아닐까 싶었다. 당시로서는 중국의 정책이 성공을 거둔 것으로 보였지만 나와 만난 전염병 학자들은 감염의 2차 대유행을 걱정하고 있는 듯했다.

복귀 첫 주에는 세레나, 에미, 펜턴, 시시포스 이렇게 네 명의 학생만이 논픽션 강의실에 나타났다. 마치 스튜디오에 초대 손님을 모신 것 같았다. 우리 다섯 명은 전국에 흩어져 있는 다른 학생들과 함께 수업을 진행하기 위해 헤드폰과 마이크를 착용하고 이야기를 주고

받았다.

몇몇 학생은 복귀하고 싶어했지만 부모가 허락하지 않았다. 에델이라는 여학생은 기말 보고서 프로젝트를 위해 우한에 다녀왔기 때문에 캠퍼스에 들어올 수 없었다. 에델은 후베이 경계에 인접한 후난성 북부에 살고 있었다. 어느 날 아침 에델은 부모님에게 알리지 않은 채 우한으로 가는 고속열차를 탔다.[28] 우한은 봉쇄를 공식적으로 해제한 상태였지만 거대한 우한 역에서 내린 사람은 에델과 또한 사람뿐이었다. 에델은 황량한 중앙 복도를 혼자 걸어나와 역시 텅 빈 지하철을 탔다. 마주친 사람이라고는 검문소 곳곳에 있던 보안 요원들뿐이었다. 건강 코드 앱을 보여주자 이 외로운 보안 요원들은 유난히 친절하게 대해주었다. 에델은 이 경험을 에세이에 이렇게 썼다. "보안 요원이 고맙다고 얘기하는 것은 한 번도 들어본 적이 없었는데 우한에 도착하고 두 시간 만에 두 번이나 들었다."

에델은 우한에서 점심을 먹고 걸어서 이곳저곳 둘러본 후 저녁 열차를 타고 집으로 돌아올 계획이었다. 보행자 전용 상점가에서 식당들이 줄지어 있는 곳을 걸어서 지나갔다. 중국의 많은 곳이 그러하듯 식당들은 호객을 위해 직원을 문 앞에 세워 두고 있었다. 하지만 평소처럼 '환잉광린歡迎光臨! 어서 오세요!'라고 하는 대신 한 여직원이 이렇게 외치고 있었다. "모든 직원이 최근에 핵산 검사(코로나 간이 테스트—옮긴이)를 받았습니다!" 집으로 돌아오자 에델의 건강 코드 앱에는 우한에 다녀왔다는 기록이 떴고 학교는 그녀의 캠퍼스 복귀 요청을 거부했다. 하지만 에델은 그럴 만한 가치가 있었다고 말한다. 석 달 넘게 아침마다 우한에 다녀오지 않았다고 증언을 하고 나니 거기에 가보고 싶다는 타오르는 욕망을 느꼈다고 했다.

16주 차에 강의실로 돌아온 학생들은 저마다의 이유가 있었다. 가족이 시골에 사는 유일한 학생이었던 에미는 세레나처럼 시끄럽고 북적대는 집에 있는 것에 지쳤다. 펜턴은 대학 병원에서 치과 치료를 받아야 했다. 펜턴은 지난 학기에 내 수업을 들었고 이번 학기에는 정식으로 등록되어 있지 않았지만 마지막 남은 강의들을 듣기로 했다. 시시포스는 졸업반 학생으로서 기말고사를 위해 캠퍼스에 돌아와야 했다.

시시포스는 키가 크고 약간 곱슬거리는 머리를 하고 있었다. 온라인 수업 때는 그가 수줍은 성격이라고 여겨져 한 번도 영어 이름의 유래에 대해 공개적으로 물어본 적이 없었다. 이제는 얼굴을 마주하고 있었으므로 물어보았다. 그는 얼굴을 살짝 붉히더니 그리스 신화를 좋아해서 고등학생 때 이 이름을 골랐다고 설명했다.

"그래서 지금은 바위가 어디 있죠?" 내가 물었다. "위쪽인가요 아래쪽인가요?"

시시포스는 손을 가슴 높이로 가져가며 대답했다. "가운데에 있어요."

팬데믹이 발생하기 전 우리는 원래 쌍둥이들이 미국 생활과의 유대를 놓치지 않도록 할 겸 콜로라도로 여름 휴가를 갈 계획이었다. 이제는 중국 내에서 이를 대체할 활동을 찾아보다가 레슬리가 '월든 농장'이라는 그럴듯한 이름의 장소를 발견했다.

이 농장 캠프는 몐양綿陽시 외곽에 위치하고 있었다. 거기서 경고

신호를 알아차렸어야 했다. 쓰촨성의 모든 곳 중에서도 몐양은 교육열로 가장 유명하다. 청두의 부모들이 더 작은 도시인 몐양의 기숙학교로 아이들을 보낼 정도로 그곳의 사립학교들은 명성이 자자했다. 내가 가르치는 공대생 상당수가 몐양 시스템의 산물이었고 푸링 제자 중 한 명이 그곳의 사립학교에서 교사로 일하고 있었다. 그녀의 학교에는 학년마다 학생 수가 2000명이 넘었다. 몐양의 학교 중 일부는 대학 캠퍼스만 한 규모를 갖추고 있었다.

그러나 미국인이 '월든 농장'이라는 말을 들으면 그것이 비록 몐양시와 밀접한 관계가 있다고 하더라도 긍정적인 이미지를 떠올리지 않을 수 없다. 자연, 독립심, 자급자족―"우리는 야생의 강장제를 필요로 한다".(『월든』 17장의 구절―옮긴이) 어느 날 오후 레슬리는 헨리 데이비드 소로를 떠올리며 월든 농장의 원장에게 전화를 걸었다.

원장은 대화의 앞부분에 재빨리 자신이 베이징대학과 연고가 있음을 언급했다. 그리고 여름 캠프에 참가한 여러 아이의 학부모도 베이징대학 출신이라고 했다. 그때부터 '베이징대학'이라는 단어가 초월적인 연못의 표면을 퐁퐁 물수제비 뜨는 돌멩이처럼 점점 더 자주 등장했다. 베이징대학 졸업생 중에는 자기 아이들도 언젠가 베이징대학을 다닐 거라는 생각을 가진 사람들이 있다. 그래서 베이징대학의 정신에 따라 도전적이고 유익한 교육적 경험을 찾는다. 작년 캠프가 끝난 뒤 베이징대학을 목표로 하는 이런 학부모들이 캠프에서 교과서와 함께하는 시간이 너무 적다고 불평했다. "대부분의 사람은 절망의 인생을 조용히 보내고 있다."(『월든』 1장의 구절―옮긴이) 그렇기 때문에 이번 여름의 월든 농장 캠프에서는 모든 아이가 매일 적어도 여섯 시간을 교실에서 보내도록 할 계획이었다.

"여섯 시간이요?!" 레슬리가 말했다. "야외에서 하는 활동은 없나요?"

원장은 월든 농장 캠프의 아이들이 가끔 다스大師(대가)의 지도하에 낚시를 하러 갈 수도 있다고 답했다.

콜로라도에서 여름방학을 보내려던 계획이 무산되어 낙담하고 있던 아이들이 하루 여섯 시간씩 교실에 앉아 공부를 하는 여름 캠프를 반길 리가 없었다. 또한 다스의 지도도 원치 않을 거라는 매우 강한 느낌이 왔다. 다행히 레슬리는 또 다른 회사를 찾아냈다. 리버타운 골프처럼 시진핑 반부패 운동의 와중에 문을 닫은 골프 코스에 여름 캠프를 만들 생각을 한 곳이었다. 기막힌 생각이었다. 버려진 골프 코스는 여름방학을 맞은 아이들에게 완벽한 장소였다. 그렇게 애리얼과 나타샤는 학기를 마치고 나와 함께 비행기를 타고 상하이로 갔다. 우리는 택시를 타고 서쪽으로 한 시간쯤 달린 뒤 다리를 건너 마오허泖河강 한복판에 있는 섬에 위치한 한때 고급 리조트였던 장소에 도착했다. 직원과 다른 아이들은 예전에 퍼팅 그린이었던 곳에 이미 모여 있었다. 아름다운 광경이었다. 행복한 아이들, 활기 넘치는 젊은 교사들, 짧게 다듬은 잔디. 내가 골프 코스로 간 것은 인생을 의도적으로 살아보기 위해서였다(『월든』 2장 "내가 숲속으로 들어간 것은 인생을 의도적으로 살아보기 위해서였다"의 패러디—옮긴이). 떠나기 전 페어웨이 너머의 아이들을 마지막으로 한 번 쳐다보고 나는 다시 상하이로 향했다.

—

    2020년의 기억이 '코로나의 아이들'인 젊은 세대에게 어떤 기억으로 남을지 간혹 궁금했다. 청두실험학교는 아이들에게 '신종 코로나' 일기를 쓰도록 장려하는 안내문을 나눠주었고, 애리얼과 나타샤는 거의 매일 일기를 썼다. 아이들은 첫 주에 학생들과 교사들이 내비치던 불안함을 묘사했다. 음악 수업을 싫어했던 애리얼은 이렇게 적었다.

> 음악 시간에 화장실에 숨어 있는데[29] 어떤 열두 살 여자아이가 내게 다가왔다. 그 아이가 내게 처음이자 유일하게 한 말은 "你一直在成都(너 청두에 계속 있었니)?"였다. 나는 "對(응)"이라고 대답했다. (…) 음악 선생님은 줄무늬 재킷, 회색 셔츠, 검은 정장 바지 차림에 라텍스 장갑과 파란 마스크를 쓰고 가짜 롤렉스 손목시계를 차고 있었다.

    나는 애리얼에게 작은 디테일이 중요하다며 가짜 롤렉스 부분이 좋았다고 말해주었다. 내가 가르치는 학생들에게도 팬데믹 일기를 쓰도록 권했다. 학생들은 자기 관점이 어떻게 바뀌었는지에 대해 학기말 에세이를 썼다. 세레나는 "역사를 이토록 가깝게 느낀 것은 이번이 처음이다.[30] 내가 실제로 역사를 취재하고 있었다"고 썼다. "앞으로 계속 기록해나갈까 한다." 주민위원회와 함께 시간을 보냈던 경험을 통해 세레나는 지난 학기의 에세이 주제에 대해서도 다시 생각해볼 수 있었다. 성실한 지역 공무원들이 과거에는 가톨릭과 동성애자 커뮤니티 같은 소외된 집단에 등을 돌리고 이들을 탄압하는 데 기여하기도 했다는 사실을 깨달았다. 세레나는 "이들은 모두 선량한 사람이다"라며, "단지 다른 장소에, 때로는 갈등을 빚는 상황에 놓일 뿐이다"라고 썼다.

나는 학기 내내 헤드폰을 통해 들려오는 목소리들과 유대를 쌓고자 했다. 앞으로는 이런 교류가 더 힘들어질 것임을 알고 있었다. 내가 가르치는 중국 학생의 상당수가 해외로 유학 가려던 계획을 포기했고, 이제 미국의 젊은이가 중국으로 오는 일은 거의 불가능했다. 팬데믹이 지속되면서 중국과 미국은 계속해서 각자만의 평행우주를 구축해갔다. 기말 성적을 제출했던 7월 초, 미국은 중국이 팬데믹 전체 기간에 보고한 숫자보다 더 많은 감염자 수를[31] 이틀에 한 번꼴로 기록하고 있었다.

태평양 양쪽 편의 젊은이들은 팬데믹으로부터 서로 매우 다른 교훈을 얻을 것임이 자명해 보였다. 학생들의 기말 에세이를 보면 상당수가 정부에 대한 새로운 신뢰를 보여주고 있었다. 나는 마지막 설문 조사로 미래에 대해 어떻게 느끼는지 1점부터 10점까지 점수를 매겨보게 했다. 가장 낙관적인 감정이 10점이었다. 미중 관계의 붕괴, 팬데믹의 대폭발, 전 세계 50만 명의 사망자 등 그해 봄에 일어났던 모든 일에도 불구하고 평균 점수는 7.1점이었다.[32]

17주 차의 마지막 논픽션 수업에는 세 명의 학생만이 강의실에 왔다. 시시포스는 없었다. 다른 졸업반 학생들처럼 그도 학기를 일찍 마쳤다. 세레나와 에미와 펜턴은 내 생일 바로 전날이었다는 것을 어떻게 알아내어 깜짝 파티를 열어주었다. 타오바오에서 풍선과 반짝이는 종이와 생일 현수막을 주문했고 로봇이 물건을 기숙사로 배달해주었다. 이들은 또 케이크와 마오차이冒菜라고 불리는 매운 쓰촨 요리를 교문 중 한 군데로 배달시켰다. 세레나가 멀리 떨어져 있는 급우들의 메시지와 사진을 담은 추억 노트를 출력해서 제본해주었다. 메시지는 특유의 자기비하적인 내용을 담고 있었다.

저는 여전히 글쓰기에 서툽니다. 제 어설픈 에세이를 읽어주셔서 감사합니다. (무척 괴로운 일이었을 거예요).

강의 시작 전에는 제 형편없는 영어 때문에 걱정이었어요. 강의 때 제 발언을 참고 들어주셔서 감사합니다.

넉 달 동안 나는 목소리와 글과 취재 프로젝트를 통해서만 이들을 알고 지냈다. 이제 추억 노트를 펼쳐보며 마침내 얼굴을 보게 되었다. 허베이의 주류-우유 사업가를 취재했던 캐시, 청두 은행의 대출 관리자를 따라다녔던 훙이, 시안의 레즈비언 바에 대해 글을 썼던 일레인.
오래전 푸링의 제자들도 내게 추억 노트를 만들어주었었다. 그때는 아무도 사진기를 갖고 있지 않았으므로 다들 캠퍼스 사진사 앞에서 뻣뻣하게 포즈를 취했다. 지미는 짝퉁 시카고 불스 셔츠 차림이었다. 사진 속 쓰촨대학 학생들은 잘 차려입고 있었다. 팬데믹 이전에 이국적이거나 경치 좋은 곳에서 찍은 사진이 많았다. 캐시는 안

경을 쓰고 분홍 블라우스 차림으로 상하이 와이탄 앞에 서서 웃고
있었다. 긴 검은 머리의 아담한 여학생인 훙이는 시골의 호수 앞에
서 포즈를 취했다. 패트릭은 화창한 날 줄무늬 폴로 셔츠를 입고 고
층 빌딩 꼭대기에 서 있었다. 과거의 푸렁 사진과는 달리 모두 자연
스러운 포즈로 웃고 있다. 이들과 직접 만날 수 있기를 바랐으나 저
기 어딘가에 있음을 알게 된 것으로 좋았다.

8장   봉쇄된 도시

2020년 8월

우한 중심부의 개발로와 신중국로 교차로에 위치한 화난 수산물 도매시장 옛 부지를 두 번째로 방문했을 때 나는 마스크 차림에 테가 헐거운 선글라스를 쓰고 있었다. 때는 8월의 마지막 주였고 시장 입구에는 검은 제복의 경비원 셋이 땀을 흘리며 앉아 있었다. 이들은 내 여권을 검사하고 체온을 쟀다. 36.6도였다. 그리고 내게 등록 시스템으로 연결되는 QR 코드를 스캔하라고 했다. 하지만 그 시스템에 접속하려면 중국 신분증 번호가 필요했고 경비원들은 외국인의 경우 어찌 해야 할지 몰라 난감해했다. 나는 선글라스를 건네며 수리가 필요하다고 했다.

일주일 전, 나는 시장 바깥쪽을 사전 탐색 삼아 걸어보았다. 화난 수산물 도매시장은 우한에서도 가장 민감한 장소 중 하나였다. 적어도 공개된 정보에 의하면 여기가 그라운드 제로, 즉 코로나19 집단 감염이 처음으로 기록된 곳이기 때문이다. 팬데믹이 시작되고 나서 발원지가 어디일지에 대한 논란이 무성해지며 화난 시장에는 일반인 출입이 금지되었다. 2층 건물 주변으로 파란색의 높은 담이 설치되었다.

처음 방문했을 때 파란 담을 따라 걷다가 시장의 2층에 대형 안경점이 영업 중인 것을 발견하고 깜짝 놀랐다. 1층에 위치한 동물 가판과 수산물 상점으로 악명이 높아진 화난 도매시장에 관해서는 수많은 기사를 읽었지만 2층에서 안경을 판다는 소리는 들어본 적이 없었다.

파란 담을 따라 걷다보니 어떤 남자가 나를 15미터쯤 뒤에서 따라오고 있었다. 선글라스에 파란 수술용 마스크 차림의 사내였다. 멈춰서서 휴대폰을 만지작거렸더니 그도 걸음을 멈췄다. 베이징에서 저널리스트로 일하던 2000년대 초반 나는 선글라스와 군대식 짧은 머리를 한 볜이便衣, 즉 사복 경찰을 알아보는 법을 배웠다. 팬데믹이 시작되고 나서는 수술용 마스크가 볜이의 또 다른 소품이 되었다. 감시자들은 자기 얼굴과 눈을 가리고 싶어하기 때문이다. 볜이를 발견하고 나서 나는 재빨리 시장을 벗어나 근처 쇼핑몰로 걸어갔다. 마스크를 한 사내는 따라오지 않았다.

두 번째 방문에서 QR 코드 인식이 실패한 뒤[1] 나는 선글라스의 헐거운 경첩을 가리키며 말했다. "그냥 작은 고장이에요."

경비원 한 명이 테를 이리저리 움직여보더니 마침내 "들어가도 됩니다"라고 했다. "하지만 사진 촬영은 안 돼요."

또 다른 경비원이 나와 동행하는 임무를 맡았다. 우리는 '허광 안경 시장'이라고 새로 페인트칠한 간판을 지나 가파른 계단을 올라갔다. 새로운 이름이었다. 작년 12월까지만 해도 이곳은 '화난 안경성'이었다. 시장에서 발생한 질병에 대한 첫 보도, 우한 봉쇄, 전 세계에서 100만 명에 달했고 아직도 늘어나고 있는 사망자 수. 이 모든 일이 벌어지고 나서 점주들이 상호를 바꾸기로 한 것이다.

아래층은 수산물, 위층은 안경이라는 화난 시장의 구성에는 아무 논리가 없었다. 현지인들은 시장의 2층은 사업이 줄곧 망해나간다고 했다. 맨 처음에는 가라오케가 몇 개 있었으나 이 지역 유흥 문화가 별로 없어 사업은 실패였다. 다음으로 누군가 아동복 도매업을 시도했으나 역시 망하고 말았다. 그 뒤에 근처 도시의 안경 사업가가 우한으로의 이전을 결심했다.

화난 시장은 양쯔강에서 3킬로미터도 떨어지지 않은 인구 밀집 지역에 위치해 있었다. 근처에는 우한 중앙역과 두어 군데의 대형 병원이 있었다. 하지만 파란 담 근처에 다가가니 보행자 무리는 사라지고 없었다. 사람들은 이곳을 피해야 한다는 사실을 알고 있었다. 중국의 도시에서 제대로 매듭지어지지 않은 재난이나 참극의 현장을 마주치는 것은 드문 일이 아니다. 톈안먼 광장도 국가 수도의 심장부에 위치하고 있지 않은가. 그렇지만 이런 장소가 악명을 얻고 난 뒤 이렇게 빨리 방문한 적은 처음이었다.

소설가 팡팡은 불법적인 동물 매매가 팬데믹과 관련 있을 거라고 사람들이 의심하던 3월 초 화난 도매시장을 다루었다. 온라인 일기에 "그 시장에는 천 개가 넘는 상점이 있고² 대부분은 합법적인 사업을 운영하고 있다"고 썼다. 이어서 "우한의 다른 사람들처럼 이들도 피해자다. 이 시장 부지가 미래에 어떻게 바뀔지 모르겠다. 어떤 이들은 이곳을 재난을 기리는 기념관으로 만들자고 제안했다"고 했다. 그러고는 갑자기 격리 기간에 장을 보는 이야기로 화제를 바꾼다.

팡팡도 중국의 다른 작가들처럼 누가 자신의 글을 읽게 될지 잘 알고 있었고, 물건을 사고파는 일은 안전한 주제임을 알고 있었다. 팡팡은 이렇게 썼다. "인터넷 검열원들이 장 보는 일에 대한 게시물 따위를 삭제하지 않는다는 것을 알고 있다."

경비원은 양옆으로 상점이 늘어선 긴 복도를 따라 나를 안내했다. 마치 관심의 집중포화를 맞는 것 같았다. 다른 손님은 보이지 않았고 점원들이 할인과 반값 특가를 외치며 문으로 달려 나왔다. 이런 관심이 경비원을 불안하게 만드는 것이 분명해 보여서, 나는 친절한 얼굴을 한 사람이 있는 첫 번째 대형 상점으로 들어갔다. 일단 상점 안으로 들어오니 외침이 잦아들었고 경비원도 안심하는 듯했다. 그는 복도에서 기다렸다.

친절한 상점 주인은 점원이 내 선글라스를 살펴보는 동안 의자와 물을 권했다. 장사는 어떠냐고 물었더니, 도시의 격리 조치로 인해 4월 8일까지 집에 있었고 시장은 5월 12일부터 다시 문을 열었다고 했다. 우한 사람들은 마치 마음속 깊이 새겨넣기라도 한 듯 곧잘 그해 봄의 특정한 날짜들을 언급했다. "단골들에게 안전하다고 전화를 해봤지요." 상점 주인은 말했다. "하지만 대부분 당연히 오려고 하지 않았어요."

그가 아는 사람 중에 안경 시장에서 감염된 사람은 없었다. 20대 여성인 점원은 2층 전체에서 단 한 명의 감염자도 없었다고 주장했다. "아래층하고는 달랐어요." 그녀가 말했다. "거기서 전염병이 퍼진 거예요." 2층 점원 중 일부가 감염되었다는 중국 매체의 기사를 나중에 봤지만³ 확실한 세부 정보는 나와 있지 않았다. 봄철 내내 중국 전역에 우한 기피증이 만연했다면, 지금은 우한 내에서 현지 버전으로 똑같은 현상을 볼 수 있었다. 양쯔강 남쪽 강변에 사는 사람들은 바이러스가 전통적으로 한커우漢口라고 알려진 강의 북쪽 지역에서 처음 퍼지기 시작했다고 지적했다. 화난 시장 안에서조차 두 층 사이의 이분법이 존재했다. 그 어떤 사건의 그라운드 제로를 가더라도 계단을 조금만 올라가보면 위층 사람들은 이렇게 말할 수밖에 없는 것일까. 여기서는 아무 일도 없었어요. 우리는 문제없어요. 아래층 사람들 탓이에요.

상점 주인에게 아래층 동물 가판에 대해 물어보았다. "거긴 별로 내려가본 적이 없어요." 그가 말했다. "우리 사업하고는 아무 관계가 없었으니까요." 그는 시장 은밀한 곳에 불법 마작판이 있었다고 했다. 시진핑이 단속을 시작한 이후 사람들은 공공장소에서의 도박을 조심하게 되었다. 상점 주인은 "환기가 엉망인 곳이었다"며 "한 테이블에서 네 명이 마작하다가 넷 다 감염됐다고 들었다"고 했다.

뜬소문처럼 들렸지만, 나중에 그 마작판을 방문했다는 우한의 기자를 만났다.⁴ 그의 기억도 정확한 날짜들을 중심으로 돌아갔다. 그는 화난 도매시장이 폐쇄되기 하루 전인 12월 31일에 그곳에 갔었다. 기자는 어떤 바이러스에 대한 소문과 마작판에서 감염이 있었다는 얘기를 들은 터였다. 마작꾼들은 보도에도 동요하지 않고 한 판에 10달러짜리 적은 판돈으로 도박을 하고 있었다. 그 기자는 "공중화장실 옆에 있는 곳이었고 사다리를 타고 올라가야 했습니다"라고 말했다. "일부러 찾아보지 않으면 발견할 수 없는 곳이에요. 모두 담배를 피우고 있었고 환기 시설은 없었어요."

우한에서 내가 인터뷰했던 대부분의 사람처럼 기자도 자기 이름을 쓰지 말아달라고 했다. 시장을 방문했던 날 그는 뱀, 산토끼와 같은 야생동물이 판매되고 있는 것을 보았다. 어떤 가판대들은 알 수 없는 동물을 도축해 내장을 팔고 있었다. 가판 상당수가 제대로 된 간판이나 허가증이 없었고 일부 상인은 아마도 전염병 발생 소식을 듣고 최근에 떠난 것 같았다. 기자는 국영 언론사 소속이었는데, 당시에는 지방 정부가 아직 사람 간 접촉으로 바이러스에 감염될 수 있다는 사실을 발표하지 않았기 때문에 마작판의 감염에 대해 기사를 쓸 수 없었다. "하지만 개인적으로는 사람들 사이에 아마도 감염이 되고 있을 것 같아 걱정이 됐죠"라고 말했다.

기자는 이튿날인 1월 1일, 방호복을 입은 팀이 도착한 뒤 다시 화난 시장을 찾았다. 상세한 목록을 확인해가며 특정 가판들을 검사하고 소독하는 것을 봤지만, 이들은 무엇을 목표로 삼고 있는지 묻는 그에게 대답하려 하지 않았다. 시장 안쪽을 찍은 사진은 상대적으로 몇 장 공개되지 않았다. 내가 방문했을 때의 화난 시장은 전 세계 감염자 수가 3500만을 넘어 빠르게 늘어나고 있던 상황에서 일종의 상상력 배양접시가 되어 있었다. 중국에서 가장 흔한 음모론은 미 육군이 그해 10월 우한에서 열렸던 2019 세계 군인체육대회 동안 고의적으로 바이러스를 뿌렸다는 것이었다. 태평양 건너 상당수 미국인은 박쥐 코로나 바이러스를 연구 항목에 포함시키고 있던 우한 바이러스 연구소로부터 고의로든 사고로든 바이러스가 유출되었다고 믿었다.

해산물과 민물 생선이 대부분인 시장 안에서 동물 가판은 아주 작은 부분을 차지하고 있었다. 우한은 이국적인 동물에 대한 식탐으로 알려져 있지 않다. 그런 것은 저 남쪽의 광둥에서 훨씬 더 인기가 있다. 바이러스가 다른 어딘가에서 왔다가 가판의 습하고 서늘한 환경에서 퍼졌을 가능성도 있었다. 주민 몇 명은 내게 우한 해산물의 상당 부분이 광둥으로부터 온다고 했다. 어떤 광둥 사람이 자기도 모르는 새에 생선과 함께 바이러스를 가져온 것 아니겠냐며. 그러나 다른 기원설들과 마찬가지로 이 또한 2층 사람들 관점의 또 다른 버전일 수 있었다. "여기서는 아무 일도 없었어요. 우리는 문제없어요. 아래층 사람들 탓이에요."

안경점에서 주인과 거의 한 시간 동안 얘기를 나누었다. 손님은 여전히 아무도 없었고 바깥의 경비원은 점점 안절부절못하고 있었다. 주인은 선글라스 수리비를 받지 않겠다고 했고, 미안했던 나는 15달러를 주고 새 선글라스를 샀다. 그에게 이 시장의 운명이 어떻게 될 것 같냐고 물어보았다. 그는 아무것도 결정되지 않았지만 시장은 철거되고 고층 건물이 들어서지 않겠냐고 했다. "그것 말고는 뭘 할 수 있겠어요?" 그가 말했다. "이름이 더럽혀졌잖아요."

우한 사람들의 마음에 새겨진 날짜 중에는 펑청封城(도시 봉쇄)이 시작되었던 1월 23일과 봉쇄가 해제되었던 4월 8일이 있다. 현지인들은 해제된 날을 가리켜 제펑解封(봉쇄를 벗기다)이라는 특별한 단어도 사용했다. 우한에 가기 전에는 이 단어가 쓰이는 걸 들어본 적이 없었다.

중국의 경험이 전 세계 다른 모든 나라의 경험과 달랐듯이 우한의 경험도 중국 다른 모든 지역의 경험과 달랐다. 다른 큰 나라 중에는 팬데믹의 초기 영향이 하나의 도시에 그토록 집중되었던 곳이 없었다. 내가 우한을 방문했을 당시 베이징의 코로나19 사망자 수는 9명에 불과했고 상하이는 7명이었다. 인구 1억1300만의 광둥성 전체 사망자 수는 8명이었다. 청두에는 3명뿐이었다. 두 번째로 타격이 컸던 중국 도시는[5] 외부인들이 별로 들어본 적 없는 샤오간孝感이라는 곳이었다. 우한에서 약 65킬로미터 떨어진 샤오간에서 129명이 사망했다.

우한의 공식 사망자 집계는 3869명이었지만[6] 다들 실제 수치는 이보다 훨씬 더 높을 것이라고 했다. 이런 거짓말도 우한을 중국의 다른 지역들과 구분 짓는다. 정부 통계에 회의적이게 마련인 외국 외교관들과 얘기해보면 다른 도시들의 낮은 수치를 실제로 믿는다고 했다. 외국인 과학자들도 중국인 과학자들도 같은 이야기를 했다. 2020년 봄여름에 중국의 바이러스 억제 상황을 거짓으로 꾸며내기란 불가능했을 것이기 때문이다. 그리고 만약 코로나19가 대도시에서 퍼져나가 다수의 사람이 죽거나 입원했다면 주민들이 그걸 모를 리 없었다. 도시 인구는 매우 밀집되어 있기 때문에 우한에서 그랬던 것처럼 순식간에 밀려드는 환자로 병원이 넘쳐났을 것이다.

우한에 가보기 전에는 감염된 사람을 만나본 적이 없었다. 미국에서 감염된 이들을 알고는 있었지만 중국의 팬데믹은 어쩐지 실감이 나지 않는 상태였다. 1월과 2월에 나는 주로 팡팡과 우한의 다른 작가들의 글을 통해 이 질병을 경험했다. 그중 한 명, 샤오인이라는 이름의 시인은 바이러스 때문에 우한이 중국 전역으로부터 분리당하자 자신의 고향을 곧잘 '섬'으로 묘사했다. 샤오인은 웨이보에 일일 보고를 올리면서 포스팅을 매번 같은 식으로 시작했다. "나는 우한에 있다. 오늘은 도시가 봉쇄된 지 n번째 되는 날이다."

샤오인은 나와 2월 내내 소식을 주고받았던 우한의 약사 장과 친구 사이였다. 당시만 해도 전 세계에서 사태가 얼마나 심각해질지 아직 분명치 않았다. 2월 26일, 미국이 앞으로 어떻게 될 것 같냐고 장에게 물었더니 이렇게 답했다.

바이러스가 결국에는 얼마만큼 퍼질 것 같냐고요? 최종 결과는 뭐겠냐고요? 지금 거기 답할 수 있는 사람은 아무도 없을 겁니다. 중국과 미국은 문화적, 경제적, 정치적인 상황이 달라요. 심지어 가치관도 다르죠.

우한의 봉쇄가 풀렸으므로 장과 다른 사람들을 만나보러 갔다. 시내에서 카일 후이라는 이름의 건축가와 커피를 마셨다.[7] 그의 양어머니는 첫 번째 사망자 그룹 중 한 명이었다. 어머니는 65세에 건강했고 화난 시장과는 전혀 접촉이 없었다. 당시에는 테스트도 없었기 때문에 후이는 어머니가 어떻게 감염된 것인지 도무지 알 수 없었다. 다른 친척들도 병에 걸렸는데, 나중에 테스트 방법이 생기고 나서 이들 중 일부는 양성 판정을 받았다.

양어머니는 후이를 10대 초반부터 키웠고 여느 부모 자식만큼이나 가까운 사이였다고 했다. 후이는 인터뷰 도중 자신만의 날짜를

되짚어 늘어놓았다. 1월 4일 양어머니가 아프기 시작했고, 1월 11일에는 환자가 넘쳐나는 병원에서 진료를 거부당했다. 1월 13일, 마침내 입원했으나 이틀 뒤 사망했다.

"18일에 화장터로 가셨죠." 후이가 말했다. "저도 갔는데 직원들이 마스크와 장갑과 보호복을 입고 있는 것을 봤어요. 그때만 해도 전염병이 퍼지고 있다는 뉴스가 별로 나오지 않았지만 병원 의료진과 화장터 사람들은 다 알고 있었어요." 화장터는 바쁘게 돌아가고 있었고 후이는 거기서 독감 비슷한 질병으로 식구를 잃었다는 다른 가족을 만났다. 당시 우한의 공식 사망자 수는 딱 한 명이었다.

초기 단계에서 얼마나 많은 사람이 죽었을지는 아무도 알 수 없었다. 우한의 어느 대형 병원에서 테스트를 담당하던 전염병 의사를 만났는데[8] 그는 실제 사망자 수가 정부 수치보다 서너 배 높을 것이라고 했다. 그는 총계가 1만 명이 넘을 것으로 추정했다.

카일 후이는 우한에서 자랐지만 오랜 세월 상하이 근처의 장쑤성에 살며 일했다. 양어머니가 돌아가시고 나서는 안전을 위해 아내의 부모님을 모시고 장쑤성으로 돌아갔다. 마침 우한이 봉쇄되기 직전에 떠났으나 장쑤에서 나름 격리를 겪었다. 동네 주민위원회 공무원들은 후이와 그 가족들을 14일 동안 실내에 머무르도록 했고 집 대문을 바깥에서 테이프로 봉해버렸다. 후이는 휴대폰에 아직도 그 대문 사진을 갖고 있다. 테이프에는 "후베이에서 돌아온 주민이 격리 중"이라고 인쇄되어 있었다. 주민위원회 사람들이 음식을 가져오거나 쓰레기를 수거해갈 때만 문의 봉인을 풀어주었다.

처음에 후이는 화를 내며 당 간부들에게 따졌지만 격리 조치에 저항하지 않기로 했다. "큰 그림에서 보면 그게 맞는 일이었죠." 하지만 우한의 초기 실수를 목격한 사람이라면 대부분의 중국인과는 다르게 느낄 수밖에 없었다고 지적했다. 그는 "통계 하나하나마다 그 뒤에는 파탄 난 가족이 있습니다"라며, "따라서 저는 제가 정부에 만족하는지 그렇지 않은지 말할 수 없습니다"라고 했다.

우리가 만났을 때 후이는 양어머니의 화장 이후 처음으로 우한에 돌아온 참이었다. 그는 올해 초 양어머니를 코로나19로 인한 공식 사망자 통계에 포함시키려고 우한 시장 핫라인과 질병예방통제센터의 현지 지부에 모두 전화를 걸었다. 그러나 공무원들은 양어머니의 사망증명서에 사인이 폐렴이라고 적혀 있으므로 불가능하다고 답했다.

후이는 일곱 살 아들에게 할머니가 돌아가셨다는 사실을 아직도 말하지 않았다. 아이들에게 이런 소식을 숨기는 것은 중국에서 드문 일이 아니다. 쓰촨대학 학생 중에도 어릴 때 부모님이 조부모의 죽음을 속였던 일에 대한 고통스러운 에세이를 쓴 사람이 적지 않았다. 후이가 겪은 가족의 상실은 더 큰 트라우마의 일부였으므로 더욱 받아들이기 힘들어 보였다. 후이는 이렇게 말했다. "아버지는 아이에게 알려주고 싶어해요. 하지만 아직 어떻게 얘기해야 할지 모르겠어요."

이들은 1월부터 아이에게 할머니가 우한에서 편찮으시다고 말해두고 있었다. 아이가 할머니와 얘기하고 싶다고 할 때마다 할머니 몸이 좋지 않다고 설명했다. 음력설에는 아이에게 세뱃돈 봉투를 건네주며 할머니가 보내신 것이라고 얘기했다. 얼마 지나 아이는 더 이상 묻지 않았다. 후이는 "아이가 아는 것 같아요"라고 했다.

약사 장과 연락을 주고받던 시절 한 번도 그의 얼굴을 보지 못했다. 그의 메시지들은 길었고, 문장을 통해서 그가 문학적이면서도 동시에 실용적인 사람이라는 인상을 받았다. 격리 절차를 설명하는 메시지를 자주 보냈지만 그는 진지한 시인이기도 했다. 어떤 때는 중국 인민과 권위주의의 관계에 대해 추측하며 철학적인 이야기를 펼쳤다.

전통적으로 중국은 농민이 다수인 농업 국가입니다.[9] 사람들은 그래서 늘 토지와 긴밀하게 연결되어 있었죠. 하지만 이제 중국의 토지는 국가 소유고 인민들은 어떤 의미에서 이 나라에 세 들어 살고 있을 뿐입니다. 불안에 휩싸여 있죠. 그리고 수천 년의 봉건 군주제, 황제 통치라는 전통적 관념, 유교 사상이 깊게 뿌리내려 있습니다. 이 모든 것이 권위에 자연스레 복종하는 심리를 만들었죠.

우한에서의 어느 날 장과 그의 부인과 딸, 그리고 시인 샤오인과 함께[10] 저녁 식사 약속을 잡았다. 이들은 양쯔강 북쪽 기슭의 우한 와이탄 근처에 있는 야외 생선 식당을 골랐다. 우리는 한 번도 만나보지 못했지만 식당에 들어서자마자 기다리고 있던 손님 중 누가 장인지 대번에 알아볼 수 있었다. 장은 40대 중반에 예술가처럼 약간 장발이었다. 반팔 셔츠 아래로 문신이 일부 보였다.

장은 내가 생선을 좋아했으면 좋겠다고 했다. "도시 봉쇄의 와중에는 생선을 거의 구할 수가 없었어요"라고 설명했다. "그래서 이제는 기회가 될 때마다 생선을 먹습니다." 샤오인은 화난 시장이 폐쇄된 이후로 생선 공급이 부족하다고 했다. "주요 공급원이 사라진 것도 원인이지만 사람들이 생선과 해산물을 바이러스와 연관 지어 불안해하기 때문이기도 합니다."

저녁을 먹으며 장의 부인은 어머니가 1월 23일에 전화를 걸어 고깃값이 갑자기 두 배로 뛰었다며 경고해주던 일을 회상했다. 1월 27일에는 비교적 적은 양의 돼지고기를 사는 데 약 90달러에 해당되는 600위안이 넘는 돈을 지불했다. 날짜들과 마찬가지로 음식도 우한 사람들의 기억 속에 자주 등장한다. 그리고 이런 디테일은 온라인 일기에서도 두드러지게 눈에 띄었다.

샤오인은 봉쇄된 도시에서 시를 쓰기란 불가능하다는 것을 깨닫고 일기를 시작했노라고 했다. 운문이라는 형식은 어울리지 않았다. 대신 웨이보에 느슨하고, 활기차고, 다양한 주제의 글을 올렸다. 우한이 격리된 첫날인 1월 24일 그는 숙취를 안고 깨어나던 일을 묘사했다.

어젯밤 술을 마시러 나갔는데[1] 오늘도 여전히 정신이 멍했다. 아직도 취해 있는 것 같았다. 일어나기까지 한참이 걸렸다. 그제야 마침내 도시가 봉쇄되었다는 사실을 깨달았다.

곧 그는 자신의 트레이드마크인 오프닝으로 하루하루를 시작하는 일상을 갖게 된다. 2월 7일("나는 우한에 있다. 오늘은 도시가 봉쇄된 지 15

일째 되는 날이다")에는 동료들에게 질병에 대해 경고했다가 처벌받았던 안과 의사 리원량의 죽음에 분노와 슬픔을 표했다. 샤오인은 이렇게 썼다. "우한에 리원량 박사를 위한 기념비를 세워야 한다.12 비명은 '소문을 알린 사람'으로 해야 한다."

이 게시물도 샤오인의 많은 글과 마찬가지로 검열되었다. 몇 시간을 들여 기록하고 나면 순식간에 사라지곤 하는 것 또한 일상의 일부가 되었다. 그는 중국 본토의 어떤 언론도 자기 일기를 출간하려 하지 않을 것이라고 했다. 우한의 봉쇄가 풀리고 나서 그는 게시물 파일을 다 모아 그걸 개인적으로 출력하고 제본했다. 내게도 한 부 주었다. 230페이지 분량에 표지는 순백색이었다. 중국에서 애도를 상징하는 색이다. 가운데에는 검정 띠에 '우한 소식'이라는 단순한 제목이 역시 흰 글자로 적혀 있었다.

중국 바깥에서 큰 관심을 받은 현지의 일기는 20개국 이상의 언어로 번역된 팡팡의 일기가 유일했다. 팡팡이 세계적 명성을 얻자 중국 내에서 소분홍과 극렬 민족주의자들 주도로 반발이 일어났다. 이들은 팡팡을 "미국의 제5열"이자 "반중의 탄환"이라고 비난하며 그녀를 상대로 온라인에서 문화대혁명식 선동을 벌였다. 팡팡이 살고 있는 우한의 동네에는 누군가가 커다란 비방 포스터를 걸어놓았고, 혐오 메시지가 담긴 종이로 벽돌을 싸서 담 너머 그녀의 마당에 던졌다. 청두의 어느 유명한 태극권 사부는13 무술인들에게 팡팡을 습격할 것을 공개적으로 요청하기도 했다. 한번은 익명의 중국 래퍼가 길에서 65세 여성과 다툼을 벌인 것처럼 디스 곡을 작곡하기까지 했다. 1000만 명이 넘는 사람이 이 노래를 시청했다.

제대로 된 인간이라면 누가 인터넷에 일기를 쓰나요[14]

불과 열흘 만에 책을 교정 봐서 번역하다니……

잉크 한 방울마다 국민적 상처를 주는 겁니다.

장과 샤오인은 팡팡과 최근에 만나지는 못했지만 모두 그녀와 아는 사이였다. 팡팡은 더 이상 회의나 콘퍼런스에 참석할 수 없었고 책을 출간하는 것도 금지되었다. 국영 매체에는 그녀의 이름조차 실릴 수 없었다. 당국은 팡팡에게 인터뷰 요청, 특히 해외 언론으로부터의 요청에 응하지 말도록 지시했다. 일반 시민들이 팡팡을 미국의 도구라고 말하는 일이 흔해졌고 이것이 장과 샤오인을 분노케 했다. "누군가 팡팡에 대해 악담을 할 때마다 이렇게 묻습니다, '일기는 읽어봤나요?'" 장이 말했다. "대답은 항상 '아니오'입니다. 팡팡을 공격하는 사람들은 그녀가 쓴 글을 읽을 생각조차 하지 않아요."

우리는 맥주를 한 잔씩 더 주문했고, 장과 샤오인은 다시 권위에 관한 주제로 돌아갔다. 샤오인은 그의 단지에 살고 있는 어느 중년의 류망流氓, 즉 건달에 대한 이야기를 들려주었다. 그 류망은 젊을 때 말썽을 일으키곤 했지만 이제는 대개 우울한 행색으로 거리를 배회하고 있었다. 팬데믹이 시작되면서 주민위원회는 일손이 절실해지자 이 류망을 고용해 단지 입구의 관리를 돕도록 했다.

"그 뒤로 그는 완전히 다른 사람이 됐어요." 샤오인이 말했다. "정말 열심히 일했죠. 제복을 입고 사람들을 통제할 수 있다는 걸 좋아했습니다. 입구에 서서 사람들 이마에 체온계를 대던 사람이 그였습니다." 76일간 지속된 도시 봉쇄 내내 류망은 하루도 빠짐없이 아침마다 일하러 나왔다. 그러나 봉쇄가 풀리자 주민위원회는 류망을 해고했다. 샤오인은 그가 "그러자마자 예전의 삶으로 돌아갔다"고 했다. "지금은 전과 똑같이 의욕 잃은 모습으로 길거리를 매일 배회합니다. 마치 아무 일도 없었던 것처럼요."

팬데믹이 절정에 달했을 때 우한이라는 섬은 격리를 점점 더 작은 단위로 복제해나갔다. 단지 둘레에 담을 쌓고, 건물을 봉쇄하고, 방문을 잠갔다. 환자들은 격리되었다. 노출이 의심되면 격리되었고, 의료진도 격리되었다. 한 간호사는 2월 3일 아침 일하러 나갔다가[15] 6월 7일 저녁이 되어서야 집으로 돌아왔다고 했다. 환자와 접촉한 대부분의 다른 의료진과 마찬가지로 호텔 방에 묵었다. 이 간호사는 넉 달 동안 남편과 다섯 살짜리 아들과 전화와 위챗만으로 소통했다.

이 정도 규모의 고립을 현실화하려면 어마어마한 건축 공사가 필요했다. 나는 110곳의 병원, 진료소, 학교, 체육관 및 각종 시설을 개조한 건설 회사의 젊은 매니저를 만났다.[16] 이들 작업의 상당 부분은 벽과 가림막과 사람들이 서로 거리를 유지할 수 있는 특수 출입구를 설치하는 일이었다. 이 회사는 또 코로나19 환자를 수용하기 위해 특별히 만든 두 곳의 응급 병원 중 하나인 훠션산火神山 병원을 짓는 일에 참여했다. 30개의 중환자실을 포함해 1000개의 병상을 갖춘 훠션산 병원은 정부의 주요 선전 대상이 되었다. 약 열흘 만에 지어졌기 때문이다. 젊은 매니저는 건설 현장에 7000명의 인부와 100대가 넘는 굴삭기가 있었다고 했다. 보통의 건설 프로젝트라면 굴삭기 두세 대면 된다면서.

젊은 매니저는(류라고 하자) 건설 인부를 모집하고 감독했다. 종종 인부들의 애국심에 호소하기도 했지만 대부분 임금을 잘 쳐주었다. 그는 이 시기를 돌아보며 대략 "돈이면 귀신도 맷돌을 돌리게 할 수 있다"[17]는 뜻의 표현을 썼다. 비숙련공에게도 위험 때문에 보통 하루에 약 100달러 되는 임금을 지불했다. 류가 일주일 치 임금으로 지불해본 가장 큰 금액은 어느 목수에게 지급했던 5만 위안(약 7000달러)이었다. 보통 때의 열 배에 달하는 임금이다. 그랬는데도 고용은 쉽지 않았다.

속도를 위해 훠선산은 구역을 나누어 건설되었다. 감염된 환자들이 앞쪽 구역으로 입원하는 와중에도 류의 인부들은 여전히 뒤쪽 구역의 작업을 마무리하고 있었다. "많은 인부가 도망쳤어요." 그의 말이다. "심지어 월급도 챙겨가지 않았습니다." 병원이 완공되고 난 뒤에는, 날림 공사 탓에 발생한 누수 및 각종 문제를 해결하기 위해 즉시 현장으로 되돌아가야 했다.

당시 류는 인부들에게 1000달러 상당의 일당을 제시했지만 아무도 받아들이지 않았다. 류는 이때를 얘기하며 철학적으로 되었다. 그는 "팬데믹은 거울과도 같다"며 "자신의 장단점 모두를 더 명확하게 볼 수 있게 된다"고 했다.

류는 자기가 직접 보호 장구를 착용하고 감염된 환자들이 있는 구역으로 인부들을 데리고 들어가는 것만이 유일한 해결책이라고 생각했다. "'당신들에게 문제가 생기면 내게도 문제가 생깁니다'라고 했죠." 류는 회상한다. "그러자 사람들이 기꺼이 따랐습니다." 사실

류는 안전을 확신하지 못했고, 그저 아무도 감염되지 않았다는 사실에 안도했다.

류는 그때의 경험을 통해 더 침착해지고 인내심을 갖게 되었다고 했다. 이제 그는 서두르지 않고 운전도 더 조심스럽게 한다. 우한 사람들에게 무엇이 바뀌었는지 물어보곤 했는데, 공통된 대답은 없었다. 어떤 이들은 정부에 대한 신뢰가 떨어졌다고 했고 어떤 이들은 국가의 리더십에 대한 믿음이 더 커졌다고 했다. 남편과 아이로부터 분리되었던 간호사는 때로 호텔 방에 격리되어 일만 생각하던 단순한 날들이 그립다고 했다. 대형 병원에서 코로나19 검사를 담당했던 의사는 부엌에 충분한 식료품을 확보해두는 데 집착하게 되었다고 했다. 요즘 그는 적어도 30킬로그램의 쌀과 30킬로그램의 국수와 파스타, 30캔의 고기 통조림을 항상 보관하고 있다. 그는 "저 같은 친구가 다섯 명 더 있다"며 "그 친구들은 저보다 훨씬 더 많이 보관합니다"라고 했다.

후베이성 전역에서 정부는 관광객을 다시 불러들이기 위해 400곳에 달하는 주요 명소를 무료로 입장할 수 있게 했다. 중국 다른 지역의 사람들은 별로 보이지 않았지만 후베이 현지인들은 이 기회를 잘 활용하고 있는 듯했다. 양쯔강 근처에 복원한 옛 건물 황학루黃鶴樓에 갔을 때는[18] 사람이 가득해서 움직이기도 힘들었다. 직원들은 일일 입장객 수를 2만5000명으로 제한하고 있다고 했다. 그날 온라인 예약 시스템은 정오가 되기 전에 꽉 차버렸다.

나는 양쯔강 남쪽 기슭의 웨스틴 우한 우창 호텔에 묵었다. 체크인할 때 웃는 얼굴의 직원이 하루 23센트 상당의 금액을 추가하면 아침 뷔페가 포함되는 봉쇄 해제 기념 특별 패키지를 제안했다. 엘리베이터의 스크린에는 결혼식 리셉션, 일하고 있는 요리사, 칵테일을 즐기는 손님들 등 웨스틴 우한의 행복한 광경을 담은 홍보용 비디오가 반복 재생되고 있었다. 그러다가 화면이 갑자기 방독면과 헬멧, 흰 방호복을 입은 사람들로 바뀐다. 이캉 케미컬 회사에서 나온 것으로 밝혀진 이 사람들은 화염방사기같이 생긴 산업용 분사 기계를 휘두르며 리셉션 홀, 식당, 라운지 등 모든 것을 하얀 화학 구름으로 불태운다. 누군가 카드 게임을 하듯 테이블 위에 룸키 카드를 가지런히 늘어놓더니 이캉의 최고급 제품으로 불태워버린다. 배경 음악으로는 어맨다 노엘의 「사랑은 더 위대해Love is Greater」가 쓰였다.

금요일 밤, 기분이 좋아요

즐거운 시간을 보낼 거예요

내 두 손을 들어올리고, 내가 춤추는 걸 보아요

모든 게 다 괜찮아요⋯⋯

팬데믹에 대한 우한의 공식적인 태도는 정신분열적이었다. 당 간부와 기업가들은 아무 일도 없었고 도시가 멀쩡한 것처럼 행동하고 싶어했다. 하지만 동시에 이들은 방호 조치에 집착했다. 우한은 지구상의 대도시 중 가장 철저하게 검사를 실시한 곳이었다. 5월 중순 정부는 열흘 남짓한 기간에 900만 명 이상의 주민을 검사했다.[19] 여기에는 신뢰도를 높이기 위한 목적도 있었다. 전 세계 수많은 도시가 얼마 안 되는 수의 주민을 검사하는 데조차 어려움을 겪고 있을 때 우한은 도시 천역에 321곳의 검사소가 있었다. 우한에서 지역 내 감염으로 증상을 보이는 사례가 마지막으로 보고된 것은 5월 18일이었다.

중국 내 다른 지역에서는 우한의 회복이 국가적 자부심이 되었다. 애리얼과 나타샤의 학교에서는 우한의 방호 조치에 대한 수업이 있었고, 5월에는 항저우를 여행하다가 우한 의료진을 다룬 특별 전시회를 방문한 일도 있다.[20] 하지만 정작 우한에는 전시물도, 기념관도, 선전 게시판도, 아무것도 없었다. 현지 간부들에게 최근 사태의 트라우마는 화난 시장 앞의 푸른 담처럼 텅 비어 있었다. 매일 아침 지역 신문을 집어들면 미래에 대한 낙관적인 헤드라인이 지치지도 않고 실려 있었다. (8월 29일 자 『양쯔일보』, "학생들 학교에서 마스크 쓰지 않아도 돼".)[21] 영화관이 문을 열었고 식당과 술집에는 좌석 제한이 없어졌다. 한양 런신후이漢陽人信匯 쇼핑몰에서는 맨얼굴의 아이들이 지구상에서 마지막으로 가동 중일지도 모르는 볼풀에서 놀고 있는 광경을 봤다. 내 눈에는 또 다른 헤드라인감으로 보였다("어린이들 우한 볼풀에서 마스크 쓰지 않아도 돼").

우한에는 100만 명이 넘는 대학생이 있다. 중국의 도시를 통틀어 두 번째로 많은 숫자다.[22] 학생들이 복귀하는 와중이던 어느 날 나는 시인 샤오인과 함께 우한대학을 방문했다.[23] 그의 본업은 토목공학 교수였고 시를 발표하는 것은 부업이었다. 부모님도 모두 우한대학의 교수였고 아버지는 5월, 83세의 나이에 갑작스러운 심장마비로 돌아가셨다. "평소에는 매일 산책을 다니셨는데 도시 봉쇄 중에는 실내에만 계셨죠." 샤오인이 말했다. 그는 오랫동안 활동하지 못하면서 아버지의 심장이 약해졌다고 생각했다.

샤오인은 파라솔과 녹나무가 드리운 구불구불한 길 사이로 나를 안내했다. 1893년에 자강학당自强學堂이라는 이름으로 설립된 우한대학은 중국에서 가장 오래된 대학 중 하나다. '스스로를 강하게 하는 학교'라는 뜻의 이 이름은 제국주의에 맞선 중국의 투쟁을 의미한다. 제2차 세계대전 때 일본군이 캠퍼스를 점령해 심은 벚나무가 아직도 봄마다 꽃을 피운다. 샤오인은 1920년대에 MIT 출신의 젊은 건축가 F. H. 케일스가 동서양의 건축 요소를 결합하려는 시도에서 설계한 건물들로 나를 안내했다. 20세기 초반에는 그런 시도가 많았는데 동서양 최악의 요소들만 결합해버린 안타까운 일도 꽤 있었다. 그러나 케일스가 설계한 우한대학의 건물들은 놀라웠다. 아름다운 납 유리창과 중국식 두루마리 형태의 석조 조각, 우아하고 절제된 서양식 기둥으로 이루어져 있었다. 우한대학은 내가 중국에서 본 캠퍼스 중 가장 아름다웠다.

"봉쇄가 풀리고 캠퍼스로 돌아오니 사람이 한 명도 없었어요." 샤오인이 말했다. "이 전염병이 정말 강력하구나 생각했죠."

케일스 건물 중 하나를 둘러보는데 샤오인이 내게 어슬렁거리는 사람이 한 명 있는 걸 눈치챘느냐고 물었다. 나도 눈치채고 있었다. 선글라스를 쓰고 수술용 마스크를 쓴 사람이었다.

"공안 요원이에요." 샤오인이 말했다.

나는 우리가 곤란에 처한 것인지 물었다.

"아닙니다. 저 사람은 우릴 미행한 게 아니에요. 어쨌든 우리는 그냥 건물을 둘러보고 있을 뿐이니까요."

캠퍼스는 길고 가파른 언덕을 따라 펼쳐져 있었다. 아래쪽에 다다르자 복귀하는 학생들이 정문으로 짐을 들여오는 모습이 보였다. 대학의 팬데믹 규정에 따르면 학생들은 특별 신청을 하지 않고는 캠퍼스를 벗어날 수 없게 된다. 쓰촨대학을 포함해 대부분의 중국 대학은 캠퍼스를 막아놓고 가을학기를 시작할 예정이었다.

음료수를 사러 편의점에 들렀다가 두 명의 아프리카 출신 의대생을 만났다. 우마로 소는 카보베르데에서 왔고 그의 친구 칼라바 물리즈와는 잠비아 출신이었다. 웨스틴 우한 호텔에는 내가 아시아인이 아닌 유일한 투숙객 같았고, 시내에서 만난 몇 안 되는 외국인은 모두 아프리카 사람들이었다. 선진국 사람들은 거의 다 팬데믹 초기에 대사관이나 영사관에서 마련해준 항공편을 이용해 대피했다. 하지만 상당수의 아프리카 국가에는 그럴 만한 여유가 없었고, 해당 교민들은 봉쇄된 도시에 남을 수밖에 없었다.

소와 물리즈와는 76일간의 격리 기간에 기숙사를 떠나지 않았다고 했다. 기숙사 문은 밖에서 잠겨 있었고 대학 직원들이 음식과 생필품을 가져다주었다. 이들은 보살핌을 잘 받았다고 말했지만 봉쇄가 풀린 뒤에도 여전히 캠퍼스에 갇혀 있었다. 오늘은 이들이 반년 이상의 세월을 보내고 처음으로 교문 밖으로 나갈 수 있는 통행증을 받은 날이었다. 어디로 가느냐고 물었다.

"맥도널드요." 물리즈와가 말했다.

"저는 아닙니다." 소가 말했다. "저는 스테이크가 먹고 싶어요. 닭고기도요. 구운 고기가 먹고 싶어요."

나는 이제 최악의 상황은 지났다는 취지의 말을 건넸다. 소가 빙긋 웃으며 답했다. "우리는 아직 살아 있으니까요."

샤오인은 친구 둘에게 우리가 캠퍼스를 방문한다고 말했고, 정문에 도착했을 때는 이들이 다른 사람들에게도 알려놓은 상태였다. 문예지의 편집자가 최신호를 들고 왔고, 어떤 이는 책을 두어 권 가져와 내게 사인해달라고 했다. 10여 명에 달하는 우리 일행은 어느새 캠퍼스 밖 한 식당의 룸에 도착했다.

이들은 모두 작가나 시인, 화가와 같은 창작자 부류였다. 시인이자 약사인 장도 시내 반대쪽에서 와 합류했다. 청두에서 가졌던 모임들이 떠올랐다. 중국 지방에서 창작을 하는 사람들은 유대관계가 긴밀하고 서로 돕는다. 억압적인 시기에는 특히 그렇다. 캠퍼스에서 공안 요원을 봤기 때문에 나는 경찰이 외국인인 나를 조사하러 오지 않을까 하고 걱정하고 있었다. 그러나 우리를 중간에 채간 사람들은 그저 작가와 예술가들이었다. 적어도 이날 오후만큼은 창작자들이 당보다 훨씬 더 효율적으로 정보를 공유하고 있는 것 같다는 생각이 들었다.

초여름에 나는 수출 산업으로 유명한 저장성 이우義烏에서 취재를 하고 있었다. 이틀쯤 지났을 때 경찰이 호텔 방으로 찾아와 나를 심문하더니[24] 이튿날 아침 이우를 떠나라고 다짐받았다. 우한에서도 비슷한 문제가 생겨 하루 이틀 뒤면 강제로 떠나야 할 줄 알았다. 그러나 9일에 걸친 집중 취재 기간에 지나가다 사복 경찰들을 본 것을 빼면 공안 요원과는 아무런 접촉도 없었다. 이 봉쇄된 도시에서는 경찰도 다른 사람들처럼 지쳐버린 것이었을까. 하지만 비일관성은 중국식 공안 국가의 특징이다. 늘 그렇듯 오웰 말고도 카프카를 떠올리는 것이 도움이 된다.

식당에서는 커다란 연회 테이블에 앉아 식사를 하며 작가와 예술가들이 봉쇄된 도시의 기억을 얘기했다. 한 교수는 마라토너였는데 시계로 거리를 측정하며 거실에서 매일 10킬로미터씩 뛰었다고 했다. 다른 이들은 격리가 끝나고 나서 친구나 동료들과의 재회가 복잡한 일이 되었다는 얘기를 했다.

한 작가는 "아프지 않아 다행이었다고 생각해도, 남에게 그걸 드러내서는 안 된다"고 말했다.

샤오인은 "친구 하나가 형제를 잃었습니다"라며, "그가 기타 치는 걸 보러 가곤 했죠. 친구를 만나서는 말을 조심해야 했습니다. 당신 가족이 운 좋게 무사했더라도 아무 말도 하지 않는 게 좋아요"라고 했다.

또 다른 작가는 "아팠다고 해도 아무에게도 말하지 않았던 것 역시 사실입니다"라고 했다. "감염되면 본인 잘못이라는 인식이 있었거든요."

대화는 바이러스의 기원으로 옮겨갔다. 팬데믹 이전에 우한이라는 이름을 들어보지 못한 전 세계 사람들에게는 이런 무명의 장소에서 어떻게 이토록 파괴적인 질병이 생겨났는지가 수수께끼였다. 현지인들은 그렇게 놀라지 않았다.

"사람들은 흔히 우한에 마터우 쓰샹碼頭思想, 항구 기질이 있다고 해요." 어느 작가가 말했다. 아편전쟁 때 외국과의 무역을 위해 강제

개항된 조약 항구의 하나였던 우한의 역사를 가리키는 것이다. 그는 "강에는 항상 교통량이 많았기 때문에 사람들이 상대적으로 개방적인 편"이라며, "그래서 여기서 이런 일이 생겼는지도 모른다"고 했다.

"해산물을 다루는 누군가가 남쪽에서 바이러스를 가져왔을 수도 있습니다." 장이 말했다.

"수입되었을 수도 있죠."

"과학은 조작할 수 없습니다. 하지만 이제는 과학도 믿을 수 없어요. 과학도 정치화됐어요."

우리는 룸에서 두 시간 넘게 있었고, 어느덧 식당 메인 홀에서 케니 지의 색소폰 연주곡 「고잉 홈」의 달콤새콤한 선율이 흘러나왔다.

한 작가가 "우리를 내쫓으려고 하네요"라고 말했고 다들 웃음을 터뜨렸다.

우한에서는 코로나19가 바이러스 연구소에서 유출되었다고 믿는 사람을 한 명도 만나지 못했다. 실험실 유출론은 트럼프 정권 최고위 관료들을 포함한 다수의 미국인이 주장해오고 있었다. 5월 3일 국무장관 마이크 폼페이오는 ABC와의 인터뷰에서 바이러스 연구소를 언급했다. "그곳에서 바이러스가 시작됐다는 어마어마한 증거가 있습니다." 인터뷰 뒤쪽에는 이렇게 얘기한다. "우한의 연구소에서 비롯됐다는 상당한 양의 증거가 있다고 말씀드릴 수 있습니다."

이러한 주장에도 불구하고, 미국 정부 내의 그 누구도 바이러스가 연구소에서 나왔다는 어떤 증거도 제시하지 않았다. 그러나 중국 정부가 침묵으로 일관한 탓에 의심은 계속되었다. 우한의 대형 병원에서 검사를 담당했던 전염병 전문의는 주변의 과학자 친구들이 바이러스의 기원에 대한 어떤 연구도 시도하지 않게 되었다고 했다. "바이러스가 어디에서 시작됐는지와 조금이라도 관련 있는 연구 주제를 제안하면 자동으로 거절당합니다." 그의 말이다.

그는 실험실 유출론을 믿지 않았고 터무니없다고 생각했다. 하지만 완전히 배제할 수는 없다고도 했다. "어디에서 시작됐는지 알기 전까지는 확실히 말할 수 없어요"라고 했다.

우한에서 나는 바이러스 연구소 방문을 시도하지 않았다. 도시의 동쪽 근교에 있는 연구소는 주의를 끌지 않고 들르기 불가능할 정도로 고립된 곳에 있었다. 나는 연구소와 긴밀히 협력했던 수많은 외국인 과학자 중 한 명인 영국의 질병 생태학자 피터 다작과 전화로 이야기를 나누었다.[25] 다작은 16년에 걸쳐 우한을 계속 방문하며 박쥐 코로나 바이러스를 집중적으로 연구했고, 연구소의 중국 학자들과 열 편이 넘는 논문을 공동 집필했다. 대화 중에 다작은 연구소에서 코로나19를 일으킬 만한 바이러스를 연구했다는 증거는 없다고 단호하게 말했다.

그는 "중국의 과학자들은 논문 발표를 해야 한다는 굉장한 압박에 시달린다"고 했다. "그것이 실제로 개방성과 투명성을 가져오죠." 그는 이어서 이렇게 말했다. "인간 세포를 감염시키고 세포 배양 내에서 확산되는 바이러스를 발견했다면 우리는 그 정보를 공개했을 겁니다. 16년 동안 저는 [연구소의 과학자들이] 어떤 꼼수를 부리는 것도 본 적이 없어요. 이들은 데이터를 절대 숨기지 않습니다. 누구는 이렇게 말하는데 누구는 저렇게 말하는 상황도 한 번도 없었어요. 남들이 알지 않았으면 하는 일을 하고 있었다면 뭐하러 외국인들을 연구소에 초빙했겠습니까?"

다작은 뉴욕에 있는 비영리 연구단체 에코헬스 얼라이언스의 회장이었다. 에코헬스는 미 정부의 보조금을 받아오고 있었고, 지난 4월 트럼프 대통령은 기자들에게 미국이 우한 바이러스 연구소와 관련된 연구에 대한 재정 지원을 중단해야 한다고 말했다. 트럼프의 발언이 있고 얼마 지나지 않아 미 국립보건원은 박쥐 코로나 바이러스가 사람에게 어떻게 전염되는지에 대한 에코헬스의 연구에 사용될 수 있었던 보조금 370만 달러를 취소했다.

우한의 중국인 동료들의 개방성을 그토록 신뢰한다면, 왜 중국 정부는 발병의 기원과 기타 측면에 대해 그토록 폐쇄적인 태도를 보였을까 하고 다작에게 물어보았다. 그는 과학과 정치는 별개의 영역이라고 답했다. 관료들이 초기에 저질렀던 실수에 당황해 모든 정보를 차단하고 있을 뿐이라고 믿었다. "당신은 중국에서 일하는 저널리스트잖아요. 홍보라는 것에 대한 중국식 접근법에 대해 어떻게 생각하는지 모르겠지만, 제가 보기엔 꽤나 엉망입니다."

중국 정부가 화난 시장의 동물 가판에서 바이러스가 처음 퍼졌다는 증거를 발견했더라도 관리가 태만했다는 비난을 받을까봐 간부들이 이를 공개하지 않았을 것이 거의 틀림없다. 내 경험에 비춰보면 팬데믹을 촉발한 실험실 사고에 대해 우한 바이러스 연구소가 철저히 비밀을 유지하기란 어려웠을 거라는 생각이 들었다. 혼돈의 처음 몇 주간 우한에서는 온갖 방식으로 정보가 새어나왔다. 내부 고발자나 혹은 다른 이들이 주요 세부 정보를 공개하곤 했다. 리원량처럼 원래 위챗 그룹에서 학교 동기들에게 경고하려다 본의 아니게 정보를 유출한 사람도 있었다. 하지만 어떤 이들은 중대한 정보를 의도적으로 공개했다. 이 중 가장 중요한 사례가 중국 과학자들이 처음으로 염기서열을 해독한 바이러스의 게놈이었다. 이 데이터는 1월 11일 대중에 공개되어 전 세계 과학자들로 하여금 바이러스를 연구해 백신을 개발하도록 했다.

중국 정부의 어느 누구도 게놈 공개를 승인하지 않았다. 상하이의 어느 과학자가 스스로 내린 결정이었다. 나는 상하이에서 그의 동료들을 만났다.[26] 그중 한 명은 "그의 그룹에 속한 누군가가 물었죠, '승인 같은 걸 받아야 하는 게 아닐까요?'"라고 했다. "그는 '상관없다'고 말했어요."

이로 인해 그 과학자는 직무상의 처벌을 받았고 결국 직장을 옮겼다. 하지만 해고되거나 체포되지 않았다. 그를 만나보고 싶다고 했지만 동료들은 그가 자기 이야기를 공개하고 싶어하지 않는다고 했다. 한 과학자는 그를 2003년 정부의 사스 초기 은폐를 밝히는 데 결정적인 역할을 한 저명한 폐 질환 전문의 중난산鐘南山에 비교했다. 정부는 나중에 중난산의 공로를 인정했다. "당시의 정부는 그를 영웅으로 인정할 만큼 현명했습니다." 동료의 말이다. "서사를 장악하는 거죠. 하지만 이번에는 정부가 그러지 않았어요."

그 결과 그 과학자는 중국이나 해외 언론에서 아무런 인정도 받지 못했다. 동료 한 명이 참석했던 저녁 식사에서 그 과학자는 취기가 올라 중국 관리들이 이제 와서 해독된 염기서열 게놈을, 정보 공개에 대한 자신들의 의지를 드러내는 사례로 인용한다며 불만을 토로

했다. 동료의 말이다. "그는 '그건 내가 내린 결정이었고, 그것 때문에 처벌을 받았다고!'라고 했어요."

대개 알려지지 않았지만 이런 인물은 많이 있었다. 중국 질병예방통제센터의 누군가는 화난 시장의 동물 가판에 대한 정부 내부 보고서를 유출해 해외 과학자들이 초기 전염 패턴을 분석하는 데 도움을 주었다. 바이러스 발생 초기의 혼란과 중국식 관료주의의 비일관성을 생각해보면 정보를 통제하지 못했다는 사실은 놀랍지 않았다. 그리고 다수가 해외에서 교육받은 중국 과학자들은 대체로 당보다는 자신의 연구 분야와 데이터에 더 큰 의무감을 느낀다. 불과 몇 주 만에 고향에서 수천 명이 죽어나가던 와중에 우한 바이러스 연구소의 고학력 인재들이 치명적인 신종 바이러스가 고의든 사고든 유출된 것을 알고도 아무 말 하지 않았을 가능성은 낮아 보였다. 리원량의 경우가 그랬듯이 친구들에게 조용히 경고만 했더라도 사건은 일파만파였을 것이다.

하지만 다른 결정적인 증거가 나타나지 않는 상황에서 실험실 유출론은 결코 사라지지 않았다. 나오는 것이라곤 정황증거들뿐이었는데 이는 시간이 지날수록 동물 매매가 원인이라고 암시하는 듯했다. 『사이언스』는 2022년 2월 우한에서 초기에 알려진 감염의 패턴을 분석하는 논문의 사전 인쇄본을 발간했다.[27] 주 저자인 캐나다의 저명한 진화생물학자 마이클 워로비는 한 해 전 과학자들에게 실험실 유출론을 심각하게 받아들일 것을 촉구했다. 그러나 워로비는 이후의 연구를 통해 동물 매매가 원인일 가능성이 훨씬 더 높다고 믿게 되었다. 그는 연구진이 발견한 내용을 트위터에 이렇게 요약했다.

"우리는 우한의 인구 분포나 전염병 후반부 코로나19 감염 사례의 공간 분포를 고려할 때, 12월의 감염 사례들이 예상했던 것보다 화난 시장 쪽에 더 가깝고 또 집중되어 있다는 사실을 발견했습니다. 진원지는 시장이었습니다."28

그러나 설문 조사에 따르면 미국인의 압도적 다수는29 실험실 유출론을 믿는 것으로 나타났다. 사람들은 또한 중국의 초기 실수에 책임을 묻고 싶어했다. 그렇지만 미국 과학자들 사이에서는 이런 생각이 훨씬 덜 보편적이었던 듯하다. 존스홉킨스 보건안전센터의 전염병 학자 제니퍼 누조는 나와의 전화 통화에서 "저는 전염병 초기 단계에 있는 국가들에 대해 관대한 시각을 가지려 합니다"30라고 했다. 그녀는 이 바이러스가 무증상으로도 전파될 수 있다는 점을 언급하며 어떤 국가라도 이 바이러스를 원천적으로 차단할 수 있을 거라는 기대는 현실적이지 않다고 했다. "저는 항상 이런 게 널리 퍼질 거라고 믿어왔어요"라고 말했다.

컬럼비아대학의 글로벌 보건 센터 ICAP의 와파 엘사드르 소장도 바이러스의 발원지 문제에 대해 폭넓은 관점을 유지하고 있었다.31 그녀는 감염의 고리를 근원까지 역추적하기는 어렵기 때문에 진정한 시작점은 영원히 알 수 없을지도 모른다고 했다. 엘사드르는 거의 40년이나 지났어도 과학자들이 여전히 에이즈 바이러스의 정확한 기원을 모른다는 점을 지적했다. 이들은 에이즈 바이러스가 아프리카의 야생 고기 거래로부터 시작됐을 가능성이 가장 높다는 결론에 이르렀다. 아마도 영장류 혹은 영장류 고기와 접촉했던 인간이 최초로 감염되었을 것이다. 엘사드르에게 있어 에이즈 바이러스와 코로나19는 모두 인간이 자연계를 잠식해간다는 더 큰 추세를 반영하고 있다. "우리는 지금 동물로부터 인간 숙주로의 확산이라는 결과로 발생한 두 가지 거대한 팬데믹을 지나고 있습니다. 에이즈 바이러스와 코로나19죠." 엘사드르는 이메일에서 "인류 역사상 이 정도 규모와 범위의 사태를 경험한 적은 없다"고 했다.

우한의 입장에서 보면 이런 역사적 의미는 전례가 없지 않았다. 이 양쯔강의 도시에서는 늘 큰 사건이 일어났다. 아편을 팔던 서양인들이 우한에 와이탄을 건설했고, 청나라를 멸망시킨 혁명이 우한에서 시작했으며, 일본 점령군이 우한에 일본 벚나무를 심었다. 그렇게 볼 때 우한의 이야기는 교훈적인 면까지 있다. 우선 서세동점의 시대에 한 지방 도시에 총을 겨눠 강제로 외부 세계에 개방시킨다. 그리고 한 세기 반이 지나 치열한 글로벌 통상의 시대가 되자 그 도시가 세계적인 팬데믹을 촉발시켜 거기 응수한다.

팬데믹 초기 약사 장과 소식을 주고받으면 그는 종종 정부에 대한 분노를 표출했다. 2월 26일에는 이렇게 썼다. "정부는 언제나 부주의했고 반대 의견을 억압했다는 게 내 개인적 의견입니다. 그 때문에 바이러스를 통제할 골든타임을 놓쳤어요."

장은 나와 만났을 때 분노가 어느 정도 가라앉았다고 했다. 바이러스가 전 세계를 휩쓸고 미국과 같은 선진국에서도 실수를 저지르자 장은 이 질병의 통제가 생각보다 힘든 일임을 깨달았다. 우한에서의 일정이 끝나갈 무렵 우리는 다시 한번 저녁 식사를 했다. 병원에서 근무하면서 미지의 질병이 발생했다는 사실을 알게 된 리원량의 입장이었다면 어떻게 했겠느냐고 그에게 물어보았다. 온라인에 경고 게시물을 올렸을까? 보건 관계자를 접촉했을까? 기자에게 알렸을까?

약사는 잠시 생각에 잠겼다가 "가까운 친구들한테 개인적으로 알리겠어요"[32]라고 했다. "하지만 온라인에는 아무것도 올리지 않을 겁니다. 글로는 아무것도 남기지 않아요."

지금 그런 일이 벌어진다면 사태가 다르게 전개될 것인지 물어보았다.

그는 "똑같을 것"이라며 "시스템의 문제니까요"라고 답했다.

그는 중국 정부의 권위주의가 두 가지 역학을 만들어낸다고 설명했다. 현지 공무원들은 일을 은폐하려는 경향이 있지만, 고위급 지도자들은 신속하고 효과적으로 대처할 역량을 갖추고 있다. 중국은 위기의 초기에는 실패하고 그다음 단계에서 나아질 수밖에 없다는 것이 장의 의견이었다.

장은 도시 봉쇄 시기가 지나고 바이러스가 전 세계에 폭발적으로 확산된 뒤에도 고향의 많은 부분이 바뀌지 않고 그대로라는 사실을 이상하게 여겼다. 최근에는 수년간 이용해오던 안경점에서 안경의 처방을 새로 바꾸었다. 예전과 같은 건물, 같은 점포에 위치한 안경점은 높은 푸른 벽 뒤의 화난 시장 2층에 있었다. 주인과 직원까지 같은 사람들이었다. 주요한 차이라면 장사가 너무 안 돼 가격이 폭락했다는 점이다. "평소라면 흥정을 하겠지만 이번에는 좀 당혹스러웠어요." 장의 말이다. "일체 흥정하지 않았습니다."

우한에서의 일정이 며칠 남지 않았을 때 나는 팡팡과 만났다.[33] 작가 팡팡에게 가해진 모든 제재를 생각해봤을 때 나는 그녀가 인터뷰 요청을 거절하리라 생각했다. 하지만 팡팡은 동의했고, 개인 주택이나 다른 조용한 장소를 택하는 대신 도시 번화가의 세련된 카페 주소를 보내왔다. 우리는 입구를 마주하고 있는 눈에 잘 띄는 테이블에 앉았다.

팡팡은 검게 염색한 머리에 할머니의 친근하고 주름진 눈을 가진 자그마한 여성이었다. 그렇지만 존재감이 있었다. 팡팡이 카페로 성큼 들어서자 여주인이 대번에 그녀를 알아보았다. 팡팡은 단골이었고 종업원은 그녀가 어떤 차를 좋아하는지 알고 있었다. 자리에 앉은 뒤 팡팡은 직접 서명한 두 권의 책을 선물로 꺼냈다. 한 권은 3년 전에 금서가 된 소설 『부드러운 매장軟埋』이었다. 나도 내 책을 한 권 가져왔고, 우리는 선물을 교환했다.

"푸링에 관한 당신 책은 이미 읽었어요." 팡팡이 말했다. "하지만 묻고 싶은 게 있어요. 우한이 '리버타운'으로 불린다는 사실은 알고 있었나요?"

팡팡은 두 살 때 가족이 우한으로 이사 와서, 그 후로 다른 곳에서 살아본 적이 없었다. 팡팡의 본명은 왕팡汪芳이었으나 젊은 시절 팡팡方方을 필명으로 정했다. 픽션과 논픽션을 합해 100권이 넘는 책을 출간했고 거의 모든 소재를 우한이나 그 주변 지역에서 가져왔다. 팬데믹 이전에 팡팡은 전형적인 지방 작가였다. 우한에서는 유명했지만 전국적으로는 그만 못했고 중국 밖에서는 전혀 유명하지 않왔다. 『우한일기』이전에 그녀의 책은 영어로 번역된 일이 없다. 그것이 지방 작가가 갖는 위험성이다. 경력이 도시 안에서 생겨나 대개 도시 안에서만 머무른다.

역설적이게도 우한 봉쇄가 팡팡을 바깥세상으로 밀어냈다. 5000만 명으로 추정되는 사람이 그녀의 온라인 일기를 공유했고 웨이보가 계정을 정지한 뒤에도 인기는 계속되었다. 다른 중국 작가들과 IT에 밝은 이들이 소셜미디어에 게시물을 배포할 수 있도록 도움을 주었고, 곧 해외에서도 주목하기 시작했다. 하퍼콜린스에서 미국 판권을 취득했고 UCLA의 현대 중국문화학 교수 마이클 베리가 우한 봉쇄가 풀리기도 전에 책의 번역을 시작했다.

팡팡은 반체제 인사와는 거리가 멀었다. 당원은 아니지만 당이 통제하는 조직에서 직책을 맡은 적도 있었다. 그중에는 한때 협회장을 맡았던 허베이 작가협회도 있다. 팡팡은 『우한일기』에서 처음 몇 주 동안 거짓말과 실수를 일삼은 공무원들을 비난했지만 이후의 효과적인 정책에 대해서도 아낌없이 칭찬했다. 그럼에도 중국 여론은 그녀에게 등을 돌렸고 해외에서의 출간 결정은 배신 행위로 간주되었다. 『우한일기』는 중국 내 출판이 금지되었다. 팡팡은 해외에서 받은 수익 전액을 중국 의료 최전선에서 사망한 의료진의 가족들에게 기부했지만 국영 언론은 이런 관대함에 대해 보도하지 않았다.[34]

원래 하퍼콜린스는 '우한일기: 첫 진원지로부터의 통신Dispatches from the Original Epicenter'이라는 영문 제목을 달려고 했다. 그러나 바이러스의 기원에 대한 논란 탓에 온라인에서의 반응이 격렬했고, 출판사는 부제를 재빨리 '격리된 도시로부터의 통신'으로 바꾸었다. 하지

만 이것조차 문제가 되었다. 중국의 민족주의자들이 '통신dispatches'
이라는 단어를 자세히 뜯어보고 이것이 팡팡과 마이클 베리가 미 정
부의 요원이라는 증거라고 주장한 것이다. 마이클 베리는 위챗에서
중국의 굴욕적인 과거를 들먹이는 수천 개의 분노에 찬 메시지를 받
았다.

지금이 여전히 1840년이고 이게 대청제국의 멸망이라고 생각하는
건가?[35] 사람의 살을 먹고 피를 마시는 이 백인 악마, 18층 지옥은
너를 위해 특별히 만들어진 것이다!

하루는 누군가가 베리에게 이런 메시지를 보냈다. "중국에 다시
발을 들여놓으면 죽여버릴 거야." 10분 뒤에 그 사람이 다시 메시지
를 보냈다.

죄송합니다. 술을 너무 많이 마셨어요.[36] 그런 말은 해서는 안 되는
거였습니다.

———

카페에서 팡팡은 검열원들을 염두에 두고 웨이보 일기를 올리는
시간을 정했다고 말했다. 만리방화벽을 지키는 사람들이 자정이 지
난 뒤에는 별로 일을 하지 않는다는 점을 발견하고 주로 그때 일기
를 올렸다. 팡팡은 "보통 그런 게시물은 아침 9시 이후에 삭제되곤

했어요"라고 했다. 노련한 중국인답게 그녀는 관료주의가 작동하는 방식을 고려했다. "그런 일을 하는 사람들은 8시 30분에 출근하는 것 같아요." 팡팡의 설명이다. "먼저 회의를 한 다음 9시쯤 일을 시작하지요." 이른 아침의 이 시간 동안 사람들은 게시물을 읽고 스크린 숏을 찍을 수 있었다.

팡팡은 자신을 공격하는 사람들을 '극좌파'라고 불렀다. 매우 저명한 비평가 중 일부도 『부드러운 매장』을 공격했다. 이 소설은 마오쩌둥이 1946년에 시작해 옛 지주들을 상대로 격렬한 폭력을 가했던 토지개혁 운동을 다루고 있다. 팡팡은 『우한일기』와 『부드러운 매장』이 이야기하려는 바가 궤를 같이한다고 보았다. 둘 다 과거를 장악하려는 당의 시도에 저항한다. "중국은 역사적인 실수를 인정해야합니다." 그녀의 말이다. "우리 스스로의 실수로부터 배워야 해요. 부정할 게 아니라 마주해야 합니다." 이어서 이렇게 말했다. "중국에는 이른바 소분홍과 늑대 전사戰狼들이 왜 이리도 많을까요? 그들은 문화대혁명에 대해서조차도 알지 못합니다. 역사 교과서에서 다루지 않으니까요."

팡팡은 현지 간부 두 명이 찾아와 『우한일기』의 해외 출간을 철회하라고 설득했다고 했다. 그들은 후베이 작가협회로부터 받는 연금이 사라질 수도 있음을 암시했다. "나는 이렇게 말했죠. '내 연금을 취소하면 당신들을 고소할 겁니다.'"

중국 문학계에서 확고한 명성이 있는 65세의 팡팡은 젊은 작가들이 감히 엄두도 내지 못할 정도로 대담했다. 내 인터뷰에 동의할 때도 아무런 허가를 요청하지 않았다. "외국 기자들과는 얘기하지 말라고 했죠." 팡팡이 말했다. "하지만 당신은 작가이지 기자가 아니잖아요. 그래서 만나기로 마음먹었어요." 이것은 말장난에 불과하다. 교사였던 나는 기자로 등록되어 있지 않았다. 그러나 과거에는 기자로 등록되어 있었고, 중국에 등록할 수 있는 공식 직함 중에 작가는 없었다.

카페의 많은 손님이 팡팡을 알아보고 인사를 건넸다. 팡팡은 침묵을 강요받았던 작가치고는 놀라울 정도로 쾌활한 모습이었다. 그렇지만 그녀는 당이 작동하는 방식을 알고 있었다. 당은 바이러스를 다루었던 방식과 똑같은 방식으로 과거를 다룬다. 공산주의 시대 내내 토지개혁 운동, 문화대혁명, 톈안먼 광장 학살과 같은 역사의 장면들을 격리시키던 순간들이 있었다. 그 모든 순간마다 초반에는 침묵이 강요되다가 이어서 산발적으로 정보가 유출되는 일이 발생한다. 팡팡은 우한에서도 똑같은 일이 일어날 것이라고 확신했다.

최근까지만 해도 팡팡은 우한대학에서 글쓰기 강의를 맡을 예정이었다. "학생들을 조직해 구술사를 써볼 계획이었어요. 학생들에게 우한에 온 의료진을 인터뷰하게 하려고 했죠." 대학 관계자들은 여기에 호의적이었지만, 팡팡에게 가해진 공격 탓에 결국은 그녀에게 훗날로 연기해달라고 요청했다. 팡팡은 소분홍과 극좌파의 존재에도 불구하고 여전히 젊은이들에게 믿음을 갖고 있었다. 최근에는 역시 금지당한 30대 여성 작가 한 명을 위로하던 중이었다. 팡팡은 "참고 기다려야 한다고 말해줬어요"라고 했다. "영원히 이렇지는 않을 거라고 믿어요."

대화를 마치고 팡팡을 밖으로 배웅했다. 그녀는 웃음을 띠며 악수하고 떠났다. 나중에 그녀가 서명한 책을 펼쳐보았다. 거의 40년 동안 같은 리버타운에 대해 글을 써온 그녀의 서명은 이보다 더 간결할 수 없었다.

팡팡

2020년 여름

장소: 우한

9장 　 네이쥐안 内卷

2020년 9월

9월 초 3000만 명의 대학생이 교실 수업으로 복귀했다. 중국의 거의 모든 대학이 캠퍼스를 봉쇄한 채 학기를 시작했고, 휴대폰 앱과 적외선 스캐너 및 기타 첨단 기술을 사용해 팬데믹 정책을 시행했다. 쓰촨대학 학생과 직원들은 여름 내내 대학교 앱으로 매일 건강 설문을 작성해야 했다.

우한에서 취재하는 동안 나는 원래 이 앱을 열지 않으려고 했다. 간부들에게 내 위치가 드러날 것이기 때문이었다. 우한에 도착한 첫날 정오가 지나자마자 스쿠피 관리자로부터 위챗 메시지를 받았다. 깔끔한 세 줄의 영어로 된 메시지는 어딘가 절박한 현대 시인의 작품 같았다.

일일 건강 보고

12시까지

부탁합니다

관리자는 팬데믹이 시작됐을 때부터 체온 측정을 재촉하던 그 친절한 젊은 여성이었다. 그녀도 누군가에게 독촉받고 있음을 알기 때문에 마음이 좋지 않았다. 그리고 그 누군가는 다시 또 다른 누군가에게 독촉받고, 그렇게 위로 쭉 이어져 있을 터였다. 우한에서의 첫날이 지나고서 나는 투항하고 말았다. 매일 아침 앱을 열고 나의 대표 체온이 돼버린 36.2도를 입력했다. 이제 체온은 여권에 적힌 이름과 번호만큼이나 내 신분의 필수적인 부분처럼 느껴졌고, 마찬가지로 절대 바뀌지 않았다. 혹시 대학의 누군가가 내가 우한에 있는 걸 알아차렸더라도 아무 얘기도 없었다.

9월에는 지난봄 장안 캠퍼스에서 시험했던 다양한 장치가 본격적으로 도입되었다. 세 대의 로봇이 기숙사를 돌아다니며 택배를 배달했고, 캠퍼스의 각 출입구에는 적외선 체온계와 자동 개찰구와 안면 인식 스캐너가 설치되었다. 스캐너가 캠퍼스 밖으로 나가려는 학생의 얼굴을 인식하면 개찰구는 움직이지 않았다. 교직원만 밖으로 나갈 수 있었다.

학기 첫째 주의 어느 날 저녁,[1] 나는 저녁 약속을 위해 동문에서 얼굴을 인식하고 밖으로 나갔다. 캠퍼스 담을 따라 식당으로 향하는 길에 몰래 빠져나가려는 학부생들이 보였다. 이들은 감시 카메라가 없는 구간을 찾아냈고 누군가 이미 담 양쪽에 공유 자전거를 세워놓았다. 자전거 안장을 밟고 오르면 담장을 타고 넘을 수 있었다.

학생들은 캠퍼스를 빠져나가는 행위를 '벽을 넘는다'는 의미로 판창翻牆이라고 불렀다. VPN을 사용해 만리방화벽을 피해가는 행위를 부르는 것과 같은 단어다. 나는 바이럴을 탄다든지, 웹을 검색한다든지, PC의 쓰레기통을 비운다든지 하는 식으로 물리적 세계에서 가져온 컴퓨터 언어에 익숙해 있었다. 하지만 판창이라는 말은 그와 정반대였다. 과거에 중국 학생들은 가상의 벽을 우회하는 방법을 찾아냈고 이제는 진짜 벽을 넘고 있었다.

캠퍼스의 남쪽 끝에도 학생들이 주로 담을 넘는 판창 장소가 있었다. 담의 좁은 일부가 타고 넘기 딱 좋은 수평으로 된 금속 봉으로 이루어져 있어서 학생들은 한동안 아무런 제재 없이 넘어다녔다. 그러자 대학에서 설비팀 인력을 보내 금속 봉을 천천히 마르는 페인트로 두껍게 칠해버렸다. 판창을 시도했다가는 손과 옷이 끈적한 선홍색 물질로 더럽혀졌다.

나는 세레나를 포함한 여러 학생으로부터 판창에 관한 소식을 들었다. 세레나는 이번 학기에 내 강의를 듣지 않았지만 우리는 주기적으로 캠퍼스에서 만났다. 9월 20일, 세레나는 남쪽 담장에서 찍은 세 장의 사진 시리즈를 보여주었다. 첫 장에는 학생 대여섯 명이 금속 봉을 기어오르는 다양한 모습이 찍혀 있었다. 다들 감옥이나 정신병동을 탈출하려는 사람들처럼 마스크를 썼다.

두 번째는 대학에서 천천히 마르는 페인트를 바르고 나서 찍은 사진이었다. 학생들은 끈적한 봉을 종이나 천으로 감싸 대응했고, 때로는 온라인으로 주문해 로봇에게 배달받은 싸구려 일회용 장갑을 끼기도 했다. 세레나의 두 번째 사진에는 핏빛 냅킨과 수건 등의 물질이 무슨 끔찍한 학살 직후에 버려진 붕대처럼 담장 앞 땅바닥에 널브러져 있었다.

세 번째 사진은 안면인식기와 적외선 체온계로 시작했던 대치 상황이 점점 더 원시적인 전술로 퇴행해간다는 흔한 주제의 반복이었다. 이 사진에는 땅바닥이 깨끗하게 치워져 있고 천천히 마르는 페인트도 지워지고 없으며 마스크 차림의 학생들이 봉에 매달려 있지도 않다. 검은 제복을 입은 경비원이 그 근처 담장의 바깥쪽에 앉아 있을 뿐이다. 경비원은 팔짱을 긴 채 아무도 없는 담장을 뚫어지게 바라보고 있다.

대학은 날마다 판창 지점에 경비원들을 배치해두었다. 이 사람들은 등을 바깥세상으로 향하고 눈은 담장에 고정한 채 꿈쩍도 하지 않는다. 비가 오면 우산을 쓰고 있다. 벌써 반년이 넘도록 청두에는 코로나19 지역 감염 사례가 한 건도 없었지만 간부들은 국경절 연휴가 무사히 지날 때까지 장안 캠퍼스를 섣불리 열지 않을 것이라는 소문이 돌았다.

캠퍼스 담장은 6.5킬로미터 이상 뻗어 있었고 학생들이 곧 또 다른 판창 장소들을 찾아내는 데는 그리 오랜 시간이 걸리지 않았다. 그러는 동안 각종 패스트푸드 앱은 담장을 따라 배달원이 전동자전거를 세워두고 물건을 전달할 수 있는 장소들을 찾아냈다. 저녁 시간이 되면 학생들이 담장 주변에 몰려들어 금속 봉 사이로 전동자전거 배달원들이 맥도널드 종이백을 끼워 넣어주기를 기다렸다. 마치 난민 캠프의 식량 배급 같았다.

중화인민공화국이 71주년 국경절을 맞이하기 일주일 전인 9월 24일, 마침내 간부들이 항복했다. 학생들이 캠퍼스를 벗어나도 된다는 발표가 있었다. 안면인식기와 자동 개찰구와 같은 출입구 장비들은 그대로 두었지만, 학생들은 이제 얼굴을 인식해 양방향으로 다닐 수 있었다. 캠퍼스 아래쪽에는 로봇들이 여전히 기숙사 사이를 웅웅거리며 바쁘게 오갔다.

그해 가을 애리얼과 나타샤는 4학년이 되었다. 담임은 여전히 장 선생님이었다. 중국에는 선생님들이 보통 같은 반을 매년 계속해서 맡아 학생들과 오랫동안 관계를 쌓는다. 지난 6월 쌍둥이는 급우들과 함께 당의 학생 조직인 소년선봉대 가입을 뜻하는 황금 핀을 받았다. 아이들은 특별히 정해진 날이 되면 이 핀과 붉은 스카프를 착용했다. 어떤 날에는 집에 돌아와 수업 때 있었던 반미 성향의 이야기나 중국의 남사군도 영유권 주장을 과도하게 다룬 교과서에 대해 불평을 늘어놓았다. 레슬리와 나는 항상 같은 말을 해주었다. 너희는 학교의 손님이기 때문에 예의를 갖춰야 하지만, 배우는 모든 내용을 믿을 필요는 없다고.

한번은 시진핑이 베이징대학의 한 연설에서 사회주의 핵심 가치를 교육하는 일은 '옷의 단추를 채우는 것'[2]과 비슷하다고 얘기했다. 그는 "첫 단추를 잘못 채우면 남은 단추도 모두 잘못 채우게 된다"고 했다. 레슬리와 나는 이런 선전에 일부러 대응할 필요가 없다고 느꼈다. 우리 딸들의 단추는 처음부터 잘못 채워져 있었기 때문이다. 아이들은 정치적 교훈을 본능적으로 불신하는 듯했다. 어찌 됐든 수업 내용은 전혀 인상적이지 않았다. '도덕과 규칙'이라는 이름의 정치 과목은 학생들에게 애당심을 가르치려는 것 같았지만, 다른 소과목들과 마찬가지로 이상한 교훈이 뒤죽박죽 섞인 교재를 사용했다. 나는 쌍둥이들이 아편전쟁이나 일본의 침략에 대한 이야기들을 지

겹도록 들을 거라 예상했으나 교과과정에는 역사에 관한 내용이 놀라울 정도로 거의 없었다. 그런 내용은 고학년이 되면서 더 깊게 다룬다는 사실을 알게 되었다. 3학년과 4학년의 정치 과목은 사회에서의 바른 행동에 더 중점을 둔다. 쌍둥이 교과서의 한 부분은 "선생님, 열심히 일하시네요"라는 제목이었고, 학생들에게 선생님의 주간 일정을 손으로 베껴 쓰도록 했다.[3]

이런 유교적 가치를 주입하는 것 외에도 '도덕과 규칙' 교과서는 유년 안전사고에 대한 경각심을 일으키는 익숙한 이야기들을 싣고 있다. 아이들을 꼼꼼하게 감독하거나 시간 관리를 하지 않는 여름방학 동안 종종 끔찍한 일들이 발생했다. '도덕과 규칙'에 따르면 최근의 방학 때 산둥의 어느 강에서 일곱 명의 중학생이 빠져 죽은 일이 있었다.[4] 같은 방학 때 허난 어딘가의 연못에서 다섯 명의 초등학생이 익사했다. 헤이룽장에서는 학생 일곱 명이 강둑에서 놀다가 넷이 익사했다. 숫자가 너무 구체적이라 이게 수학 문제로 연결되려나 싶었지만 '도덕과 규칙'의 빠른 흐름은 돌연 비극에서 일상으로 방향을 전환한다. 아이들이 자아비판을 하는 만화를 다루는 어느 장에서는 한 소년이 "나는 편식쟁이에요"라고 얘기한다.[5] "그건 몸에 좋지 않으니까 앞으로는 고치겠어요." 또 다른 아이는 이렇게 말한다. "창틀에서 놀거나 난간에서 미끄럼틀을 타지 않아요. 떨어져서 다치면 안 되니까요."

영어 수업에서 선생님은 종종 아이들이 발음을 따라할 수 있도록 애리얼과 나타샤에게 수업 내용을 크게 읽어보라고 했다. 쌍둥이들은 이걸 아주 좋아했다. 특히 부상이나 고통, 순간적인 판단 착오로 평생의 결과를 초래하는 내용이면 더 좋아했다. 영어 교과서에는 "재미있는 시간"과 "이야기 시간"이라는 이름의 섹션으로 나뉜 부분이 있었다. 둘 사이의 차이를 구분하기가 어려웠다. 재미도 이야기도 똑같이 무시무시하게 들렸기 때문이다. 큰 소리로 읽을 때 쌍둥이는 언제나 위협적인 어투를 사용했다.

[재미있는 시간]

창밖으로 물건을 던지지 마.⁶ 위험하니까. 누군가를 다치게 할 수도 있어.
여기서 요리하지 마. 위험하니까. 작은 불이 큰불이 될 수도 있어.
조심해! 자동차를 조심해. 거꾸로 가지 마.
낯선 사람에게 문을 열어주지 마. 위험하니까.

[스토리 시간]

아기 곰아 무얼 하니?
폭죽에 불을 붙이고 있어.
조심해!
아야! 아프다.
계단을 뛰어 내려가지 마.
아이쿠! 팔이 아파. 오늘은 안 좋은 날이네.
조심해! 자전거가 오고 있어.

다리가 아파. 걸을 수가 없어.

병원으로 데려다줄게.
아, 이런! 오늘은 안 좋은 날이네.

　어리석음과 부주의로 커다란 대가를 치르는 아이들을 길게 나열하는 것 외에 영어 교과서는 어쩔 수 없는 상황에 처한 무고한 사람들의 이야기도 다룬다. 그중 헤밍웨이를 떠올리게 하는 아주 짧은 이야기가 있었다. 「킬리만자로의 눈」처럼 여기에도 산과 비행기와 간결한 대화가 등장한다.

　메리와 어머니는 작은 비행기를 타고 산 위로 날고 있다.[7]
　갑자기 큰 소음이 들린다. 비행기에 문제가 생겼다! 추락한다.
　메리의 어머니는 부상을 입고 말한다. "메리야, 움직일 수가 없다. 도움이 필요해."
　메리에게 좋은 생각이 났다. 메리는 눈 위에 발로 SOS라고 쓴다.

　역시 헤밍웨이처럼 등장인물들이 과음하는 이야기도 있었다. '도덕과 규칙'의 한 장에는 부모님과 함께한 생일 만찬에 간 안란이라는 소년이 나온다.[8] 저녁을 먹다 술에 취한 아버지가 차를 몰고 집으로 가려고 한다. 여기서 중국에 이상하리만치 흔한 일종의 부모 자식 간 역할의 역전이 등장한다. "아버지, 술을 마신 다음에는 절대로 운전하면 안 돼요!" 안란이 단호하게 말한다. "다이자런代駕人(대리운

전사)을 불러서 집으로 가세요!"

다이자런은 개혁개방 시대가 낳은 수없이 빛나는 혁신 중 하나다. 중국은 음주에 대한 무관용 정책을 시행하고 있고, 한 잔만 마셔도 운전면허가 정지될 수 있다. 중국에서 가장 인기 있는 차량공유 앱인 디디에서 사람을 부르면 접이식 자전거를 타고 당신의 차 앞에 나타난다. 그 사람은 자전거를 접어 당신 차의 트렁크에 넣고, 운전해서 당신을 집에 데려다주고는, 당신의 차를 주차한 뒤에, 몇 달러의 돈을 받고, 다시 자전거 페달을 밟아 다음 취객에게 달려간다. 이런 사람들이 어떻게 이렇게 빨리 생겨났는지 경이로울 정도였다. 금요일 밤 청두 도심에는 블록마다 다이자런이 최소 두 명씩은 되는 것 같았다. 디디 앱 지도를 보면 술 한 잔 마시지 않고 도심을 배회하는 작은 점들을 추적할 수 있다.

중국 면허를 취득한 이후로 나 또한 다이자런의 충실한 소비자가 되었음을 고백한다. 그렇다고 해서 이 서비스가 '도덕과 규칙'의 추천을 필요로 한다는 뜻은 아니다. 어찌 됐든 나타샤와 애리얼은 이 모든 걸 무시하는 것 같았다. 4학년이 되자 아이들은 '도덕과 규칙'에서 가장 중요한 교훈은 '도덕과 규칙'이 중국 학교에서 가장 중요하지 않은 과목이라는 사실을 알게 되었다. 쌍둥이는 급우들이 그 시간에 몰래 다른 숙제를 하는 것을 보고 자기들도 그대로 따라했다. 애리얼은 '도덕과 규칙' 교과서를 펴놓고 그 안에 수학책을 열어둔다고 했다. 그 시간에 저우션走神한다고도 했다. 직역하면 '영혼이 떠나간다', 즉 공상에 잠긴다는 뜻이다. 쓰촨대학의 학생들도 필수 정치 과목을 들을 때 비슷한 행동을 한다고 했다.

이것은 중국 학교가 주는 여러 혼란스러운 교훈 중 하나였다. 정치가 도처에 있으면 배경 소음이 되어버리고 학생들은 그걸 차단하는 법을 배운다. 간부들은 애국적인 젊은 세대를 키워내고자 했고 소분홍을 보면 얼마간 성공한 것처럼 보인다. 하지만 훨씬 더 많은 수의 중국 젊은이들은 정치에서 완전히 벗어나길 선택했다는 것이 내가 받은 인상이다. 의도된 일이었는지도 모른다. 당의 입장에서는 정치에 무관심한 대규모 어린이 집단을 만들어낸 것이 '도덕과 규칙'이 가져온 최악의 결과는 아니었을 수도 있다.

　　어쨌든 중국에는 현실 이탈의 오랜 역사가 있다. 쌍둥이의 4학년 중국어 교과서에는 9세기 초 당나라의 관리이자 시인이었던 유우석 劉禹錫의 이야기가 나온다.9 본문에서 유우석은 부정부패에 맞서 원칙적인 입장을 취했다가 화주和州라는 외딴 지방으로 좌천되고 현지의 속 좁은 상관이 그를 계속 강등시킨다. 강등될 때마다 시인의 숙소는 삼층집에서 방 세 칸으로, 방 세 칸에서 한 칸 반으로, 그리고 결국에는 낡은 오두막으로 관료주의적 구체성을 띠며 줄어든다. 유우석은 강등될 때마다 자기만의 방식으로 '저우션'한다. 창밖을 내다보며 풍경과 자기 마음속에 일어나는 일과의 괴리에 대해 시구를 써내려가는 것이다. 국가에 맞서는 대신 유우석은 그저 참고 기다리며 '식자들의 묵인'의 초기 사례를 보여준다. 이야기는 천년의 세월이 지나 속 좁은 상관은 일부황토一抔黃土, 한 줌의 흙이 되었지만 유우석의 시는 여전히 살아 있다는 말로 끝을 맺는다.

　　거센 물살 마주하고 흰 돛단배 떠가는 모습 바라보네

面對大江觀白帆

몸은 화주에 내려왔어도 마음은 변함없으니……

身在和州思爭辯

———

시는 넌센스를 상쇄하는 많은 긍정적인 부분 중 하나였다. 학생들은 중국어 시간에 한자를 외우고 글짓기를 하는 것 외에도 여러 세기에 걸쳐 중국 문화의 핵심이었던 시를 접했다. 4학년이 되자 나타샤와 애리얼은 이백과 두보 등의 고전 시를 수십 편 암송할 수 있었다. 교육을 받은 중국인은 거의 모두 특정한 시들을 외우고 있다. 8세기에 이백이 친구에게 작별을 고하고 나서 지은 「증왕륜贈王倫」(왕륜에게 바친다) 같은 시다.

이백승주장욕행李白乘舟將欲行(리 바이 청 저우 장 위 싱)

홀문안상답가성忽聞岸上踏歌聲(후 원 안 상 타 거 셩)

도화담수심천척桃花潭水深千尺(타오 화 탄 수이 션 첸 츠)

불급왕륜송아정不及汪倫送我情(부 지 왕 룬 쑹 워 칭)

일곱 글자씩 4행, 총 28음절에 불과한 이런 시는 상대적으로 외우기 쉽다. 셰익스피어의 소네트는 140음절로 이보다 다섯 배 길다. 그러나 고전 중국어는 짧은 문장으로도 많은 걸 전달할 수 있다.

이백이 배에 올라 길 떠나려 하는데[10]

홀연히 강가에서 송별 노래 들려온다

도화담 물 깊이가 천 길이 된다 한들

왕륜이 날 보내는 그 마음에 비할까

소년 시절 이백은 청두 근처에 살았다. 청두는 당나라의 또 다른 유명 시인 두보의 고향이기도 하다. 당나라는 옛 중국의 위대한 여류 시인 설도薛濤를 배출하기도 했다. 애리얼과 나타샤의 학급은 설도의 시도 한 편 암송했는데, 설도의 기념비는 우리 집에서 1.5킬로미터도 떨어지지 않은 진장강 둔치에 있었다. 아이들이 문학을 접하는 데 이보다 더 좋은 환경은 상상하기 어려웠다. 열 살짜리 여학생이 1200년 전 같은 도시의 또 다른 여성이 같은 언어로 썼다는 고전 시가를 읽을 수 있는 곳이 세상 어디에 또 있을까.

학급은 매 학기 약 12편의 시를 암송했다. 장 선생님은 주기적으로 난수 생성기를 사용해 한 명의 학생을 지목했고, 학생은 일어서서 시를 암송해야 했다. 암송하다 틀리면 행동과 학업 성취도를 기록하는 게시판에서 점수를 잃었다. 상위 10위에 든 남녀 학생들은 급우들의 관리 책임을 맡는 소조장小組長으로 뽑혔다.

우리는 처음부터 나타샤와 애리얼에게 성적은 중요하지 않다고 강조했다. 중국어를 배우는 것이 목표였다. 쌍둥이가 각종 학급 석차나 시험에서 몇 등인가는 상관없었다. 그러나 정치 선전에 대해서는 대응할 필요가 전혀 없었던 반면 경쟁의 문제는 훨씬 더 까다로웠다. 우리가 어떻게 얘기해도 나타샤와 애리얼은 점수에 신경을 썼다.

그리고 학교 시스템에 늦게 들어와 생기는 온갖 힘든 점에도 불구하고 일부 유리한 점도 있었다. 한자는 너무 어려워서 머릿속에서 쉽게 빠져나간다. 아이들은 새 한자를 배우는 와중에도 복습해야 할 한자를 계속 잊어버린다. 애리얼과 나타샤에게는 모든 한자가 다 새로웠지만 다른 4학년생들은 처음 배웠던 상당량의 잊어버린 한자와 씨름해야 했다. 아이들이 실수하면 교사들은 차이차이와 러우러우는 똑바로 쓰고 있지 않냐고 지적하곤 했다. 장 선생님은 가끔 학부모 회의에서 쌍둥이의 공부가 얼마나 늘었는지 언급하기도 했다.

다른 학부모들에게 이것은 그냥 지나칠 수 없는 절호의 기회였다. 방과 후에 아이들을 데리러 가면 어떤 엄마나 아빠가 자기 아이를 끌고 내게 다가오는 일이 드물지 않았다. "차이차이와 러우러우를 봐라." 엄마가 말한다. "이제 막 중국어를 배우기 시작했는데 벌써 너보다 잘하잖아!" 엄마 옆의 불쌍한 남자아이는 소년선봉대 스카프를 금요일 밤 취객의 넥타이처럼 엉성하게 매고 긴 일과에 지친 모습으로 서 있다. "차이차이와 러우러우를 보고 배워!" 엄마는 아이를 꾸짖는다. "더 열심히 공부해!"

이런 일이 하도 자주 있었던 터라 나는 애초 청두실험학교에서 우리를 받아준 이유가 이것 때문이 아닌가 싶었다. 쌍둥이는 학부모도 교사도 다 같이 쓸 수 있는 손잡이 둘 달린 완벽한 회초리였다. 나는 미국에서라면 이게 얼마나 쉽게 재앙을 불러왔을지 종종 생각하곤 했다. 사실상 적국이 된 나라에서 아이 둘을 데려와, 이들에 비해 너희는 얼마나 모자라냐고 자기 나라 아이들에게 으름장을 놓는다. 하지만 여기서 애리얼과 나타샤의 국적은 별 상관이 없어 보였다. 학부모들은 쌍둥이들이 어느 나라에서 왔고 트럼프 정권이 지금 뭘 하고 있는지에는 관심 없었다. 이들은 그보다 훨씬 더 중요한 것, 바로 교육을 존중하는 중국의 전통에 집중했다. 러우러우와 차이차이가 급우들에게 동기를 부여하는 데 쓰일 수 있다면 그것으로 족했다.

놀랍게도 다른 아이들은 쌍둥이를 원망하지 않는 것 같았다. 나는 아이들이 괴롭힘으로 대응했더라도 자칫 이해할 뻔했지만 엉성하게 스카프를 맨 가엾은 소년들은 그저 부모의 꾸지람을 받아들이고 넘어갔다. 중국에서 어린 시절 꾸지람은 자연 상태의 일부와 같아, 사실상 주어진 환경이나 마찬가지다. 아이들은 오리가 등 뒤로 물을 넘기듯 학대를 자연스레 넘겨버린다. 그리고 어릴 때부터 교육에 대한 전통적인 경외심을 키운다. 또한 중국의 학교에서는 가장 우수한 학생이 가장 인기 많은 학생이기도 했는데, 이것도 애리얼과 나타샤에게 동기 부여가 되었다. 미국에서 인기에 중요할 법한 운동이나 사교성이나 쿨함 같은 것은 중국 교실에서 별 의미가 없었다.

가을에 쌍둥이 중 나타샤가 처음으로 소조장을 맡았다. 애리얼도 곧 그 영광을 누리게 되었다. 아이들이 분명 자랑스러워했지만 소조장은 기본적으로 유쾌하지 않은 일이라는 것도 알 수 있었다. 소조장은 나쁜 행동에 대해 감점하는 의무를 맡고 있었고, 숙제와 수업 중 과제를 걷는 일도 했다. 교사들은 주기적으로 조별 대결을 시켜서 당시를 암송하거나 수학 방정식을 속도전으로 풀게 했다. 조를 책임진다는 것은 스트레스가 많은 일이었고 우리는 쌍둥이에게 그냥 소조장 자리를 거절해도 된다고 했다. 하지만 감투의 유혹은 대단했다. 당은 나타샤와 애리얼에게 어설픈 선동을 주입하려는 일은 매번 처절하게 실패했지만, 경쟁과 감투를 이용하는 시스템은 훨씬 더 성공적이었다.

학급에서 이별과 우정과 비애에 관한 이백의 영원한 시를 배우면, 친구들이 애리얼과 나타샤에게 다른 버전을 가르쳐주었다. 쌍둥이는 이 두 번째 버전을 열심히 외워서 집에 왔다.

이백승주요랍시李白乘舟要拉屎 (리 바이 청 저우 야오 라 스)
홀연발현몰대지忽然發現沒帶紙 (후 란 파 셴 메이 다이 즈)
용감신출대모지勇敢伸出大拇指 (용 간 셴 추 다 무 즈)
구구비고전시시摳摳屁股全是屎 (커우 커우 피 구 취안 스 스)

운율과 각운이 완벽하고 모든 것이 28음절 안에서 유창하게 전달된다.

이백이 배에 올라 똥을 싸려 하는데
홀연히 화장지가 없음을 깨닫는다
용감히 엄지손가락 꺼내어 뻗어
엉덩이 쑤셨더니 죄다 똥투성이

이 시를 옛 제자들에게 얘기해주었더니 자기 어린 시절의 다른 버전들을 기억해냈다. 어떤 버전에서는 이백이 진정한 벗 왕륜으로부터 관대한 화장지 선물을 받고 추억과 감상과 똥에 젖어든다. 다른

버전에서는 도화담이 이백의 비데로 사용되기도 한다. 윌리는 30년
도 더 전에 다녔던 시골 학교에서 인기를 끈 버전을 여전히 암송할
수 있었다.

이백승주거랍시李白乘舟去拉屎(리 바이 청 저우 취 라 스)
좌재선상망대지坐在船上忘帶紙(쭈오 짜이 촨 상 왕 다이 즈)
도화담수심천척桃花潭水深千尺(타오 화 탄 수이 션 첸 츠)
수세비고당초지水洗屁股當草紙(수이 시 피 구 당 차오 즈)

이백이 배에 올라 똥을 싸러 갔는데
배 위에 앉고 보니 화장지를 안 챙겼다
도화담 물 깊이는 천 길에 이르니
그 물로 뒤를 헹궈 밑 닦은 셈 치노라

이런 막장 패러디 고전작품들은 4학년 교과서에 나오는 당시만큼
이나 인상적이었다. 미국 학교의 학생들이 시에 대한 이해도가 높아
앤드루 마벌이나 존 던(둘 다 17세기 영국의 시인—옮긴이)의 작품을 지
저분한 버전으로 즐긴다고 생각해보라! 나는 여기서 드러나는 불경
스러움에서도 안도감을 느꼈다. 엄격한 규율의 수업과 '도덕과 규칙'
이 주는 딱딱한 교훈에도 불구하고 학생들은 자신들이 배운 내용을
비웃으며 놀 줄 알았다.
전반적으로 아이들은 놀라울 정도로 잘 적응한 것 같았다. 우리는
가끔 집으로 여학생 급우들을 열 명쯤 초대했는데, 비슷한 또래의

미국 소녀들에게서 보던 것과는 집단 역학이 달랐다. 청두의 학생들은 파벌을 형성하거나 누군가를 일부러 따돌리지 않았고, 그 어떤 못된 소녀 드라마도 없었다. 부분적으로 이는 10~11세의 중국 소녀들이 미국에서 흔히 볼 수 있는 사춘기 전 단계의 행동을 하지 않는다는 사실을 반영하는 듯했다. 그리고 집단을 강조하는 문화 덕에 중국의 아이들은 타협하고 받아들이는 법을 배운다. 대부분 외동이었지만 버릇없는 아이처럼 굴지 않았다.

아이들이 서로 잘 지내느냐는 전혀 문제가 아니었다. 문제는 서로 모일 수 있느냐였다. 놀이 일정을 잡으려면 몇 주에 걸쳐 부모들과 위챗 메시지를 주고받아야 했다. 끝없는 학원과 기타 과외활동 때문이었다. 이런 일상이 완전히 고착화된 나머지 부모들은 기획하지 않은 놀이의 가능성에 당황하는 듯했다. 한번은 레슬리가 반 친구를 주말 오후에 오라고 초대했더니 그 아이의 엄마가 어쩐지 허둥지둥 메시지를 보내 아이들을 대신 과학 박물관에 보내면 안 되겠냐고 물었다. 그 엄마는 명확하게 정의된 교육 목적이 있는 장소를 원했다. 그런 곳이 아니라면 아이들이 도대체 뭘 할 것이며 무엇을 배울 것인가?

작은 파티가 있을 때마다 아이들은 우리 아파트 단지의 마당에서 자기들만의 게임을 만들어 놀았다. 부모들은 아이들이 이토록 행복해하는 모습을 보니 좋다고 곧잘 이야기했다. 하지만 2년의 세월 동안 쌍둥이 친구 집단의 어느 누구도 이와 비슷한 모임을 주선하지 않았다. 그냥 그렇게 할 수가 없었다. 아이들 스케줄이 너무 많았고 부모들은 교육에만 편협하게 집중해 있었다. 엄마들 중 상당수는 외동아이를 돌보기 위해 직장을 그만두었다. 한 세대 전만 해도 듣도 보도 못한 현상이다. 1990년대 푸링에서 가르쳤던 여성 제자 중(100명 정도) 아이를 낳은 후 정규직으로 일하지 않은 사람은 아무도 없었다. 그러나 지금의 중국에서는 점점 흔한 일이 되어가고 있었다. 부분적으로는 새로운 번영 덕분이고, 교육의 무게 때문이기도 했다.

결국 우리는 파티 주선을 그만두었다. 일정 잡기가 너무 힘들었기 때문이다. 일부 부모는 아이들을 그렇게 바삐 돌리는 것이 얼마나 해로운 일인지 인식하고 있는 듯했다. 한번은 레슬리와 함께 쌍둥이 학급의 한 부모와 저녁 식사를 했다. 대화가 교육으로 넘어가자 아빠는 딸을 학원에 보내기 싫지만 어쩔 수 없다고 말했다. "모든 부모가 그렇게 느낍니다." 그의 말이다. "경쟁이 너무 심해요. 하지만 아이에게 기회를 주고 싶다면 다 할 수밖에 없죠."

중국의 부모들에게 자유 시간이나 여름방학, 혹은 허난과 헤이룽장의 아무 물가에서나 노는 아이들보다 훨씬 더 무서운 귀신은 대학 입시를 뜻하는 가오카오高考였다. 문화적인 영향력으로 볼 때 이는 과거 황조에서 실시하던 과거제도의 계승자다. 고3 학생들은 마지막 학년 말에 가오카오를 치르는데, 시험에 실패할 수도 있다는 귀신이 모두를 사로잡고 있다. 이것이 레슬리와 내가 우리 딸들이 아직 초등학생일 때 중국으로 가려 했던 이유 중 하나이기도 하다. 가오카오의 악영향을 피할 수 있을 만큼 어린 나이라고 판단했기 때문이다. 하지만 경쟁은 너무 심해져서 어린아이들조차 그 스트레스를 느끼기 시작했다. 다른 모든 중국 학교처럼 청두실험학교에도 매 학기 말 일주일간의 기말고사가 있었다. 초등학교 3학년에게도 이 시험은 혹독했다. 중국어 100분, 수학, 과학, 영어가 각각 90분씩 치러진다. 아이들은 장거리 운동선수처럼 훈련을 받았고, 애리얼과 나타샤는 장시간 집중하는 데 훨씬 더 능해졌다. 그러나 아이들은 교실에서 받는 스트레스에 대해서도 얘기했고 가오카오에 관한 뜬금없는 디테일을 배워오기도 했다. 4학년 초 수학 선생님은 아이들에게 8년 뒤 칭화대학에 입학하려면 가오카오에서 최소한 649점은 받아야 한다고 선언했다.

쌍둥이로부터 이 얘기를 들었을 때 나는 하마터면 '칭화대학치고는 낮은 점수 같은데'라고 할 뻔했다. 대학 신입생 글쓰기 교사인 나는 가오카오에 대한 온갖 잡다한 정보를 알게 되었다. 첫 학기의 학생들은 지난봄의 가오카오에서 배구 연습에 참석하지 못하는 것을 사과하는 손편지를 영어로 쓰라는 문제가 나왔다고 했다. 이런 기괴한 주제가 가오카오 영어 에세이를 구성하는 전형적인 요소였다.

공립학교 영어 교재의 낮은 수준을 고려할 때 내 학생 중 그토록 많은 수가 영어를 훌륭하게 말하고 쓴다는 사실이 놀라웠다. 하지만 이들이 이런 능력을 습득한 것은 대체로 공식 시스템 바깥에서다. 상당수가 과외에 의존하거나 세레나가 '가십걸'을 보고 배웠듯 무엇이건 구할 수 있는 교재로 부지런히 독학했다. 학교 수업에서는 손글씨와 같은 쓸모없는 기술에 시간을 낭비하곤 해 별로 배우는 것이 없었다. 한 1학년 학생은 허베이성 헝수이衡水시의 유명한 학교에서 디자인한 영어 글씨체에 대한 에세이를 썼다.

수험생의 손글씨가 단정하고 깔끔하면[11] 채점관들이 더 높은 점수를 주는 경향이 있다. 헝수이중학교는 이런 현상을 처음 발견하고 학생들이 가오카오에 사용하도록 특별한 글씨체를 개발했는데, 이것이 '헝수이체'라고 알려져 있다. 글자의 중심 부분이 아주 둥글고 주변의 선은 되도록 짧게 뺀다. 모든 글자의 높이가 같고 자간은 매우 좁다. 현재 중국 대부분의 고교는 학생들에게 이 글씨체를 연습하도록 요구하고, 헝수이 연습장은 큰 인기를 끌어 어떤 온라인 상점에서는 한 달에 2000권이 넘게 팔린다. 하지만 단정하다는 것을 빼면 헝수이체는 딱히 미적인 만족감을 주지는 않는다. 가오카오만을 위해 존재하는 글씨체다. 시험이 끝나면 수험생들은 연습장을 치워버리고 원래의 글씨 습관으로 돌아온다.

9월에는 많은 신입생이 여전히 습관적으로 헝수이체를 사용한다. 학생들이 수업 중에 써서 제출한 과제는 때로 기계가 쓴 것으로 보일 만큼 단정했다. 하지만 보통 대학에 들어오고 조금 지나면 둥근 헝수이체를 서서히 잊는다. 이 글씨체는 가오카오를 위해 익혔다가 금세 버려지는 수많은 작은 요령 중 하나였다. 시험의 핵심은 여전히 수학과 중국어 같은 주요 과목이었지만, 경쟁이 너무 심해졌기 때문에 최상위 학생들은 손글씨 같은 주변 기술로 변별력을 키워야 했다. 그리고 입학에는 오로지 가오카오 점수만이 중요했다. 몇몇 산발적인 예외를 빼면 중국 대학들은 내신이나 추천서, 과외 활동 등은 고려하지 않는다.

스쿠피의 매력 중 하나는 쓰촨대학의 다른 학과들보다 가오카오 커트라인이 낮다는 점이었다. 그랬던 이유는 스쿠피 학생들은 대부분 결국 중국의 시험점수가 중요하지 않은 피츠버그나 다른 외국 대학으로 갈 것이기 때문이었다. 쓰촨성 학생이 2019년 가을 스쿠피에 합격하려면 750점 만점에 632점을 받아야 했다. 쓰촨성 전체 수험생 중 상위 6퍼센트에 해당되는 점수다.[12] 쓰촨대학에서 그다음으로 낮은 커트라인은 649점으로,[13] 수자원, 위생검사 및 검역, 마르크스주의 같은 덜 유명한 학과에 입학할 수 있었다. 반면 영어과 커트라인은 660점이었다. 경제학과는 663점이고 수학과는 667점이었다. 아주 작은 점수 차이로 완전히 다른 전공과 진로를 택하게 된다. 매년 약 1000만 명의 중국 학생이 가오카오를 치르고 이 중 1.6퍼센트만이 985 대학에 입학할 자격을 얻는다.[14] 인구가 많은 광둥성에서 온 한 1학년 여학생은 고등학교 때 선생이 이런 주문을 반복해서 외웠다고 했다. 가오카오 점수가 1점 올라갈 때마다 너희는 1000명의 경쟁자를 제친다.

쓰촨대학 웹사이트에는 학과별 커트라인이 나와 있었고 그에 따라 과별 위상이 달랐다. 마르크스주의 학과는 다들 낮춰 보았다. 마르크스 이론을 미화하려는 당의 노력에도 불구하고 마르크스주의 학과가 위생검사 및 검역 학과와 함께 하위 서열을 차지하고 있다는 것은 시사하는 바가 있었다. 스쿠피도 서열이 낮은 것으로 간주되었고 학생들은 다른 학과들로부터 무시당한다며 불평했다. 캠퍼스의 최종 엘리트, 쓰촨대학의 브라만은 구강의학과 학생들이었다. 처음에는 왜들 그렇게 구강의학에 열광하는지 의아했다. 내 학생들은 대학생활의 모든 면에서 뛰어나 보이는 구강의학과 학생들에 대해 부러움과 원망을 섞어 얘기했다. 심지어 국경절 전에 있었던 '신중국을 찬양하고 신시대를 노래하자' 합창대회에서도 구강의학과가 최고상을 수상했다.[15]

쓰촨대학 화시華西의과대학의 구강의학과가 중국 내 최고로 인정받고 있다는 사실을 알게 되었다. 이들의 가오카오 점수는 정말 대단하다. 이곳의 임상의학 프로그램에 들어가려면 수학과보다 거의 30점이 더 높은 696점을 받아야 했다. 이처럼 지위가 저만치 높은 구강의학과 학생들은 다른 학부생들과 어울리지 않으려고 했다. 세레나는 구강의학과 학생에게 전공이 뭐냐고 물으면 내숭을 떨며 대답을 피할 것이라고 말해주었다. 은근히 잘난 체하는 하버드 졸업생이 '보스턴에 있는 학교'에 다녔다고 하는 것처럼.

대부분의 학생은 가오카오의 경험에서 트라우마를 입은 것처럼 보였다. 한 남학생은 스트레스 탓에 심장 문제로 입원했던 일에 대한 에세이를 썼고,[16] 자살을 생각해본 적이 있다고 쓴 학생도 여럿이었다. 이 중 두 명은 형수이의 그 사립학교가 전국적으로 유명한 글씨체를 개발한 것 외에도 학생들이 뛰어내리지 못하도록 강의동 발코니에 가드레일을 설치했다는 사실을 언급했다.[17]

가오카오가 끝나도 스트레스는 끝나지 않는다. 가오카오에 대한 일부 가장 생생한 에세이는 시험 결과가 발표되고 나서 가족이 마련한 전통 축하연을 묘사하고 있었다. 이런 연회야말로 실망과 지레짐작, 비난과 온갖 형태의 수동적 공격 행위의 향연이다. 한 학생은 자신의 가족 연회를 항우라는 이름의 군벌이, 나중에 한나라를 세우게 되는 귀족 유방을 암살하기 위해 연회를 주최하는 중국 역사의 유명한 장면에 비유했다. 본인은 쓰촨대학에 합격했지만 사촌이 훨씬 더 좋은 학교에 들어갔기 때문에 유방처럼 위험에 노출되어 있다고 설명했다. 그녀는 나이 많은 친척들이 외모를 놓고 비교하는 방식을 묘사한다.

'1센티미터 더 크다'는 말은[18] '더 유망하다'이고, '얼굴에 여드름이 없다'는 '자기 관리'를 한다는 뜻이다. 작은 특징 하나하나에 의미를 부여해 비교해야 한다.

한 1학년 글쓰기 수업에서 학생들에게 자신의 가오카오 성적을 알게 되었을 때 어떻게 반응했는지 설문 조사를 했더니 18명 중 17명이 실망했다고 답했다.[19] 가끔 레슬리와 나는 미국에서는 모든 아이가 승자고 중국에서는 모든 아이가 패자라는 농담을 주고받았다. 잔이 10분의 1 비어 있다는 마음가짐. 실패가 사람들의 기대 속에 내재되어 있는 것 같았다. 스쿠피에서 2년 차에 다커Darker 랴오라는 이름의 학생이 있었다. 완벽하게 어울리는 영어 이름이었다. 다커는 교실에서 시무룩하고 조용했지만 아름다운 글을 썼다. 그의 첫 에세이는 고등학교 수학 선생에 대한 3500자의 신랄한 단어로 구성되어 있었다. 이 선생은 가오카오가 끝나고 다커의 축하연에 뱅쿠오(『맥베스』의 등장인물—옮긴이)의 유령처럼 어디선가 나타나 부모와 친척들 앞에서 소년을 비난했다. "네 머리면 더 좋은 학교에 갈 수도 있었는데 말이야"라고 말했다. "이제 어떡해? 그러니까 내 말을 안 들으면 이렇게 된다니까."

이 교사는 카리스마가 있었고, 처음에 다커는 그의 마법에 빠졌었다.

선생님에 대한 내 태도는 존경이라기보다[20] 광기의 수준까지 이른 숭배였다. 그를 볼 때마다 항상 90도 가까이 몸을 숙여 인사해서 친구들이 뜨악해하기도 했다. 숙제를 제출할 때는 언제나 두 손으로 건넸다. 매주 쓰는 일기에 그의 교수법에 대한 긍정과 찬사를 남기기도 했다. (…) 이제 와서 생각해보면 그 선생이 자살하라고 했다면 나는 아마 그렇게 했을 것이다.

맥베스의 야망만큼이나 치명적이었던 다커의 비극적 결함은 고3이 되어 로봇공학에 흥미를 가졌다는 점이다. 선생이 보기에는 차라리 마약을 하거나 온라인 포르노에 빠지는 편이 나았나보다. 그는 다커에게 로봇공학을 그만두고 오로지 가오카오 준비에만 집중하라고 명령했지만, 다커는 둘 다 할 수 있다고 생각했다. 선생은 친구들 앞에서 다커를 놀리고 비난하기 시작했다. 어느 날 한바탕 기죽이는 설교를 듣고 나서 다커는 마침내 자신의 우상을 새로운 눈으로 보게 되었다. 다커는 에세이의 제목을 '비단 실'이라고 지었다.

내 팔다리를 봤더니 셀 수 없이 많은 비단 실이 단단히 감겨 있었다. 다른 학생들을 보니 그들도 비단 실에 싸여 있었다. 어떤 학생들은 비단 실이 보이지 않던 때의 나처럼 고개를 끄덕이며 흠모의 눈으로 교장을 쳐다봤다. 어떤 학생들은 내가 이제야 비단 실을 알아챈 것이 우습다는 듯 재미있는 표정으로 나를 쳐다봤다. 눈으로 비단 실을 따라가보니 그 끝은 교장의 손에 쥐어져 있었다.

———

강의 2년 차에 60명이 넘는 학생을 대상으로 가오카오와 대학 입시가 대폭 바뀌어야 한다고 생각하는지 묻는 설문 조사를 했다.[21] 확실한 다수인 61퍼센트가 기존 시스템의 유지를 선호했다. 이 주제로 진행한 수업 토론의 결과도 비슷했고, 학생들은 식자들의 묵인을 따르듯 종종 현상 유지를 옹호하는 논증적 에세이를 썼다. 심지어 한 남학생은 내가 제일 좋아하는 논리 전환을 들이밀었다.

질식하는 게 두렵다고 먹는 것을 포기할 수는 없으니[22] 가오카오를 변증법적으로 봐야 한다. 전반적으로 가오카오에는 단점보다 장점이 월등히 많다.

가오카오를 지지하는 가장 일반적인 이유는 점수는 돈으로 매수할 수 없기 때문이다. 부자가 포르셰나 호화 아파트는 살 수 있어도 자식의 쓰촨대학 구강의학과 합격은 살 수 없다. 더 좋은 고등학교에 보낼 수 있고 더 많은 학원 수업에 돈을 낼 수 있다는 유일한 이점은 있지만 그마저 열심히 공부하지 않으면 소용없다. 전반적으로 미국의 입시 시스템이 뭔가 힘을 써보기 훨씬 더 쉽다. 부유층 중국인들이 자녀를 미국의 고등학교로 많이 보내기 시작한 것도 그 때문이다.

이 문제와 많은 이슈에 있어서 학생들은 현실주의자라는 인상을 줬다. 이 외동아이들은 버릇없이 자라지는 않았지만, 그렇다고 순진한 얼굴에 큰 눈망울을 하고 있지도 않았다. 이상주의를 믿기에는 세상에 결함이 너무 많다고 생각했고 유년 시절에는 엄청난 양의 스트레스와 고된 공부가 뒤따른다는 사실을 받아들였다. 논픽션 수업의 사린슈타인이라는 학생은 인물 취재의 대상으로 청두의 10세 소년을 골랐다.[23] 사린슈타인은 아이와 부모를 인터뷰하고, 학교에 따라가보고, 학원 수업 일부를 관찰했다. 사린슈타인은 물리학 전공이었고 강도 높은 입시 준비로 유명한 멘양의 학교를 다녔다. 사르트르와 아인슈타인을 존경해서 혼합식 영어 이름을 만들었다.

사린슈타인 본인은 프랑스 철학자 사르트르의 개인주의에 공감했지만, 그런 가치들이 중국에서 받아들여질 여지는 별로 없음을 인정했다. 그는 열 살 소년의 인물 취재에서 학교가 아이들을 교실 앞에서 뒤까지 시험 성적순으로 앉힌다는 사실을 관찰했다. 이번에도 사린슈타인은 두 가지 모순된 생각을 동시에 품을 수 있었다. 그런 관행은 혐오했으나 필요악으로 본 것이다. 인물 취재에 대해 교환하던 이메일에 그는 이렇게 썼다.

중국에서는 교육이 계급 이동의 가장 중요한 수단입니다.[24] 그래서 다들 시험 성적에 집착하며 공정성을 강조하지요. 서양에서 교육은 기득권이 자신들의 우위를 강화하기 위한 수단에 더 가깝기 때문에 정의를 강조합니다.

중국 교육의 본질은 재능을 양성하기보다는 솎아내고 골라내는 메커니즘입니다. 중국의 시스템으로는 개인의 전인적이고 건강한 성장을 살피는 개별화된 교육을 실시할 수 없어요. (…) 이 시스템은 거대하고 어쩐지 거추장스러운 중국 사회를 작동시키기 위한 기계에 불과합니다. 계속해서 충분한 인력을 전체 사회에 제공하는 것이죠. 잔인합니다. 하지만 중국의 현 환경에서는 아마도 가장 공정한 선택일 것입니다. 불만족스러운 타협안이지만 더 나은 방법을 보거나 생각해내지 못했어요.

나 자신의 반응 또한 모순적이었다. 사린슈타인의 결론은 우울했지만 분석은 놀랍도록 명쾌했다. 그는 물리학 전공이었음에도 대부분의 미국 대학생보다 영어 글쓰기가 뛰어났다. 나는 이런 학생들의 자기 관리와 강인한 정신력에 감탄했고, 이들을 배출한 시스템을 존중하지 않을 수 없었다. 하지만 나는 경쟁과 성취에 대한 이들의 체념적인 시각에도 공감했다. 이들은 곧잘 네이쥐안內卷, 즉 '인볼루션 involution'에 대해 얘기했는데, 이는 그 세대의 트레이드마크가 된 용어였다. 네이쥐안은 치열한 경쟁에도 불구하고 오히려 성과가 줄어드는 지점을 가리킨다. 한 친구는 이걸 햄스터 쳇바퀴에서 달리는 느낌이라고 표현했다.

이 느낌의 일부는 무력감이었다. 학생들은 형수이체 같은 데 얼마나 많은 노력을 낭비하고 있는지 잘 알고 있었지만, 그것 또는 시험의 그 어떤 측면을 개혁해도 똑같이 경쟁적이고 소모적인 다른 무언가로 대체될 것이라고 믿었다. 수업 토론에서 한 1학년생이 입학처가 자원봉사 같은 과외 활동도 고려해야 한다고 주장했다.[25] 그의 말이 끝나자 다른 학생이 일어나 반론을 폈다. "자원봉사를 넣어도 그저 해야 할 일만 늘어나는 것이고 중압감만 커지는 것"이라고 했다. "당신이 100시간의 자원봉사를 한다면 나는 200시간을 할 겁니다. 그러면 당신은 300시간을 하겠죠."

강의 2년 차에 60명 이상의 학생을 대상으로 실시한 설문 조사에서 고등학교 때 느꼈던 중압감에 대해 물었다.[26] 스트레스로 고생했느냐고 물었더니 75퍼센트가 그렇다고 답했다. 부모님이 너무 많은 스트레스를 주었느냐는 그다음 질문에 대한 응답은 거의 반대였다. 78퍼센트가 아니라고 했다. 이것 역시 이들의 특징으로 보였다. 시스템의 결함은 인지하고 있지만 그걸 만들거나 공고화한다고 누구를 탓하지 않는다. 부모의 세계를 깨부수려는 젊은 반항의 욕망을 거의 드러내지 않는다.

이들은 오히려 윗세대에 대한 동정심이 깊었다. 젊은이들은 대체로 문화대혁명이나 톈안먼 광장 학살과 같은 민감한 정치 사건에 대한 지식이 별로 없었지만, 최근의 경제적 역사에 대해서는 훨씬 더 잘 이해하고 있었다. 부모님 이야기를 통해 가난은 어떠했으며, 그러다 갑자기 기회, 위험, 투쟁의 신세계로 들어선다는 것은 어떤 느낌인지 분명히 알고 있었다. 경쟁을 싫어하면서도 부모 세대의 성공에서 경쟁이 수행했던 역할을 존중했다.

2020년 가을, 인리메이라는 논픽션 수업 학생이 자기 어머니의 경력에 관해 인터뷰했다. 1990년대에서 2000년대 초반까지 어머니의 단웨이는 외딴 윈난성에 있는 국영 곡물 도매 회사였다. 그곳의 분위기는 심각할 정도로 경쟁이란 게 없었다. 직원들에게는 승진 기회가 거의 없었고 이 비효율적인 곡물 기관은 정부 지원으로 유지되고 있었다. 결국 중국의 다른 지역에서 일어나고 있던 변화가 그곳까지 닥쳐왔다. 인리메이는 어머니와 동료들이 기존 삶이 끝났다는 사실을 알고 보였던 냉담한 반응을 이렇게 묘사했다.

> 2004년 말의 어느 날[27] 곡물관리사무소에서 직원 회의를 열었다. 전 직원은 거기서 단웨이가 폐지된다고 정식 통보받았다. (…) 회의 참석자 중 거세게 반응했던 사람은 없었냐고 어머니에게 물었더니 없었다고 했다. 이들은 모든 걸 알고 있던 것만 같았다. 아니면 아무것도 몰랐거나. 아무도 놀라지 않았고 아무도 화내지 않았다. 회의가 끝나고도 모두 별다른 얘기가 없었고 마치 이것이 평범한 회의였던 것처럼 행동했다.

———

인리메이의 어머니는 교실 분위기가 상대적으로 덜 경쟁적이었던 나의 푸링 제자들과 거의 같은 나이였다. 모두 가오카오 점수로 입학했지만 그때만 해도 대부분의 고등학교는 아직 치열한 전략과 준비를 하는 단계까지는 이르지 않았다. 푸링의 학생들은 아무도 가오카오 경험에 대한 에세이를 쓰지 않았고, 특정 점수나 커트라인에 대해 얘기하는 걸 들어본 적이 없다. 학생들은 때로 대학에 합격했다는 사실을 알고 느꼈던 기쁨에 대해 얘기했으나 그 과정 자체를 설명하지는 않았다. 선생의 입장에서 봐도 그때는 형수이체 같은 것도, 엘리트 구강의학과도, 20년 뒤 쓰촨대학에서 알게 된 별별 가오카오 관련 잡지식도 없었다. 가오카오 얘기는 아주 드물게 나왔기 때문에 『리버타운』에서는 언급하지도 않았다.

한참이 지나서야 나는 에밀리가 가오카오를 다시 치를까 고민했다는 사실을 알게 되었다. 에밀리는 학년에 비해 나이가 어렸고, 선생과 부모는 그녀가 한 해 더 공부하면 아마 더 좋은 대학에 합격할 거라 믿었다. 이런 관행은 결국 더 일반화되었다. 내가 가르치던 쓰촨대학 학생들의 상당수가 점수를 높이기 위해 1년을 더 공부했다. 그러나 에밀리는 그러지 않기로 했다. 기본적으로 어느 학교든 만족했기 때문이다. 그녀는 학생 때 내 수업에서 한 번도 내게 학점 상담을 하지 않았다. 그게 보편적이었다. 애덤과 나는 우리 반 학생들이 점수에 의해 동기 부여되지 않는다는 사실을 금세 깨달았고, 과제물에 점수나 학점을 거의 매기지 않았다. 학생들은 일반적인 격려나 피드백으로 만족했으며 학점은 그들의 미래에 아무런 영향을 미치지 않는 것 같았다.

정부에서 배정한 교사직을 받아들인 뒤 이들은 구식 시스템에서 작동하는 직업세계로 들어갔다. 하지만 인리메이 어머니의 경우처럼 변화가 눈앞에 다가오고 있었다. 푸링의 제자 중 타지역으로 이주한 소수가 처음으로 치열한 경쟁을 경험했다. 때로는 경쟁의 존재를 인지하지도 못한 채였다. 큰형의 다이너마이트 사고 이후 상하이로 건너갔던 학생 앤리는 도시 광장의 이주민 대열에 합류한 뒤 기분이 나아졌다고 했다. 그의 첫 반응은 연대의 감정이었다. 다른 이들을 경쟁자로 인식하지 않은 것이다. "다른 사람도 다 같은 처지였어요." 오랜 세월이 흐른 뒤 앤리는 회상한다. "그러니까 나도 괜찮을 거라고 생각했죠."

시간이 흐르며 경쟁에 대한 앤리의 관점은 바뀌었다. 두 번째로 취직했던 타이완 회사 디비텔에서 승승장구했다. 승진의 사다리를 타고 오르는 희열이 좋았고 야간 교육 과정에 등록하면 승진에 도움이 된다는 것도 깨달았다. 1999년 공장에서 모토롤라 휴대폰을 생산하기 시작하며 모토롤라가 일부 중국인 직원에게 경영 교육을 받도록 요구했다. 앤리는 스무 명 중 한 명으로 뽑혔다. 어떤 의미에서 이것이 앤리가 미국식 문화와 관행에 대해 두 번째로 받은 정식 교육이었다. 첫 번째는 미 정부의 주선으로 푸링의 평화봉사단원들을 통해 이루어졌다. 이제 두 번째 단계에서 앤리는 미국의 기업으로부터 교육을 받았다.

1986년에 모토롤라의 한 엔지니어가 식스 시그마라는 품질관리 시스템을 개발했다. 이 이론에 따르면 엄격한 식스 시그마 프로세스를 제대로 따라 제품을 생산할 때 결함 가능성을 통계학상 아주 미미한 수준으로 줄일 수 있다. 식스 시그마는 1990년대에 큰 성공을 거두어 제너럴 일렉트릭과 허니웰 같은 미국 대기업에서도 도입했다. 1990년대 말 제조업 기반이 태평양을 건너오면서 일부 중국 공장에도 식스 시그마가 소개되었다.

모토롤라는 앤리의 공장에 미국인과 중국인 강사를 파견했다. 교육은 매주 두 번씩 1년 반 동안 이루어졌다. 과정은 미국식 약자로 QSRQuality System Review(품질 시스템 리뷰)이라는 이름으로 불렸다. 목표는 식스 시그마를 구현할 수 있을 만큼 스무 명의 직원을 준비시켜 공장의 나머지 직원들에게 그 방법을 교육하도록 하는 것이었다.

앤리에게 식스 시그마는 종교적 깨달음만큼이나 충격이었다. 초기에 앤리의 사회생활은 기본적으로 줄곧 수동적이었다. 쓰촨을 떠난 것은 형의 비극적인 사고 때문이었고, 상하이로 간 것은 고향 사람이 마침 거기 있어서였다. 할 수만 있으면 무슨 일자리든 받아들였다. 그러나 이제 시스템, 프로세스, 경쟁의 중요성을 깨닫기 시작했다. 열심히 일했던 결과 식스 시그마 과정에 뽑힐 만큼 두각을 나타냈고, 갑자기 스스로의 주체가 되었다.

8000명이 넘는 직원이 근무하는 공장은 거대했지만 문화는 빠르게 변했다. 앤리와 다른 식스 시그마 교육생들이 제조 과정에 엄격한 원칙을 구현했고 세미나를 열었다. 근무 시간에는 조립라인 직원들을 지도했다. 이들은 '백만분율'이라는 뜻의 새로운 용어 ppm(parts per million)을 도입했다. 미국에서 식스 시그마의 품질관리 목표는 3.4ppm으로, 100만 개의 상품을 생산하면 평균 3.4개의 불량품이 나온다는 뜻이다. 앤리의 회사가 식스 시그마를 도입하기 전인 1999년, 공장의 불량품 비율은 100만 개 중 평균 5000개가 넘었다.[28] 2001년에는 그 수치가 20이 되었다. 불과 2년 만에 제조 오류를 99.6퍼센트나 줄인 것이다.

앤리는 이런 규모의 공장이 이처럼 빨리 변할 수 있다는 사실을 믿기 힘들었다. 본인의 탈바꿈도 완료되어, 그해 그는 식스 시그마 전도사로 새로운 경력을 시작했다. 디비텔을 떠나 개인 컨설팅 회사를 차린 뒤 출장을 다니기 시작한 것이다. 장쑤, 저장, 안후이, 산둥과 같은 동부 지역의 성들을 돌며 미국의 경영 시스템 식스 시그마에 대한 프레젠테이션을 했다.

"명확한 업무 지침이 전혀 없었어요." 앤리는 당시의 공장들을 떠올리며 말했다. "공식 문서가 없었습니다. 직원들은 그냥 경험에 의존했죠. 모든 게 시행착오를 통해 이루어졌고 사람들은 구술을 통해 다른 사람들로부터 직접 일을 배웠습니다. 저는 그들에게 변수를 정의하고 작업을 문서화해야 한다고 말했어요. 작업 지침이 필요하다. 표준이 필요하다. 기본적인 프로세스 제어가 필요하다."

앤리의 컨설팅 회사는 번창해서 대여섯 명의 직원을 고용했다. 자동차와 아파트를 샀고 더 이상 돈 걱정을 하지 않았다. 시간을 두고 공장들을 후속 방문하며 작업 표준과 안전이 식스 시그마에 의해 극적으로 개선되어가는 것을 관찰했다. 그는 스스로를 해외의 사상을 가르치는 교사라고 여겼다. 그런 의미에서 그는 원래 교육받은 사명을 다하고 있었다. 평화봉사단 단원들로부터 배운 영어를 가르치는 대신 모토롤라의 경영 사상을 전파하고 있었다.

앤리는 장애인이 된 형에게 매달 돈을 보내기는 했지만 쓰촨으로는 거의 돌아오지 않았다. 푸링 기숙사의 룸메이트 중 두 사람, 노스와 영시와는 자주 연락했다. 세 소년 모두 가난한 시골 출신이었고 셋 다 내 수업에서 딱히 뛰어난 학생은 아니었다. 하지만 이들은 카리스마와 외모로 눈에 띄었는데, 특히 영시가 그랬다. 흑청색 머리에 커다랗고 둥근 눈, 높은 매부리코의 영시는 빼어난 미남이었다. 한족으로만 이루어진 교실에서 영시는 마치 다른 민족 사람처럼 보였다. 그도 앤리처럼 연애를 금지하는 대학 규정을 무시하던 시적인 영혼이었다. 영시는 고전적인 방식으로 시를 쓰며 구애해 중문과 여학생의 마음을 사로잡았다. '영시Youngsea'라는 영어 이름을 고른 이유는 그게 그의 중국어 필명의 직역이었기 때문이다.

영시는 쓰촨 동북 지역의 외딴 고향 마을에서 두 번째로 대학에 들어간 사람이었다. 졸업하고는 고향 근처 중학교에 정부가 배정한 교사직을 받아들였다. 한 달 월급이 30달러 조금 넘었다. 수입을 보충하기 위해 영시는 싸구려 키보드 두 개를 구입해 학교에서 야간 타자 개인 교습을 시작했다. 사람들이 컴퓨터의 중요성에 대해 듣기 시작하던 때였고, 수십 명의 학부모가 자녀를 등록시켰다. 영시는 공장의 조립라인 방식으로 가르쳤다. 키보드마다 스무 명의 학생이 줄을 서고 맨 앞으로 오면 2분간 타자 연습을 할 수 있었다. 2분이 되면 영시가 알람을 울리고 다른 아이 차례가 된다. 수업료는 한 번에 25센트 정도였다. 관심이 뜨거웠던 덕에 영시는 곧 정규직보다 개인 교습을 통해 더 많은 돈을 벌게 되었다.

학교 간부들은 처음에 영시가 거둔 성공에 어떻게 대응해야 할지 몰랐다. 아직 학원에 다니는 아이들은 흔치 않았지만 가정의 가처분 소득이 늘어나 그만한 여유가 생기기 시작하던 시절이었다. 처음에 간부들은 새로운 것에 맞닥뜨리면 간부들이 으레 하는 일을 했다. 교습을 금지한 것이다. 영시에게는 학교 시설에서 부업에 종사하면 안 된다고 했다. 하지만 학부모들이 불만을 제기했고, 어떤 관리들은 전국적으로 사업가 정신이 장려되고 있음을 지적했다. 이것이야말로 딱 덩샤오핑이 원했을 법한 일이었다. 학교는 금세 입장을 뒤집었고 아이들이 영시의 조립라인 타자 교습으로 돌아왔다.

1년 뒤 영시는 돈을 좀 모았고 푸링에 있는 교육 기관으로 교직을 옮겼다. 그리고 이 작은 도시에 어울리지 않을 정도로 아름다운 여성과 사귀기 시작했다. "어디를 가도 남자들이 들이대고 집적거렸죠." 영시는 오랜 세월이 지나 이렇게 회상했다. 그녀는 한 가게에서 일했는데(이름은 린이라고 하자) 사장의 남동생이 린에게 너무 빠져서 안전에 위협을 느꼈다. 영시는 매일 오후 학교 무예과 학생 둘을 보내 린의 귀갓길에 동행하도록 했다. 그러나 이것은 단기 해결책밖에 될 수 없음을 깨달았다. "그녀를 지키려면 사장이 되는 수밖에 없다고 생각했죠." 그가 말했다. "제가 사장이면 저와 함께 일하면 되고, 그러면 남자들이 접근하지 않을 테니까요."

교육 기관에는 영시의 열정과 추진력에 탄복한 60대의 한 은퇴 교사가 있었다. 사장이 되고 싶다는 꿈을 얘기했더니 그에게 1000달러가 넘는 돈을 빌려주겠다고 했다. 때는 2000년이었고 푸링 같은 소도시의 성공한 자영업자들이 휴대폰을 구입하기 시작하고 있었다. 영시는 시내에 휴대폰 가게를 열었다. 린이 가게 관리를 도왔고 사업은 번창했다. 린의 미모가 성공의 한 축이었다. 남자들은 그녀를 보면 종종걸음을 멈추고 휴대폰을 구경했다.

영시는 4개월도 되지 않아 은퇴 교사로부터 빌린 돈을 모두 갚았다. 교육 기관은 휴직해놓은 상태였으나 이제 사업에 집중하기 위해 완전히 그만두었다. 가게에는 휴대폰 외에 무전기와 같은 다른 전자기기도 들여놓았다. 영시는 원래 무전기는 구식이 아닐까 생각했지만 날개 돋친 듯 팔리기 시작했다.

무슨 일이 일어나고 있는지 파악하는 데는 시간이 좀 걸렸다. 건설사들이 무전기를 사용해 건설 현장에서 소통했던 것이다. 현장 근로자들은 보통 휴대폰을 갖고 있지 않았다. 회사가 확장할 때마다 더 많은 직원을 고용했고 이들은 무전기를 필요로 했다. 회사는 같은 주파수에서 작동하는 기기를 사기 위해 늘 같은 대리점을 다시 찾았다. 2000년대 초반에는 중국의 모든 건설사가 폭발적으로 성장하는 것처럼 보였고 싼샤댐 일대는 특히 그랬다.

영시는 자신이 빠르게 성장하는 미개척의 틈새시장을 우연히 발견했다는 사실을 깨달았다. 모든 사업가의 꿈이었다. "휴대폰보다 무전기로 훨씬 더 많은 돈을 버는 일이 가능했습니다." 그가 회상한다. "하지만 아무도 그걸 몰랐죠. 내가 푸링에서 그걸 처음 생각해낸 사람이에요." 그는 두 번째 가게를 열었고 1년 만에 여태 상상하던 것보다 더 많은 돈을 모았다. 곧 경쟁자가 등장해 푸링에서 무전기 사업을 시작했다. "전쟁이었죠!" 영시는 그때를 기억하며 행복하게 얘기했다. "진짜 싸움 같았어요. 서로 우위를 점하기 위해 애썼죠. 하지만 내가 먼저 시작했고 그쪽은 절대 따라잡을 수 없었습니다."

훗날 영시는 거의 우화를 얘기하듯 이 시기를 묘사했다. 경쟁은 사람을 취하게 했다. 그는 경쟁자의 전략을 알아내서 거기 대응할 방법을 찾는 일을 즐겼다. 처음의 주된 동기는 여자친구를 보호하려는 욕망이었지만, 시간이 지나고 돈이 많아지면서 마치 돈이 그런 욕망을 무감각하게 만든 것 같았다. "우리는 정말로 사랑했어요." 영시의 말이다. "그러나 그때는 금전 추구에 대한 욕망이 다른 무엇보다 강했어요. 그녀는 집과 가게를 왔다 갔다 하며 쉴 새 없이 일했죠. 우리는 함께 아파트를 사고 자동차를 샀습니다. 우리는 너무 바빴어요. 저는 늘 사업을 하고 있었습니다."

린은 아이를 갖고 싶어했지만 영시가 반대했다. 그는 "아직 때가 아니라고 생각했어요"라며 당시를 떠올렸다. 새로운 기회가 계속해서 나타나고 있었다. 가정을 꾸리는 것은 아직 말이 안 되었다. 그는 사업을 충칭으로 확장했고, 무전기 사업은 경보 시스템, 화상 인터폰, 주차장 관리 시스템과 같은 다른 고수요 제품으로 이어졌다. 새로운 성공을 거둘 때마다 영시에게 또 다른 제품을 팔 기회가 열리는 것 같았다. 이제 부동산을 사고팔았고, 건설 회사를 설립했다. 충칭 시내에는 광고판을 세워 광고 대리점에 임대하기 시작했다.

린은 주기적으로 결혼과 아이에 대해 얘기했지만 그는 늘 미루기만 했다. 연애를 시작하고 5년이 지나 마침내 영시가 준비되었을 때, 외지에서 온 한 사업가가 린에게 구애하기 시작했다. 영시는 처음에 이를 심각한 위협으로 여기지 않았다. 그는 이제 차원이 다른 백만장자였고 푸링과 충칭의 모든 경쟁 사업자를 압도했지 않았는가. 성공의 절정에서 린이 떠나자 그는 크게 당황하지 않을 수 없었다.

영시에게 이 우화는 두 개의 결말이 있었다. 사업가로서 그는 승리했고, 연인으로서 그는 패배했다. 그의 마음속에 두 결말은 연결되어 있었다. 그는 자신이 사업을 키우는 일에 너무 몰두했던 탓에 린이 떠났다고 믿었다. 세월이 지나 그는 자신의 회한에 대해 열린 마음으로 얘기했는데, 거기에는 어떤 공평함이 있었다. 사랑에서 패배해도 마땅했던 만큼 사업에서는 승리해도 마땅했다. 두 경우 모두 그의 행동과 최종 결과 사이에 분명한 관련이 있었다. 영시의 이런 깨달음은 친구 앤리의 깨달음과도 비슷했다. 경쟁은 독립적인 주체들 간의 행위였다.

개혁개방 세대의 여느 사람들처럼 영시와 앤리도 신앙이라 부를 만한 것 없이 자랐다. 이들의 부모가 젊었을 때는 마오주의가 사실상 그런 역할을 했다. 사람들은 당과 지도자를 종교적인 열정으로 숭배했다. 그러나 문화대혁명과 기타 처참한 정책들로 인해 이런 믿음은 대부분 무너졌다. 1978년 이후 중국이 신경제로 이행하면서 이념적 공백은 서서히 다른 것들로 채워졌다. 그중에는 물질주의, 민족주의, 심지어는 전통 종교도 있었다.

1990년대에 나는 수업 시간에 되도록 종교 얘기를 하지 않으려 했다. 학생들이 종교를 심각하게 받아들이지 않는 것 같았기 때문이다. 이들은 진정한 무신론자처럼 보였는데, 이 부분에 있어서만큼은 마르크스주의 교육이 대단히 효과적이었던 듯했다. 하지만 시간이 흐르며 이런 사상은 바뀌었다. 에밀리처럼 좀더 모험적인 학생들은 이국적인 신앙을 탐구했다. 그녀는 한동안 선전에서 바하이교(이슬람 계통의 신종교—옮긴이) 집회에 참석했다. 역시 외국 사상을 좋아하던 윌리는 저장성의 개신교회에 다녔다.

보수적인 학생들조차 스스로의 무신론에 대해 다시 생각했다. 2016년의 연례 설문 조사는 신앙에 초점을 맞췄는데, 33명의 응답자 중 27명이 신을 믿는다고 답했다.[29] 28명은 불교의 인과응보 개념인 보응報應을 믿는다고 했다. 확실한 과반인 23명이 지난 한 해 동안 신을 경배하는 장소를 방문한 적이 있었다. 한 여성은 "저는 당원이기 때문에 그렇게 할 수 없다"고 한 뒤 "그렇지만 불교 사원에 가는 것을 좋아한다"고 답했다.

　신앙에 대한 중국 전통의 개념은 아브라함 계통의 종교와 달리 배타성을 강조하지 않는다. 수 세기에 걸쳐 내려온 이 패턴이 내 제자들 사이에 다시 자리 잡고 있는 것 같았다. 저장성에서 윌리는 교회 신자가 되었으나 절에도 다녔고, 결국 후자를 더 선호하기로 마음을 정했다. "예수보다는 중국 현지의 신이 더 잘 맞는 것 같아요." 그는 설문 조사에 이렇게 썼다. 절을 다녀올 때 운이 더 좋은 것 같다고 설명했다. 이런 실용주의는 옛 제자들 사이의 공통된 특징으로, 이들은 사고도 유연한 편이었다. 한 여성은 "예수를 믿고 싶지만 여기는 교회가 없다"며 "그래서 중국 신을 믿어야 해요"라고 했다.

　이들은 종교를 곧잘 경쟁적 차원에서 인식했다. 중요한 것은 신의 부름을 느꼈는지 여부가 아니었다. 접근성, 효험, 공동체 측면에서 얼마나 좋은 종교인지가 더 중요했다. 사실 이들 세대의 기반이 되고 있는 신앙은 경쟁이었다. 개혁개방 시대에 자란 사람들은 노력을 믿었고 자기 계발을 믿었다. 빠르게 변화하는 세상에서 경쟁은 구조와 의미, 과정과 결과를 모두 제공해주었다. 보응과 크게 다르지 않다. 이것이 바로 앤리와 영시 같은 개인들이 갖는 주체성의 배경이었다. 이들은 결정에는 결과가 따르고, 사람들은 마땅히 얻을 것을 얻는다고 믿었다. 많은 신앙이 그렇듯 경쟁에 대한 존중심도 다음 세대로 이어졌다. 이것이 쓰촨대학 학생들이 가오카오 및 기타 가차 없는 교육 관행에 대해 관대한 이유 중 하나였다. 이들은 네이쥐안에 대해 불평하면서도 마음속 깊은 곳에서는 부모들과 같은 것을 믿었다. 세상은 노력하는 자를 위한 곳이라는 사실을.

보통 개혁개방 세대는 성공을 이루더라도 영광에 안주하지 않았다. 우선 그들에게는 불우한 가족들의 경쟁 전략을 보살펴야 할 책임이 주어지곤 했다. 윌리와 앤리처럼 형들의 희생으로 교육 혜택을 받은 동생들이라면 특히 그랬다. 윌리의 두 형은 모두 노동자가 되었고, 그는 형들의 경력을 면밀하게 살폈다. 2008년 금융위기 때는 둘째 형이 저장성으로 이주하도록 도왔다. 윌리가 가르치던 학생 중에는 저장성에서 사업을 하는 부모를 둔 경우가 많았고, 그 인맥을 이용해 형이 에어컨 수리공으로 자리 잡도록 도울 수 있었다.

에어컨 수리 일은 나쁘지 않아 형은 마침내 그 기술을 갖고 3, 4급 도시가 빠르게 성장하고 있던 쓰촨으로 돌아왔다. 그러나 5년이 지나자 윌리는 에어컨 사업이 한물갔다고 느꼈다. 경쟁이 치열해진 밀레니엄 이후의 중국에서 사람들은 빠르게 변화해야 했고, 윌리는 형이 엘리베이터 사업을 해야 한다고 마음먹었다. 그는 이메일에 자신의 생각을 이렇게 설명했다.

더운 날씨에도 많은 사람이 에어컨 없이 견딜 수 있고[30] 겨울이면 쓰촨의 에어컨 사용은 훨씬 줄어듭니다. [형에게] 엘리베이터는 주민들의 경제 상황과 관계없이 설치해야 하는 것이라고 했죠. 엘리베이터는 고장 나면 즉시 수리해야 합니다. 그리고 안전을 위해 정기적인 점검도 필요하죠. 차를 소유하고 나서는 게을리하고, 돌보지 않고, 점검을 소홀히 하곤 합니다. 그렇지만 엘리베이터는 다르죠. 꾸준한 관심이 필요합니다.

2013년 윌리의 형은 이 조언을 받아들여 수리팀에서 일하며 엘리베이터 기술을 배웠다. 몇 년 동안 벌이가 괜찮았으나 그 뒤로 수입이 줄어들기 시작했다. 과거에는 형에게 새로운 직업을 안내해줄 수 있었겠지만 이제는 유망한 직종을 찾기가 더 어려워졌다. 모든 분야에서 네이쥐안 현상이 일어나고 있었기 때문이다.

노스도 푸링의 엘리베이터 사업에서 네이쥐안 현상을 겪었다. 내가 2019년 처음 방문했을 때만 해도 노스는 도시 곳곳에 건설 현장을 갖고 있었고 상대적으로 경쟁자가 별로 없었다. 이듬해 7월에는 열 곳이 넘는 신규 엘리베이터 회사가 생겼다. 노스는 이들 중 상당수가 저가 입찰로 들어와서 절차를 무시한다며 불평했다. 주민들 중에서도 특히 낮은 층에 사는 주민들과의 협상은 더 어려워졌다. 이 사람들은 엘리베이터를 사용하지 않을 것이라 설치에 돈을 한 푼도 내지 않으므로 대체로 프로젝트에 동의한다. 하지만 공사가 진행되면 마음이 바뀌는 경향이 있었다. 엘리베이터가 설치되면 고층의 부동산 가치는 급격히 오르는 반면, 저층은 상대적으로 별로 오르지 않는다. 저층 주민들은 위쪽 이웃들이 득을 보는 것을 가만히 두고 보지 못했다.

7월에 노스는 문제가 있는 프로젝트 현장으로 나를 데려갔다.[31] 거의 완공된 곳이었다. 건물 옆으로 유리와 강철로 된 새 엘리베이터 통로가 아침 햇살에 반짝이고 있었다. 한 주 전 몇몇 저층 주민이 공사의 마무리를 막기 위해 프로젝트의 전기 공급을 고의로 방해한 일이 있었다. 성난 대립 끝에 위층 주민들이 노스에게 도움을 요청했다.

우리가 도착하자 한 40대 남성이 줄자를 꺼내더니 엘리베이터 입구의 크기에 대해 불평하기 시작했다. 그리고 다 같이 높은 전기 요금에 시달리게 될 것이라고 주장했다. "게다가 유지 보수는요?" 그가 말했다.

"둘 다 당신과는 아무 상관 없어요." 노스가 말했다. "엘리베이터를 사용하면 돈을 내고, 사용하지 않으면 한 푼도 안 냅니다."

남자는 사투리로 욕을 내뱉었다. "제기랄 뭔 일이 있을지 누가 안담! 지금 위층 사람들 얘기잖아요. 그 사람들이 집을 팔거나 엘리베이터를 고쳐야 하면 어떡할 거냐고?"

"당신은 엘리베이터를 사용하지 않으니까 그런 것들은 아무 상관 없습니다." 노스는 차분하게 말하고 정부의 도장이 찍혀 있는 문서를 꺼냈다. 맨 위에 큰 글씨로 '건축 프로젝트 허가'라고 쓰여 있었다.

"전부 인가를 받았습니다." 노스가 말했다. "여기를 보시면 됩니다."

분홍 티셔츠를 입은 30대 여성이 노스에게 소리 지르기 시작했다. "당신 지금 실수하는 거야!" 그리고 이렇게 말했다. "재상의 배 속에는 배도 띄울 수 있어야 해宰相肚裡能撐船!" 이 말은 기본적으로 마음을 좀 넓게 쓰라는 뜻이다.

노스는 정중하게 말하며 허가서를 가리켰다. 조금 있다가 남자가 또 줄자를 꺼내들었다. 양측은 한 시간 내내 각자의 소품을 흔들어

대며 논쟁을 계속했다. 마침내 분홍 티셔츠 여성이 휙 자리를 떠버리자 군중이 흩어지기 시작했다. "무슨 문제가 있으면 언제든 저에게 전화하시면 됩니다." 노스가 말하고 허가서를 다시 꺼내들었다. "그렇지만 다 인가를 받은 거예요. 모두 합법적인 겁니다."

우리는 노스가 근처에 세워두었던 폴크스바겐으로 돌아왔다. 차는 여전히 새것처럼 보였고 조수석 바닥에는 아직 골판지가 깔려 있었다. 운전을 하며 노스는 아까의 논쟁은 전부 추가 협상을 준비하기 위한 쇼에 불과하다고 말했다. 그는 이제 위층을 집집마다 돌며 방해를 그만두는 조건으로 아래층 이웃들에게 돈을 얼마나 지불할 의향이 있는지 알아내야 했다. "하지만 너무 막 나가지는 않을 겁니다." 그가 말했다. "그 여자는 공무원이거든요."

분홍 티셔츠의 여자는 자기 직업 얘기를 한 적이 없었지만 노스는 그녀가 당 간부라는 사실을 진작 알아냈다. 주민들의 배경을 가능한 한 많이 파악하는 것이 그의 전략이었다. 지위가 그 여자를 어느 선까지는 대담하게 만들었지만 또한 심각한 갈등을 원치 않도록 한다. 이런 민감한 시기에는 아무도 문제가 되고 싶어하지 않는다.

어떤 면에서 네이쥐안은 팬데믹에 꼭 맞았다. 사람들은 오랜 세월 점점 더 치열해져만 가는 경쟁을 통해 열심히 일하는 법을 배웠고, 건강 보고서, 방문 조사, 접촉자 추적과 같은 반복적인 일에 기꺼이 참여했다. 노스가 주민들과 언쟁을 벌이는 동안 아무도 마스크를 쓰고 있지 않았지만 질병이 매우 효과적으로 통제되고 있었으므로 아무도 전염을 걱정하지 않았다. 그해 여름, 세계에서 중국만큼 삶이 정상으로 느껴지는 곳은 드물었다.

대부분의 중국 사람은 자국이 우한에서의 초기 재난 이후 이토록 빨리 회복했다는 사실에 자부심을 느꼈다. 그러나 간혹 이것이 선례로 자리잡을까봐 우려하는 사려 깊은 개인을 만날 수 있었다. 상하이의 저명한 경제학자이자 민간 기구인 '국가 금융개혁 싱크탱크國是金融改革智庫'의 설립자 게리 류를 인터뷰했다.[32] 류는 팬데믹이 권위주의적 구조를 정당화하지는 않을까 우려했고, 팬데믹을 장기적으로 중국을 잘못된 방향으로 끌고 갈 수 있는 블랙스완 이벤트로 보았다. "팬데믹은 매우 예외적인 상황입니다." 류의 말이다. "예외적인 상황을 근거로 장기적인 결정을 할 수는 없어요."

넓은 시각에서 볼 때, 나는 사람들이 팬데믹 이전부터도 당연시했던 업무 강도를 얼마나 오래 지속할 수 있을지 의문이었다. 노스는 이미 길고 생산적인 커리어를 누렸고 아들을 대학에 보냈지만 여전히 20대처럼 열심히 일하고 있었다. 성공을 거둔 앤리와 영시 또한 마찬가지였다. 때로 사람들은 네이쥐안에 대응하는 개념이자 일종의 이탈을 뜻하는 탕핑躺平(꼼짝 않고 누워 있기)을 얘기했다. 그러나 나는 사람들이 탕핑에 몰두한다는 증거를 찾아볼 수 없었다. 청두실험학교와 쓰촨대학에서의 경험으로 미루어보면 미래 세대도 치열한 경쟁과 업무를 견디도록 훈련받고 있는 게 분명해 보였다.

물론 두 군데 다 적어도 지방의 기준으로 보자면 엘리트 교육 기관이었다. 하지만 하위 단계에서도 비슷한 패턴이 존재하는 것으로 보였다. 그해 내 논픽션 수업의 여학생 한 명이 쓰촨성 어느 4급 도시의 평범한 고등학교에 다니는 평범한 학생을 취재했다.[33] 가오카오를 준비하고 있던 이 여고생은 985 대학이나 211 대학 근처에도 합격할 가능성이 전혀 없음이 분명했다. 모의고사 점수는 고만고만했고 학원에 갈 형편은 되지 않았다. 학교 수업의 수준도 별로 높지 않았다. 그럼에도 불구하고 이 소녀는 매일 몇 시간씩 책을 펴고 앉아 자신이 할 수 있는 모든 것을 하며 버텨냈다. 미국에서 비슷한 상황의 학생이라면 아마 학업에 거의 시간을 쏟지 않고 친구들과 어울리거나 취미 또는 과외활동을 했을 것이다. 내 생각에는 이것이 중국과 미국의 가장 큰 차이점 중 하나였다. 중국에는 엘리트부터 하층민, 유년부터 중년까지 모든 계층에 거쳐 치열한 경쟁 환경이 일반화되어 있는 것처럼 보였다.

그리고 가난이 여전히 근래의 일이었기 때문에 중국인들은 금전적 불안에 대한 심리에서 벗어나지 못하고 있었다. 사람들은 성공한 후에도 일가친척을 통해 노동자 계층의 문제와 밀접하게 맞닿아 있곤 했다. 비교적 부유한 윌리와 같은 사람이 계속해서 스스로를 '하층민'이라고 부르는 것도 놀랍지 않았다. 제대로 된 교육을 받지 못하고 경제적으로 소외된 가족을 줄곧 책임지고 있었기 때문이다. 윌리는 엘리베이터 일을 하는 형에 대한 소식을 가끔 전해왔다.

설 연휴에 형이 건설 현장에서 전화를 걸어와[34] 동료 한 명이 엘리베이터 6층 통로에서 추락해 즉시 의식을 잃었다고 했습니다. 나중에 알고 보니 엘리베이터 설치 회사에서는 근로자들에게 상해보험도 그 무엇도 제공하지 않았죠. 다친 사람이 죽을까봐 염려가 됐어요. 결국 집중 치료를 받았고 장애도 없는 것 같았지만 보상 문제는 아직 합의되지 않았어요.

둘째 형은 설치 공사를 위해 인력을 꾸리는 사람입니다. 다섯 명의 근로자로 이루어진 팀이 있고 그중에 본인의 아들이자 제 조카도 있어요. 저는 늘 이들의 안전의식이 걱정됩니다. 통화하면 안전을 최우선으로 하라고 자주 얘기하지요.

앤리는 식스 시그마에 천착하는 이유 중 하나가 중국 공장에서 사고를 줄여주기 때문이라고 했다. 미국에서는 중국을 편협한 경쟁의 측면에서 바라보는 게 일반화되어 있고, 미국인들은 비즈니스, 기술, 아이디어가 태평양을 건너 이전되는 데 분노한다. 그러나 앤리와 같은 사람에게는 이런 이전이 거의 인도주의적으로 느껴진다. 빈곤과 위험을 극적으로 줄여주기 때문이다. 앤리는 미국의 개념을 중국의 제조 현장에 적용하며 상황이 얼마나 빨리 개선되는지 목격했으나 여전히 부족하다는 것을 알고 있었다. 앤리의 학업을 위해 학교를 그만두었던 그의 셋째 형은 컴퓨터 케이스와 케이블을 생산하는 상하이의 공장에서 일했다. 하루는 사출 성형기를 수리하던 중 고전압 오작동이 발생했다. 셋째 형은 감전되어 즉사했다.

이 사고 이후 앤리는 컨설팅 사업을 접었다. 상하이에서 행복한 시절을 보냈으나 여전히 장애인 큰형을 부양하고 있었고, 이제 가정에 또 다른 비극이 닥친 것이다. 앤리는 가족들과 가까운 곳으로 이사 가야 할 때라고 마음먹었다.

충칭에서 앤리는 괜찮은 보수를 받는 품질관리 감사관 일자리를 구했다. 자동차 부품 제조의 개선을 꾀하는 회사들로 구성된 '국제

자동차 태스크 포스'에서였다. 앤리는 식스 시그마와 공장 컨설팅에서 쌓은 지식을 적용할 수 있는 이 일을 즐겼다. 영어를 사용해 전 세계 자동차 부품 관련자들과 소통하는 것도 좋았다. 외국인들에게 이상하게 들리는 앤리라는 이름은 더 이상 사용하지 않았다. 이들은 한때 시골의 가난에서 벗어나려던 젊은이에게 영감을 주던 시적 분노를 절대 이해하지 못할 테니까. 지금은 앨런 아이버슨의 이름을 따서 앨런이라고 부른다. 그 세대 많은 중국 농구 팬처럼 그도 역경을 극복한 작은 체구의 호전적인 이 미국 가드를 동경했다.

10장   상식

2020년 11월

쓰촨대학에서 당의 감독을 받지 않는 유일한 학생 간행물의 이름
은 창스常識, 즉 '상식Common Sense'이었다. 이 이름은 미국 혁명 직전
토머스 페인(1737~1809)이 쓴 유명한 팸플릿에 경의를 표하는 의미
로 선택한 것이다. 쓰촨의 『상식』은 비교적 개방적이었던 시기의 끝
자락인 2010년에 만들어졌고, 그 시기는 2012년 시진핑이 최고 지
도자의 자리에 오르며 끝났다.

시진핑 집권 초기에 『상식』은 몇 안 되는 진정한 캠퍼스 독립 언
론 중 하나였다.[1] 이런 출판물들은 모두 정치적 중심지 베이징으로
부터 멀리 떨어진 소수의 985 대학에 기반을 두고 있었다. 푸단대학,
저장대학, 중산대학, 우한대학, 쓰촨대학이 그들이다. 시간이 흘러
정치 기류가 더 억압적으로 변하면서 일부 출판물은 휴간하거나, 일
부는 필진과 배포 채널을 찾는 데 어려움을 겪었다. 오직 『상식』만이
잘해나갔다. 중국 학생들의 독립 출판물 중에서도 독보적으로 활발
했다.

살아남을 수 있었던 비결 중 하나는 공식적인 조직이 없다는 점이

었다. 이 잡지는 발행인이 없었고 발행 일정도 불규칙했다. 필진의 이름도 모두 가짜였다. 가끔 어떤 기사는 필자명이 '쥰쥰'으로 되어 있기도 했는데, 이것은 사실 어떤 학생의 고양이 이름이었다. 『상식』 은 위챗 채널을 통해 필진들이 기사를 배포하고 멤버를 모으기는 했지만 사무실도 웹사이트도 없었다.

중국 당국을 상대할 때는 어느 정도의 무질서함이 유리할 수 있다. 풀뿌리 정치를 연구하는 예일대학의 대니얼 C. 매팅리 교수는 정부의 토지 수용에 맞서 투쟁한 중국 남부의 여러 마을을 분석했다. 매팅리는 마을이 전통적인 종친회 같은 좀더 공식적인 조직에 의존했을 때 실제로는 성공적으로 저항하기가 더 어려웠던 점을 발견했다. 제대로 설립되어 있는 조직은 지도자들을 협박하고 포섭하는 데 경험이 많은 당에게 쉬운 표적이 된다. 반대로 이런 조직이 없는 마을들은 오히려 토지 수탈에 더 잘 맞서 싸웠다. 매팅리는 이렇게 썼다. "중국에서 지도자 없는 집단 행동의 힘은 이것이다. 주도하는 이가 없는 것이 아니라, 아무도 주도하지 않는 것처럼 보일 뿐이다."

쓰촨대학에서도 비슷한 현상을 관찰할 수 있다. 한동안 지속되었던 캠퍼스 봉쇄를 학부생들이 9월에 끝낼 수 있었던 것은 학생회를 조직했거나 대표 위원회를 만들어 당 간부들과 만났기 때문이 아니었다. 수많은 학생이 개별적으로 담을 뛰어넘고 울타리 사이로 끼워주는 패스트푸드 배달을 받았기 때문에 원하는 바를 이룰 수 있었다. 어떤 면에서 간부들은 젊은이들을 두려워했는데 이는 권위주의 체제에서 일반적으로 볼 수 있는 일이다.

『상식』은 또한 일을 추진할 수 있을 정도의 조직은 분명히 갖추고 있었지만 대외적으로는 지도자 없이 행동하는 전략을 따랐다. 필진들은 가끔씩 내게 행사나 회의에 참석해달라는 초대장을 보내오곤 했다. 캠퍼스에서의 첫 학기, 「1984」 공연에 나를 초대했던 이는 그 연극 작업에 참여했던 『상식』의 멤버였다. 학기 말에는 『상식』의 필진들이 내게 출간 10주년 콘퍼런스에서 강연을 해달라고 초청했다. 캠퍼스 밖의 조심스러운 장소에서 열렸던 콘퍼런스에는 50명이 넘게 참석했고 재학생뿐 아니라 졸업생도 있었다. 멤버들이 과월호들을 선물로 주었는데 상당수는 표지가 도발적이었다. 2011년의 한 간행물에는 두 남성이 손잡고 있는 사진과 함께 이런 제목이 실려 있었다. "동지, 당신은 괜찮은가요?³ 당신과 나 주변의 게이 커뮤니티에 대한 기록."

최근에는 잡지를 인쇄하는 것이 너무 위험했기 때문에 『상식』은 온라인에만 존재했다. 새로운 호가 나오면 위챗 채널에 기사를 다운로드할 수 있는 QR 코드가 올라왔다. PDF로도 배포되었는데, 이는 중국의 언더그라운드 필진들이 글을 발표하는 흔한 방법이었다.

학기마다 한두 명의 『상식』 멤버가 내 논픽션 강의를 들었다. 수강신청을 할 때는 아무도 『상식』 얘기를 하지 않았고, 『상식』 행사에 참여해서 만나기 전까지는 그 관계를 알지 못하기도 했다. 세레나는 내 수업을 들을 때는 『상식』과 관련이 없었지만 4학년 때 멤버가 되었다. 저널리즘에 점점 더 관심을 갖게 됐던 그녀를 다른 학생이 초대했다. 세레나는 다른 많은 학생처럼 정치에는 별로 관심이 없다는 인상을 주었다. 그러나 그녀는 호기심과 모험심이 강했고 『상식』이 주는 일탈의 에너지에 흥분하는 듯했다.

세레나는 필진의 대부분이 여성이라고 했다. 몇 안 되는 남성은 상당수가 게이인 것 같았다. 언론학과 출신의 필진은 많지 않았다. 다시 말하지만 이는 부분적으로 구조적인 문제였다. 언론학과의 교수와 직원들은 학생들을 좀더 가까이에서 감시할 수 있었고 학부생들에게 『상식』을 가까이하지 말라고 조언했다. 언론학 전공자들은 『상식』에 민감한 내용을 썼다가 발각되면 취업에 어려움을 겪을 수 있다는 사실을 알고 있었다.

『상식』에는 지도부가 없는 것 같았지만 사실 편집장이 있었다.[4] 인문대학의 대학원생이었던 편집장은 인터뷰를 위해 나와 만났을 때 앞으로 저널리스트가 되려는 것은 아니라고 했다. 그녀도 세레나처럼 딱히 정치적으로 보이지 않았고, 내가 『상식』과 토머스 페인과의 연관성에 대해 묻자 어깨를 으쓱할 뿐이었다. "그 책은 아직 안 읽어봤어요." 그녀가 말했다. "사회적인 문제와 관련이 있다는 것만 알아요." 중국식 검열이 존재하는 눈속임 거울의 세계에서는 언더그라운드 출판물과 안 어울려 보인다는 사실이 그녀를 언더그라운드 출판물과 어울리게 만들었다. 그녀는 편집장들의 임기가 대체로 짧기 때문에 당국으로서는 누가 책임자인지 알아내기 더 어렵다고 했다.

『상식』을 거쳐간 졸업생 중에 저널리즘 및 기타 분야에서 성공을 거둔 이들이 있다. 이들이 잡지를 운영하고 정기 행사를 개최할 최소한의 자금을 조용히 기부해주었다. 편집장은 내게 쓰촨대학의 교직원 중에도 후원해주는 사람들이 있다고 했다. 왜 당국이 이 잡지를 폐간시키려고 더 힘쓰지 않았는지 물었더니, 그녀는 필진들이 대개 선을 크게 넘지 않는다고 말했다.

"우리가 커다란 변화를 만들 수는 없어요." 편집장의 말이다. "하지만 작은 것들은 바꿀 수 있을지도 모릅니다. 캠퍼스 내 문제 같은 것이요. 저는 비관적인 사람이지만 우리가 할 수 있는 작은 일들이 있다고 생각해요. 가끔 어떤 기사는 5만 명이나 읽기도 하죠."

세레나는 주기적으로 내 사무실에 들러 『상식』의 프로젝트에 대해 상의했다. 그해에 세레나는 당이 통제하는 출판물에서는 다루지 않는 캠퍼스 내 문제에 대한 기사를 여럿 작성했다. 그중 하나는 학생 식당 음식의 질이 낮다고 대학을 상대로 소송을 제기한 학부생을 다루었다. 이 글은 5만 회 이상의 다운로드를 기록하며 그 학기 『상식』에서 가장 인기 있는 기사가 되었다.

세레나는 기사를 작성하기 위해 『상식』에서 일반적으로 사용하는 편법에 의존했다. 필진은 절대 자신의 휴대폰으로 취재원에게 연락하지 않았고, 전화번호도 알려주지 않았다. 대신 소셜미디어에 가짜 계정을 만들었다. 때로는 두세 명을 인터뷰한 뒤 신원 보호를 위해 한 명의 캐릭터로 합치기도 했다. 『상식』의 기자들은 인터뷰라는 사실을 알려주지 않은 채 상습적으로 사람들을 인터뷰했다. 이런 관행들은 해외 매체에서라면 대단히 비윤리적으로 여겨질 수 있었고, 젊은 기자를 이런 식으로 훈련시킨다는 것은 어떤 면에서 끔찍한 일이다. 그러나 권위주의 환경에서의 취재란 그런 것이었다. 큰 리스크가 따르고 책임자들이 명확한 규정을 따르지 않아도 될 때, 기자는 어떤 식의 편법도 정당화할 수 있다.

나는 매 학기 논픽션 수업에서 사회학의 창시자 중 한 명인 게오르크 지멜에 대해 강의했다. 독일인인 지멜은 1908년에 「이방인The Strangers」이라는 영향력 있는 에세이를 발표했다. 에세이의 제목은 공동체로 들어오는 외부인을 가리킨다.

> 그룹 내 이방인의 지위는 본질적으로[5] 그가 그룹에 처음부터 속하지 않았다는 사실, 그가 그룹에서 자생하지 않았고 자생할 수도 없는 특질을 가져온다는 사실에 의해 결정된다.

이방인은 다른 국적, 인종, 또는 다른 신앙을 가진 누군가일 수 있다. 현지에 동화된 유대인 가정에서 자란 지멜은 유럽의 유대인이 이방인의 "고전적인 사례"라고 설명한다. 동네 밖에서 온 상인들에 대해서도 얘기한다. 물건을 배달하거나 쓰레기를 수거하는 사람도 이방인의 역할을 할 수 있고, 이주 노동자도 그렇다. 사람들은 때로 친척이나 친구, 이웃에게는 말하지 않을 일들을 이방인에게 얘기한다. 이방인은 공동체 안에 있지만 공동체의 일원은 아니다.

> 이방인은 그룹 고유의 구성 요소들과 특유의 경향성에[6] 근본적으로 물들어 있지 않으므로 그런 것들에 대해 '객관성'이라는 특정한 태도로 접근한다. 그러나 객관성은 단순한 수동성과 무관심을 뜻하지 않는다. 그것은 거리두기와 가까움, 무관심과 참여로 이루어진 특별한 구조다.

학생들에게 취재할 때는 이방인을 각별히 주목하라고 상기시켰다. 나는 이집트에서 외딴 무슬림 공동체에 있는 중국 상인들에 대한 글을 쓴 적이 있다. 그들의 역할과 시각이 매우 특이했기 때문이다. 시골에서 도시로, 가난에서 번영으로의 이동에 성공한 앤리, 영시, 노스, 윌리와 같은 이주민도 모두 이방인이었다. 이방인이라는 신분은 젊은 여성들과 게이 남성들이 『상식』에 더 끌리기 쉬운 이유 중 하나였을 것이다. 이들은 전통적인 권력과 권위의 구조로부터 어느 정도 소외되어 있었기 때문에 체제를 더 비판적으로 바라볼 준비가 되어 있었다.

나도 물론 이방인이었다. 쓰촨대학에서는 『상식』의 멤버들이 나를 일부러 찾았고, 다른 이들이 내게 마음 놓고 이야기해준 것도 내가 체제의 일부가 아님을 알기 때문이었다. 하지만 외부인이라는 신분 때문에 조언해주기가 어렵기도 했다. 내 역할은 일시적이었다. 나는 언제라도 권위주의 체제의 무게를 실감하게 될 수 있었지만 중국을 떠나면 그만이었다. 세레나가 『상식』에 대해 얘기하면 나는 그곳의 취재 전략은 대부분의 매체에서 받아들일 수 없는 것이니 내면화하지 말라고 조언했다. 그렇지만 내게는 손쉬운 해결책이 없었다. 미국 대학의 저널리즘 교육은 부분적으로 책임감과 이상주의의 기초를 확립하는 일이다. 하지만 중국의 젊은 작가에게는 그보다 냉소주의에 대한 교훈이 일찍 찾아오기 마련이다.

그해 가을, 논픽션 수업에서 캐서린이라는 학생이 여름 인턴으로 일한 경험을 글로 썼다.[7] 캐서린은 언론학 전공이었고 베이징의 한 국영 TV 방송국에서 카메라 앞에 서는 젊은 기자를 돕는 인턴을 했다. 예쁜 외모에 야심이 넘치던 그 기자는 국영 TV의 표준 프레젠테이션 기술을 이미 완벽하게 습득하고 있었다. 진한 메이크업, 가짜 미소, 가장 기만적인 당견을 읽는 와중에도 흔들리지 않는 눈빛.

지방 대학에서 온 인턴이었던 캐서린도 이방인이었고, 놀라운 일들이 그녀의 눈에 띄었다. 젊은 TV 기자는 대중적인 성공에도 불구하고 일상은 초라해 보였다. 베이징 시내에서 멀리 떨어진 외곽의 6환 도로에 있는 낡은 아파트에 살았고 월 기본급은 500달러도 되지 않았다. 수입의 상당 부분은 사실상 홍보 자료인 기사를 보도하는 데 대한 뇌물성 대가로부터 나왔다. 너무 조잡한 방식이라 캐서린도 금세 메커니즘을 파악했다. 누군가 홍보성 꼭지를 보도하는 대가로 방송국에 돈을 지불하면, 방송국에서는 기자와 카메라맨에게 70달러 정도를 수수료로 준다. 둘은 이걸 60대 40으로 나눈다. 약간의 준비 작업을 해야 하므로 기자가 조금 더 가져간다.

여름이 끝날 무렵 캐서린은 기자가 방송국의 상사와 언쟁하는 소리를 들었다. 기자는 좀더 의미 있는 기사를 취재하고 싶어했지만 상사는 단호히 거부했다. 그리고 그날 기자는 또 다른 유료 홍보성 기사를 취재하러 나갔다.

인턴십이 끝나고 청두로 돌아온 캐서린은 가끔 그 기자와 문자를 주고받았다. 기자는 마음을 열기 시작했고 캐서린은 잘 다듬어진 겉모습 아래 숨겨진 슬픔을 느낄 수 있었다. 캐서린은 에세이에 기자와 문자로 나눴던 대화를 인용했다.

"솔직히 처음 기자님을 봤을 때는 조금 무서웠어요."

"알아. 우리의 일상 업무는 늘 겉만 번드르르한 구석이 있기 마련이지. 요즘의 뉴스 제작은 10년 전과는 많이 달라졌어."

"그런 일상의 업무를 싫어하시나요?"

"당연히 싫어. 나한테도 저널리즘에 대한 이상이 있으니까."

"그럼 왜 그런 일을 하세요?"

그녀는 이탤릭 글씨체로 된 메시지를 보내왔다.

"*'May your choices reflect your hopes, not your fears.'* —*Nelson Mandela*."("'당신이 내린 선택이 당신의 두려움 때문이 아니라 희망 때문이기를.' —넬슨 만델라.")

———

나는 쓰촨대학에서 일을 시작하면서 글 쓰는 일은 잠시 쉬려는 계획이었다. 비교적 과중한 강의 업무를 맡는 데 동의했고 남는 시간이 있으면 푸링과 근처 지역을 취재하려고 했다. 그렇게 2~3년을 보내고 다시 전업 작가로 돌아가면 되지 않을까 싶었다. 하지만 모든 계획은 팬데믹과 미중 갈등으로 인해 뒤집히고 말았다. 너무나 많은 미국인 기자가 중국에서 추방되었기 때문에 2020년 하반기에 남아 있는 이들은 고작 30여 명이었다.

나 자신의 신분은 뭐라 정의하기가 어려웠다. 중국에 기자로 등록되어 있지는 않으므로 추방 대상에는 포함되지 않았다. 호칭으로 문제를 피해갈 수 있었다. 우한에서 팡팡은 나를 콕 집어 기자가 아닌 작가라고 하지 않았던가. 하지만 시사 문제에 대해 글도 쓰는 외국인 교수가 보호받으리라는 보장은 없었다. 나는 논픽션을 가르칠 수 있었지만 논픽션 글을 써도 된다는 승인을 받은 것은 아니었다.

팬데믹이 시작되고 나서 나는 취재를 하고 기사를 쓰기로 마음먹었다. 중국이 바이러스 초기의 영향을 거치며 천국과 지옥을 오갔던 터라 내 기사는 양쪽 모두에서 분노를 샀다. 팬데믹의 첫 단계에는 우한의 실수와 리원량의 죽음과 원격 수업의 문제에 대해 썼다가 온라인에서 일부 중국 민족주의자들의 공격을 받았다. 몇 달 뒤 중국이 후속 조치들을 통해 대부분의 지역에서 바이러스를 몰아내는 데 성공했다는 얘기를 썼더니 이번에는 외부에서 비판이 가해졌다. 외국인들은 내가 당의 선전 도구 역할을 하고 있다고 주장했다. 그러고 나서 시계추가 또 한 번 기울더니 소분홍들이 내가 우한에서 취재를 했다며 분노를 표출했다. 팡팡의 미국인 번역자인 마이클 베리는 팡팡과 같은 이들이 극단적 민족주의자들에게 공격받은 방식에 대해 글을 발표했다. 이 근본주의자들은 종종 팬데믹을 경쟁적인 관점에서 보며 미국의 실패를 즐겼다. 베리는 중국 소셜미디어에 등장한 글의 일부를 인용했다.

> 미국의 파시스트들이 마이클 베리나 피터 헤슬러 같은 작가를[8] 아무리 많이 고용해도, 그런 글로는 이미 잃어버린 21만 명의 목숨을 결코 되찾을 수 없을 것이다.

중국의 체제에서는 내가 쓴 글에 대해 누가 책임이 있는지가 불분명했다. 쓰촨대학과 스쿠피가 내 강의를 주관하고 있었지만 이 두

기관은 외국인 기자를 감독했던 전례가 없었다. 그 역할은 외교부의 정보 부처가 하는 것이 맞겠으나 교사는 정보 부처의 관리 대상이 아니었다. 나는 어느 관료 기관의 관할도 아닌 애매한 위치에 있었고 그 누구도 아무런 조치를 취하지 않을 가능성이 늘 있었다. 공무원들이 행동에 나서도록 할 만큼 온라인 공격이 집요해질지가 하나의 관건이었다. 압박은 양쪽 모두에서 올 수 있다. 중국 정부의 탄압에 대해 소리 높여 비난하는 사람들의 발언조차 그런 탄압을 더 강화시킬 수 있기 때문이다. 가을학기 초 호주의 저명한 중국학자 제러미 바르메가 내가 공산당에 충분히 비판적인 입장을 취하지 않는다며 온라인 에세이를 통해 공격했다. 바르메는 나의 법적 리스크를 강조했다.

내가 알기로 헤슬러 씨는 허가받지 않은 취재 행위를 하고 있다.[9] 이는 엄밀히 말해 중국에서 불법에 해당된다.

이런 발언을 함으로써 바르메는 쓰촨대학과 스쿠피에 미묘한 압력을 가한 셈이었다. 사람들이 내 신분에 대해 더 많이 생각해볼수록 문제가 될 가능성은 더 많아졌다. 하지만 2020년 하반기 내내 대학 당국의 그 누구도 내게 면담을 요청하지 않았다. 그해 여름, 저장성 경찰이 내 취재에 대해 심문하고 나서 대학에도 통보했다는 사실을 알게 되었다. 그렇지만 학장도 당 간부도 이에 대해 한 번도 언급하지 않았다. 매일매일 나는 이런 침묵이 계속되기를 바랐다.

이 기간에 나는 청두 미국 영사관의 외교관들과 접촉을 유지했다.

영사관은 1994년에 완공된 시내 남쪽의 단지 안에 위치하고 있었다. 당시에는 영사관 담 바로 옆이 논이었고 6층짜리 거주동 본관이 인근에서 가장 높은 구조물이었다. 평화봉사단 초창기에는 추수감사절 저녁이나 독립기념일 파티에 자원봉사자들을 영사관으로 초대하곤 했다. 우리에게는 영사관이 꼭 청두시 남쪽 구석에 존재하는 미국 오아시스처럼 느껴졌다.

그 이후로 청두의 인구는 두 배 이상 늘었다. 가장 높은 건물은 2008년의 쓰촨 대지진 이후로 안전하지 않다고 여겨져 더 이상 사용하지 않았지만 영사관은 대체로 그대로였다. 영사관 담장 바깥의 논은 사라진 지 오래였고 지금의 영사관 단지는 삼면에 20층이 넘는 고층 건물들이 그늘을 드리우고 있다. 1학년 학생들이 일어서서 나를 내려다볼 때 들던 느낌의 건축물 버전이었다. 모든 면에서 중국의 미국인들은 점점 작아지고 있었다.

중국의 미국 외교관들에게 2020년은 근래 기억에 남아 있는 최악의 해였다. 1월에는 트럼프 정권이 평화봉사단 프로그램을 돌연 종료시키더니, 얼마 지나지 않아 중국과 홍콩을 상대로 하던 풀브라이트 교환 프로그램도 중단시켰다. 팬데믹 기간에는 국무부가 모든 외교관 가족과 비필수 인력을 철수시켰다. 그러는 와중에도 무역전쟁은 계속되고 있었고, 양국의 저널리스트들이 추방되었으며, 고위 관리들은 팬데믹 발생에 대해 상대국을 비난했다. 외교가에 있는 사람들은 사실상 업무가 불가능해졌다.

트럼프 정권은 7월, 휴스턴에 있는 중국 영사관의 폐쇄를 명령했다. 미국은 영사관 직원들이 스파이 행위를 했다고 비난했고 중국인들은 72시간 안에 휴스턴 건물을 비워야 했다. 발표가 이루어진 것은 화요일이었다. 한 해 내내 양국이 눈에는 눈, 이에는 이 방식의 외교 패턴을 보여왔기 때문에 72시간이 지나는 금요일 아침이면 중국이 보복에 나설 수밖에 없었다.

목요일 저녁 미국 영사관의 한 외교관과 만났다.[10] 우리는 영사관에서 몇 블록 떨어진 바에 자리를 잡았다. 그날 오후 홍콩의 독립 신문 『사우스차이나모닝포스트』에서 중국이 청두의 영사관을 폐쇄할 것이라고 보도했다.[11] 하지만 중국 정부의 누구도 그 소식을 확인해주지 않았고, 외교관은 중국이 결정을 내렸다고 확신하지 못했다.

그는 일반적인 상황에서라면 미국이 휴스턴의 중국 영사관을 폐쇄하지 않았을 거라고 했다. "그 사람들은 거기서 스파이 행위를 하고 있었어요." 그가 말했다. "그렇지만 모두가 스파이 행위를 하죠. 새로운 일은 아닙니다." 보통 이런 일이 심각해지면 주재국은 영사관 직원을 불러 성난 질책을 할 수도 있다. "메시지를 전달하기 위해 그런 일을 할 수도 있습니다." 외교관이 말했다. "아니면 외교관 몇 명을 추방할 수도 있죠. 영사관을 폐쇄시키기 전에 할 수 있는 다른 일은 많습니다."

그는 다가오는 미 대통령 선거가 휴스턴 영사관 폐쇄 결정에 아마도 영향을 미쳤을 것이라고 믿었다. 트럼프 정부에는 확고한 중국 매파들이 다수 있었는데, 이들은 남은 시간이 많지 않다는 사실을 깨닫고 있었다. "이제 문이 닫히고 있습니다." 외교관의 말이다. "6개월 뒤에는 어쩌면 새로운 대통령이 올 수도 있어요."

미국은 근래에 수많은 중국 국민을 스파이 혐의로 체포했고 국무부는 보복을 우려하고 있었다. 외교관은 내게 "중국이 이곳의 미국 인들을 표적으로 삼을까봐 걱정된다"고 했다. "그들은 이렇게 얘기할 겁니다. '이 사람들은 분명히 스파이야. 아니면 비자에 허가된 내용에 맞지 않는 일을 하고 있거나.'" 그는 계속해서 말했다. "그걸 막기 위해 우리가 할 수 있는 일은 별로 없습니다. 그게 걱정돼요. 마이클 스파보나 마이클 코브릭처럼 미국인 중 누군가가 중국 감옥에 갇히는 것만은 보고 싶지 않습니다."

스파보와 코브릭은 중국에서 사업을 하던 전직 캐나다 외교관이었다. 이들은 2018년 말 부풀려진 것으로 보이는 스파이 혐의로 체포되었다. 미국으로 범죄인 인도를 하려고 캐나다가 구금하고 있던 중국 시민에 대한 대응으로 취해진 또 다른 보복성 조치였다.

외교관은 잠재적 표적이 될 수 있는 미국 시민들의 명단을 작성하라는 요청이 자신과 동료들에게 내려왔다고 했다. 너무 많은 외국인이 떠났기 때문에 가능성은 줄어들고 있었다. 그는 지금 상하이에서 사업하고 있는 전직 국무부 직원의 이름을 언급했다. "그 사람은 위험할 수 있어요." 그리고 말을 멈추더니 나를 올려다봤다. "당신 같은 사람도 위험할 수 있어요." 그는 말을 이어갔다. "당신이 무슨 글을 쓰는지 신경 쓰는 사람은 없을 겁니다. 다만 당신은 여기에 있고 중국 정부로서는 보내야 할 메시지가 있다는 것뿐이죠."

우리는 술을 한 잔 더 주문했다. 바는 한산했다. 예전에 이곳은 외국인들이 즐겨 모이던 장소였다. 외교관은 72시간의 시한이 다 되기 전에 나와 만나고 싶었다고 했다. "내일은 진짜 바쁠지도 모르거든요." 그가 웃으며 말했다.

나는 그에게 고마움을 표하고, 중국이 청두 영사관이 아닌 다른 목표를 택했으면 좋겠다고 말했다. 그는 그게 꼭 좋은 일은 아닐 거라고 했다. 중국이 사태를 확대하고자 한다면 홍콩에 있는 큰 규모의 미 영사관을 폐쇄할 수도 있다는 것이었다.

작별하기 전 그는 다시 한번 경고했다. "떠나라고 권하고 싶지는 않습니다." 그가 말했다. "하지만 제가 당신이라면 안전하다고 느낄 수 있을지 모르겠어요."

이튿날 이른 아침, 미 영사관의 직원들은 바깥 거리에 경찰 병력이 늘어난 것을 발견했다. 평소라면 대여섯 명의 중국 경찰이 순찰을 돌지만 이날 아침에는 15명에서 20명가량 되었다. 이 거리의 이름은 중국어로 링스관루領事館路(영사관길)다.

9시 반쯤 근처 고층 건물 옥상에 사람들이 서 있는 것을 영사관 직원들이 발견했다. 보안 요원들로 보였다. 그곳에서 미국 영사관 단지를 내려다보고 있었다.

10시에 경찰이 영사관길을 폐쇄했다. 이때쯤에는 영사관의 미국 외교관들도 자신들이 중국의 보복 대상으로 선택되었다고 생각했지만, 중국 외교부는 두 시간이 더 지나서야 성명을 발표했다. "중미 간의 현 상황은 중국 측에서 바라던 바가 아니다." 성명서의 내용이다. "책임은 전적으로 미국 측에 있다." 미국인들이 청두의 건물을 비우는 데 72시간이 주어졌다.

뉴스가 나온 뒤 나는 자전거를 타고 영사관길로 갔다. 제복을 입은 경찰이 30명 정도 있었고 짧은 머리에 선글라스, 수술용 마스크

차림으로 미루어 사복경찰임이 뻔한 사람들도 있었다. 나도 마스크를 쓰고 있었는데, 당시에는 외국인으로 눈에 덜 띄고 싶을 때마다 마스크를 썼다. 영사관 앞에는 수십 명의 시민이 모여 사진을 찍고 있었다. 내가 휴대폰을 꺼내자마자 사복경찰이 내 옆에 나타났다.

"여기서 사진 찍으면 안 됩니다." 그가 말했다.

"저 사람들도 찍고 있잖아요." 내가 말했다. "나도 그냥 똑같은 걸 하는 겁니다."

"당신은 안 됩니다." 그가 말했다.

나는 휴대폰을 집어넣었다. 길을 왔다 갔다 했으나 사복경찰이 바싹 쫓아다니는 바람에 집으로 돌아왔다. 다음 사흘 동안 주기적으로 영사관길을 찾았다. 시민들의 인파가 점점 늘어나고 있었다. 사람들은 미국의 공식 문장이 새겨진 정문 앞에서 셀카를 찍었다. 어느 날 오후 한 여성이 일행에게 두장옌都江堰에 가야 하니 사진을 빨리 찍으라고 재촉하는 소리를 들었다. 두장옌은 도시 외곽의 역사 유적지다. 이들은 원저우溫州에서 여행을 왔고 관광 일정에 불운의 미 영사관 단지를 넣었다고 했다.

경찰은 인파가 멈춰 있지 못하도록 했다. 하루는 누가 영사관길 한가운데서 축하 폭죽을 터뜨리는 영상이 바이럴을 탔다. 경찰은 다시는 그런 일이 생기도록 놔두지 않았다. 사람들이 구호를 외치거나 반미 피켓을 들고 있는 모습은 전혀 볼 수 없었다. 그런 행위를 부추기기란 쉬운 일이었겠지만 중국 정부는 현장을 최대한 통제하기로 결심한 듯했다.

단지 안에서는 직원들이 파기 계획이라는 프로토콜을 진행하고 있었다.[12] 미국은 현장의 기밀문서를 언제나 최소한으로 유지했지만 파기해야 할 서류들이 있었다. 달력, 인사 기록, 방문 일정, 그리고 현지인의 이름이 나와 있는 종이 같은 것이다. 스무 명이 산업용 문서 파쇄기 여덟 대 앞에서 차례를 바꿔가며 서류들을 기계에 집어넣었다. 또 한 무리의 직원들은 보안 리스크가 있을 수 있는 컴퓨터와 전화기 및 기타 통신 장비를 부쉈다. 이 장비들의 파편조차 청두에 버리지 않는다. 부서진 통신 장비는 전부 포장해서 전용 버스로 베이징의 대사관까지 운송한 다음, 그곳의 미국 관료들이 어떻게 처분할지 결정한다.

휴스턴에서도 중국이 그들 나름의 파기 계획을 진행했고, 이런 식의 맞교환은 의례적으로 열리는 유난히 낭비적인 스포츠 경기의 느낌을 주었다. 각 경기의 날짜가 정해져 있고, 홈 경기가 한 번, 어웨이 경기가 한 번 열린다. 홈 경기 때는 선전에 활용할 수 있는 모든 정보를 모은다. 휴스턴에서는 미국의 정보 요원이 중국 영사관 직원을 홈디포까지 미행해서[13] 문서를 태울 드럼통을 사는 것을 보았다. 홈디포 얘기는 미국 언론에 유출되어 영사관 마당에서 연기가 피어오르는 이미지와 함께 뉴스 기사로 실렸다.

청두에서는 근방의 고층 건물들이 언제나 보안에 위협이었다. 중국 정부는 이제 영사관 마당에서 벌어지는 모든 일을 생중계하기 위해 그곳의 옥상과 고층에 카메라를 설치했다. 앞서 말한 미국 외교관은 시한이 다 되기 전에 파쇄 작업을 마치는 것이 목표 중 하나였다고 나중에 내게 얘기해주었다. 그래야 불을 피우지 않아도 되기 때문이다. "카메라는 틀림없이 우리가 문서 태우는 사진을 찍으려고 설치한 겁니다." 그의 말이다.

누군가 현수막을 걸어 생중계에 나오도록 하자는 아이디어를 냈다. 이들은 "고맙습니다 청두感謝成都"라는 메시지가 휴스턴의 불타는 마당보다는 더 품위 있는 이미지를 전달하기를 바랐다. 미국 직원은 모두 미행당할 것이었으므로 청두 시민을 통해 인쇄소에 주문을 맡겼다. 현수막이 완성되기 직전 그 시민은 연행되어 심문을 받았다. 그녀는 일곱 시간 동안 구금되어 있었다.

중국 측은 휴스턴 영사관을 떠나기 전에 문들을 잠그고 자물쇠에 접착제를 부었다. 이 또한 뉴스가 되어 미국 보안 요원들이 정문을 부수는 장면이 화면을 탔다. 청두의 미 영사관 직원들은 그런 이미지가 나올 상황을 피하기 위해 모든 문을 열어두기로 결정했다. 파쇄 작업은 시한이 다가오기 한참 전에 마쳤다. 유일하게 남은 문서라고는 영사관 미국 센터 내의 대여 도서관에 있던 고전 소설과 기타 서적뿐이었다. 미국 센터는 청두 시민들에게 개방되어 있어서 책을 빌리고, 독서 모임에 참여하고, 문화 행사에 참여할 수 있었다.

사흘째 날 새벽, 시한까지 세 시간 조금 더 남기고 청두에 남은 마지막 미국 외교관들이 정문을 열었다. 그러고 나서 이들은 아무 표식도 없는 경찰 차량을 타고 뒷문으로 떠났다. 중국의 생방송은 그 장면을 놓쳤던 것 같다. 아니면 필요 없다고 판단했는지도 모른다. 이유가 무엇이든 국영 매체에는 그 장면이 나오지 않았다. 감사의 현수막도 보이지 않았다. 중국의 보안 요원들이 버려진 건물 안에서 발견한 각종 물품을 어떻게 했는지에 대한 공식 기록은 남아 있지 않다. 그중에는 선반 위에 가지런히 꽂힌 열 권이 넘는 『호밀밭의 파수꾼』도 있었다.

  트럼프 정권의 중국 매파들은 '디커플링'이라는 정책을 옹호했다. 외교와 민간 교류를 줄이고자 하는 욕구도 있었지만 특히 경제와 과학기술 영역에서 미국을 중국과 분리시키는 것이 목표였다. 매파들은 개혁개방이 시작된 이래 미중 관계의 혜택 대부분이 중국으로 갔고, 거기서 비롯된 번영이 공산당을 강화시켰다고 믿었다.

  처음에는 팬데믹이 디커플링을 가속화하는 것처럼 보였다. 중국의 수출경제는 무너졌고 봉쇄정책이 끝난 뒤에도 회복될 수 있을지 불투명했다. 4월 말 나는 스포츠 신발을 만들어 아마존에서 판매하는 청두의 사업가 리더웨이를 만났다. 중국의 많은 제조업자가 그렇듯 리는 미국 시장을 주목표로 삼았고, 보통 매출의 70퍼센트 이상이 미국에서 나왔다. 그러나 바이러스가 미국을 강타하면서 사업은 직격탄을 맞았다. 내가 방문하기 한 달 전, 리는 청두 직원의 3분의 1에 달하는 50명을 해고했다.

  그는 트럼프 정부의 경제 부양 지원금이 없었다면 상황은 훨씬 더 나빴을 것이라고 했다. 리는 아마존 고객들에게 상품을 직접 판매했기 때문에 매출 동향을 자세히 볼 수 있었다. "우리는 통계를 매일 확인합니다."[14] 그가 말했다. "미 정부가 지원금을 지급하기 시작한 다음 날 매출이 바로 증가했죠." 내가 방문했을 때는 경제 부양 2주차에 접어든 시점이었고, 리의 미국 매출은 예전보다는 여전히 낮은 수준이었으나 두 배 가까이 늘었다.

  리는 최근에 자신의 사업 파트너 및 타 수출업자들과 전략을 논의했다. 이들은 2020년 6월이 중요한 한 달이 될 것이라고 결론 내렸다. 리는 "6월까지 미국과 유럽에서 바이러스가 완전히 통제된다면 정상 수준을 회복할 수 있을 것"이라고 했다. 그러나 이들은 미국 및 서방 국가들이 아마도 팬데믹에 제대로 대처하지 못할 것이라고 봤다. 리는 현재진행형인 정치 갈등에도 우려를 표했다. 해결책으로 미국 사업 비중을 줄이기로 하고 중국 내에서 판매할 신발을 생산하기 시작했다. 리더웨이는 그만의 작은 방식으로 디커플링을 계획했던 것이다.

리의 본사는 쓰촨대학에서 그리 멀지 않은 청두 남쪽에 위치해 있었다. 그해 나는 정기적으로 그를 방문했다. 리의 배경은 변변치 않았다. 어머니와 아버지는 모두 농가에서 자랐고 둘 다 대학을 나오지 않았다. 두 사람은 양탄자 공장의 조립라인 노동자로 시작해 결국 자신들의 작은 양탄자 제조업체를 차렸다. 벌어들인 돈은 리를 포함한 세 자녀를 교육하는 데 썼다. 셋 다 대학에 진학했고, 리는 쓰촨대학을 졸업했다. 늘씬한 체격에 날카로운 눈매를 가진 리는 30대 중반의 남성이었고, 진지한 태도 때문에 나이가 더 들어 보였다.

2020년 한 해 동안 리에 관해 가장 인상 깊은 점은 세 가지였다. 첫째는 팬데믹의 경제적 영향에 대한 그의 초기 예측이 맞지 않았다는 사실이다. 둘째는 그가 그런 예측에 근거해 세웠던 계획들을 포기하는 데 전혀 주저함이 없었다는 점이다. 5월에 리는 중국 내 판매에 어려움을 겪고 있다고 했다. 내수 시장의 수많은 사업처럼 신발 사업도 네이쥐안 상태에 도달해 있었다. 그러는 사이 리의 미국 매출은 회복되고 있었다. 7월에 그는 돌연 중국 시장을 포기하기로 결정했다.

　리는 미국이 팬데믹 대응에 실패할 것이라는 자신의 예측은 맞았지만 그것이 가져올 영향에 대해서는 틀렸다는 결론을 내렸다. 이제 그는 미국 상황이 더 안 좋아질수록 매출은 더 좋아질 것이라고 판단했다. 리는 미국의 "많은 상점이 문을 닫았다"며, "사람들은 감염 때문에 상점에 가기를 두려워하고 온라인에서 구매한다"고 했다. 그의 이런 경험은 중국 전역에서 공통적인 것으로 보였다. 7월 한 달의 수출이 전년 동월 대비 7.2퍼센트가 증가했다. 전 세계가 바이러스와 씨름하는 동안 중국은 호황을 맞았다.

　리에 관해 인상적이었던 세 번째는 아는 사람 하나 없는 미국 시장을 이해하는 능력이었다. 리는 한 번도 미국에 가본 적이 없었고 영어회화도 익숙지 않아 우리는 항상 중국어로 대화했다. 하지만 영어를 읽는 데는 문제없었고 VPN으로 방화벽을 우회해서 구글 트렌드 같은 사이트에 접속했다. 그는 "미국에 가면 도움이 되겠지만 인터넷에서도 많은 걸 알 수 있죠"라며, "미국은 자유로운 곳이라 많은 정보가 공개되어 있습니다. 중국과는 다른 점이죠"라고 했다.

　리는 멀리 떨어져서 미국에 대한 나름대로의 이론을 갖게 되었다. 그는 경제 부양 지원금에 대한 반응으로 매출이 어떻게 증가했는지 설명한 뒤에 "제 생각에 미국인들은 저축을 별로 하지 않습니다"라고 말했다. "돈이 생기기만 하면 써버리지요."

　리는 항상 가장 최근의 코로나 통계를 알고 있었다. 7월 2일에 사무실을 방문했을 때는 미국의 감염자 수를 줄줄 읊었다. "265만 명입니다." 그가 말했다. "매일 3~4만씩 증가하고 있어요. 낙관적인 수치가 아닙니다." 리는 자신이 매일 미국으로 발송하는 신발의 숫자도 알고 있었다. 3000켤레였다. 그는 "미국 정부가 최근 들어 지원금을 더 많이 지급하고 있다"고 했다.

나는 잘못 알고 있는 거라고 말해주었다. 2차 경제 부양 지원금은 아직 나오지 않았다. 하지만 리는 정부의 돈이 소비자에게 도달하고 있다고 확신했다. 그 영향을 매출로 확인할 수 있었다. 이튿날 나는 콜로라도 서남부 우리 집에 세 들어 살고 있는 젊은 여성으로부터 이메일을 받았다. 우편함에 들어온 우편물 목록을 보낸 것이었다. 거기에는 '경제적 영향Economic Impact'이라고 적힌 CARES(Coronavirus Aid, Relief, and Economic Security — 옮긴이) 법안 직불카드가 포함되어 있었다. 3400달러짜리였다.

은행 정보 미등록으로 4월에 지원금을 받지 못한 사람들을 대상으로 정부가 지난 몇 주간 직불카드를 발송하고 있었다는 사실을 알게 되었다. 우리 집에는 왜 지원금이 도착하지 않았는지 궁금했지만 중국의 일이 너무 바빠 알아보지 못하던 참이었다. 이제는 미국 정부의 최신 지급 일정을 확인하고 싶다면 언제나 청두 남쪽으로 가서 리더웨이에게 물어보면 되었다.

나중에 나는 팬데믹 초기 사람들의 소비 습관을 연구한 노스웨스턴대학의 경제학자 스콧 R. 베이커를 인터뷰했다.[15] 베이커는 경제 부양책의 영향을 파악하기 위해 은행 거래 빈도가 높은 소비자 3만 명 이상의 거래를 분석했다. 그에 따르면 이 기간에 미국인들의 내구재 소비가 줄었고, 대부분의 구매는 주로 중국에서 수입하는 상품들을 포함한 저가품이었다.

베이커에게 부양책 이후 리더웨이의 매출을 언급했더니 그는 "매출 급증이 뚜렷이 나타났다는 사실은 놀랍지 않다"고 했다. "실제 발생하는 대부분의 지출은 지원금을 받은 첫 주쯤에 이루어졌습니다." 경제적인 측면에서 디커플링이라는 개념은 환상인 듯했다. 형편없는 미중 관계와 엄격한 팬데믹 통제의 와중에도 청두에 있는 사업가는 미국 정부가 언제 지원금을 배포했는지 즉각 알 수 있다. 그 돈의 일부가 자기 주머니로 들어왔기 때문이다.

그해 10월 논픽션 강의에는 수업 때마다 제리라는 남학생이 "트럼프: 미국을 계속 위대하게"라고 쓰인 야구모자를 쓰고 맨 앞줄에 앉았다. 트럼프의 중국어 이름은 쓰촨에 들어가는 글자인 '촨川'으로 시작한다.(촨푸川普—옮긴이) 그런 모자를 어디서 구했냐고 물었더니 제리는 이메일에 "이름이 촨으로 시작하기 때문에 트럼프는 쓰촨 사람들 마음속에 특별한 자리를 차지하고 있는 것 같다"고 썼다. 모자는 로봇 배송을 포함해 3달러 정도를 주고 타오바오에서 샀다고 했다. 제리는 트럼프를 촨젠궈川建國라고 불렀다. 트럼프의 이름과 공산주의 시대의 애국적 이름을 결합한 모순적인 별명이었다. 말하자면 "트럼프, 중국을 다시 위대하게 만들어줘"라는 뜻이다. 트럼프의 반중국 엄포에도 불구하고, 전략적 사고를 하지 못하는 그가 결국 중국에 이득을 안겨줄 거라는 생각에서 나온 이름이었다.

가을학기 두 수업 모두에서 선거에 대해 얘기했다. 선거라는 주제는 더 이상 애덤과 내가 푸링의 간부들을 분노케 했던 1996년처럼 위험하게 느껴지지 않았다. 그때는 우리가 무신경했던 것도 원인이었다. 수업 중 미국의 투표용지에 기표하는 행위는 무례한 일이었다. 1989년의 톈안먼 광장 시위로부터 오래 지나지 않은 시절이기도 했다. 요즘은 중국에 30년 넘게 큰 민주화 운동이 없었기 때문에 아무도 그런 가능성을 심각하게 여기지 않는 것처럼 보였다. 나는 일반 국민이 국가 지도자를 직접 선택할 권리를 원하기는 할지 가끔 궁금했다. 옛 제자들을 상대로 한 2017년의 연례 설문 조사에서 중국이 다당제 민주주의 국가가 되어야 하는지 물었더니[16] 73퍼센트가 아니라고 답했다. 앞으로 10년 동안 중국의 정치체제에 큰 변화가 있을 것이라고 기대하는 사람은 10퍼센트도 되지 않았다.

많은 응답자가 중국이 현 체제하에서 성공을 거두었다고 답했고 다당제 시스템이 갈등과 비효율을 가져오지 않을까 우려했다. 다른 답변들은 좀더 냉소적이었다.

부패한 당이 벌써 하나 있습니다. 다른 당들이 생기면 더 나빠질 거예요.

아니요, 부패한 당은 하나로 족해요. 더 많아지는 것은 견딜 수 없어요.

미국이 다당제 하는 걸 봐왔는데 인류 역사상 최악의 대통령을 뽑더라고요.

쓰촨대학에서 내가 가르치던 학생들 일부는 폭스뉴스를 통해 선거 보도를 지켜봤다. 폭스의 홍보 자료에는 나오지 않을 법한 디테일이지만, 공산당은 폭스뉴스의 웹사이트를 차단하지 않았다. CNN과 『뉴욕타임스』와 기타 미국의 주요 매체를 방문하려면 방화벽을 넘어야 했으나, 중국 정부가 중요하지 않다고 여겨서인지 폭스뉴스는 그대로 방치되어 있었다. VPN을 사용하는 번거로움을 거치지 않아도 되었기 때문에 학생들은 폭스뉴스를 즐겨 봤다.

수업 시간에 나는 지난여름 저장성에서 취재했던 사진들을 보여주었다. 그때 리장이라는 이름의 사업가를 방문했었다.[17] 1995년에 처음 사업을 시작해 우리 딸들과 같은 초등학생들이 착용하는 붉은 소년선봉대 스카프를 생산하던 사람이다. 리는 1997년에 중국 국기 생산으로 사업을 확장했다. 그해 홍콩이 반환되면서 수요가 커졌기 때문이다. 이처럼 가장 큰 사업 기회가 있는 지정학적 물결에 올라타는 것이 리의 사업 패턴이 되었다. 2001년 9·11 이후에는 주로 미국 국기를 수출용으로 생산했고, 2016년부터는 트럼프 깃발과 현수막을 제작해오고 있었다. "사람들이 원하면 만듭니다." 리가 내게 한 말이다. 그의 책상에는 파키스탄을 건국한 무함마드 알리 진나의 얼굴이 그려진 깃발 옆에 작은 게이프라이드 깃발이 놓여 있었다.

나는 조닌이라는 또 다른 깃발 제작업자도 방문했다.[18] 진강이라는 이름의 젊은 매니저가 조립라인을 견학시켜주었다. 20여 명의 여성이 재봉틀 앞에 앉아 "노스다코타는 트럼프를" "미국을 위대하게" "트럼프 2024"와 같은 문구가 쓰인 깃발을 재봉하고 있었다. 마지막 깃발을 보고 나는 진강이 내가 모르는 미래를 알고 있는 게 아닌가 싶었다. 그는 어깨를 으쓱하며 모든 디자인은 고객들이 한 것이라고 했다. "그렇게 만들어달라고 요청받은 거예요."

학생들은 수업에서 조립라인의 사진들을 보고 웃음을 터뜨렸다. 설문 조사를 통해 이번 선거가 개인적으로 중요한지 물었더니 대다수의 학생이 그렇다고 응답했다.

제가 미국에 갈지 여부에 영향을 미치기 때문에 결과에 신경 쓰고 있습니다. 비자나 유학생 정책 같은 것이요.

외국에서 공부하려는 제 장래 계획에 영향을 끼친다는 게 가장 중요한 이유입니다. 그리고 중국과 미국이 미래에 어떤 길을 가려는지, 냉전으로 들어갈 것인지에도 영향을 미칠 것입니다.

또 이제는 정치가들이 과거처럼 예의를 차리지 않습니다. 낙선한 후보의 정당이 얼마나 미치광이처럼 행동할지 보고 싶어요.

마지막 코멘트는 빈센트의 것이다. 그는 이제 2학년이었고 내 논픽션 수업을 수강했다. 팬데믹에도 그의 장래 계획은 변함이 없었다. 여전히 미국으로 유학 갈 생각이었고 거기서 무기 구매 권리를 행사하리라 다짐했다. 누가 선거에 승리할 것이라고 생각하는지 설문 조사를 해보았더니 빈센트는 바이든이라고 답한 소수 중 한 명이었다. 수강생 전체로 보면 54퍼센트는 트럼프의 승리를 예상했다.[19]

내가 얘기해본 대부분의 사람도 같은 의견으로 보였다. 리더웨이는 그해 가을 나와 만난 자리에서 트럼프가 이길 것이라고 생각한다고 말했다. "그가 하는 일은 형편없지만 그걸 좋아하는 사람들이 있어요."[20] 개인적으로 선호하는 후보가 있냐고 묻자 리는 없다고 했다. 그는 트럼프의 무역전쟁도 사업에 영향을 끼치지 못했다며 "누가 당선되는지는 중요하지 않다고 생각한다"고 했다. 관세 인상에 대한 대응으로 리는 간단히 아마존의 소매 가격을 15퍼센트 올려버렸다. "관세는 소비자가 지불합니다." 그의 말이다.

리는 매일매일 자신의 신발에 대한 아마존 리뷰를 샅샅이 훑어보았다. 그는 이걸 자오류交流— 교류 또는 대화라고 불렀고, 신속한 대응에 자부심이 있었다. 팬데믹 초기에 리뷰를 남긴 미국인들이 느린 배송을 많이 언급하자 리는 더 비싸지만 안정적인 배송 서비스 업체와 계약했다. 많은 고객이 신발의 발가락 부분이 좁다고 불평하자 리는 공장에서 이를 조정하도록 했다.

리는 수십 개의 브랜드 네임으로 신발을 한 켤레에 30달러 정도의 가격에 팔았다. 브랜드 네임 중 일부는 피트매트Feetmat나 트로드롭 Troadlop처럼 어딘가 보행자를 연상케 하기도 했지만, 어떤 것들은 어원학적 수수께끼였다. 비아코룸, 뱅보바, 니즈니아, 조카비아, 조카니아, 존킴. 소비자가 아마존에 등록된 상품들을 자세히 살펴본다면 퍼즐의 조각들이 연결되기 시작한다. '피트매트 남성용 논슬립 짐 스니커즈 경량 통기성 경기용 러닝 워킹 테니스 슈즈'는 '비아코룸 남성용 러닝 슈즈 논슬립 짐 테니스 슈즈 미끄럼 방지 에어 니트 소재 스니커즈 워킹 워크아웃 스포츠 슈즈'와 똑같아 보였다. 이것은 또 '트로드롭 남성용 러닝 슈즈 논슬립 슈즈 통기성 경량 스니커즈 미끄럼 방지 경기용 스포츠 워킹 짐 워크 슈즈'와 동일한 상품으로 보

469

인다.

나는 이러한 언어를 '아마존글리시'라고 생각하기로 했다. 어색하지만 기본적으로 알아볼 수 있고, 반복적이지만 검색에 잘 걸리는 언어다. 상품 설명은 컴퓨터의 문법 체크를 간신히 통과할 정도의 정확성만을 갖고 있곤 했다. 트로드롭: "고무 밑창이 미끄럼 방지 성과를 낸다." 존킴: "패션 니트 윗면이 당신의 발을 젖은 상태로부터 지켜주고, 움직일 때 당신의 발을 위해 건조한 상태를 만들어준다."

아마존글리시에 결코 등장하지 않는 단어 하나는 '중국'이다. 리는 자신의 조사 작업을 교류라고 불렀으나 그것은 두 개의 일방통행으로 이루어져 있다. 중국 제품이 미국으로 가고, 미국의 돈과 정보가 중국으로 간다. 미국에서 연 매출이 100만 달러가 넘는 아마존 상위 판매자의 거의 절반은[21] 중국에 기반을 두고 있었지만, 일반적으로 자신의 소재지를 광고하지 않았다. 이들은 적어도 저가 시장에서는 브랜드 인지도가 중요하지 않다는 것을 파악하고 있었다. 그보다는 모호한 이름의 상표들로 웹사이트를 도배해 검색 결과를 장악하는 것이 더 영리한 선택이었다. 리의 브랜드 네임이 그토록 이상했던 것은 그래서다. 기성 브랜드와 이름이 너무 비슷하면 대체로 거부당하는 미국 특허상표청에서는 특이한 이름이 승인을 빨리 받을 가능성이 높았다. 피트매트는 기막힌 이름이었고, 트로드롭, 벵보바, 조카비아, 조카니아도 마찬가지였다. 반면 나이키이Nikey와 아디자스Adijas 같은 이름은 좋지 않은 생각이다.

노스웨스턴대학의 경제학자 베이커는 은행 잔고가 적은 미국인일수록 경제 부양 지원금을 빨리 쓸 가능성이 높다고 했다. 이들이 리더웨이의 주 고객층이었고, 그는 '교류'를 통해 저소득층 미국인들이 팬데믹을 어떻게 느끼는지 엿볼 수 있었다. 신발을 구매한 고객들은 리뷰에서 운동이나 스포츠 이벤트나 여가활동에 대해서는 거의 언급하지 않았다. 이들은 서서 일해야 하는 직장에서 피트매트나 트로드롭을 신을 가능성이 더 높은 듯했다. 때로 이들은 일자리가 사라지는 문제며 다른 문제들을 언급하기도 했다.

5월 6일. 별점 1개:[22]
늦게 도착했음. 현관에 둔 걸 누가 훔쳐갔어요. 즉시 환불을 원합니다.

5월 16일. 별점 1개["미끄럼 방지" 밑창 때문]:
데니스의 요리사인데 고작 주방 바닥의 물 때문에 하마터면 얼굴을 처박을 뻔했어요! 정말 식겁했음!

6월 14일. 별점 5개:
일 때문에 샀는데 방금 업장이 다시 문을 열지 않을 거라는 소식을 들었지만 여전히 마음에 들어요.

7월 13일. 별점 5개:
밑창이 별로 오래가지 않아요. 이걸 신고 있다가 경찰한테 겨우 두 번 쫓겼을 뿐인데 밑창 수명이 절반으로 줄었음!

8월 1일. 별점 1개:

두 켤레 샀는데 팬데믹 때문에 반품하지 않음(솔직히 우편으로 받는 것도 무서웠음 "긴장된 웃음 이모티콘")

리는 구글 트렌드에서 수많은 미국인이 '펫pet'이 들어간 검색어로 검색을 한다는 사실을 발견했다. "펫 의류, 펫 장난감, 펫 건강" 같은 것이죠. 이게 지금 좋은 시장이라는 걸 알 수 있습니다." 미 대선 즈음에 리는 '페밀리12Pemily12'라는 새로운 브랜드를 미국 특허상표청에 등록했다. 그리고 펫 상품을 미국 소비자들에게 판매하는 웹사이트를 열었다. 구글 트렌드에서 '펫 의류'를 특히 흔한 검색어라고 했으므로 리는 개를 위한 작은 스웨터를 생산하는 남부의 공장과 계약을 맺었다. 리의 웹사이트에는 브랜드를 아마존글리시로 이렇게 소개해놓았다.

왜 페밀리일까요?

펫과 패밀리의 합성어입니다.

왜 12일까요?

12=12달=1년=포에버

왜 페밀리12일까요?

페밀리12는 우리는 언제나 가족이라는 뜻입니다.

****

트럼프가 대선 결과에 승복하지 않은 뒤 나는 두어 차례의 수업을 미국의 정치체제에 할애했다. 선거인단과 개표 결과가 언론에 의해 발표되는 방식에 대해 논의하고, 낙선한 후보가 패배를 인정하는 전통에 대해 설명했다. 학생들은 이런 것에 대해 잘 알고 있는 듯했고, 속으로는 꼴좋다고 생각했을지 몰라도 겉으로는 내색하지 않았다.

대체로 이 젊은이들은 딱히 독선적으로 보이지는 않았다. 나는 매 학기 신입생들에게 『동물농장』을 가르쳤는데, 과제 중 하나로 가장 공감하는 등장인물에 대해 쓰도록 했다. 제일 많은 선택을 받은 것은 새로운 농장에 대해 회의적이지만 자기 생각을 드러내지 않는 당나귀 벤저민이었다.

나와 상대방 사이의 힘의 차이가 너무 크다면[23] 굳이 조약돌로 바위를 칠 필요는 없다고 생각한다. 물론 용감하게 저항하는 사람들을 존경하지만 개인적으로는 그런 위험을 감수하고 싶지 않다.

중국 속담에 '화종구출禍從口出'이라는 말이 있다. 모든 문제는 혀에서 나온다는 뜻이다. 우리에게는 눈이 두 개, 귀가 두 개, 손이 두 개 있지만 입은 하나뿐이다. 이는 우리가 더 많이 관찰하고, 더 많이 듣고, 더 많이 행동하고, 더 적게 말해야 함을 뜻한다.

그의 성격에 드러나는 약점은 나와 비슷하다. 돼지 통치의 본질을 봤지만 나폴레옹의 터무니없는 독재 행위에 반대하지는 않았다. 스노볼처럼 자신의 정치적 견해를 감히 표현하지도 못했고 나폴레옹에게 도전하지도 못했다. (…) 이는 일종의 비겁함이나 이기심이다. 나는 그런 면에서 그와 매우 비슷하다. 나는 내 마음에 들어오는 소수의 사람에 대해서만 신경 쓴다.

벤저민 다음으로 많이 선택한 것은 복서였다. 오웰의 소설에서 복서는 나폴레옹의 리더십에 순종하는 근면하고 우둔한 말이다. 소설 끝부분에서 과로로 건강이 망가진 복서는 말을 죽여 사체를 처리하는 도살업자에게 팔려간다. 평론가들은 복서를 혁명 당시 공산주의자들을 지지했다가 고통으로 대가를 치르는 러시아 노동자 계급에 대한 풍자라고 여긴다. 어떤 학생들은 이 비극적 등장인물에서 스스로의 모습을 보았다.

나도 독립적인 사고를 하지 못하는 사람이다.[24] 남들이 하는 말을 믿기 일쑤고 늘 남이 시킨 일을 아무런 생각 없이 끝낸다. 만약 내가 농장의 동물이라면 나는 스노볼이나 나폴레옹 같은 지도자가 하는 말을 믿을 것이다. (…) 아마 나폴레옹에게 세뇌당해 결국 나폴레옹이 시키는 것이라면 뭐든 하는 동물이 될지도 모른다. 그러다 끝에 가서는 나폴레옹에 의해 처리될 것이다.

학생들은 스스로에 대해 무서울 만큼 솔직했고, 중국 체제에 대한 환상을 거의 갖고 있지 않았다. 1990년대의 경험과는 완전히 달랐다. 그 시절 내 교실의 학생들은 대개 젊고 순진해 보였다. 당시에는 내가 그들보다 나이가 그리 많지 않다는 사실을 끊임없이 상기시켜야 했다. "그들의 우스꽝스러운 이름에 웃음을 터뜨리거나²⁵ 어린아이 같은 수줍음에 미소 짓게 되기 쉽다." 나는 『리버타운』에 이렇게 썼다. "시골의 단순함이 낳은 단순한 젊은이들이라고 치부하기도 쉽다. 하지만 진실은 물론 그렇지 않았다. 쓰촨성의 시골은 결코 단순하지 않았고, 학생들은 내가 상상조차 하지 못했던 것들을 알고 있었다." 그 시절 학생들이 어려 보였던 것은 그들이 완전히 새로운 세계로 진입하고 있었기 때문이다. 그때까지 현대 중국의 모든 세대가 그랬다. 전쟁이든 혁명이든, 정치든 경제든, 젊은이들은 계속해서 압도적인 변화의 소용돌이에 던져졌다.

하지만 쓰촨대학의 학생들은 애늙은이였다. 세상이 어떻게 돌아가는지 알고 있었고, 시스템의 결함과 장점도 잘 이해하고 있었다. 이들은 부모가 일해왔던 것과 동일한 환경으로 진입하고 있었다. 중국이 근현대 역사상 처음으로 대학생들의 평생 기억보다 더 긴 시간 동안 안정과 번영을 누려오고 있었기 때문이다. 중년의 교사가 된 나의 관점도 바뀌었다. 이제는 학생들이 사실은 그렇게 나이가 많지 않다는 사실을 스스로에게 상기시켜야 했다. 훙이와 같은 2학년생이 부모님 세대에 대해, 그리고 언젠가 자신이 물려받을 사회에 대해 쓴 글을 보면 그렇게 냉정할 수가 없었다.

우리 부모님은 1970년대에 태어나셨고²⁶ 지금은 중국의 중하층에 속한다고 생각한다. 이들의 특징은 확고한 애국심과 무심한 냉소주의다. 중국 정부를 찬양하는 것이 아니라 외국 정부를 비판함으로써 중화인민공화국을 강력하게 지지한다. 애플 제품 사용을 거부하고 일본 여행을 거부하고 트럼프를 미치광이 악으로 일축한다. 하지만 중국을 열렬히 동경하지는 않는다. 중국 관료제의 부패와 사회의 불공정을 목격했지만 이를 바로잡을 수 없기 때문에 언제나 이렇게 말한다. "원래 그런 거야." (…)

인터넷 시대에 태어난 우리 세대는 중국적 이념과 서구적 이념 사이의 충돌에 당황하고 어쩐지 우울한 상태인 것 같다. 인터넷에서는 자유와 이성에 대한 선동이 우세하고 교과서에서는 애국심과 공산주의에 대한 선동이 우세하다. 젊은이들은 대부분 전자에 매력을 느끼지만 시험에 합격하고 직업을 구할 때는 후자를 염두에 두어야 하며, 실제로 중국에서는 후자가 더 잘 작동하곤 한다.

———

미국 외교관이 나에게 체포될 수도 있다고 경고했던 이후로 레슬리와 나는 다양한 시나리오를 의논했다. 우리는 내 글이 문제가 된다면 당에서 아마도 우리를 조용히 내보내려 할 것이라고 생각했다. 대학에서의 계약이 갱신되지 않거나 비자가 취소될지 모른다. 적어도 우리 예측으로는 이보다 더 극적인 일은 일어나지 않을 것 같았다. 가장 최근의 패턴을 보면 중국은 미국의 외교적 수를 그대로 따라했지만, 일을 먼저 일으키는 경우는 거의 없었고 최근에는 갈등이 심화될까 우려하는 것처럼 보였다. 이처럼 복잡한 시기에는 아무도 뭔가를 주도하려 하지 않으므로 관료주의의 바퀴가 돌아가는 동안 아무도 나를 건드리지 않을 가능성도 컸다. 결국 나는 계속해서 기사를 쓰기로 결심했다.

물론 이 모든 것은 추측일 뿐이었다. 아무도 미중 관계나, 양국 간에 사상과 제품이 오가는 기묘한 방식을 제대로 이해할 수 없었다. 어떤 중국 학생은 트럼프 모자를 쓰고 수업에 들어와 미 대통령과 쓰촨성과의 인연을 기리기도 하고, 다른 학생들은 토머스 페인의 팸플릿 제목을 언더그라운드 출판물에 사용하기도 한다. 저장성의 제조업자는 소년선봉대의 스카프를 만들다 트럼프 깃발을 만들고, 청두의 사업가는 치열한 상업적 '교류'를 통해 미국 소비자들이 경제 부양 지원금을 받는 정확한 날짜를 알아낼 수도 있다. 그러나 이 모든 사소한 접촉은 공감과 이해라는 큰 그림으로 이어지지는 않았다. 나는 두 나라가 "고맙습니다 청두"라고 쓴 걸리지 못한 현수막을 두고 얼마나 많은 외교적 전략과 술책을 동원했는지 떠올리곤 했다.

새해가 되기 하루 전 나는 마지막 논픽션 수업을 진행했다. 학생들에게 물어봤다. 당신에게 2020년은 좋은 해였나요, 안 좋은 해였나요?

12월에 캠퍼스가 다시 봉쇄된 일이 있었다. 날씨가 추워지면서 중국에는 코로나19가 몇 건 더 발생했는데, 주로 해외에서 돌아와 격리했던 사람들로부터 비롯되었다. 청두에서는 한 노인이 격리 시설 근처에서 오염된 쓰레기를 처리하다가 연쇄 감염을 일으켰다. 첫 사례가 12월 7일에 보고되었고 그 뒤로 5일간 청두시는 200만 명 이상의 시민에게 검사를 실시했다.[27] 2월부터 단 한 건의 감염 사례도 없었고 누적 감염자는 143명에 불과했지만 청두시에는 검사소가

141곳이나 있었다. 팬데믹이 시작되고부터 발생한 유증상 지역사회 감염 한 건에 거의 하나씩의 비율로 검사소가 설치된 것이다. 12월에 보고된 지역사회 감염은 모두 합해 13건이었다.

쓰촨대학에서는 아무도 감염되지 않았지만 예전의 시스템이 부활되었다. 경비원이 담장의 허술한 부분을 감시하고, 모든 출입문에서 안면인식 스캐너가 학생들이 캠퍼스 밖으로 나가지 못하도록 막았다. 청두 전역에서 몇 군데를 지정해 봉쇄가 이루어졌지만 우리 단지와 도시 대부분은 정상적으로 유지되었다. 애리얼과 나타샤의 학교도 한 번도 문을 닫지 않았다. 코로나19의 와중에도 청두는 다섯 개의 지하철 노선을 새로 개통했다.[28]

거의 70퍼센트의 학생이 올해가 좋은 한 해였다고 응답했다.[29] 그렇지만 이들은 여전히 애늙은이였다. 일이 잘 풀리고 있을 때조차 시스템의 모순을 이해해보려고 고민했다. 논픽션 수업에서 빈센트는 이런 글을 남겼다.

집에 머무르는 동안 중국 정치 시스템에 너무 많은 문제가[30] 존재한다는 사실을 알게 되었고, 그걸 어떻게 해결하면 좋을지, 적어도 내가 이 나라를 위해 무엇을 할 수 있을지 생각하기 시작했다. 팬데믹 기간에는 의사들이 희생되고 사람들이 친척을 잃는 등의 실망스러운 뉴스를 읽고 이 나라가 정말 우울하게 느껴지기도 했다. 우리 정부에 대해 너무 화가 났다. (…) 그때는 당과 나라를 생각하면 슬프기 그지없었다.

하지만 상황이 좋아지고 다른 나라들의 더 엉망인 대처를 보면서 중국과 당에 대한 생각을 바꾸었다. 중국에 여전히 너무나 많은 문제가 있다는 것은 알지만, 나는 특히 비상 상황에서는 사회주의 체제가 더 선진적이라고 확신한다.

리더웨이도 좋은 한 해를 보냈다. 피트매트, 트로드롭 등 신발 브랜드들이 연휴 기간에 최대 판매 기록을 올렸고, 연간 총매출은 2019년 대비 15퍼센트 증가했다. 페밀리12도 잘되고 있었고 리는 미래에 미국을 겨냥한 펫 미용 제품으로 사업을 확장할 수도 있겠다고 생각했다.

"사람이 쓰는 미용 제품과 똑같습니다."[31] 2021년 초에 방문했을 때 그의 말이다. 그는 가짜 눈썹을 붙이고 있는 개의 사진을 보여주었다. "이건 아직 시작하지 않았어요." 그가 말했다. "하지만 다른 사람들이 이걸 만들고 있더라고요. 어쩌면 2~3년 안에 큰 시장이 될지도 모릅니다."

저장성의 깃발 생산업자 진강에게는 좀 더 힘든 한 해였다. 유럽에서 열리는 주요 스포츠 대회들이 취소되면서 그의 사업에 영향을 끼쳤다. 하지만 미 의회가 습격당했던 1월 6일 이후로 트럼프 깃발 주문이 쇄도했다. 진은 현재 생산 중인 가장 인기 있는 세 종류의 디자인 사진을 보내왔다.[32]

트럼프 2024: 리벤지 투어

트럼프 2024: 미국을 되찾아라

트럼프 2024: 미국을 다시 살리자!

애리얼과 나타샤는 매주 월요일 빨간 소년선봉대 스카프를 매고 금색 핀을 꽂고, 차이차이와 러우러우가 되어 학교에 갔다. 가끔은 콜로라도에 가보지 못하는 것에 대해 불평하고, 세입자가 돌봐주고 있는 우리 집 고양이 모르시를 그리워했다. 하지만 그 삶은 점점 멀게만 느껴졌다. 어느 날 오후, 쌍둥이는 푸장강 강변에 버려진 새끼 고양이를 발견했다. 아이들은 고양이를 집으로 데려와 율리시스라는 이름을 지어주었다. 고양이도 집에서 멀리 떠나 있었기 때문이다. 그리고 곧장 위위라는 중국식 별명을 지어주었다.

여기에도 하나의 현실, 저기에도 하나의 현실—그것이 현실에 대처하는 가장 좋은 방법이었다. 어떤 가족 사진들은 양쪽 집 모두에 걸려 있었고, 이케아 가구 몇 점도 양쪽에 똑같이 있었다. 콜로라도에는 우리의 검은색 혼다 CR-V 차량이 헛간에 주차되어 있었다. 가을에 우리는 청두에서도 검은색 혼다 CR-V를 구입했다. 중국 혼다는 우한에서 생산된 것이고, 우리는 그걸 '코비드 카'라고 불렀다. 봉쇄된 도시의 혼다 생산라인조차 좋은 한 해를 보냈다. 혼다는 2020년 중국 자동차 매출이[33] 전년 대비 거의 5퍼센트나 올랐다고 발표했다. 운전해서 학교에 갈 때면 나는 마르크스주의대학 지하에 코비드 카를 주차했다.

11장   시진핑
          세대

2021년 봄과 여름

에밀리는 십대 후반일 때 남동생에 대한 똑같은 악몽을 계속 꾸었다. 꿈속에서 소년은 에밀리보다 훨씬 더 어리고, 둘은 높은 발코니에서 같이 놀고 있다. 동생은 에밀리를 마주 보고 손을 잡는다. 손을 꽉 잡고 에밀리의 다리를 한 발 한 발 타고 올라 어린아이들이 어른과 간혹 그러듯 뒤로 공중제비를 넘는다. 그러다 에밀리가 손을 놓치고 동생은 발코니에서 떨어진다.

에밀리는 남동생이 자살하기 여러 해 전부터 이 꿈을 꾸었다. 나중에 그녀는 이 꿈이 동생을 도우려고 애쓰며 느꼈던 무력감을 반영하는 것이라고 믿었다. 에밀리는 이런 감정을 부모님에게 얘기하지 않았고, 아들 타오타오에게도 삼촌이 어떻게 죽었는지 오랫동안 얘기하지 않으려 했다.

에밀리는 자신의 대학 시절이나 선전에서 이주민으로 보냈던 시간에 대해서도 타오타오에게 말해주는 일이 드물었다. 그때의 기억이 고통스럽지는 않았지만 별다른 가치가 있을까 싶었다. 에밀리는 언젠가 내게 "그 시절에 저는 아주 수동적인 사람이었어요"라고 했다. "나만의 결정을 내리지 않고 그저 반응할 뿐이었죠. 선전으로 가서 일했던 것조차 사실 적극적으로 결정한 게 아니라 푸링에 머무르고 싶지 않았던 것뿐입니다." 에밀리는 계속해서 이렇게 말했다. "타오타오가 태어날 때까지는 수동적이었던 것 같아요. 아이를 키우는 법에 관한 책을 읽기 시작하면서 무엇이 옳고 그른지에 대한 나름의 생각을 갖게 됐죠. 저 스스로 결정을 내렸어요. 그때부터 진짜 독서를 시작했어요. 그 전까지는 책을 주의 깊게 읽지 않았죠."

에밀리 세대의 이주민들은 처음에 아무런 방향성이 없었다는 얘기를 자주 한다. 전 남자친구인 앤리도 스스로가 수동적이고 도시생활에 대한 준비가 되어 있지 않았으며, 자신이 통제할 수 없는 상황으로 인해 시골을 떠나야 했다고 느꼈다. 시간이 흐르며 이들 중 다수가 경쟁의 도가니에서 단련되었다. 열심히 일하는 법을 배웠고 기술과 지식을 향상하는 방법을 알아냈다. 하지만 에밀리는 지위나 물질적 향상에 별로 관심이 없었다. 가족 내에서조차 그런 것들이 꼭 성취감으로 이어지지는 않는다는 사실을 익히 보았다. 에밀리의 아버지는 많은 존경을 받는 교수가 되었지만 만족스러워 보이지 않았다. 사촌 류는 막대한 재산에도 불구하고 상반된 감정으로 반응했다.

사촌 류는 부자가 된 이후 매년 음력설마다 고향 마을에 지은 저택에서 성대한 잔치를 열었다. 잔치에는 일대에 살고 있는 친척들과 정부의 간부, 사업가들이 참석했다. 사촌 류와 부자 손님들은 밤늦게까지 마작을 하곤 했다.

2010년대에 사촌 류는 중국 북부에 부동산 투자를 했다가 망하면서 순자산이 크게 줄었다. 여전히 부자였지만 설 잔치는 덜 성대해졌고 참석하는 간부와 사업가의 수도 줄었다. 에밀리가 보기에 사촌은 지난날을 아쉬워하는 듯했고, 때로 도덕과 종교에 대해 이야기했다. 이 모든 와중에도 그의 어머니는 본질적으로 그대로였다. 여전히 호화로운 저택 바깥에서 마치 농부인 양 밭을 일구었다.

2021년 초의 음력설, 사촌 류는 또 한 번 잔치를 열어 50세 생일을 자축했다. 나중에 에밀리는 긴 메시지를 보냈다.

새해 복 많이 받으세요! 바이든이 대통령에 당선되었던 날부터 편지를 쓰려고 했어요. 저는 바이든 대통령의 딸이 좋아요. 좋은 사람 같아 보이거든요. 아버지도 좋은 사람이겠죠? 그가 세상을 바로 잡을 수 있기를 바랍니다.

우리는 이번 연휴에 계속 충칭에만 있었어요. 시골의 가족들을 방문하고, 부자 사촌의 50세 생일 잔치에 참석하고, 다주大足의 석상을 보러 드라이브를 갔어요. 거기서 타오타오가 제게 불교와 다른 종교들에 대해 물어봤어요. 엄마는 아는 것이 별로 없지만 모든 종교의 본질은 다 같다고 얘기해주었어요. 사랑, 친절함, 너그러움 같은 것이라고. 타오타오는 귀 기울여 들었어요. 이 아이와 여행 다니는 일이 점점 더 재미있다는 생각이 듭니다.

아이가 타고르와 칼릴 지브란이 쓴 시에 큰 관심을 갖는 걸로 보아 더 많은 시와 철학책을 읽고 싶어할 것 같아요. 두 종류 모두 사주었는데 아이는 철학책에 더 끌려합니다. 지금은 로버트 C. 솔로몬의 『빅 퀘스천The Big Questions』을 읽고 있고 아주 푹 빠져 있어요. 읽고 생각하는 아이입니다. 저도 읽어봤지만 이해하기 어려웠어요. 다른 생각들을 열린 마음으로 대하려고 노력하지만 때로 기존의 지식과 경험이 가로막습니다. 아이가 타인의 생각을 너무 많이 받아들이기 전에 이 책을 읽고 자기만의 방식으로 사물을 바라보는 방법을 찾아내려 하는 것이 좋다고 생각해요.

제 동생도 타오타오만 할 때 철학에 관심을 가졌지만 이런 좋은 책을 접할 수가 없었어요. 저는 동생이 무슨 말을 하려는 건지 이해하지 못했습니다.

대부분의 중국인처럼 에밀리도 교육에 대한 믿음이 컸지만 그녀의 믿음은 다른 종류의 것이었다. 오늘날의 교육은 아이들이 학급 석차와 가오카오 점수를 위해 분투하는 또 다른 형태의 경쟁이다. 에밀리의 관점은 그보다 넓었다. 이상적인 학교라면 가치와 공감과 자기인식에 대해서도 가르쳐야 한다고 믿었다. 교육에 대한 그녀의 존중에는 학교 교육이 아이를 망칠 수도 있다는 자각이 들어 있었다. 에밀리 생각에는 그게 바로 동생에게 일어난 일이었다. 재능을 타고났지만 남다른 생각을 가진 아이에게 현지 교육 시스템은 너무 융통성 없고 무자비했다.

에밀리는 타오타오에게서 동생과 비슷한 모습을 보았다. 삼촌과 달리 타오타오는 급우들에게 인기가 많았고 성적도 훌륭했다. 하지만 그도 순응하지 않으려는 비슷한 본능을 갖고 있었고 사회와 정치에 대한 어려운 질문들을 던졌다. 언젠가 봄에 푸링을 방문했을 때 에밀리와 함께 저녁을 먹었는데,[2] 그녀는 가끔 아들의 질문에 대답하기 어렵다고 얘기했다.

"아이가 질문하면 뭐라고 답해야 할지 모르겠어요." 에밀리가 말했다. "홍콩의 학생들처럼 되는 것은 원하지 않거든요."

그때는 홍콩의 시위가 진압된 지 오래였고 수많은 학생 활동가가 체포되었다. "그 학생들이 틀렸다고 생각해서 그런 거야?" 내가 물었다. "아니면 처벌을 받았기 때문이야?"

"처벌을 받았기 때문이에요." 에밀리가 답했다.

최근에 한 교사가 사소한 학칙을 어겼다고 타오타오를 꾸짖은 일이 있었다. 아이는 이렇게 응수했다. "저는 합리적인 규칙은 따르지만 비합리적인 규칙은 따르지 않습니다."

그 일이 있고 나서 교사는 에밀리에게 전화했다. "타오타오가 쓴 글을 보면 보통 아이들과 생각이 다르다는 것을 알 수 있어요." 교사의 말이다. "그런 생각을 할 수도 있고 제 수업에서 에세이에 써도 된다고 말해주세요. 하지만 그걸 행동으로 옮기는 것은 다른 문제입니다."

교사의 말투는 화나 있거나 공격적이지 않았다. 오히려 애써 온화하게 말했다. 학칙 때문이 아니라 타오타오를 위해 걱정하고 있는 것이 분명했다. 중국에는 정치적인 일에 있어 이런 식으로 보호하려고 나서는 태도가 흔했다. 권력을 행사하는 위치에 있는 이들조차 시스템을 잘 헤쳐나갈 수 있게 작은 도움을 주는 일이 자주 있었고, 그 호의는 놀라울 정도였다. 가끔은 이것이 사실 시스템을 유지시키는 하나의 방법이라는 점을 잊게 만들기도 했다. 대부분의 사람은 중요한 것은 하나도 바뀌지 않을 것이며 단지 개인 차원에서 문제를 회피하는 게 목표라고 굳게 믿었다.

교사와 얘기한 뒤 타오타오에게 뭐라고 했는지 에밀리에게 물어보았다. "이 나라가 완벽하지는 않다고 말해주었어요." 에밀리가 말했다. "장래에는 더 나은 나라를 만들기 위해 뭔가 할 수 있을지도 모르지만 지금은 너도 시스템 안에 있어야 한다고요."

타오타오는 1년 남짓이면 고등학교에 갈 테고, 아이에게 뭔가를 숨기기가 점점 더 힘들어지고 있었다. 내가 방문하기 얼마 전 사촌형이 타오타오에게 삼촌에게 무슨 일이 있었는지 말해주었다. 타오타오는 침묵을 지키는 대신 에밀리에게 직접 얘기를 꺼냈다.

"저한테 이렇게 물어봤어요. '삼촌은 왜 자살했어?'" 에밀리의 말이다. "뭐라고 해야 할지 모르겠더라고요." 하지만 일단 얘기를 꺼내놓고 보니 생각보다 어렵지 않다는 것을 알게 되었다. "동생이 얘기하지 않던 것들이 있다고 말했어요." 에밀리가 설명했다. "동생은 그걸 얘기해야 할 필요가 있었고 우리는 동생을 도와주었어야 마땅했죠. 하지만 그때는 어떻게 해야 할지를 몰랐다고요. 저는 타오타오에게 걱정되는 일이 있으면 그게 뭐든 우리에게 얘기해야 한다고 말해주었어요."

타오타오는 이 대화에 마음이 놓인 것 같았다. 엄마의 솔직함이 좋았고 삼촌의 성격과 관심사에 대해 엄마가 해주는 얘기를 듣는 것이 좋았다. 나중에 에밀리는 이때 처음으로 동생에 대해 얘기하면서 기분이 나아졌다는 사실을 깨달았다.

봄에는 가능한 한 자주 푸링을 찾았다. 코비드 카가 있어 가기 편해졌고, 양쯔강과 우장강 계곡을 따라 장거리 드라이브를 즐겼다. 1990년대에는 때때로 배낭과 텐트를 메고 이 지역을 도보로 탐험했다. 내가 제일 좋아하던 길은 학교 후문 밖으로 나가 우장강의 가파른 동쪽 기슭에 계단식 논이 만들어져 있던 곳이었다. 칸칸 가득한 물이 하늘 색깔을 반사하는 것이 마치 거울로 만든 계단 같았다. 오후가 되면 농부들이 잡초를 뽑거나 모를 심느라 바빴다. 아이들은 집앞의 시멘트로 된 탈곡대에 앉아 숙제를 했다. 나는 『리버타운』에 이렇게 썼다.

> 햇살이 좋은 오후면 거의 모든 탈곡대마다 아이가 있었다.[3] 푸링의 학교들은 숙제 양이 어마어마했고, 학생들은 배우지 못한 농민 가정 출신임에도 그걸 놀라울 만큼 성실하게 해냈다. 그것이 이곳 사람들에 대해 내가 어쩌면 가장 감탄하는 부분이라고 여기게 되었다. 이 사람들은 교육에 대해 무한한 존중을 갖고 있었고, 그런 곳에서 아이들을 가르친다는 것은 기분 좋은 일이었다.

이제 거울 계단은 사라졌고 벼를 키우는 사람은 아무도 볼 수 없었다. 농부들은 쌀농사가 지나치게 노동집약적이라고 했다. 논을 정비하고 모내기를 하는 데는 젊은 일손이 제격이지만 젊은이들은 모두 도시로 떠난 지 오래였다. 탈곡대에 있던 그 아이들이 제대로 공부한 게 맞다.

마주친 몇 안 되는 농부는 어김없이 모두 노인이었다. 농부의 숫자가 줄면서 농사에 대한 의욕도 줄었다. 이들은 작은 채소밭을 가꾸었고 내가 기억하는 예전의 복잡한 밭길은 더 이상 관리하지 않았다. 계단식 논이 가장 장관을 이뤘던 우장강 계곡의 저 높은 곳에는 논이 무너져 잡초만 무성한 긴 경사 언덕이 되었다.

젊은 시절 도보 탐험하던 때의 사진들을 갖고 있어서 가끔 같은 장소에 올라 똑같은 사진을 찍어보려고 했다. 하지만 주변이 너무 많이 변했기 때문에 거의 불가능했다. 1990년대에는 시골 풍경이 인간의 노동에 의해 형성된 온갖 방식에 놀라움을 금할 수 없었다. 그것은 논밭과 오솔길이 마치 오래된 집의 가구들처럼 친숙하게 느껴지는, 삶의 흔적이 담긴 풍경이었다. 그러나 이제는 방치 또한 인간의 노동만큼이나 강력할 수 있음이 눈에 들어왔다. 어떤 언덕들은 형태가 완전히 바뀌었고 나무들은 온통 제멋대로 자라 있었다. 예전에는 경작 가능한 땅을 최대한 다 활용해야 했으므로 그늘이 있으면 안 되었기 때문에 농부들이 그 어떤 것도 높이 자라도록 놔두지 않았다. 하지만 이제는 언덕의 곳곳이 작은 숲으로 변해버렸다. 옛 사진처럼 다시 찍어보려고 하면 나무가 시야를 가리는 일이 많았다. 2004년에 농산물 순수입국이 되어버린 중국 전역에도[4] 비슷한 변화가 있었다. 그때부터 더 많은 수의 젊은이가 도시로 이주했고 더 많은 토지가 휴경지가 되었다. 한때 지구상에서 가장 인구가 많았던 농업 국가 중국은 이제 세계 최대의 식량 수입국이다.[5]

베이산펑 정상에서 찍은 사진은 좀 나았다. 산꼭대기에는 여전히 시야가 탁 트여 있어서 양쯔강을 가로질러 도심까지 내려다보는 사진을 여럿 재현할 수 있었다. 1996년의 사진과 2021년의 사진을 좌우에 나란히 놓고 보니 꼭대기의 하늘부터 시작해 강 아래까지 차이점이 주욱 보였다. 옛날 사진에는 하늘이 마치 지평선에 드리워진 더러운 천 조각처럼 회색빛에 질감이 있었다. 도심부의 형편없는 산업 규제 때문에 대기오염이 끔찍했다. 평화봉사단원이었던 나는 만성 비염을 앓았고, 강 계곡에 만연했던 결핵에 걸리기도 했다. 정부는 2000년대에 도심의 중공업 시설을 폐쇄하거나 이전했다. 친구들은 호흡기 건강이 즉시 개선되었다고 했다.

새 사진에는 공기가 맑고 푸르다. 1990년대에는 보이지 않던 저 멀리의 산맥이 보인다. 하늘 아래로 도심이 양쯔강 남쪽 기슭의 긴 언덕에 걸쳐 펼쳐져 있다. 두 사진을 짝지어놓으면 새로운 푸링에는 번쩍이는 고층 건물이 너무 많아 옛 푸링과 전혀 달라 보인다. 하지만 자세히 들여다보면 새로 개발된 건물들 아래로 옛 거리와 골목의 패턴이 그대로 남아 있어, 지우고 다시 쓴 문서와도 같은 모양새가 드러난다. 푸링은 한 번도 통째로 철거된 적이 없다. 국가가 주도해서 파괴하고 재건한 사례가 아니다. 변화가 거리별로, 건물별로, 개인별로, 가장 지역적인 수준에서 일어났다. 누군가 돈을 벌어 새 건물을 짓거나 상점가를 세우면 곧 이웃에서 누군가 따라했다. 그러는 동안에도 길 자체에는 변화가 없다. 인민로, 건설로, 번화로 같은 거리명조차 그대로다. 세묵로洗墨路와 같은 이름은 오래전 사라지고 없는 인근의 산업을 가리킨다. 중국의 많은 것이 그렇듯 이 또한 모순처럼 느껴진다. 모든 것이 변했으나 아무것도 변하지 않았다.

도시와 양쯔강이 만나는 새 사진들의 맨 아래에는 강이 50미터 높이에 달하는 콘크리트 제방과 맞닿아 있다. 제방은 마치 도시가 강의 경계에서 치마를 걷어올린 양 고층 건물들 아래쪽의 기다란 흰색 띠처럼 보인다. 이 사진들 속의 양쯔강은 옛 사진에서보다 강폭이 넓고, 고요하고 유리 같은 수면에 우뚝 솟은 건물들이 거울처럼

491

비치고 있다. 옛 사진들에는 수면에 아무것도 비치지 않았는데, 댐이 생기기 전에는 유속이 너무 빨랐기 때문이다. 고기잡이용 삼판부터 쪼그려 앉아 가야 하는 여객선까지 크고 작은 배들이 강물에 떠다녔다. 멀리서 보면 나루터들이 둥둥 뜬 나뭇잎처럼 두 강이 만나는 지점 주변에 흩어져 있었다.

새 사진들에는 나루터가 거의 다 사라졌고 배도 없다. 여러 해에 걸쳐 양쯔강의 어업은 꾸준히 제한되어오다가 2021년 초에 전면 금지가 시행되었다. 여객선 사업은 그보다 훨씬 오래전에 문을 닫았다. 강둑 위의 계단식 논이 그랬듯 두 강도 사실상 버려진 것이다.

옛 베이산평 사진의 일부는 겨울에 찍었다. 댐이 생기기 전에는 추운 달이면 양쯔강의 수위가 내려가 작은 섬들과 사암으로 이루어진 긴 능선을 드러냈다. 이 중에서 가장 유명한 바위를 바이허량白鶴梁(백학 능선)이라고 불렀다. 옛 사진에는 바이허량이 강 속에서 남쪽 강둑과 평행하게 흐르는 희미하고 섬세한 선으로 나타난다. 1990년대에는 지역 유물관리국에서 이곳을 관리했다. 매해 겨울 능선이 수면 위로 드러나면 관리국에서는 황더젠黃德健이라는 직원을 상주시켰다. 황은 헐렁한 인민해방군 외투 차림으로 작은 나무 책상에 앉아 있었다. 사방에서 양쯔강이 밀려드는 그곳이 그의 공식적인 직장, 단웨이였다.

당시에는 어부들이 아직 물 위에 살고 있었다. 겨울이면 떠돌이 가족 두엇이 삼판을 바이허량 근처에 정박하고 3위안 정도의 요금에 남쪽 강둑으로 오가며 사람들을 실어 날랐다. 평화봉사단원이었던 나는 매해 겨울 그곳을 몇 번씩 방문했고, 황더젠이 바이허량의 역사를 설명해주곤 했다. 12세기도 더 전에 누군가가 바위에 헤엄치는 잉어 한 쌍을 새겨넣었고 그게 강물을 측정하는 용도로 사용되기 시작했다. 하류로 향하는 뱃사람들은 능선에 멈춰서 잉어 한 쌍이 고정되어 있는 선과 수위를 비교해 싼샤의 급류를 가늠했다.

결국 사람들은 매년 수위를 측정해서 바이허량에 새겨넣기 시작했다. 가장 오래전에 새겨진 것의 날짜는 당나라 때인 서기 763년이다. 시간이 흐르며 매년 돌 잉어가 드러날 때마다 시구를 새겨넣는 것이 전통이 되었다. 수많은 시인과 서예가가 푸링의 관직에 임명되었고, 이 중에는 때로 정치적 실수에 대한 처벌로 유배를 오는 사람도 있었다. 이들 모두가 돌에 자신의 흔적을 남겼다. 바이허량에는 다 합쳐서 30만 자 이상의 글자가 새겨졌다.

황더젠은 초등학생들이 이백의 시를 외우듯 이걸 사실상 다 외워버렸다. 평화봉사단 시절 바이허량에 관한 책을 구입해 그곳을 방문할 때 가져가곤 했다. 내가 유명한 서예가가 새긴 글이나 시에 대해 물어보면 황은 금세 찾을 수 있었다. 30대의 친근한 남자였던 그는 바싹 깎은 검은 머리에 도교의 신선처럼 튀어나온 귀를 갖고 있었다. 종종 눈 밑이 무겁게 처진 것이 피곤해 보이는 모습이었는데 차가운 바위에서 긴 겨울을 보낸 결과가 아닌가 싶었다. 하지만 황은 언제나 열정적이었다. 그가 가장 좋아하던 글은 사암의 서쪽 가장자리 근처에 있었다. "유문영년惟汶永年", 강물은 영원히 흐른다는 뜻이다.[6] 이 글을 쓴 슈창쑹舒長松은 그리 잘 알려진 서예가는 아니지만 초서체의 우아한 곡선으로 이루어진 글씨가 아름다웠다.

내가 푸링에 살던 시절에는 다들 바이허량에 닥칠 운명을 알고 있었다. 댐의 1단계가 완공될 예정인 2003년이면 푸링의 수위가 46미터 정도 높아진다. 그다음에는 바이허량이 영원히 사라진다. 하지만 다가올 상실에 대한 조급함은 찾아보기 어려웠다. 현지인들은 그곳을 거의 찾지 않았다. 황과 함께 바위 위에 있는 사람은 나뿐일 때가 많았다. 중국어 과외를 받을 때면 바이허량에 대한 현지의 신문 기사를 있는 대로 찾아 공부했다. 1998년 1월 1일, 『충칭만보重慶晚報』에서 바이허량을 일종의 수중박물관 안에 넣어두자는 제안을 보도했다.[7]

대학의 친구들은 정부가 늘 지키지도 못할 약속을 남발한다며 코웃음쳤다. 어쨌거나 푸링은 신호등 하나 없는 도시였으니 그럴 만했다. 황더젠은 『충칭만보』에 실린 내용 외에는 아는 것이 없었지만 수중박물관에 대해 희망을 보인 몇 안 되는 사람 중 한 명이었다. 이 문제에 대해 이야기할 때마다 황은 양쯔강 계곡이라는 탁 트인 복도에 벌 받으러 쫓겨나온 초등학생처럼 나무 책상에 앉아 몸을 떨고 있었다. 황의 처지에 놓인 사람에게는 어떤 형태의 실내 박물관이라 해도 황홀하겠구나 싶었다.

신문 기사는 덜 야심찬 또 다른 제안도 언급하고 있었다. 공무원들은 수중박물관에 대한 대안으로 능선이 물에 잠기고 나면 전시할 수 있도록 고급 탁본을 의뢰하자는 제안을 냈다. 나는 『리버타운』에서 이것이 가장 가능성 높은 결론일 거라고 예측했다.

이들에게는 이게 의심의 여지 없이 더 현실적인 해결책이다.[8] 이 지역에는 수중 전시실을 짓는 데 필요한 재원이 전혀 없고, 푸링의

일반 주민들에게 바이허량은 별 의미를 갖지 않는다. (…) 전문가
들은 댐이 완공되고 10년 이내에 새 저수지의 토사와 모래가 12세
기에 걸쳐 조각된 전부를 지워버릴 것이라고 예측했다.

———

베이산핑 정상에서 새로 찍은 사진들에는 바이허량의 섬세한 선
이 사라지고 없다. 대신 남쪽 강둑에 두 개의 커다란 콘크리트 튜브
가 보이고, 이 튜브들은 강 속으로 곧장 들어간다. 콘크리트 튜브 위
로 바이허량 수중박물관의 둔중한 모습을 알아볼 수 있다.

박물관은 2010년에 정식으로 문을 열었다. 이듬해 3월 이곳을 처
음 방문하자 황더젠이 나를 반갑게 맞아주었다.[9] 황은 박물관장으
로 임명되어 있었다. 짧게 자른 머리며 도교의 신선 같은 귀. 그의 얼
굴은 예전 그대로였다. 처진 눈 밑이 더 무겁게 변한 것으로 보아 양
쯔강 추위에 관한 내 이론은 박물관에 대한 예측과 마찬가지로 틀린
것으로 드러났다. 정부는 총 3400만 달러를 이 프로젝트에 투입했
다. 황은 강바닥 공사에 수많은 난제가 있었기 때문에 중국과학원의
암토역학 연구소 교수가 박물관을 설계했다고 했다.

황은 이제 인민해방군 외투 대신에 회색 정장과 붉은 넥타이 차림
이었다. 휴대폰을 두 대 갖고 있었는데, 한 대는 업무용 한 대는 개인
용이었다. 끝없이 울려대는 업무용 휴대폰의 벨소리는 "자요우加油!
자요우! 자요우!"라고 외치는 여자 목소리였다. "힘내라! 힘내라! 힘
내라!"라는 뜻이다.

각 콘크리트 튜브 안에는 에스컬레이터가 한 대씩 있었다. 하나는 상행, 또 하나는 하행이었다. 황이 나를 하행 에스컬레이터로 안내했다. 튜브 안 에스컬레이터는 강철로 된 덮개에 싸여 있다. 가파르게 30초쯤 내려가다 황이 양쯔강 수면 아래로 내려왔다고 알려주었다. 아직 갈 길이 멀었다. 에스컬레이터 길이는 90미터가 넘었다. 내 머릿속에 떠오른 이미지는 진흙탕 강물에 꽂혀 있는 쇠로 만든 거대한 빨대였다.

바닥에 도착하자 황은 나를 기갑식 잠금 장치가 달려 있는 열린 문을 통해 데리고 나갔다. "조금이라도 누수가 있으면 저 문을 잠그면 된다네." 그가 말했다. 우리는 이제 수면으로부터 40미터 아래에 있었다. 우리 앞에는 잠수함의 창문을 닮은 둥근 창들이 설치된 길고 구불구불한 전시실이 펼쳐져 있었다.

둥근 창들 바로 밖에는 바이허량이 스포트라이트를 받아 귀기 어린 녹색으로 빛나고 있었다. 황은 나를 전시실로 데리고 가 예전처럼 바위에 새겨진 글씨를 가리키며 안내해주었다. 내게 쌍둥이 잉어를 보여주고 나서 우리는 그가 가장 좋아하던 글씨 앞에 멈춰 섰다. "강물은 영원히 흐른다惟汶永年." 글씨는 바위에 세로로 새겨져 있었고 마지막 글자 연年이 마치 검처럼 길게 뻗어내려 있었다. 불과 13년 전 마른 능선 위에서 이 글자에 손가락을 대고 따라 썼던 일이 기억났다.

관람이 끝나갈 무렵 황에게 능선을 바라보다 상실감을 느낀 적은 없는지 물어보았다. 그는 고개를 저었다. "이집트의 아스완 댐을 지을 때는 이런 걸 할 수 없었다네." 이집트 당국은 물에 잠기기 전에 유적들을 옮겨야 했다는 점을 지적하며 그가 말했다. "나는 자랑스러워. 여기 와도 전혀 상실감을 느끼지 않아. 성공적인 일이었다고 생각한다네."

황은 요즘에는 방문객이 더 많아졌다며, 가장 중요한 건 바위에 새긴 글씨들이 그대로 남아 있는 점이라고 했다. 사실이었다. 여전히 같은 유적, 같은 강, 심지어 나무 책상에 앉아 떨곤 하던 남자조차 같았다. 여기서도 같은 이야기가 반복된다. 아무것도 변하지 않았으나 모든 것이 변했다.

우리는 전시실을 한 번 더 둘러보았다. 나는 둥근 창마다 멈춰 서서 글씨가 예전에 어떻게 보였는지 기억하려 했다. 황더젠의 전화가 몇 번이나 울려서 여자 목소리가 "힘내라! 힘내라! 힘내라!"라고 외쳤다. 여기 양쯔강의 바닥, 40미터 깊이의 느린 강물 아래에서도 휴대폰 신호는 훌륭하게 잡혔다.

봄방학에 우리는 코비드 카를 타고 쓰촨성 서부로 갔다. 그곳은 히말라야 고산의 티베트 지역이었고 우리는 지그재그 길을 따라 고개들을 넘었다. 애리얼과 나타샤는 학교에서 배운 시구를 사용해 길이 양창샤오다오羊腸小道라고 했다. '구불구불한 길'이라는 의미였으나 글자 그대로의 뜻은 훨씬 더 생생하게도 '양의 내장 같은 길'이다.

중국의 문구들은 음식과 관련된 것이 많다. 사람들은 농촌을 떠났을지 몰라도 언어는 그렇지 않았다. 나는 딸들의 눈으로 중국을 보는 것을 좋아했다. 학교에서 석순은 스순石筍, 종유석은 스중루石鐘乳라는 것을 배웠는데, 첫 번째 한자는 '돌'이고, 마지막 한자는 '가슴'이다. 천장에서 우유가 떨어지는 이미지를 연상케 한다. '바싹 붙어 있다'는 뜻으로는 지촨샹원雞犬相聞이라고 썼다. '닭과 개의 소리가 들릴 정도로 가깝게 산다'는 농경사회의 언어다. 교통 체증은 처수이마룽車水馬龍, '수레가 물처럼 흐르고 말들이 용처럼 늘어섰다'는 의미다. 라오황뉴老黃牛, 늙은 황소는 불평하지 않고 열심히 일하는 사람을 가리킨다. 누군가를 하바거우哈巴狗(불안한 얼굴로 쿵쿵거리는 페키니즈 개)라고 부른다면 아첨꾼이라는 뜻이다.

여행길에 사람들은 어김없이 똑같은 질문을 했다. "누가 제제인가요?" 미국에서 쌍둥이에게 가장 많이 하는 질문은 "일란성인가요?"다. 하지만 중국인들은 그런 것에는 크게 관심이 없어 보였다. 중국의 질문은 아마도 형제 중 누가 위이고 누가 아래인지를 명시하는 이들의 언어를 반영하고 있었다. 1분 먼저 태어난 애리얼은 제제姐姐(언니), 나타샤는 메이메이妹妹(여동생)였다. 학교에서도 태어난 순서대로 아이들을 구분해서, 애리얼의 학급 번호가 1분 늦게 태어난 여동생보다 하나 빨랐다.

전 세계의 여느 소녀들처럼 나타샤와 애리얼도 테일러 스위프트의 노래를 들었다. 아이들은 이 가수에 대한 정보를 방화벽 안쪽의 중국어 웹사이트에서 얻었다. 검색어로는 테일러 스위프트의 중국 별명인 메이메이를 사용했다. 그러나 여기서 메이는 여동생을 뜻하는 메이妹도, 아름다움을 뜻하는 메이美도 아니었다. 테일러 스위프트에게는 좀더 애매한 메이霉를 사용했다. '곰팡이, 균사'를 뜻하는 한자다. 이 역시 중국 특유의 직설화법처럼 들렸다. 가수 스위프트는 젊고 아름다울지 몰라도 이상하게 변해버린 사랑에 대해 노래하곤 했기 때문이다.

첫해의 어려움을 겪고 나서 애리얼과 나타샤가 중국어를 편하게 여기는 모습은 마음을 놓이게 했다. 중국에 있었기 때문에 원격수업의 악몽을 피할 수 있었고 이제 우리는 최소 한 해 더 머무르기로 마음먹었다. 3월 말, 나는 스쿠피의 학장인 민킹 추에게 이메일을 보내 계약을 갱신해달라고 요청했다. 학과장도 내가 계속 있어주기를 원했고 학교에서도 최근에 내게 강의상을 주었기 때문에 형식적인 절차일 거라고 생각했다. 중국의 팬데믹 통제 때문에 새로운 외국인 강사를 데려오기란 거의 불가능했다.

그러나 추는 학교가 내 서비스를 더 이상 필요로 하지 않는다는 퉁명스러운 답신을 보냈다.[10] "지금까지 몇 명의 후보가 있고 몇 년 전 학교를 떠났던 예전의 강사가 올가을에 다시 합류할 가능성이 높습니다." 귀화한 미국 시민이었고 피츠버그에 살고 있던 학장은 팬데믹이 시작된 이후로 청두를 방문하지 않고 있었다. 나는 채용에 관한 이야기를 전혀 들은 바가 없었으므로, 역시 미국인이었던 학과장에게 물어보았다. 그는 새로운 교사를 찾고 있지 않다고 확인해주었다. 학과장은 혹시라도 장거리 소통 탓에 오해가 있을 수도 있으니 다시 한번 학장에게 이메일을 보내보라고 권했다.

이번에는 추가 다른 설명을 추가했다. 그는 내 1년짜리 계약이 이미 한 번 갱신되었다는 사실을 언급했다.

아시겠지만 중국노동법에 따르면 세 번째 계약은 계약/고용을 영구적으로 만들기 때문에 단기 형식의 계약을 무효화하고 양측 모두에 리스크를 안깁니다.

왜 사유가 바뀌었을까? 그리고 왜 이 모든 것이 개인적인 대화 한 번 없이 이렇게 차가운 관료주의 언어로 처리되었을까? 대학의 한 관리자와 확인해봤더니 노동법은 젊은 학자들이 계약직으로 질질 끌려가지 않도록 보호하기 위한 목적이라고 했다. 대학이 나를 계속 고용하고자 한다면 방법은 간단히 찾을 수 있을 것이라고 했다.

추는 또 이메일에서 스쿠피가 장기 고용을 우선시할 필요가 있다고도 주장했다. 이 말이 진짜인지 확인할 수 있는 방법이 있었다. 나는 장기 계약을 하자고 제안하며 필요하다면 더 많은 강의를 할 용의도 있다고 했다. 사실 일이 더 많아지는 것은 질색이었지만 나는 이다음에 어떤 일이 일어날지 대략 짐작하고 있었다. 학장은 나와의 대화에 잘 응하려고 하지 않았으므로 나는 이 제안을 학과장을 통해 보냈다. 이튿날 아침 학과장은 결정을 번복할 수 없다고 알려왔다. 어떤 일이 있어도 학장은 나를 고용하지 않을 것이라고 했다.

그 후 레슬리와 나는 조용히 중국을 떠날 준비를 시작했다. 내 강의를 듣고 있던 학생들에게는 얘기하지 않았다. 학기를 최대한 정상적으로 보내도록 하고 싶었기 때문이다. 하지만 왜 이런 결정이 내려졌는지 궁금했다. 캠퍼스에서 조심스레 물어보고 다녔더니 두 명의 교수가 정치적인 압력 때문인 것으로 들었다고 말해주었다.

지난 한 해 동안 중국의 소셜미디어에는 내 글에 대한 다양한 공격이 가해졌고, 내가 재계약을 신청했을 때쯤 큰 공격이 하나 있었

다. 린이우라는 가명을 쓰는 논객이[11] 공개 위챗 채널에 4000자 분량
의 긴 글을 올렸다. 린은 무엇보다 내가 우한에서 팡팡과 만났다는
사실을 문제 삼았다. 내가 마르크스주의대학 지하에 코비드 카를 주
차했다고 언급한 것도 마음에 들어하지 않았다. 수많은 소분홍이 그
점에 대해 분노했다. 어떤 면에서는 독자들이 여전히 상징주의에 대
한 경각심을 갖고 있다는 사실이 반갑기도 했다. 린이우는 내 중국
이름을 사용해가며 이렇게 썼다. "허웨이 씨는 마르크스도 현대 중
국도 이해하지 못하는 사람이다."

이 글은 6만 회 이상 읽혔다. 때로 익명의 논객들이 국영 매체보다
날 선 글을 올려 영향력을 끼치곤 했다. 정부에게 국수주의는 유용
하지만, 극단적인 외국인 혐오나 비현실적인 요구로 이어질 수도 있
었기 때문에 조심스러운 균형이 필요했다. 이번 온라인 공격이 검열
되지 않았다는 사실은 당국이 이를 암묵적으로 승인했음을 암시했
다.

쓰촨대학 교수들은 학자가 공개적으로 공격이나 비판을 받으면
중간급 관리들이 내부 보고를 올려야 한다고 했다. 관료들은 지난
한 해 동안 내가 문제 되는 글을 발표할 때마다 정기적으로 보고서
를 작성해야 했고, 이제는 문제를 근본적으로 없애고 싶어했다. 그렇
지만 나와 얘기했던 사람들에 따르면 위로부터의 직접적인 지시는
없었다. 그럴 필요가 없었던 것이, 시스템이 불안감을 너무 많이 조
성하기 때문에 사람들은 틀리더라도 대체로 조심하는 쪽을 택했기
때문이다. '톈웨이부커처天爲不可測', 한 교수는 '하늘의 힘은 측정할
수 없다'라는 성어를 사용해 설명했다. "정확한 지시가 무엇인지는

추측해야 합니다."

이 교수는 과거 자신의 정치적인 문제로 처벌받았던 사람이다. 그는 대학이 나를 내보내고 싶어하는 것이 놀랍지 않다고 했다. "그게 안전한 조치입니다." 그가 말했다. "당신을 그대로 둘 수도 있겠지만 그러면 보고서를 계속 작성하고 성 정부의 사람들과 끝도 없이 회의를 해야 합니다." 그는 계속해서 "그게 관료주의 시스템이 작동하는 방식"이라고 했다.

이 교수가 처벌받았던 것은 아주 오래전 일이지만 그의 이메일과 소셜미디어 계정은 여전히 관리자들에 의해 면밀히 감시당하고 있었다. 그는 그들이 자기 일을 하는 것을 비난하지는 않았다. "더러운 일이지만 그 사람들은 할 수밖에 없어요." 그가 말했다. "그런 일을 즐기는 사람은 아무도 없을 것이라고 믿는 편입니다. 시스템이 모두를 납치한 거죠."

매 학기 강의 첫날이면 학생들에게 자신의 중국어 이름과 영어 이름, 전공, 관심사를 적으라고 요청했다. 그해 봄, 린든이라는 논픽션 수업 학생이 자신을 이렇게 소개했다.

> '린든'이라는 이름을 사용한 지 꽤 됐습니다.[12] 제 이름은 미국의 전 대통령에게서 온 것 같고, 무엇보다 제 중국어 이름하고 똑같이 들립니다. 하지만 너무 나이 들어 보이기 때문에 바꾸고 싶어요!!!

마지막 학기에는 옛날 이름이 많이 있었다. 에설, 앨프리드, 플로라, 칼, 앨버트, 리타, 헨리. 내 부모님 세대에서 왔을 법한 과거의 이름들로 시간을 거슬러 여행하는 것만 같았다. 브루스도 있었다. 브루스는 여가 시간이면 오토바이를 타는 잘생긴 산업공학과 학생이었는데, 이름은 브루스 리로부터 따왔다. 논픽션 수업에서 브루스는 청두의 오토바이 클럽을 취재했고, 오토바이와 관련된 또 한 편의 글을 쓰겠다고 제안했다. 제2차 세계대전 때 주요 공급선 역할을 했던 히말라야의 도로에 대한 에세이였다. 브루스는 제안서에 이렇게 썼다.

> 총 길이가 525킬로미터에 달하는 러시로樂西路는 1942년에 건설되었다.[13] 러산樂山과 시창西昌을 잇는 도로다. 항일전쟁을 위해 국민당 정부가 건설했다. 이 도로의 건설 환경은 매우 열악했고 수많은 인부가 죽었다. (…) 내일 오토바이로 거기 갔다가 일요일에 청두로 돌아올 예정이다.

나는 학생들의 마지막 취재 프로젝트가 있는 것을 기쁘게 여겼다. 시스템이 적어도 아직 모든 것을 납치하지는 않았다. 2년에 가까운 시간 동안 학교 당국의 어느 누구도 내 강의계획서나 학생들의 보고서를 문제 삼지 않았다. 내가 가르쳤던 모든 학생처럼, 마지막 학기의 학부생들도 청두의 구석진 곳에서 열심히 기삿거리를 찾아냈다. 한 남학생은 대형 병원에서 주름성형을 하는 성형외과 의사를 밀착취재했고, 또 다른 학생은 타오바오의 자회사 창고에서 하루 종일 일했다. 리타는 아메리칸 에어라인 체육관을 취재했는데, 그곳은 알고 보니 미 항공사와는 아무런 관계가 없었다. 언제나처럼 학생들은 사기꾼과 가짜에 민감했고, 가장 충격적인 이야기가 가장 아무렇지도 않은 방식으로 시작되는 것을 즐기는 듯했다.

린든은 키키라는 이름의 귀여운 새끼 고양이를 입양한 뒤의 일에 대해 썼다. 키키는 한 대학의 게시판에서 발견했다. 청두의 또 다른 대학에 다니는 학부생이 고양이를 입양해줄 사람을 찾고 있었다. 린든의 기사에서 그 학부생의 이름은 톈다한이고, 키키를 전해주기 위해 린든과 처음에 딱 한 번 만났을 뿐이다. 키키의 건강 상태는 좋았고 린든은 반년 가까이 톈다한과 연락한 일이 없었다. 그러던 어느 날 아침, 린든은 젊은 남성이 자위하고 있는 동영상이 첨부된 문자 메시지를 받았다.

5분 뒤 린든의 휴대폰이 울렸다. 미얀마의 어딘가로부터 온 전화였다. 린든은 기사에 통화 내용을 인용했다.

"당신이 키키 주인이야?"[14] 휴대폰 건너에서 누군가가 중국어로 물었다.

나는 잠시 멈칫했다. "키키? 그건 전 주인이 고양이에게 지어준 이름인데요."

"그래 맞아. 그럼 당신도 톈다한을 알고 있겠지? 그 친구 동영상 봤어? 내 빌어먹을 돈 내놓으라고 해! 응답하지 않으면 모든 사람한테 그놈 작은 고추를 보여주겠다고 전해." 남자는 화내며 소리를 지르고는 전화를 끊었다.

이런 유의 일을 루오랴오裸聊, 즉 '알몸 채팅'이라고 불렀다. 알몸 채팅 사기꾼들은 보통 해외에 거주하는 중국인들이라 처벌을 받지 않고 활동했다. 이들은 주로 싱글로 가장한 여성과 폰섹스를 하도록 젊은 사람을 유혹한다. 폰섹스 도중에 연결 장애로 보이는 문제가 발생하고, 사기꾼들은 새로운 링크를 보낸다. 새 링크는 피해자의 전화에 있는 모든 위챗 연락처를 다운로드하는 비밀 소프트웨어를 설치한다. 사기꾼들은 연락처의 사람들에게 하나씩 연락해서 폰섹스 동영상을 보내고 피해자가 돈을 내지 않으면 더 큰 망신을 주겠다고 위협한다.

텐다한(실명 아님)의 경우 린든은 위챗 협박자 목록의 저 아래쪽에 있었다. 알몸 채팅 사기꾼들이 텐다한의 고양이를 입양한 남자에게 까지 접촉했을 때는, 이미 대부분의 친구와 친척에게 동영상을 보낸 다음이었다. 미얀마에서 전화가 온 뒤 린든은 텐다한에게 연락을 했고, 텐은 만나기로 동의했다.

청두에서 만났을 때 텐은 알몸 채팅 사기꾼들에게 1000달러가 훨씬 넘는 돈을 지불했다고 겸연쩍게 말했다. 하지만 사기꾼들은 텐의 연락처에 있는 더 많은 사람에게 계속 연락했고, 마침내 그는 부모님과 경찰에게 알렸다. 결국 그가 아는 사람 대부분이 동영상을 받았다. 그는 자신이 쉬운 타깃이었다고 했다. "여자친구를 사귄 적이 한 번도 없어요." 그는 린든에게 침울하게 말했다. 공부를 하거나 틱톡의 선정적인 동영상을 보는 데 모든 시간을 써버린 것을 후회했다. "매일 그런 동영상을 봤더니 섹스에 대한 환상이 더 깊어졌어요."

린든이 강의 시간에 이 이야기를 낭독하자, 학생들은 알고 있다는 듯 고개를 끄덕였다. 학년 초에 모든 학부생은 알몸 채팅 사기에 대해 자세히 경고하는 QR 코드를 스캔해야 했다고 한다.

옛날 이름을 가진 애늙은이들. 이 학생들이 경계심 많고, 조심스럽고, 뭐든 다 아는 듯하고, 냉소적으로 느껴지는 것이 놀라운 일일까? 나는 이들을 조숙하게 나이 든 존재라고 생각했다. 심지어 이들은 시간 감각조차 빨라져 있었다. 그해 봄, 마일로라는 이름의 공대 신입생이 8년 전 초등학교 과제를 위해 방문했던 충청의 자동차 부품 공장에 대한 글을 썼다.[15] 마일로는 내 수업을 위해 같은 공장에 찾아가보려고 했지만 도착해보니 공장 부지는 버려져 있었다. 알고 보니 사업이 잘되어 회사가 다른 장소로 이전한 것이었다.

새 공장에 도착한 마일로는 사장의 나이가 훨씬 더 들어 보이는데 놀랐다. 겨우 40대였지만 그의 얼굴은 지치고 초췌했다. 그는 성공을 위해 잦은 출장과 술자리 연회가 필요했다고 설명했다. 마일로가 전하는 말이다. "가족을 돌볼 시간이 전혀 없었어. 내가 잘 보이지 않으니 아이들은 나를 이해하지 못하고 심지어 싫어한단다. 게다가 그동안 술을 너무 많이 마셔서 가끔씩 끔찍한 복통에 시달려."

공장에서 마일로는 자동화가 인력을 3분의 1이나 줄였다고 말하는 작업반장을 만났다. 생산은 훨씬 더 효율적이 되어 수익성이 높아졌지만 스트레스도 많아졌다. 작업반장은 작업에 복귀하기 위해 대화를 끊어버렸다. 마일로는 에세이의 제목을 "안녕, 옛 공장"이라고 지었다. 그는 이렇게 결론 지었다.

사회 구성원 모두는 세상의 트렌드를 따라가기 위해 최선을 다해야 한다. 화려하고 매혹적인 세상이지만 또한 잔혹한 세상이기도 하다. 실력이 부족하면 일말의 동정도 없이 도태되어버린다.

때로 '이걸 쓴 아이는 겨우 열아홉 살 아닌가' 하고 생각하게 만드는 보고서가 있다. 교사이자 작가로서 나는 젊은이들이 캠퍼스를 벗어나 질문을 던지고 스스로의 사회에 대해 골똘히 생각할 수 있도록 해야 한다고 믿었다. 그렇지만 가끔은 학생들이 자각과 주체성을 얻고 있는지, 그저 사기만 떨어뜨리고 있는 것은 아닌지 의문이 들었다. 늘 그렇듯 내게는 쉬운 답이 없었지만 학생들이 언제나 취재를 통해 활력을 얻는 듯한 모습에 위안을 삼았다. 그러던 6월의 첫째 주, 히말라야 동남부에 군이 건설한 도로를 따라 오토바이를 타고 달리던 브루스가 13톤 산치山崎 덤프트럭에 치였다.

취재 도중 학생이 다치거나 사망할 가능성은 생각해본 적도 없었다. 대부분의 프로젝트는 도시에서 진행되었고, 학생이 경찰에 구금된다거나 캠퍼스 당국에 의해 징계받는 정도가 최악의 시나리오였다. 학생들에게 제안서를 요구했던 데에는 잠재적 위험성을 파악하고 더 안전한 방식으로 유도하기 위한 이유도 있었다. 하지만 브루스의 제안서는 정치적으로 전혀 민감하지 않았으므로 별 고민 없이 승낙했다.

그가 출발하던 날 아침의 날씨는 완벽했다. 125cc 엔진의 FB 몬디알 오토바이를 타고 사흘간 여행할 계획이었다. 배낭을 하나 메고 다른 가방 하나는 스타일리시한 이탈리아 오토바이에 붙들어 매두었다. 브루스는 오래도록 다두강大渡河을 따라 히말라야로 향했다. 다두강의 강둑은 가팔라서 어떤 지역에서는 도로의 폭이 일차선에 지나지 않을 정도로 좁았다. 둘째 날 브루스는 그보다 더 좁은 길을 따라 서쪽으로 계속 달렸다. 도로는 양의 내장같이 꼬여 있는 길을 따라 지그재그 고도를 높여갔다.

사고는 양창샤오다오 커브길 중 한 곳에서 일어났다. 산치 덤프트럭의 운전자가 과로한 탓이었는지 중앙선을 넘어왔다. 당시 브루스는 다음 구간이 보이지 않는 커브 길에 시속 50킬로미터 정도로 접근하고 있었다. 트럭을 봤을 때는 이미 너무 늦었다. 트럭 운전자가 급브레이크를 밟았고 브루스의 오토바이는 끼익 소리를 내며 중심을 잃었다. 달리는 트럭 바로 아래, 앞바퀴와 중간바퀴 사이로 미끄러져 들어갔다.

사고에 대해 내게 알려준 이는 경찰도 응급실의 직원도, 대학의 그 누구도 아니었다. 소식은 보고서 마감일 연장을 요청하는 정중한 편지의 형태로 도착했다. 성실하고 불평하지 않는 이 학생들 특유의 방식이라 하지 않을 수 없었다.

2021년 6월 7일
헤슬러 교수님께,

저는 러시 고속도로로 가는 길에 사고를 당했습니다. 코너를 돌다가 트럭에 치였습니다. 왼손에 골절상을 입었고 살점이 쓸려 떨어져 나갔습니다. 인대와 신경도 손상되어 왼손을 전혀 움직일 수 없

습니다. 왼발에도 부상을 입어서 멍이 심하게 들었습니다. 발 전체
가 부어올라 움직일 수가 없어요. 지금은 병원에 있습니다. 돌아갈
수 있을 때까지 병원에 당분간 있어야 합니다. 따라서 러시 고속도
로에 대한 기사를 쓸 수 없을지도 모릅니다. 어떻게 해야 할지 모
르겠네요. 기사를 나중에 써도 괜찮을까요? 지금은 취재를 할 수
없거든요. 그리고 한 손으로 타이핑하기도 정말 힘듭니다.

행운을 빌며,
브루스

———

논픽션 수업의 린든, 앨프리드, 리타, 헨리와 노인 이름을 가진 나
머지 친구들은 충칭의 병원으로 안부 편지를 보냈다. 나는 이메일을
통해 정기적으로 브루스의 상태를 확인했다. 과제에 대해서는 걱정
하지 말라고 몇 번이나 말했지만 그는 계속 쓰겠다고 고집했다. 상
처가 서서히 회복되면서 그는 사고를 묘사하는 글을 썼다.

기억나는 것이라고는 산길에서 커브를 돌고 있었고,[16] 저는 올라가
고 있었고 트럭은 내려오고 있었으며, 도로가 좁았다는 사실뿐입
니다. 트럭이 중앙선을 넘었고 커다란 물체가 다가와서 미처 반응
하지 못했던 저는 피할 시간이 없었어요. 그다음에는 트럭 밑으로
깔렸던 게 기억납니다. 의심의 여지 없이 이번에는 운이 매우 좋았

어요. 트럭이 멈췄으니까요. 사고 현장 사진에는 트럭의 타이어가 제 머리를 친 것이 보입니다. 헬멧이 없었다면 무슨 일이 일어났을지 상상도 할 수 없습니다.

브루스의 또 다른 행운은 산치 트럭이 짐을 싣고 있지 않았다는 사실이다. 짐이 가득했다면 트럭은 그렇게 빨리 멈추지 못했을 테고, 거대한 바퀴가 소년을 부숴버렸을 것이다. 대신 차의 아랫부분이 브루스를 끌고 가서 왼쪽 가운데 타이어가 헬멧에 쾅 부딪혔다. 하지만 트럭은 그를 깔아뭉개지는 않았다. 브루스를 아스팔트에 눌러둔 채로 끼익 멈췄다.

왼발과 왼팔에 감각이 없었어요. 그때는 살아남더라도 왼팔과 왼발을 잃겠구나 생각했습니다. 조금 뒤에 누군가 "트럭 뒤로 빼!"라고 외치는 소리를 들었어요……

6월의 한낮이었고 태양이 아스팔트에 내리쬐고 있었습니다. 바닥에 누워 있으니 햇볕이 저를 태워버리는 것만 같았어요. 오른손으로 간신히 헬멧을 벗었습니다. 이미 한 무리의 군중이 그 자리를 둘러싸고 있었습니다. 도와달라고 소리쳤지만 아무도 감히 앞으로 나서지 못했어요. 트럭 운전자는 사진을 찍느라 바쁘더군요. 저는 필사적으로 울었습니다.

"기름이 샌다!" 군중 속에서 목소리가 터져나왔어요. 오토바이의 연료 탱크가 손상된 것이었습니다. 더 절박해진 심정으로 도와달라고 더 크게 외쳤지만 여전히 아무도 나서지 않았습니다. 잠시 동안 저는 구경꾼들의 무관심에 완전히 실망하고 말았습니다.

중국의 사고 현장에서는 구경꾼들이 돕기를 꺼리는 일이 흔하다. 알몸 채팅보다 훨씬 더 오래된 개혁개방 시대의 고전적인 사기 중에는 다친 척한 다음 도와주려는 행인으로부터 돈을 갈취하는 수법이 있다. 다친 것이 분명할 때조차 목격자들은 꺼리는 편이다. 브루스가 트럭 밑에 한참이나 누워 있은 후에야 마침내 누군가 다가왔다.

한 중년 남성이 다가와서 당황하지 말라고 했습니다. 그는 "엔진 오일이 새는 거예요"라고 말했어요.
"제 손이 아직 붙어 있나요?" 저는 계속해서 물어봤습니다. "손은 괜찮아요." 남자가 대답했어요. 왼손의 손가락들을 움직여봤더니, 다행히 움직일 수 있었습니다.

가장 심각한 부상은 왼쪽 손목의 골절인 것으로 드러났다. 브루스의 다른 상처는 빠르게 회복되었고, 그는 학기 말에 캠퍼스로 돌아왔다. 브루스가 팔에 깁스를 한 채 마지막 논픽션 수업에 들어서던 순간[17] 학생들이 박수로 맞아주었다.

빈센트와 라킴을 포함해서 브루스의 스쿠피 동급생 중 상당수는 그해 여름 미국의 학교로 편입할 계획이었다. 사고가 나기 전부터도 브루스와 그의 부모는 팬데믹 때문에 1년 더 기다렸다 유학을 가는 것으로 정해놓고 있었다. 그는 이제 삶에 대한 자신의 시각이 바뀌었음을 깨달했다.

부상을 당한 뒤의 어느 평범한 날 밤, 저는 잠을 이루지 못하고 침대에 누워 있었습니다. 이른 새벽의 밤은 매우 조용했고, 그 순간 눈물이 터져나왔습니다. 갑자기 삶이란 얼마나 좋은 것이고 살아 있다는 게 얼마나 좋은 일인지 느꼈습니다.

장안 캠퍼스에 돌아와서 도서관 앞의 찬란한 노을을 보며 앉아 있었습니다. 청둥오리들이 호수를 천천히 헤엄치고 백로들이 하늘을 가로질러 날아오르고 있었죠. 어떤 사람들은 호숫가를 걷고, 어떤 사람들은 풀밭에 앉아 책을 읽고 있었어요. 이 아름다운 광경을 보고 있으니 감동하지 않을 수 없었습니다. 평범한 일상은 아름다움과 활력으로 가득합니다.

———

5월이 되니 가을학기에 논픽션 수업을 듣고 싶다는 학생들의 요청이 오기 시작했다. 나는 개인적으로 이메일을 보내 쓰촨대학을 떠나게 되었다고 설명했고, 그달 말 한 학생이 이 소식을 『상식』 멤버들이 포함되어 있는 위챗 그룹에 공유했다. 거기서부터 일은 중국 소셜미디어 세계에서 흔히 보이는 방식으로 전개되었다. 누군가가 스크린숏을 찍어 웨이보에 올렸다. 게시물은 검열에 의해 삭제됐지만, 삭제되기 전에 더 많은 스크린숏이 찍혔다. 얼마 지나지 않아 나는 코멘트를 요청하는 전화와 메시지들을 받았다. 나는 계약이 갱신되지 않았음을 확인하는 짧은 성명을 냈고, 친구 한 명이 그걸 또 다른 소셜미디어 사이트인 더우반豆瓣에 올렸다.[18] 이번에는 한 시간도 되기 전에 검열원들이 성명을 삭제했지만, 230회의 공유와 셀 수 없이 많은 스크린숏을 하기에 이미 충분한 시간이었다.

이 모든 일이 5월 30일에 일어났다. 마침 이튿날 국영 언론은 제19회 정치국 중앙위원회에서 시진핑이 행한 연설을 보도했다. 연설에서 시진핑은 작가 및 다른 이들이 중국의 자세한 일상을 설득력 있게 전달해야 할 필요성을 강조했다. 『런민일보』는 '시진핑: 중국의 이야기를 잘 말하고, 중국의 목소리를 잘 전달하자'라는 제목으로 그의 연설을 보도했다.[19] 이 기사에 휘몰아치는 당의 화법이야말로 공산당이 왜 이야기를 잘 전달하지 못하는지 보여주는 가장 좋은 예가 아닐까 싶었다.

> 중국적 담론과 중국적 서사 체계를 가속화하자. 중국적 이론을 사용해 중국적 관행을 해석하고, 중국적 관행을 사용해 중국적 이론을 승화시키고, 중국과 외국을 통합하는 새로운 개념과 새로운 범주와 새로운 표현을 만들어나갈 필요가 있다. (…) 중국공산당이 중국 인민의 행복을 위해 진정으로 분투하고 있음을 외국의 민중이 깨닫도록 도와서, 그들이 중국공산당은 왜 이렇게 할 수 있고, 마르크스즘은 왜 잘 작동하고, 중국 특색의 사회주의가 왜 좋은지 이해할 수 있도록 하자.

소셜미디어에서 어떤 논객들은 시진핑이 스토리텔링에 정말로 관심이 있었다면 그토록 많은 중국 거주 외국인 작가와 저널리스트를 추방한 것은 실수였다고 언급했다. 세레나는 『상식』에서 이 문제에 관해 기사를 쓰고 싶어한다고 알려주었다. 국영 통신사인 신화사의 기자들을 포함한 다른 이들도 내게 접촉했다. 6월에는 다른 대학의 몇몇 교수가 조용히 연락해와서 구직 의향이 있느냐고 물었다. 시진핑의 연설을 믿고 어디까지 갈 수 있는지 알아내기 위해 사람들이 한계를 시험하고 있다는 느낌이었다. 정치 환경이 너무 긴장되고 불확실해 보였기 때문에 나는 요청들을 정중하게 거절했다. 시진핑이 이달에는 더 나은 스토리텔링을 장려하지만 다음 달에는 무슨 말을 할지 누가 알겠는가?

중국 정치계를 수놓은 모든 신 가운데 내게는 시진핑이 가장 멀게 느껴졌다. 학생들이 마오쩌둥과 덩샤오핑을 너무 자주 언급해서 친근하게 느껴질 정도였던 1990년대와는 달랐다. 푸링에서의 첫 학기에 학생들에게 자신의 영웅에 대해서 쓰라고 했더니, 마오가 압도적으로 가장 인기 있는 인물이었고 그다음이 덩샤오핑과 저우언라이였다. 아무도 사업가나 재계 지도자를 고르지 않았다. 한 남학생은 이렇게 썼다.

물론 마오에게도 잘못이 많았지만,[20] 하나의 결함이 옥의 찬란함을 가릴 수는 없다. (…) 그러므로 나는 마오쩌둥이 세계 역사에서 가치 있는 자리를 차지할 자격이 충분하다고 생각한다. 그에 버금가는 인물은 레닌과 처칠뿐이지 싶다.

중국에 있는 대다수 외국인과 마찬가지로 나도 마오에 대해서는 전혀 호감을 느끼지 못했다. 하지만 덩은 더 복잡한 인물이었다.

514

1989년 톈안먼 광장 주변에서 시위대를 폭력적으로 진압한 일을 포함해 때로 그의 정책은 잔혹했다. 다른 한편 덩은 개혁개방을 시작하기도 했고, 쓰촨 사람으로서 내 주변의 많은 친구와 학생에게서 볼 수 있는 장점들을 갖고 있었다. 겸손하고 직설적이며 실용적이었고, 문화대혁명 기간에 수차례의 숙청을 견뎌낸 강인한 마음의 소유자였다. 그의 외아들은 과격한 홍위병과의 갈등 과정에서 고층 창문에서 떨어져 영구 장애를 입었다.

시진핑의 가족도 문화대혁명 기간에 크게 고초를 겪었다. 1세대 공산주의자 지도자로서 존경받는 인물이었던 그의 아버지는 숙청과 구타를 당하고 또 당했다. 시진핑은 열세 살의 나이에 베이징의 폭도들로부터 반혁명 분자라고 비난받았고, 심지어 그의 어머니도 강제로 그 비난에 동참했다. 시진핑의 누이 중 한 명은 괴롭힘을 당하다 자살했다.

하지만 이런 경험에 대한 시진핑의 반응은 덩샤오핑과는 매우 달라 보였다. 덩은 한 사람이 과도한 권력을 갖는 것의 위험을 명확하게 인식했고, 나중에 최고 지도자가 된 다음 지방의 지도자와 인민들에게 마오 치하에서는 절대로 누려보지 못했던 자율권을 주었다. 반면 시는 마오보다는 홍위병의 망령에 더 큰 트라우마를 갖고 있는 것처럼 보였다. 길거리 시위와 조직된 단체를 두려워했고 권력을 공고히 해야 한다고 믿었다. 민간 기업을 불신한 나머지 알리바바의 창업자인 마윈을 포함한 중국에서 가장 성공한 사업가들이 국가 수사라든지 다른 형태의 권위주의적 압력의 표적이 되는 지경에까지 이르렀다.

시는 모든 권력에도 불구하고 개인적 차원에서는 수수께끼로 남아 있었다. 그의 얼굴과 그의 말은 도처에 존재했고 인민들은 제아무리 애매한 연설이나 지시에도 능숙하게 대응할 수 있게 되었다. 그렇지만 정서적 유대는 없었다. 특히 젊은이들 사이에서 그랬다. 나는 쓰촨대학에서 가르친 학생들이 '시진핑 세대'에 속한다고 생각하게 되었다.[21] 그의 통치하에서 자란 세대이기 때문이다. 그러나 이들이 시의 이름을 언급하는 일은 거의 없었다. 쓰촨대학에 있던 네 학기 동안 어떤 학생도 수업 중에 시진핑 얘기를 꺼낸 기억이 나지 않는다. 학생들이 제출한 총 500편이 넘는 글을 살펴봤지만[22] 시진핑 주석은 대개 지나가는 말로 겨우 스물두 번 언급되었다.

민족주의가 거세지고 있다는 증거는 수업에서 찾아볼 수 없었다. 존의 논증적 에세이에 코멘트를 달았다가 소셜미디어에 회자되었던 2019년 말의 사건이 유일한 예외였다. 나는 그때부터 줄곧 무슨 일이 있었던 것인지 알아내기 위해 존과 이야기해보고 싶었지만 학교 복도에서는 그를 한 번도 보지 못했다. 이메일이나 위챗으로 연락해볼까도 여러 번 고민했다. 하지만 마지막 학기에 닥친 온갖 스트레스 때문에 중국을 떠난 다음을 기약하기로 했다.

쥐바오의 공포를 빼면 쓰촨대학의 학생과 불편한 정치적 관계를 맺은 적은 한 번도 없다. 내 경험으로 미루어보면 25년 전의 학생들이 훨씬 더 민족주의적이고 훨씬 덜 깨어 있었다. 오늘날의 학생들은 당에 가입하고 싶어하는 마음도 덜해 보였다. 푸링에서는 가장 똑똑하고 카리스마 넘치는 학생들이 당원으로 모집되었으나 쓰촨대학의 재능 있는 학생들은 그런 제안을 거부하는 쪽이었다. 그중 몇

명에게 이야기해보니 입당이 자신이 희망하는 진로와 무관하다고
했다.

 폐쇄된 체제에서는 그런 트렌드를 연구하기가 쉽지 않지만 중국
의 일부 사회과학자는 이 주제를 탐구해왔다. 중국 최고의 사회학
자라고 할 수 있는 리춘링李春玲은 중국의 젊은이들을 상대로 다수
의 설문 조사를 진행했다. 2021년의 저서 『중국의 젊은이들China's
Youth』에서 리는 고소득과 고학력이 국가 정체성 감소와 상관관계를
보이는 경향에 대해 설명한다.[23] 대규모 설문 조사들을 봐도 입당에
대한 관심이 줄어드는 패턴이 드러난다.[24] 하지만 리는 이게 꼭 젊은
이들이 체제에 반대한다는 징후는 아니라고 강조한다. 리는 책에서
"이들은 서구의 민주주의 체제가 중국의 현재 체제보다[25] 더 낫다고
생각한다"고 말한다. "그러나 이들은 서구식 민주 질서를 즉각 도입
하는 것은 가치가 없다고 본다. 중국의 현 상황이 지금과 같은 체제
를 요구하는 것처럼 보이기 때문이다."

 리는 또한 고학력의 중국 젊은이들에게 "단순한 선전식 교육은 효
과적이지 않을 것"[26]이라고 말한다. 청두실험학교의 '도덕과 규칙'
수업부터 쓰촨대학의 필수 정치 과목에 이르기까지 이는 내 경험에
비추어 사실처럼 보였다. 나는 1학년 글쓰기 수업의 다섯 개 반에[27]
20년 전과 같이 자신의 영웅에 대해 글을 쓰라는 과제를 내주었다.
쓰촨대학에서 가장 흔한 답은 과학자와 사업가들이었다. 스티브 잡
스의 인기가 높았다. 한 수업에는 이 애플 창업자를 기리기 위해 자
신의 영어 이름을 스티브라고 지은 남학생이 둘이나 있었다. 학생들
은 또 팝스타, 운동선수, 배우도 좋아했다. 영웅에 대해 글을 쓴 65명

의 학생 중 네 명이 마오쩌둥, 세 명이 덩샤오핑, 한 명이 저우언라이를 골랐다. 단 한 명이 시진핑을 택해 중국 국가주석과 에미넘, 짐 모리슨, 리오넬 메시, 조지 워싱턴이 동점을 이뤘다. 조지 워싱턴을 고른 학생은 이렇게 썼다. "내가 그를 가장 존경하는 이유는 그가 정치권력을 자발적으로 내놓았기 때문이다."

6월에는 마지막으로 조지 오웰을 가르쳤다. 매 학기 그의 글을 교재로 사용했고, 푸링의 옛 제자들조차 가끔 그의 이름을 언급했다. 에밀리는 타오타오가 최근에 『동물농장』과 『1984』와 올더스 헉슬리의 『멋진 신세계』를 읽었고, 거기에 자극받아 자신도 그 책들을 읽었다며 긴 편지를 보내왔다. 에밀리의 편지 내용이다.

다 읽고 나니 문화대혁명의 그 끔찍했던 10년 동안²⁸ 무슨 일이 벌어졌고, 지금 무슨 일이 벌어지고 있는지 더 잘 이해할 수 있게 된 것 같아요. 즐거움과 번영의 겉모습 뒤에 사람들 모르게 뭔가 유쾌하지 않은 일이 벌어지고 있어요.
가을에 학교로 돌아오니 캠퍼스 전체를 커버하는 훨씬 더 강력한 무선 인터넷이 설치되었다고 해요. 무료로 사용할 수 있지만 학교 당국과 푸링 교육위원회에서 우리가 인터넷에 올리는 모든 것을 볼 수 있으니 부정적인 정보를 퍼뜨리지 않도록 조심하라고 들었어요.

1학년 글쓰기 수업의 마지막 과제로 학생들에게 『동물농장』을 쓰찬대학을 배경으로 재해석해보라고 했다.[29] 어떤 학생들은 팬데믹 버전을 써냈다. 한 남학생의 이야기에서는 캠퍼스가 봉쇄되어 있고 학생들의 얼굴로 개찰구가 더 이상 열리지 않는다. 젊은이들은 이에 봉기하여 대학을 접수한다. 한 여학생은 '학생주의'라고 불리는 정치 운동을 설명했다. 학생주의는 두 가지 원칙에 기초해 있다.

1. 당신이 캠퍼스를 벗어나려는 것을 막는 자는 모두 적이다.
2. 당신이 캠퍼스를 벗어나도록 돕는 자는 모두 친구다.

학생들에게는 기막히게 디스토피아적인 관료주의 규칙을 창조해 내는 재주가 있었다. 어떤 이야기는 학생들이 탄산음료를 마시는 것이 엄격하게 금지되어 있고 헤슬러 씨만 마실 수 있다. 헤슬러 씨는 에어컨이 나오는 자기 사무실에 앉아 다이어트 펩시콜라를 마시며 에세이에 부정적인 코멘트를 달고 있다. 한 남학생은 성적을 처리하는 사무실에 침투하는 학부생 폭도들에 대해 썼다. 이 저항 세력은 컴퓨터를 해킹하여 모두의 성적을 올리려고 계획하지만, 마지막 장면에서 감시 카메라가 여전히 작동하고 있다는 사실을 발견한다.

칼이라는 이름의 남학생은 가오카오 점수에 따른 학과별 서열에 대한 글을 썼다. 칼의 이야기에서는 혁명이 일어나 모든 학생에게 평등한 새로운 시스템이 생겨난다. 그러나 어떤 학생들은 남보다 더 평등하다.

교사들이 사라지자 절제력 없는 사람들은 학업을 완전히 포기하고, 자기 관리가 되어 있는 사람들, 특히 화시대학 구강학과 사람들은 매일 더 열심히 공부한다. 차별이 없다고 했지만 피츠버그학원의 학생들은 대입에서 쓰촨대학의 다른 학원들보다 점수가 15점 정도 낮았다.

칼의 이야기는 다른 학생들이 취직을 못 해 대학의 평판을 망가뜨리는 동안 구강학과 학생들이 성공적인 커리어를 시작하는 것으로 끝을 맺는다.

20세기 고전이 되어버린 여러 디스토피아 소설에는 시민을 통제하고 주의를 분산시키는 여러 방법이 등장한다. 『1984』의 권위주의 국가는 전쟁과 역사의 계속되는 재해석에 의존하고, 『멋진 신세계』에서는 섹스와 소마라는 마약을 사용한다. 초기 러시아 소설 『우리들』에서는 정권이 인간의 상상력을 외과 수술로 제거한다. 그러나 이 미래물 중 어떤 것도 중화인민공화국이 21세기에 도달할 지점을 예측하지 못했다. 권위주의와 검열을 경제적 성공, 이동의 자유, 개선된 교육과 결합한 허구세계는 없었던 것이다. 그리고 어떤 소설가도 억압적인 국가에서 경쟁이 얼마나 유용할 수 있는지 예측하지 못했다. 대부분의 학생이 가장 두려워하는 것은 감시 카메라나 역사수정주의, 혹은 국가 통제와 흔히 결부되는 도구들이 아니었다. 학생들은 서로를 두려워했다. 성적과 일자리를 위해 똑같이 고군분투하는 다른 모든 재능 있는 젊은이들이 걱정이었다. 마르크스주의적 관점에서는 경쟁이 신앙만큼 강력해지면 사람들 사이에서 아편처럼 작용한다. 내가 아는 대부분의 중국 젊은이는 성공을 위한 투쟁에 지나치게 마비되고 혼을 빼앗긴 나머지 큰 그림에 대해 깊이 생각하지 못했다.

———

학기가 끝나갈 무렵 『상식』의 멤버들이 나를 시내의 개인 주택에서 만나자며 초대했다.[30] 세레나를 포함한 두어 명의 필진이 나를 내보내기로 한 대학의 결정에 영향을 미친 것으로 보이는 각종 온라인 공격에 대한 기사를 취재하고 있었다. 만남에는 스무 명 정도의 학생들이 참석했는데 그중 남학생은 셋뿐이었다. 이것도 중국의 대학 생활이 오웰의 세계와 사뭇 다른 면이었다. 오웰의 소설에는 『1984』에 나오는 다음의 묘사처럼 여성혐오가 두드러진다. "당의 가장 편협한 추종자, 구호를 그대로 받아들이는 자, 아마추어 스파이, 수상한 점을 캐고 다니는 이들은 언제나 여성, 그중에서도 젊은 여성들이었다."[31] 내 경험은 이와 정반대였다. 중국의 젊은 여성들은 평균적으로 남성들보다 훨씬 덜 민족주의적이고 새로운 사상에 훨씬 더 열려 있어 보였다.

우리는 거의 한 시간 동안 이야기를 나누었다. 한 여학생이 현재의 정치 환경을 20년 전의 푸링과 비교해달라고 요청했고, 나는 학생들이 국가 지도자에 대해 얘기하던 방식을 언급했다. "마오와 덩은 실제 인물처럼 느껴졌어요." 내가 말했다. "시진핑에게서는 아무런 개성이 느껴지지 않습니다. 거의 로봇 같은 느낌이죠. 그는 시스템을 상징하고 있다고 생각합니다."

또 다른 여학생은 자기 세대에 대한 내 인상을 물었다. 나는 젊은 이들이 성공해야 한다는 압박을 느끼는 외동들이기 때문에 위험을 회피하는 것 같다고 했다. 이전 세대들에 비해 훨씬 더 좋은 교육을 받았고 바깥세상에 대한 인식이 높아졌다는 얘기도 했다. "하지만 이게 미래에 어떤 의미가 있는지는 모르겠습니다." 내가 말했다. "어쩌면 이들이 시스템을 바꿀 방법을 찾아낼지도 모르죠. 하지만 그저 시스템에 적응하는 방법을 찾아낼지도 모릅니다." 나는 나를 둘러싼 젊은 얼굴들을 바라보며 이렇게 물었다. "어떻게 생각하시나요?"

"우리는 적응할 거예요." 한 여학생이 말했고, 여럿이 고개를 끄덕였다.

"분노하기는 쉽지만, 분노는 쉽게 잊힙니다." 또 다른 여학생이 말했다.

그러나 무리 뒤편에 앉아 있던 세레나는 이렇게 말했다. "우리는 시스템을 바꿀 거예요."

———

세레나는 마지막 학년에 작가가 되기로 결심했다. 중국 최고의 학교 중 하나인 푸단대학의 언론학 석사과정에 입학 허가를 받았다. 나는 6월에 그녀의 외국어 학부 졸업식에 참석했다.[32] 그해의 졸업식은 코로나 제한 조치 때문에 학부모는 참석할 수 없었다.

졸업식은 11시로 예정되어 있었지만 중국식으로 10분 일찍 시작했다. 내가 가르치는 건물 5층의 비좁은 강의실에 300명의 학생이 값싼 플라스틱 의자를 놓고 앉았다. 관리자, 교수, 학생이 차례로 연설을 했다. 셋 다 발언을 짧게 했고 시사 문제나 사회적 이슈, 심지어 팬데믹 도중에 대학을 마친 경험에 대해서도 언급하지 않았다. 각각의 연사는 모두 쓰촨대학의 역사에 대해 뻔한 얘기를 하고, 졸업생끼리 서로 연락하고 지내는 것의 중요성에 대해 말했다. 최대한 빨리 무대에서 내려가는 것이 이들의 주된 목적 같았다. 그러고 나서 학생들은 줄을 선 뒤 앞으로 씩씩하게 걸어나와 중국 학교들이 의무 체조 시간에 트는 '운동선수 행진곡'이 스피커에서 울려 퍼지는 가운데 졸업장을 받았다. 졸업식은 시작부터 끝까지 정확히 33분 걸렸다. 마지막에는 케니 지의 음악 대신 관리자가 마이크에 대고 이렇게 외치며 사람들을 모두 몰아냈다. "비예콰이러畢業快樂! 졸업 축하합니다!"

교육을 중시하는 2000년의 전통을 가진 문화권에서, 지역 최고 대학의 졸업식치고는 그 기쁨과 에너지가 예방접종 캠페인 수준이었다. 미국 유아원 중에도 이보다는 훨씬 더 정성 들인 졸업식을 하는 곳들이 있다. 하지만 이 또한 중국식이었다. 성취보다는 과정이 중요했고 사람들은 대체로 의례를 좋아하지 않는다.

행사가 끝나고 세레나와 내가 가르치는 학생 몇 명이 학교 식당에서 국수를 먹으며 축하 인사를 나눴다. 식당 가득 졸업 모자와 졸업가운 차림의 사람들이 플라스틱 접시를 나르고 바쁘게 식사를 했다. 학생들은 내게 각자의 계획에 대해 얘기해주었다. 애나는 네덜란드로 갈 예정이었고 펜턴은 런던정경대학으로 진학이 결정되어 있었다. 펜턴은 USC(서던캘리포니아대학)에도 합격했고 본인은 이 대학을 선호했다. 하지만 부모님이 미중 관계를 우려해 영국으로 가라고 고집했다. "전쟁이 나면 미국의 중국 유학생들이 떠나지 못하게 될까 봐 걱정하세요." 펜턴이 말했다.

세레나는 상하이로 가기 전에 『상식』의 마지막 기사들을 마무리하고 싶어했다. 그녀의 가장 최근 기사는 지난 학기 기숙사 방에서 갑자기 사망한 쓰촨대학 학생에 관한 것이었다. 이 학생은 어떤 미확진 질병으로 인해 사망한 것으로 보였지만 국영 언론에서는 이 기사를 다루지 않았다. 『상식』의 기사는 캠퍼스에 동요를 일으켰다.

"학교 상담 교사들이 이 글을 쓴 사람을 찾고 있었어요." 세레나가 말했다.

"누구인지 알아냈어?" 내가 물었다.

"알아냈다면 제가 오늘 여기 있지 않았겠죠." 세레나가 웃으며 말했다. "그 사람들은 언론학과의 누군가가 쓴 글이라고 생각해요."

우리는 캠퍼스 위쪽 끝의 기념문에서 사진을 찍었다. 나는 학생들에게 다른 약속이 있어서 차를 갖고 시내로 돌아가야 한다고 말했다. "마르크스주의대학 지하에 주차하셨나요?" 펜턴이 물었다. 소분홍의 온라인 비방 덕분에 이 말은 우리가 즐겨 쓰는 농담이 되어 있었다.

세레나는 최근 『상식』의 기사를 쓰는 과정에서 나를 공격했던 가명의 논객 린이우를 추적해냈다. 그는 진짜 이름을 알려주지는 않았지만 인터뷰에 응하기로 했다. 그의 실제 직업은 언론과 아무런 관계가 없었다. 런던과 베이징에서 짧게 변호사로 일했다가 지금은 번역가로 활동하고 있는 젊은 남성이었다. 남는 시간에는 장황한 민족주의 내용의 글을 썼다. 이런 사람들이 여론 형성에 영향을 미친다는 사실이 놀라웠지만 이는 삼엄한 검열이 낳은 결과 중 하나였다. 변호사는 대학이 나를 내보내기로 해서 기쁘다고 말했다. "떠난다니 잘 됐습니다. 그 사람은 나이가 너무 많거든요." 그가 말했다. "미국으로 돌아가서 자기가 쓰는 글에 대해 더 신중하게 생각해야 합니다."

세레나는 기사를 위해 스쿠피 학장 민킹 추를 인터뷰하고 싶어했다. 나는 은밀한 취재를 하는 『상식』의 일반적인 관행을 따르지 말라고 조언했다. 추는 미국 사람이고 스쿠피는 공동 프로그램이기 때문에 미국에서 기자가 하듯 공개적으로 접근하는 것이 적절하다고 설명해주었다.

세레나는 내 조언을 받아들여 인터뷰를 요청하는 이메일을 추 학장에게 보냈다. 몇 시간 지나지 않아 세레나는 대학 관리자들에게 불려가 심문을 받았다.

세레나는 학업 상담 교사와 당 간부와 함께 캠퍼스 내의 어느 방으로 안내되었다.[33] 상담 교사는 여성, 간부는 남성이었고 이들은 고전적인 좋은 간부/나쁜 간부 방식으로 심문을 진행했다. 상담 교사는 부드러운 목소리로 세레나의 뛰어난 학업 성적을 얘기했지만 간부의 얼굴은 근엄했다. "졸업장은 벌써 받았나?" 그가 물었다. 세레나가 그렇다고 하자, 간부는 동창회에서 제명될 수도 있다고 말했다.

2주쯤 뒤 나와 만나 이 사건에 대해 이야기하며 세레나는 나쁜 간부가 생각만큼 나쁘지는 않았다고 했다. 그녀는 만약 이 일이 조금만 나중에 일어났다면 간부들은 심문할 생각조차 하지 않았을 것이라고 믿었다. "오늘이 제 얼굴이 사라지는 날이거든요." 세레나가 설명했다. 이제 쓰촨대학을 공식적으로 끝마쳤기 때문에 개찰구의 스캐너가 자기 얼굴을 인식하지 못하게 되고, 자신은 더 이상 학교 당국의 책임이 아니라는 뜻이었다.

하지만 추 학장을 접촉했을 때는 아직 기숙사에 살고 있었으므로 관리들은 뭔가 조치를 취하지 않으면 안 된다고 느꼈다. 세레나는 나쁜 간부에 대해 얘기하며 내가 종종 듣는 표현을 사용했다. "그 사람은 그저 자기가 해야 할 일을 했을 뿐이에요." 세레나도 자신이 해야 할 역할을 했다. 울음을 터뜨리며 나나 나의 고용 상태에 대해 아무것도 쓰지 않겠다고 약속한 것이다. 세레나는 그런 상황에서는 쉽게 울게 된다고 나중에 내게 말해주었다.

심문 과정에서 간부들은 세레나가 감히 인터뷰를 위해 추 학장에게 접근했다며 꾸짖었다. 비록 분명한 얘기는 나오지 않았지만 간부들이 하는 말로 미루어볼 때 세레나는 스쿠피의 누군가가 자신을 신고했다고 믿었다. 세레나가 학장에게 접촉하고 몇 시간 뒤 심문당한 것은 그저 우연일 수도 있었다. 당국에서 세레나의 이메일을 감시하고 있었을 가능성도 있다. 어느 쪽이든 나는 끔찍한 기분이 들었다. 세레나에게 취재를 하지 말라고 경고했어야 했다. 학장에게 미국식으로 직접 연락을 취하라고 권한 것도 내 실수였다. 나는 기관 단위의 교류에서 발생하는 한 가지 패턴을 잊고 있었다. 외국 조직이 중국에 있다가 어떤 종류의 압력에 처하면 그 조직의 구성원들은 최악의 현지 관행에 따라 행동하게 될 수 있다. 시스템이 모두를 납치한 것이다.

나중에 미국으로 돌아온 다음, 나는 내 고용과 관련해 무슨 일이 있었던 것인지 명확히 밝히고자 추 학장에게 연락해 인터뷰를 요청했다. 그는 이메일로 답장을 보내 너무 바쁘다고 했다.[34] 나중에 『뉴요커』에서 팩트체크를 위해 접촉했을 때 그는 내가 장기 계약을 하는 데 전혀 관심을 보이지 않았다고 주장했다. 팬데믹이 시작되기 전부터 나를 교체할 계획을 세웠다고도 했다.

나는 피츠버그대학에도 연락을 취해 중국 스쿠피 프로그램의 장기 목표가 무엇인지 이야기해보고 싶다고 청했다. 피츠버그대학의 반응은 중국 기관들이 보이는 반응과 완전히 똑같았다. 처음에는 피츠버그의 대변인이 도와줄 것처럼 하더니, 몇 번의 연기 끝에 요청을 거절했다.

심문을 당했던 이튿날 세레나는 이런 이메일을 보내왔다.

30년 뒤에 상황이 나아지면[35] 이번의 "금지된" 주제에 대해 글을 쓸 거예요. 정말 마음에 드는 줄거리가 있거든요. (⋯)

지난번 『상식』에서 이야기 나눴던 걸 기억하시나요? 우리가 미래에 이 나라를 바꿀 것인지 물으셨죠. 저는 그렇다고 대답했어요. 그때는 매우 낙관적이었어요. 어제의 '교육' 이후로 저는 이제 훨씬 더 현실적이 되었습니다. 조금 성장한 기분이에요. 그러나 포기하지 않겠습니다.

527

쌍둥이의 청두실험학교 마지막 날,[36] 레슬리와 나는 아이들을 평소보다 일찍 데리러 갔다. 장 선생님과 학생들이 학교 활동 때 촬영한 것들을 담아 고별 동영상을 준비해주었다. 덧셈 연습을 하고, 시를 낭송하고, 과학 실험에 참여하는 등의 영상이었다. 동영상을 다보고 나서 급우들이 한 명씩 앞으로 나와 쌍둥이에게 작은 선물을 건네며 작별 인사를 했다. 짧은 머리의 통통한 남자아이가 차이차이와 러우러우를 자기 집으로 초대하고는 길 이름과 건물 이름, 입구 번호, 몇 층 몇 호까지 긴 주소를 읊었다.

장 선생님이 마지막으로 얘기했다. "지난 2년은 참 길었어." 쌍둥이에게 이렇게 말했다. "팬데믹 때문에 집에 있어야 했던 때도 있었지만 너희는 늘 배우기를 멈추지 않았지. 우리 친구들 모두 너희에게 배워야 해. 그렇지만 가장 중요한 것은 우리의 우정이란다."

어떤 면에서 애리얼과 나타샤를 공립학교에 보내는 것이 청두에서의 삶 가운데 가장 힘든 부분이었다. 10년 넘게 중국에 살며 일했던 레슬리와 나는 다른 것에 관해서라면 거의 다 경험이 있었다. 하지만 아이들을 공립학교에 보내본 일은 전무했고 그 적응 과정은 내가 기억하는 평화봉사단 시절만큼이나 어려웠다.

하지만 어떤 면에서 보면 학교 경험은 아주 단순했다. 나타샤와 애리얼이 입학한 뒤로는 꽌시를 이용할 일이 없었다. 아무도 우리에게 호의나 선물을 요구하지 않았다. 학비로는 단돈 1위안도 내지 않았다. 내가 쓰는 글이라든지 국적에서 오는 불안감도 없었고, 내가 온라인에서 가명을 쓰는 허풍쟁이 변호사에게 공격받아도 아무도 신경 쓰지 않았다. 팬데믹 와중에 청두실험학교는 계속해서 쌍둥이를 반겨주었다. 미국에서라면 아이들의 학교생활이 훨씬 더 큰 타격을 입었을 것이다. 중국의 방식은 좌절스럽기도 하지만 놀라울 정도로 담백하기도 하다. 숙제를 해오고 배울 준비를 갖춰 학교에 오기만 하면 우리 아이들은 다른 모든 아이와 똑같은 대접을 받았다. 청두의 삶에서 아이들의 학교는 정치 때문에 복잡해지지 않은 몇 안 되는 곳 중 하나였다.

나타샤와 애리얼의 등교 첫날, 내가 데리러 왔을 때 아이들은 울음을 터뜨렸다. 그때만 해도 이 아이들이 중국어를 배워서 중국식 시스템에 적응한다는 것은 불가능하게 느껴졌다. 마지막 날 장 선생님이 긴 2년이었다고 한 것은 틀린 말이 아니었다. 앞으로 무엇을 하더라도 청두에서의 경험이 애리얼과 나타샤에게 평생 남으리라는 것을 알 수 있었다.

교실에서의 인사가 끝나자 아이들이 박수를 쳤고 우리는 자리를 떴다. 장 선생님이 우리를 복도까지 배웅 나왔다. 레슬리와 나는 그동안 선생님의 도움에 어떻게 감사드려야 할지 모른다고 말했다. "선생님 없이는 차이차이와 러우러우가 절대 해낼 수 없었을 거예요." 레슬리의 말에 장 선생님은 손사래로 칭찬을 물리고는 무릎을 꿇고 아이들을 한 명씩 안아주었다. 아이들은 첫날에 그랬던 것처럼 울음을 터뜨렸다. 이번에는 장 선생님도 울었다.

레슬리, 나타샤, 애리얼과 고양이 율리시스는 7월 초에 떠날 예정이었다. 나는 양쯔강 계곡에 마지막으로 한 번 더 다녀오기 위해 좀 더 머무를 계획이었다. 가족들이 떠날 날이 일주일이 채 남지 않았을 때 쓰촨대학의 국제협력처 부처장 양광으로부터 얘기를 나눌 수 있겠냐며 연락이 왔다.

우리는 진장강 북쪽 기슭에 있는 쓰촨대학 구캠퍼스 근처의 한 카페에서 만났다.[37] 양은 50대 초반이었고 미국학 박사 학위 소지자라 영어가 유창했다. 그는 자신이 애리조나주립대학-쓰촨대학 미 문화 센터를 7년간 관리해왔다고 설명했다. 이 센터는 중국의 기관과 협력하고자 하는 미국 대학들의 수많은 시도 중 하나였다. 양은 센터가 방문 학자들과 특강을 다년간 성공적으로 유치해왔지만 재정 지원의 일부가 미 국무부로부터 왔고, 트럼프 정권이 시작되면서 지원이 중단되었다고 했다. 2017년에 센터가 폐쇄되었고 양은 국제협력처로 자리를 옮겼다. 최근에는 방치되거나 취소된 교류 프로그램들을 처리하고 있었다.

"양국 관계가 나빠지면서 이런 프로그램이 많이 중단될 수밖에 없었습니다." 그가 말했다. "앞으로는 이런 프로그램들이 부디 계속되기를 바랍니다."

양은 이야기를 하면서 어딘가 불안한 듯 손가락으로 종이를 구기고 있었다. 그는 대외협력처에서는 내 계약 종료에 관여하지 않았다고 말하고, 하지만 지금이라도 뭔가 할 수 있을지 알고 싶어했다. "제가 오늘 여기 나온 이유는 당신이 쓰촨대학에서 더 오래 일할 수 있을지 가능성을 알아보기 위해서입니다." 그가 말했다.

나는 3개월 전에 대학에 남고 싶다는 세 번의 제안을 했으나 세

번 모두 거절당했다고 말했다. "어떤 사람들은 대학 당국이 내가 쓴 글에 대한 대중의 비판을 우려하고 있다고 하더군요."

양은 천천히 대답했다. "봄에 당신을 공격하는 글이 있었다는 것을 알고 있습니다. 그런 유의 공격을 하는 사람들이 있죠. 하지만 제가 알기로 그건 하나의 목소리일 뿐입니다. 수많은 다양한 목소리가 존재해요. 그게 그토록 중요하지는 않다고 생각합니다. 누구나 자신의 생각을 표현할 권리가 있으니까요."

나는 추 학장이 나와의 직접 대화를 피하는 것이 이상하게 느껴졌고, 그의 행동을 보면 정치적인 압력이 있는 게 아닌가 의심할 수밖에 없었다고 했다.

"학장은 당시 미국에 있었습니다." 양이 조심스레 말했다. "이곳의 전체 상황을 알지 못했어요." (나중에 『뉴요커』의 팩트체커들이 접촉했을 때 양은 이런 말을 한 것을 부인했다.)

나는 양에게 연락을 준 것에 대해 고마움을 표하고, 가족이 엿새 뒤 떠날 예정이기 때문에 사직을 재고하기에는 너무 늦었다고 설명했다. 양은 안도하는 듯했다. 제안이 진심이었는지는 알 수 없었지만 대학이 추 학장에게 책임을 돌리고 싶어하는 것은 분명해 보였다. 내 추측으로는 추 학장이 메시지를 잘못 읽었거나, 아니면 내 사직에 대한 부정적인 보도가 나온 후 후폭풍이 있었을 가능성이 커 보였다.

나는 내가 쓴 중국 관련 책을 한 권 가져와서 양에게 주었다. 양도 몇 년 전 미국의 해외 활동에 관한 책을 한 권 썼고, 저자 서명본을 내게 선물했다. 제목은 『정부의 역할: 자유주의 관점에서 본 미국의

문화외교』였다.[38]

함께 자리에서 일어나는데 양이 평화봉사단의 옛 사무실을 폐쇄하는 문제로 구캠퍼스에서 약속이 있다고 했다. 미국 직원들은 지난해에 떠났지만 프로그램 종료와 관련된 각종 행정 업무를 마무리하기 위해 몇 명의 중국인 직원이 남아 있었다. 오늘이 그 건물이 공식적으로 쓰촨대학으로 이전되는 날이었다. 양에게 동행해도 되겠냐고 물었더니 좋다고 했다.

우리는 동문으로 걸어가서 얼굴을 스캔했다. 개찰구 안쪽으로 들어간 다음, 다가올 여름에 있는 다음 기념일을 위해 세워진 커다란 붉은 현수막을 지나쳤다.

중국공산당 창당 100주년을 열렬히 축하합니다.

류하이수라는 평화봉사단 현지 직원이 옛 본부 앞에서 기다리고 있었다. 양은 인수인계에 세 기관 대표자의 참석이 필요하다고 설명했다. 국유자산관리국, 쓰촨대학, 그리고 평화봉사단이었다. 평소라면 미 정부의 관리도 참석했겠지만 영사관이 폐쇄된 지 반년이 넘은 터였다. 오늘은 류가 후이라는 이름의 또 다른 현지 직원과 함께 미국을 대표했다.

국유자산관리국에서 여성 두 명과 남성 한 명이 도착했다. 류가 잠겨 있던 문을 열었고 우리는 그를 따라 안으로 들어갔다. 자산관리국 관리들은 천천히 각 방을 살펴보고 사진을 찍었다. "에어컨도 넘겨드릴 겁니다." 류가 그들에게 말했다. 3층에서 우리는 봉사단원들이 한때 복무했던 지역마다 빨간 실을 매어놓은 중국 지도를 지나쳤다. 푸링, 러산, 몐양, 구이양, 란저우 등 중국 서남부에 걸쳐 있는 수십 군데의 도시가 거기 있었다. 빨간 실은 현 봉사단원들의 이름에 연결되어 있던 것이었지만 지금은 그냥 벽에 늘어져 있었다.

류에게 여기서 얼마나 오래 일했는지 물어보았다. "19년입니다." 그가 말했다.

"무슨 일을 하셨죠?"

"여러 가지 했죠. IT 전문가, 재무 보조, 관리 및 운영 책임자."

나는 평화봉사단과 영사관의 중국인 직원들이 미 정부와의 예전 관계 때문에 새 일자리를 찾는 데 어려움을 겪는다고 들었다. 류에게 일자리를 찾았는지 물어봤다. "아뇨." 그가 대답했다. "좀 쉽지 않네요."

안내를 마치며 류가 건물의 각종 문에 사용하는 350개가 넘는 열쇠를 넘겨주었다. 세 명의 대표자는 양도를 증명하는 양식에 서명했다. 류는 마지막으로 평화봉사단이 모든 공식 서류에 사용하던 도장을 꺼냈다. 빨간 도장에는 '평화봉사단'이라는 단어가 아직 마오주의 선전에 오염되어 있던 25년여 전 채택된 완곡한 이름이 영어와 중국어로 새겨져 있었다.

미중우호지원자美中友好志願者

U.S.- CHINA FRIENDSHIP VOLUNTEERS

도장을 건네고 나서 양은 양도가 끝났음을 선언했다. 바깥의 인도에서 몇 분간 이야기를 나누면서 나는 류에게 혹시 청두에 봉사단원 소지품이 남아 있는지 물어보았다. 그는 자기 아파트에 다이아몬드 반지 하나를 아직 보관하고 있다고 했다. 두 봉사단원이 간쑤성의 외딴 도시 장예張掖에서 약혼했는데, 팬데믹 초기에 모두가 대피하면서 약혼 반지가 그들의 아파트에 남아 있었다. 대부분의 소지품은 중국인 직원들이 미국에 우편으로 보냈지만 반지는 너무 귀중품이었다.

"1000달러가 넘는 물건은 우편으로 보낼 수가 없습니다." 류가 말했다. "이걸 어떻게 전해줘야 할지 모르겠어요. 결혼을 했는지조차 모르겠네요."

동문으로 돌아오는 길에 우리는 공산당 창당을 기념하는 현수막을 지나쳤다. 양은 문 앞에 멈춰 서서 내게 악수를 청하며 말했다. "쓰촨대학은 당신을 환영한다는 사실을 다시 한번 강조하고 싶습니다." 나는 감사를 표하고 이곳의 학생들과 더할 나위 없이 행복했다고 말했다. 개찰구에서 얼굴을 스캔하고 나는 마지막으로 학교를 걸어나왔다.

가족들이 콜로라도로 돌아가고 잠시 푸장강 옆의 아파트에서 혼자 지내던 시기가 있었다. 아파트는 내가 세상에서 가장 싫어하는 소리 하나를 빼면 조용했다. 포장용 테이프를 찌익 하고 뜯는 소리였다. 나는 매일매일 짐을 상자에 담았고 그 작업이 견딜 수 없어질 때마다 시내로 나갔다. 몇 번은 청두 남쪽으로 차를 몰고 리더웨이에게 갔다. 그의 아마존 사업은 팬데믹 내내 계속해서 호황이었고 7월 초에는 회사가 거대한 새 사무 공간으로 이전했다. 리는 직원을 네 배로 늘릴 계획이었다.

가끔은 리의 사업가 친구들과 함께 저녁을 먹었다. 역시 대부분 청두에서 미국 시장에 진출하는 방법을 찾아낸 사람들이었다. 장수 위라는 친구는 드림페인터라는 회사를 시작했다. 장은 VPN을 통해 인스타그램 페이지를 운영하며 미국인들이 사랑하는 사람의 사진으로 아크릴 초상화를 의뢰할 수 있도록 했다. 그는 500달러 정도에 대형 그림 한 점을 5일에서 10일 사이에 완성할 수 있는 중국인 화가들의 네트워크를 구축했다.

대부분의 의뢰 대상은 죽은 사람이나 반려동물이었다. 돌아가신 할아버지가 한 번도 만나보지 못한 손자를 안고 있거나, 죽은 개가 아직 살아 있는 다른 개와 나란히 있는 그림을 원하는 미국인이 많은 듯했다. 고객들은 다양한 피사체의 사진을 보내왔고, 화가들은 이를 하나의 이미지로 합쳐 마치 모두가 아직 살아서 함께 있는 것처럼 보이게 만들었다. 사람들이 나란히 서 있거나 반려동물의 머리에 손을 얹고 있는 모습이 어딘가 어색해 보이는 경우가 꽤 있었지만 고객들은 만족하는 것 같았다. "시작한 지 반년밖에 안 됐지만 정말 잘되고 있어요." 장이 말했다.

나는 좀 밝은 기분일 때면 이것을 미중 우호의 마지막 보루처럼 생각했다. 평화봉사단은 떠났고 풀브라이트 프로그램도 끝났다. 영사관은 폐쇄되었고 미국인 기자들은 대부분 추방되었다. 중국에는 제대로 기능하는 교환 프로그램이 사실상 아무것도 남아 있지 않았다. 그러나 적어도 어떤 중국인 화가들은 죽은 미국인과 그들의 죽은 개를 그리고 있었다.

저녁이면 친구, 학생, 동료들을 만나 송별 만찬을 했다. 매일 밤 코비드 카를 몰고 가 식당 근처에 주차한 뒤, 밥을 먹고 술을 마시는 것이 일상이 되었다. 그러고 나서 디디 앱을 열어 다이자런을 불렀다. 7분 정도면 헬멧을 쓴 남자가 접이식 자전거를 타고 나타난다. 그가 자전거를 코비드 카 뒤에 싣고 차 열쇠를 받아 나를 집으로 운전해 데려다준다.

접이식 자전거를 탄 낯선 사람들이 나를 텅 빈 아파트로 데려다주는 저녁을 내리 보낸 뒤 나는 이제 양쯔강 계곡으로 향해야겠다고 마음먹었다.

새 고속도로를 따라 싼샤 댐으로 향했다. 옛날에는 푸링에서 거기까지 배로 사흘이 걸렸다. 이제는 차로 여섯 시간 남짓이면 갈 수 있다. 후베이성 서쪽 끝에 위치해 있는 댐은 거대한 관광지가 되어 있었다. 40층 높이로 1.6킬로미터에 걸쳐 뻗은 구조물은 전망대에서조차 전체 규모를 가늠할 수가 없었다. 내가 방문했던 오후에는 계속 부슬비가 내려[39] 나를 둘러싼 하늘과 강과 비와 댐, 이 모두가 온통 회색빛 톤으로 보였다. 이 댐은 지구상에서 가장 큰 콘크리트 구조물이었다.

여기에 싼샤 절류기념공원三峽截流紀念公園이라는 곳이 있다. 댐의 옹벽 건설을 위해 양쯔강을 우회시켰던 1997년 11월 9일을 기념하는 공원이다. 나는 당시 우회의 순간을 푸링의 아파트에서 텔레비전 생중계로 지켜보았다. 장쩌민이 연설을 하며 "인민을 조직해 큰일을 해내는 데 있어 사회주의가 우월하다는 것을[40] 다시 한번 생생하게 증명했다"고 선언했었다.

공원에는 우회 공사 때 사용하던 장비의 일부가 마치 태곳적 유물처럼 전시되어 있었다. 저압 타이어가 달린 녹슨 노란색 불도저들이 푸른 잔디 위에 가지런히 놓여 있었고, 강을 막는 데 쓰였던 사각 콘크리트 블록이 여기저기 흩어져 있었다. 공원의 어떤 역사적 전시물도 장쩌민이나 그의 연설을 언급하고 있지 않았다. 댐의 현장 전체가 다 마찬가지였다. 내가 발견한 장과 관련된 유일한 물건은 소박하게 전시해놓은 그의 붓글씨뿐이었다. 그걸 빼면 지도자에 대한 언급은 전부 마오쩌둥이나 시진핑 관련 내용이었다. 중국의 다른 많은 곳에서처럼 이 댐에서도 시진핑은 권력을 공고히 했던 것과 같은 방식으로 역사를 공고히 하고 있었다.

나는 수몰 지역을 대체하려고 지은 여러 정착지에 살고 있는 푸링의 옛 제자들을 일주일 동안 방문했다. 자동차가 얼마나 흔해질지 몰랐던 2000년대 초반에 설계된 도시들이라 종종 운전이 쉽지 않았다. 협곡 중 하나로 가는 입구에 있는 우산巫山에서는 도시의 위쪽과 아래쪽 사이에 매일 교통 체증이 있었고 주차할 곳을 찾기가 어려웠다. 나는 보통 코비드 카를 호텔에 세워두고 걸어다녔다.

옌시라는 이름의 옛 제자가 우산 위쪽의 제일 좋은 중학교에서 교사로 일하고 있었다.[41] 만나서 저녁을 먹으며 옌시는 교사 일자리가 너무 줄어서 최근 그의 학교에 한 명을 채용하는 데 90명의 지원자가 몰렸다고 했다. 그는 "우리가 젊었을 때는 취직이 정말 쉬웠죠"라고 말했다.

다른 많은 일이 그렇듯 옌시와 교사가 된 그의 동창들도 시기를

잘 만났다. 이들은 나라가 아직 상대적으로 젊고 교육이 대규모로
확대되고 있던 때에 교직에 들어섰다. 그러나 이제는 인구 구조가
바뀌었다. 윌리에게는 지난 20년간 사립학교에서 일하며 잘 지냈던
저장성의 도시 웨칭樂淸에 조만간 닥칠 문제가 보였다. 그는 이메일
에 이렇게 썼다.

> 앞으로의 교육 환경이 다소 걱정됩니다.[42] 특히 사립학교가요. 6년
> 쯤 뒤에는 학생 수가 급감할 거예요. 예를 들어 지금 웨칭의 중학
> 교에는 1만5000명이 넘는 신입생이 있지만, 6~7년 뒤에는 겨우
> 3000~4000명이 되어버립니다. 상당수 학교가 학생 수 부족 문제
> 에 직면할 것이라는 뜻이죠. 정부는 틀림없이 공립학교들을 보호
> 할 겁니다.

———

쌴샤 일대를 운전하며 다니다 지미를 방문하기 위해 들렀다. 지미
와 그의 아내는 장커우에 호텔과 식당을 소유하고 있었지만 그 마을
은 오래전 수몰되었다. 지미의 가족은 주변 마을에 살던 수만 명의
주민과 함께 신도시 윈양雲陽으로 이주했다. 윈양은 옛집에서 약 40
킬로미터 떨어진 양쯔강의 가파른 북쪽 기슭에 위치해 있었다.

예전에 사람이 살지 않던 산비탈을 따라 건설된 일부 리버타운들
이 그렇듯 윈양에는 믿을 수 없을 만큼 많은 계단이 있었다. 지미는
2011년 봄 내가 방문했을 때[43] 나를 도시의 중심 명소인 넓은 공공

계단으로 안내했는데, 무려 1900계단이 넘었다. 새하얗고 화살처럼 곧게 뻗어 있는 이 계단은 수직으로 건설된 도시의 중앙을 척추처럼 가로지르고 있었다. 계단 아래에 서서 위쪽에 개미처럼 보이는 사람들을 쳐다보는 것만으로도 현기증이 날 지경이었다.

세월이 지나 생각해보면 그때는 수몰이 있고 나서 엘리베이터가 생기기 전까지의 특별한 시절이었다. 모두들 여전히 계단을 걸어다녔고 지미와 부인은 양쯔강 옆 건물 꼭대기에 6층을 걸어 올라야 하는 집을 막 샀던 참이다. 알짜배기 부동산이었던 이 펜트하우스는 지미 부부의 호텔과 식당 사업이 옛 고향 장커우에서 얼마나 잘되었는지를 보여준다. 장커우와 주변 지역은 이제 물에 잠겨버렸지만 지미와 아내는 괘념치 않는 듯했다. 아내는 테크놀로지 산업에서 새로운 기회를 찾았고 지금은 양쯔강 계곡 일대의 휼렛 패커드 영업 총괄이다.

그 뒤로 10년간 이 부부의 일은 계속해서 잘 풀렸다. 딸 천시는 맨체스터의 대학원으로 유학을 떠났다. 2021년에 찾아갔을 때 지미의 아내는 황금색 메르세데스 벤츠를 몰았고 부부는 여전히 새로운 기회를 찾아내는 데 능숙했다. 최근에는 시진핑의 새로운 캠페인에 발빠르게 대응했다. 2018년에 시진핑이 연설 도중 초등학생들이 과도한 공부로 눈을 혹사하는 문제를 언급했다. 각종 선전 기관이 "다 함께 우리 아이들의 눈을 보호하여 이들에게 밝은 미래를 선사하자"라는 그의 말을 인용했다. 2021년에는 정부가 '광명행동光明行動'이라는 프로젝트를 발표했다. 학교 공부를 줄이는 대신 그저 조명을 더 설치하는 전형적인 대응책이었다. 지미와 부인은 캠페인이 발표되자마자 교실용 고급 조명 기구를 생산하는 작은 공장을 시작했다. 내가 방문했을 때는 45명의 직원이 생산라인에서 일하고 있었고 사업은 호황이었다.

지미에게 유일하게 잘 풀리지 않았던 일은 엘리베이터였다. 이들의 펜트하우스에서 보는 양쯔강 전망은 여전히 아름다웠으나 부부는 이제 나이가 들어 6층이나 되는 계단을 걸어 오르는 데 지쳐 있었다. 현지 업체 중 푸링에서 노스의 회사가 하는 것처럼 엘리베이터 설치를 전문으로 하는 곳이 있었지만 지미의 건물은 그런 공사가 불가능한 위치에 있었다. 지미는 내게 언젠가 새집으로 이사갈 것이라고 말했다.

지미는 언제나 그렇듯 기분이 좋았다. 옛 푸링 제자들의 한결같은 점이기도 했다. 여러 해 동안 연례 설문 조사를 통해 미래에 대한 느낌을 평가해보라고 묻곤 했는데, 항상 낙관적인 응답이 돌아왔다. 이들은 여러모로 축복받은 세대였다. 개혁개방의 세월은 이들을 실용적이고, 수완을 발휘하고, 두려워하지 않도록 만들었다. 어려운 일을 겪은 이들조차 그 상황을 최대한 활용하는 것처럼 보였다. 푸링에 들렀을 때는 루용이 폐암에도 불구하고 여전히 비교적 잘 지내고 있는 것을 보고 놀랐다. 임상 실험용 약물이 계속 효과를 보이고 있었고, 우리가 만났던 날에는 비록 마르고 창백해 보였지만 지미만큼이나 쾌활한 모습이었다.

어느 날 아침, 에밀리와 나는 푸링 시내에서 긴 대화를 나눴다.[44] 그녀는 40대 후반이 되어서야 마침내 스스로의 강점과 약점을 이해하게 되었다고 했다. "제 약점은 논리적인 사고를 그다지 잘하지 못한다는 거예요." 에밀리가 말했다. "하지만 제 강점은 직관력이죠. 타오타오 문제에 있어서 제가 종종 무언가가 옳다고 느낄 때 다른 사람들은 모두 틀렸다고 해요. 그럴 때 제 직관을 따르면 늘 옳은 판단으로 드러나는 것 같아요."

타오타오는 지난 학기 성적이 뛰어났고 들어가기 힘든 여름 보충 수업에 참여할 자격을 얻었다. 아이들을 곧 다가올 고등학교 입시에 대비시키기 위한 수업이었다. 타오타오는 우수하고 비교적 진보적인 충칭의 한 명문 학교에 합격하길 원했지만 어머니에게 여름 보충 수업에 다니고 싶지 않다고 말했다.

친구들과 가족은 에밀리에게 아이의 말을 무시하라고 조언했다. 비용도 거의 들지 않았고, 영광스럽고 입시에 유리한 수업이었다. "개인적으로는 타오타오가 거기 다녀야 한다고 생각했어요." 에밀리가 말했다. "겨우 12일이라 그리 길지도 않고 선생님들이 정말 좋거든요. 하지만 아이는 가고 싶지 않아 했죠. 지금은 방학이어야 한다고, 쉬고 싶다고 했어요. 아이의 바람을 존중하기로 했습니다."

타오타오는 자유롭게 책을 읽고 학교가 권한 숙제를 거의 다 무시하며 여름방학을 보냈다. 그래도 이듬해 최상위 고등학교에 합격했다.

———

푸링에서의 마지막 며칠은 최대한 시골에서 보냈다. 그곳은 마치 잃어버린 세계 같았다. 옛 캠퍼스와 더불어 들판과 그 사이로 농부들이 다니던 길이 예전의 모습을 생생하게 떠올리게 했다. 여전히 양쯔강을 건너는 나룻배가 한 척 있길래 어느 날 아침 호텔에서 걸어나와 그 배를 탔다. 베이산펑 아래에서 주말 여행객들이 오르곤 하던 돌계단을 발견했다. 잡초가 계단의 많은 부분을 덮고 있었고, 더 이상 농부들이 돌보지 않는 옛 계단식 논에는 나무들이 자라 있었다. 하지만 아직 산의 남쪽 면을 오를 수 있었다.

길고 평평한 정상에 올라 도시와 강이 잘 보이는 또 다른 길을 따라갔다. 길은 리버타운 골프 언저리에서 끝나 있었다. 청동 황소와 투우사는 여전히 같은 자세로 얼어붙어 있었고 가짜 개선문은 빛이 바래기 시작하고 있었다. 고급 호텔과 빌라는 끝내 완공되지 않았다. 근처에 누군가가 골프 코스의 한 구역을 손님들이 돈을 내고 말을 탈 수 있는 모조품 몽골 초원으로 만들려고 한 흔적이 있었다. 민족 의상을 입고 웃는 사람들의 모습을 담은 광고판이 아직 남아 있었지만 말들은 사라지고 없었다. 이 불운한 산에 있던 모든 돈벌이 아이템과 마찬가지로 몽골 초원도 버려지고 말았다.

골프 코스의 두 구역만이 여전히 관광객들을 끌어들이고 있었다. 하나는 상인들이 음료수와 양꼬치를 팔던 페어웨이였고, 또 하나는 커다란 워터 해저드였다. 낚시꾼들은 아침과 오후에 워터 해저드를 즐겨 찾았다. 나는 낚시대를 들고 서 있는 남자 둘과 잡담을 나누다 그늘에서 휴식을 취했다. 조용하고 평화로운 곳이었다. 푸링을 방문할 때면 늘 이곳에 들르는 것이 좋았다. 수많은 작가의 책이 영화나 드라마로 만들어졌지만, 실패한 골프 코스가 되어버린 책을 쓴 사람은 들어본 적이 없다.

어느 따스한 아침, 차를 몰고 양쯔강을 건너 그랜트라는 이름의 옛 제자를 태웠다.[45] 그랜트는 푸링 서쪽의 시골에서 자랐고 나는 늘 그의 고향 마을에 가보고 싶었다. 가는 길에 그랜트가 어린 시절 다녔던 시골 학교에 들렀다. 언덕 꼭대기 불교 사찰이었던 곳에 위치한 학교였다. 시골의 수많은 종교 시설이 그랬듯 그 사찰도 공산혁명 이후에 학교로 개조되었다.

그랜트는 마을에서 두 번째로 대학에 간 아이였다. 졸업 후에는 뛰어난 교사가 되었고 지금은 푸링의 제일 좋은 고등학교에서 일하고 있었다. "제가 이 초등학교에 다닐 때는 한 학년에 반이 세 개였습니다." 텅 빈 교정에 들어서며 그가 말했다. "지금은 작은 반 하나뿐이에요." 그랜트는 정부가 결국 이 학교를 폐쇄할 것이라고 예상했다. 중국의 농촌에서는 그런 일들이 상상하기 힘들 정도의 규모로 벌어지고 있었다. 중앙정부에 따르면 중국은 2000년부터 꼬박 10년 동안 매일 평균 63곳의 초등학교를 폐쇄했다.[46]

이 지역의 이름은 리두李渡, 즉 리가 건넌다는 뜻이다. 그랜트는 이 이름이 이백이 여러 번의 유배생활 도중 여기서 양쯔강을 건넌 일이 있다는 전설에서 유래했다고 설명해주었다. 당나라 시인 이백은 언제나 물이 있는 풍경을 좋아했다. 우한에 처음 '리버타운'이라는 별칭을 붙인 사람도 그였다. 이백에 대한 내 이미지는 초등학교 4학년들의 엉터리 시로 인해 영원히 망가져 있었다. 이백이 양쯔강을 건넌다거나, 배를 타고 우한을 지난다거나, 어쨌든 물에서 뭘 한다는 얘기를 들으면 나는 똥 생각만 났다.

배 위에 앉고 보니 화장지를 안 챙겼다
도화담 물 깊이는 천 길에 이르니……

그랜트의 마을이 가까워지자 길이 점점 좁아졌다. 이곳 주민들은
전통적으로 옥수수와 콩과 채소를 키웠지만 지금은 밭의 대부분이
휴경 상태였다. 그랜트의 집은 커다란 탈곡대 뒤에 있는 3층 집이었
다. 앞문을 열려고 해봤지만 잠겨 있었다. "사실 열쇠를 갖고 있지 않
아요." 그가 웃으며 말했다. 그랜트는 언덕을 걸어내려가 아직 여기
살고 있는 몇 안 되는 이웃으로부터 여분의 열쇠를 받아왔다.

그랜트의 부모는 자녀 셋 중 적어도 한 명은 마을에 남을 것이라
생각하고 2000년에 이 집을 새로 지었다. 하지만 모두들 외지로 떠
났고, 그랜트와 형제들은 1년에 한 번 음력설에만 돌아온다. 부모님
이 모두 돌아가신 지 10년이 넘었다. 그랜트와 나는 고요한 집 안을
거닐었다. 탁자 위에 놓인 보온병, 침대에 걸쳐 있는 바지 같은 물건
은 여기 살던 이들이 바로 어제 떠난 듯한 인상을 주었다.

바깥에서 그랜트가 자신이 십대이던 1991년에 직접 심었다는 아
름다운 백색의 무화과나무를 가리켰다. 10년 전에 한 부동산 개발업
자가 이걸 푸링의 새로운 교외 지역에 옮겨 심겠다며 100달러가 넘
는 돈을 제시했다. 하지만 그랜트는 감상적인 이유로 거절했다. 그는
개발업자들이 튼튼한 나무를 뽑아가려고 이 지역을 자주 시찰한다
고 했다. 성경에 나올 법한 규모의 이주가 이루어진 중국의 농촌에

서는 이것이 마지막 단계였다. 처음에는 사람들이 이주하고, 나무가 뒤를 따른다.

차를 몰고 다시 마을로 돌아왔다. 옛 초등학교를 지나면서 그랜트가 마을에서 집이 가장 가난했던 급우 얘기를 해주었다. "그 집은 아들 셋에 딸 하나였는데 다들 엉망인 옷을 입고 있었죠." 그랜트가 회상했다. "친구는 형편없는 학생이었어요. 제가 1등이었기 때문에 저를 우러러보곤 했죠."

그랜트의 급우는 중학교에 가기 전에 자퇴했다. 어린 십대의 그는 북쪽의 산시성으로 갔다. 소년은 채석장에서 노동자로 일한 뒤, 남동생과 함께 채굴 일을 계속했다. "결국에는 자기 광산을 시작했어요." 그랜트가 말했다. "불법 채굴이 횡행하던 시절이었습니다. 지금은 더 이상 하면 안 되는 일들을 그때는 했죠. 친구는 큰돈을 벌었고, 여기로 돌아와 건설 회사를 차렸습니다."

회사는 지금 새로운 고속도로 구간을 건설하는 1500만 달러 규모의 계약을 체결한 상태다. 그랜트도 이 프로젝트에 투자했고 매달 상당한 금액의 배당을 받고 있다. 전혀 다른 길을 걸어왔지만 둘은 가까운 사이로 남았다. "가끔 만나서 같이 마작을 합니다." 그랜트가 말했다. 친구의 두 자녀가 모두 좋은 대학에 합격했다고 덧붙였다.

그랜트는 입을 다물었고 나는 그의 이야기가 끝났다고 생각했다. 그러나 그가 다시 입을 열었다. "친구의 남동생은 광산에서 죽었어요." 그랜트가 조용히 말했다. "자기 사업을 시작하기 전, 거기서 일을 시작한 초창기였죠. 사고가 있었습니다." 그랜트는 다시 잠깐 침묵했다. "사고가 났을 때가 기억납니다. 가족들이 너무나 가슴 아파했죠. 친구는 늘 책임을 느꼈던 것 같아요."

개혁개방 세대에게는 가장 눈부신 성공 스토리조차 어떤 슬픔이나 상실감을 동반하곤 한다. 에밀리의 가족이 그랬던 것처럼 그런 경험은 대개 입 밖에 잘 꺼내지 않는다. 앤리는 자기 삶에 대해 얘기하며, 큰형이 다이너마이트 사고 이후 다시는 일을 할 수 없었다고 했다. 장애인이 된 큰형은 결국 아내에게 이혼당하고 지금은 충칭의 한 요양 시설에서 살고 있다. 둘째 형은 2008년에 갑자기 병으로 죽었고, 셋째 형은 상하이의 생산라인에서 감전사했다. 네 형제 중 건강하게 살아 있는 사람은 앤리뿐이다.

앤리의 벗이자 급우 영시의 슬픔은 첫사랑 린을 잃은 것이었다. 린은 영시가 성공의 절정에 이르렀을 때 그와 헤어져 다시는 돌아오지 않았다. 다른 사업가와 결혼해 두 아이를 가졌으나 결국 이혼했다. 요즘 영시는 중학교 교사와 행복한 결혼생활을 하고 있다. 그도 앤리처럼 늦게 결혼한 덕에 합법적으로 아이를 둘 가질 수 있었다. 영시는 린에게 연락해보려고 한 적이 없다고 했다. "그러는 편이 나아요." 그의 말이다.

영시와 앤리와 노스를 마지막으로 봤던 그해 봄, 우리는 옛 캠퍼스로 성지순례를 떠났다.[47] 푸링 시내의 훠궈 식당에서 만나 점심을 먹었다. 노스도 합류했고, 옛 룸메이트들은 그에게 엘리베이터 사업이 어떤지 물었다. "괜찮아." 노스가 말했다. "그냥 평소와 다름없는 문제가 있을 뿐이야." 앤리는 노스의 사업이 더 힘들어질 것 같다고 내게 따로 말해준 적이 있다. "사업을 너무 늦게 시작했어요"라면서.

훠궈 국물이 끓기 시작하자 오랜 친구들은 옛날이야기를 했다.

"제일 힘든 세대가 1960년대, 1970년대, 1980년대에 자란 사람들이에요." 영시가 말했다.

"시골에서 자란 우리는 꽌시가 전혀 없었죠," 앤리가 말했다. "도시에서는 아무도 우리를 도와주지 않았어요. 모든 게 자기 손에 달려 있었죠."

남자들은 별미인 얇게 썬 소고기며 팽이버섯을 냄비에서 젓가락으로 건져올렸다. 화제는 음식으로 옮겨갔다.

"제가 여섯 살 때쯤, 그때가 제일 가난했어요." 노스가 말했다. "먹을 게 항상 부족했죠."

"사람들이 나뭇잎을 먹던 게 기억납니다." 앤리가 말했다. "국물에 넣고 끓이는 거죠. 우리 가족은 그렇게 하지 않았지만 이웃들은 그랬어요. 황징수黃荊樹 잎을 먹었어요."

영어로 차이니즈 체이스트 트리Chinese chaste tree(순비기나무)라고 하는 황징수는 잎이 무성한 것으로 잘 알려져 있다.

"고기는 보름에 한 번 먹었어요." 노스가 말했다. "그리고 음력설에도 먹었죠."

식사를 끝내고 우리는 모두 영시의 검정 메르세데스 S350을 탔다. 영시는 독일에서 생산된 이 차를 1년 전에 15만 달러 넘게 주고 샀다. 차를 타고 푸링 시내를 지나며 영시는 자신이 처음 휴대폰 상점을 열었던 장소를 가리켰다. 상점은 여전히 소유하고 있었지만 오래전에 남동생에게 경영권을 물려주었다. 지난 몇 년간 영시의 회사는 제조업, 광고업, 교량 및 도로 건설업으로 확장을 거듭했다. 가장 최

근에는 충칭 시내에 스무 개가 넘는 커다란 광고판을 설치하는 일을
했는데, 절반 정도는 디지털 광고판이었다.

메르세데스는 우장강을 건너 동쪽으로 미끄러져갔다. 옛 캠퍼스
입구는 언제나처럼 아무도 경비를 서고 있지 않았다. 영시는 희미해
져가는 선전물을 지나 차를 몰았다.

인민의 도시는 인민이 건설하고
인민의 도시는 인민을 위해 복무한다

위생 도시 건설하고
교양 있는 도시민이 되자

국가 문명도시와 국가 위생지구 건설하자
나는 알고, 참여하고, 지지하고, 만족한다

차를 도서관에 세웠다. 우리는 그 앞에서 예전처럼 사진을 찍었
다. 중국의 부동산 산업은 지난 2년간 긴축 상태로 접어들었고, 푸
링의 친구들은 옛 캠퍼스가 금방 팔릴 것 같지 않다고 했다. 도서관
에서 사진을 찍은 뒤 우리는 버려진 채 낡아가는, 내가 살던 건물 쪽
으로 걸어갔다. 옥상의 나무들이 더 무성하게 자란 듯했고 콘크리트
외벽이 떨어져 나가고 있었다. 셋은 아무 말 없이 위를 올려다봤다.

"여기가 최고 간부들이 살던 곳이라니 믿을 수가 없네요." 앤리가
말했다. "그때는 그렇게 좋아 보였는데요."

메르세데스로 돌아오기 전, 노스가 건물 주위를 빙 돌며 계단 외벽을 살펴보더니 이렇게 말했다. "이쪽에 엘리베이터를 설치할 수 있을 것 같아요."

뒷이야기

언컴파그레강

2023년 여름

우리 가족은 지난 2년간 보지 못했던 콜로라도 서남부 언컴파그 레강 서쪽에 있는 집으로 돌아왔다. 청두로 떠나기 전 심었던 포플러나무들이 키가 자랐다. 돌아와서는 좀더 심었다. 헛간에 세워놓은 혼다는 마르크스주의대학 지하에 세워놓던 혼다와 같은 색이었다. 모르시라는 이름의 커다란 이집트 고양이도 있었다. 몇 년 전 레슬리가 모르시를 카이로에서 콜로라도로 데려왔고, 이번에는 쌍둥이들이 율리시스를 청두에서 어렵게 끌고 왔다.

고양이들이 함께 있으니 서로 특정한 방식으로 어울리지 못한다는 사실이 분명해졌다. 중국 고양이는 이집트 고양이를 좋아했지만 이집트 고양이는 중국 고양이를 좋아하지 않았다. 중국 고양이는 이집트 고양이가 가는 곳마다 따라다녔지만, 너무 가까이 다가가면 짧고 아주 일방적인 싸움이 벌어졌다. 결국 고양이들은 4.5미터 정도의 적당한 거리를 유지하게 되었다. 둘이 마치 끈으로 연결된 것처럼 나란히 우리 집 목초지에서 쥐와 땅다람쥐를 사냥했다.

서재의 창문 너머로 목초지와 언컴파그레강 계곡이 내려다보였다. 나는 글을 쓰며 자주 19층에 있던 청두의 아파트를 생각하고, 진 장강의 풍경을 기억했다. 무슨 까닭인지 팬데믹이 시작되던 무렵 지진이 있던 밤 청두의 모습이 자꾸 머릿속에 그려졌다. 도시는 멈춰버렸고 잔잔한 강은 불빛으로 반짝인다.

콜로라도에서의 어느 날, 나는 옛 학생이었던 존에게 연락했다.[1] 2019년 말의 쥐바오 사건 이후로 나는 줄곧 진짜로 무슨 일이 있었던 건지 궁금했다. 내가 반중 교육을 한다고 비난하던 게시물의 스크린숏을 첨부해 존에게 긴 이메일을 보냈다. 존은 즉시 답장을 보내왔다.

깜짝 놀랐습니다. 솔직히 말씀드리자면 이 이메일을 받기 전까지 선생님께 무슨 일이 있었는지 전혀 알지 못했어요. (…) 정말 죄송스럽게 생각합니다. 저도 배후에 누가 있던 건지 알고 싶으니 이 문제에 관해 더 말씀을 나누고 싶습니다.

우리는 몇 시간 만에 화상으로 연결되었다. 존은 예전과 똑같아 보였고 우리는 잠시 서로의 안부를 물었다. 그리고 그가 천천히 입을 떼어 다시 한번 사과했다. "저는 이 일에 대해 몰랐습니다." 그가 말했다. "누군가에 의해 고발당하셨다는 얘기는 급우들에게 들었지만 이유는 몰랐어요."

존은 웨이보 계정이 있지만 팔로하는 용도로만 쓸 뿐 게시물을 올리지는 않았다고 했다. 내가 에세이에 남겼던 코멘트는 기억하지만 그게 어떻게 공개되었는지는 모른다고 주장했다.

청두에 있을 때는 믿을 만한 소수의 학생 및 동료 교수와 이 사건을 의논했다. 존을 아는 한 교수는 그가 소분홍처럼 보이지 않는다고 했다. 그는 세레나가 상상했던 것과 비슷한 시나리오를 추측했다. 둘 다 아마 다른 학생이 그 에세이를 봤거나, 부분적인 내용만을 듣고 공격 글을 올린 것이라고 생각했다.

화상 통화에서 존은 기숙사의 룸메이트들에게 내가 남긴 코멘트 얘기를 한 적이 있다고 했다. 에세이를 스쿠피의 글쓰기 센터에 가져가기도 했는데, 거기서 다른 학생과 조교들이 그걸 봤을 수도 있었다. 존의 얼굴 표정과 기꺼이 이야기하려는 태도로 미루어 나는 그가 사실을 말하고 있다고 믿었다.

"사실 에세이에 남기신 코멘트를 보고 기분이 살짝 좋지 않았어요." 그가 말했다. "정치를 고려하지 않는다면 코멘트에 대해서 완전히 동의해요. 하지만 저는 중국의 특정 환경에 놓인 사람이니 정치를 고려할 수밖에 없었죠. 남기신 코멘트는 전통적인 정치에 반하는 것이었어요."

특별히 어떤 점이 그의 기분을 거슬렀는지 물어보았다.

그는 "주권입니다"라고 답했다.

대화하는 동안 그는 한 번도 '타이완'이라는 단어를 말하지 않았다. 대신 주권, 특정 환경, 특정 상황 등의 다양한 간접적인 표현을 사용했다. 대부분의 중국 젊은이와 마찬가지로 존도 말썽을 피하도록 훈련받았기 때문에 마음 한구석에서는 그 민감한 단어를 건드리고 싶어하지 않았다. 그는 2019년에 내가 어떤 쥐바오 사건에 연루

되어 있다는 얘기를 들었을 때 무슨 일인지 전혀 알아보려 하지 않았다고 했다. 같은 반 학생 몇 명도 내게 그렇게 얘기했다. 내가 말썽에 휘말렸다는 소문은 들었지만 특별히 호기심을 갖고 반응하지 않았다. 이해할 수 있었다. 중국 학생이라면 누구라도 가끔은 아무것도 묻지 말아야 할 때가 있다는 것을 배우게 된다. 특정 환경, 특정 상황이라면.

존은 연락해줘서 고맙다며 내가 에세이에 남긴 코멘트에 대해서 아무런 분한 감정도 품지 않고 있다고 다시 한번 말했다. "사실 제가 미국인이라면 완전히 동의할 거예요." 그가 말했다. "하지만 저는 미국인이 아니니까요."

나는 지금이어도 같은 반응이겠냐고 물었다.

"네"라고 그가 말했다. "코멘트가 잘못되었다는 뜻은 아니에요. 그저 감정상 그렇다는 거죠."

청두를 떠나기 전에 나는 23년 전 푸링에서 했던 것처럼 학생들의 연락처를 모두 모았다. 이번에는 젊은이들이 훨씬 더 먼 곳으로 향하고 있었다. 2023년 무렵에는 내 수업을 듣던 영어 이름들이 전 세계에 흩어져 있었다. 애나는 네덜란드의 네이메헌, 펜턴은 런던, 미셸은 옥스퍼드, 일레인은 홍콩, 팀은 텍사스 러벅, 대미언은 뮌헨, 사린슈타인은 싱가포르에 있었다. 나는 게오르크 지멜에 대해 강의하면서 내가 만약 젊은 중국 작가라면 아프리카행을 고려하겠다고 얘기하곤 했다. 낯선 땅의 이방인들, 즉 사업과 외교를 위해 그리로 이주한 수많은 중국인 때문이었다. 가장 재능이 뛰어난 학생 둘이 그

길을 따라 취재와 집필에 나섰다. 이디는 시에라리온으로, 세레나는 알제리와 탄자니아로 떠났다. 세레나는 『사우스차이나모닝포스트』에 실린 첫 장편 기사에서[2] 나이지리아 서남부 요루바 부족의 명예 족장으로 임명된 중국인 사업가를 취재했다.

스쿠피 학생들의 상당수가 피츠버그대학으로 편입했고, 나는 이들의 새 보금자리를 방문하러 갔다. 캠퍼스 근처의 한 중국 식당에서 건강하고 행복해 보이는 브루스와 저녁을 먹었다.[3] 그는 다두강 근처에서의 사고 이후 오토바이를 타지 않았다. 역시 피츠버그에 살고 있던 빈센트도 합류했다. 빈센트는 미국 도시에서 2년을 보낸 후 시그 사우어 P365 피스톨, 시그 사우어 P320 피스톨, 12구경 윈체스터 숏건, 시그 사우어 MCX 래틀러, 16인치 AR-15와 AK-47을 구입했다.

빈센트는 또한 장로교회에 가입했고 미국에 정착하기로 결심했다. 피츠버그에 도착한 이후 톈안먼 광장 주변의 학살과 다른 민감한 사건들에 대해 진지하게 읽기 시작했다고 했다. "처음 몇 달 동안 생각이 많이 바뀌었어요." 그가 말했다. "자유로운 환경에서 뭐든 원하는 것에 접근할 수 있느냐의 문제였죠."

나는 그가 2020년 가을학기 말에 썼던 글에는 팬데믹에 대한 중국 정부의 접근법에 대해 긍정적이었다고 말했다. "중국의 젊은이들이 그렇죠." 그가 말했다. "체제를 지지하는 경향이 있어요. 그때는 저도 당에 반대하지 않았습니다." 주권에 대한 그의 생각도 크게 바뀌어서 그는 이제 신장이 독립해야 한다고 믿었다. "중국에 있을 때는 신장에 관한 모든 소식이 외국인들이 만들어낸 가짜 뉴스라고 생각했어요." 그가 말했다. "중국 젊은이의 대부분은 그렇게 느낍니다. 여기 있으면서 다른 정보에 접근할 수 있는 사람들조차요." 빈센트는 중국의 가까운 과거에 대해 생각하면 할수록, 그토록 많은 정치적 제약이 있는 사회로 다시 돌아가 살 수는 없다고 확신하게 되었다고 했다.

그는 또 중국이 팬데믹의 마지막 단계에서 더 이상 불필요한 '제로 코로나' 정책을 엄격하게 고수하는 모습에 크게 실망했다. 빈센트가 소셜미디어에 비판적인 코멘트를 남기자 민족주의자들이 공격했고, 중국의 부모님은 아들이 곤란에 처할 수도 있다는 경고를 받았다. 그는 미국에 영원히 남기로 결정했다. 해외에 살고 있는 예전 학생들의 대부분은 언젠가 다시 중국으로 돌아갈 생각이었다. 하지만 몇 명은 미국이나 유럽에 정착하고 싶다고 내게 말했는데, 이는 더 큰 흐름의 일부로 보였다. 젊은이들은 이걸 '탈출의 학문'이라는 뜻으로 룬쉐潤學라고 불렀다.4 (윤택한 생활을 뜻하는 룬潤의 알파벳 표기가 영어의 run과 같다는 데서 온 신조어―옮긴이) 일부 중국 젊은이들, 특히 고등교육을 받은 사람들이 이민을 가려 한다는 징후가 있었다.

중국 정부의 코로나 대응은 결국 세 단계로 나눌 수 있고 단계마다 각기 다른 교훈을 준다. 첫 단계였던 우한은 현지 관리들이 문제를 은폐하도록 하는 시스템과 더불어 엄격하게 검열되는 언론의 결함을 반영한다. 두 번째 단계는 중국식 관료주의의 좀더 긍정적인 측면을 보여주었다. 이 기간에 (세 단계 중 가장 길었다) 정부는 일관되고 효과적인 전국 규모의 전략을 개발했고, 이는 수십 년간 개선되어온 교육 시스템의 혜택을 누렸다. 돌이켜보면 이 시기에 중국에 머무른 것은 우리 가족에게 행운이었다.

세 번째 단계가 시작되기 전에 강제로 중국을 떠나야 했던 것도 행운으로 드러났다. 2021년 말 무렵에는, 약해졌지만 전염성은 강한 오미크론 변종에 제로 코로나 정책의 효과가 훨씬 떨어진다는 사실이 분명해졌다. 그렇지만 정부는 조정에 실패했고 청두를 포함해 수많은 도시가 기나긴 봉쇄를 견뎌야 했다. 전국 대부분 지역의 어린이들은 한 번에 몇 주일씩 원격 수업을 했다. 이 마지막 단계는 중국의 체제가 가진 경직성과 카프카식 관료주의 경향을 교훈으로 일깨워주었다. 그리고 강력한 증거와 제대로 된 조언을 무시하는 한 명의 개인에게 너무 많은 권력이 있으면 어떤 일이 벌어지는지도 보여주었다.

2022년 말 제로 코로나 정책이 폐기된 것은 일련의 주도자 없는 운동에 대한 반응으로 일어난 변화였다. 화가 난 시민들이 중국 각지의 도시에서 우발적인 시위를 벌였고, 쓰촨대학을 포함한 대학가에도 수많은 시위가 일어났다. 3월에 한 용감한 학생이 장안 캠퍼스 한복판에 선전용 현수막을 걸었다.

여기는 학생과 교사들의 쓰촨대학이다[5]
관료들의 쓰촨대학이 아니다

2022년 12월 간부들은 제로 코비드 정책을 포기한 뒤, 감염이 캠퍼스를 휩쓸 거라는 사실을 알고 거의 모든 학생을 집으로 돌려보냈다. 하지만 쓰촨대학의 화시 의과대학 학생들은 남아 있어야 했다.

과부하가 걸린 병원에 이들이 절실히 필요했기 때문이다. 이 기간에 의대생 한 명이 긴 근무를 마치고 갑작스러운 심장마비로 사망했다.6 대학 측은 사망을 둘러싼 자세한 정황의 공개를 거부했고 이 이야기는 국영 언론에 보도되지 않았다.

『상식』의 필진들이 이 사건을 취재하기 시작했다. 한 기자가 죽은 학생의 급우 몇 명을 인터뷰했다가 대학 상담사들로부터 심문을 받았다. 학교 당국이 『상식』과 관계된 모든 이의 위챗 피드를 감시하고 있었던 게 명확해졌다. 대학은 학생들에게 상세한 자백과 함께 더 이상 『상식』에 관여하지 않겠다고 약속할 것을 요구했다. 『상식』은 창간 12년 만에 사실상 폐간되었다.

나중에 한 학생이 내게 편지를 보냈다.

> 만리방화벽 안쪽 어디에도7 우리가 안전하게 이야기할 수 있는 곳이 없다는 사실에 매우 우울하고 두려웠습니다. 그들은 우리의 모든 정보를 보고 있습니다. 우리는 작업을 중단했고 『상식』은 그 뒤로 아무런 기사도 싣지 못했습니다. 저는 글을 쓴다는 것의 의미조차 의심하게 되었습니다. 글을 발표할 수도 남들이 읽을 수도 없다면, 제게 이것이 무슨 의미가 있을까요?"

———

푸링의 옛 제자들 소식을 들어보면 봉쇄 정책 때문에 크게 분노한 사람은 비교적 없는 편이었다. 이들이 주로 살고 있는 3~4급 지방 도시는 상하이, 베이징, 청두와 같은 대도시에 비해 어려움이 덜했다. 교직도 안정적이었고 이들은 갑작스러운 정책 변화에 관대한 편인 세대이기도 했다. 세월이 흐르며 이들이 처음 시진핑에 대해 가졌던 열정이 시들은 게 느껴졌지만, 이들의 발언은 신중하게 절제되어 있었고 중대한 정치적 변화를 원하는 사람은 드물었다. 쓰촨에 있을 때 나는 곧잘 같은 주문을 되뇌고 있었다. 아무것도 변하지 않았으나 모든 것이 변했다. 한쪽에는 이방인의 시각이 있다. 중국인들은 사회, 경제, 교육에서 그토록 많은 변화를 주도해왔는데 정치에서는 왜 그렇게 하지 못할까? 그러나 다른 한쪽의 논리도 만만치 않다. 많은 중국인, 특히 지방에 있는 사람들은 이 모든 변화를 위해서는 정치적 안정성이 필요했다고 믿었다.

하지만 젊은이들의 생각은 달라 보였다. 쓰촨대학의 학생들은 봉쇄 정책에 대해 훨씬 더 분개했고, 그로 인해 근본적으로 관점이 바뀌었다고들 했다. 때로 나는 전통적인 '식자들의 묵인'이 이들 세대에도 계속될 수 있을지 궁금했다. 한 젊은 여성은 유럽에서 이런 편지를 보내왔다.

가장 중요한 것은 '반란'과 시위'에 대한[8] 제 의견이 바뀌었다는 사실입니다. 중국에서는 비록 시위가 '반란'과 동일시되어왔지만, 중국인들은 더 자주 시위를 통해 스스로의 권리를 찾아야 한다고 생각합니다. (…)

어느 순간 국내의 상황에 너무나 실망했습니다. 정부뿐 아니라 보통 사람들에 대해서도요. 가부장적인 체제가 저기 저렇게 있는데 항의의 목소리는 너무 작습니다. 노동 환경은 여전히 비인간적인데 모두들 참고 견디는 쪽을 택하지요. (…)
돈을 더 많이 버는 데만 관심 있는 제 친구는 "이런 상황을 바꿀 수는 없으니 차라리 그걸 견디는 방법을 찾겠다"고 얘기합니다.
정말 한심합니다.

———

푸링으로부터 에밀리가 학생들이 봉쇄 기간에 격리로 고생했지만 지금은 회복하고 있는 것 같다고 알려왔다. 아들에 대한 업데이트도 있었다.

가끔 타오타오를 보고 있으면[9] 제 동생인 것만 같은 이상한 느낌이 듭니다. 특히 철학 얘기를 할 때는 더 그래요.
제 동생에 관해 타오타오와 솔직하게 얘기를 나누는 것이 그 둘 모두에게 좋은 일입니다. 타오타오는 진실을 들을 때까지 멈추지 않기 때문에 이 아이에게는 거짓말을 할 수가 없어요. 그렇게 하는 것이 제 동생에게도 부끄러운 일이 아닙니다.

타오타오는 새 고등학교에서 아주 잘 지내고 있다고 했다. 비판적인 사고를 장려하는 학교였다. 에밀리는 아이가 영어 시간에 했던 연설의 원고를 보내왔다. 연설 제목은 '우리는 부모님과 선생님에게 말대꾸를 해야 할까요?'였다.

말대꾸에는 다른 좋은 점들이 더 있습니다.[10] 독일의 한 심리학자는 연장자들과 토론할 수 있는 십대가 삶에서 더 큰 잠재력을 갖는다고 말한 바 있습니다. 이들은 더 논리적이고 비판적인 사고를 할 수 있으며, 문제 해결 능력, 소통 능력, 사교 능력도 뛰어납니다. 이런 능력들은 이들이 더 좋은 성과를 내어 커리어에서 성공을 거두는 데 도움이 됩니다.

———

1996년에서 2021년, 푸링에서 청두까지 바뀌지 않은 한 가지는 내가 가르치는 이들에 대한 내 감정이었다. 나는 이들에게 커다란 믿음이 있었다. 이들의 성실함과 강인함에 탄복했고 이들의 어려움에 공감했다. 모든 세대는 자기 책임이 아닌 시스템을 물려받아 자신이 가진 것으로 최선을 다한다. 그렇지만 1990년대의 젊은이가 맞닥뜨린 도전은 막막하기는 했어도 명확하고 달성 가능한 면이 있었다. 교육을 받고, 도시로 이주해서, 빈곤을 탈출하면 된다. 30년이 지난 지금은 문제가 더 깊숙한 곳에 있다. 시스템의 뭔가 근본적인 부분이 바뀌어야 한다. 나는 여전히 지금의 젊은이들에게 커다란 믿음을 갖고 있지만 이들의 미래는 더 복잡할 거라고 생각한다.

나는 이들을 시진핑 세대라고 생각했지만, 이들 스스로는 절대로 이런 이름을 고를 리 없었다. 피츠버그 및 기타 도시에 있는 옛 학생들을 방문했을 때, 이들이 미국에서조차 중국 최고 지도자의 이름을 언급하지 않으려는 모습이 눈에 띄었다. 한번은 캘리포니아에 있는 옛 학생을 만난 뒤 이러한 경향에 대해 묻는 메시지를 보냈다. 그녀의 답장이다.

실제로 캘리포니아에서 시진핑의 이름을[11] 직접 언급하길 꺼리는 저 자신을 발견합니다. 심지어 사적인 대화에서나 대체로 '안전하다'고 느끼는 장소에서도요. 생각해보면 이상한 일입니다. (…) 그의 이름을 말하는 것이 불편하고 부담스럽게 느껴질 정도로 수백만 번 강화 학습된 결과가 아닐까요. 무소불위의 권력, 그리고 처벌과 너무 많은 연관성을 띤 이름이니까요.

2023년 여름, 쓰촨대학의 옛 학생들에게 편지를 보내면서 이들의 삶에 대한 설문을 포함시켰다. 가장 걱정되는 일이 무엇이냐고 물었더니, 46명의 응답자 중 세 명이 타이완과의 전쟁 가능성을 콕 집어 말했다. 또 다른 셋은 정치를 언급했다. 환경 문제가 가장 걱정된다고 답한 사람은 한 명뿐이었다. 절대다수의 답변은 개인적인 것이었으며 절반 이상이 취업이나 대학원 문제와 관련 있었다.[12] 이것도 이들이 제대로 습득한 또 하나의 교훈 같았다. 거시적인 문제나 시스템의 결함에 대해 걱정해봤자 소용없다는 교훈.

"언젠가 아이를 갖고 싶습니까?"라는 간단한 질문에 대한 응답이 가장 놀라웠다. 대부분의 응답자는 아니라고 했고,[13] 이 경향은 여학생들 사이에서 특히 두드러졌다. 24명의 여성 응답자 중 75퍼센트에 달하는 18명이 아이를 원치 않았다. 그중 한 명이 이렇게 설명했다.

영국과 유럽에서 관찰해보니 중국 아이들이 더 많은 스트레스를 받고 심각하게 혼란을 겪고 있으며 앞으로도 그럴 것이라고 생각합니다. 우리는 이미 혼란스러운 세대입니다. 육아는 긴 시간의 동반과 관찰과 지도를 요구하는데, 극심한 사회적 압력하에서는 어려운 일입니다. 중국 사회의 미래는 모험이고 아이들은 '낳아달라고 요구하지' 않습니다. 내 아이들이 전사가 되지 못하고 그 안에서 길을 잃을까봐 걱정입니다.

———

우리는 애리얼과 나타샤를 집 근처의 시골 공립학교에 등록시켰다. 쌍둥이는 청두실험학교의 유일한 미국인이었으나, 이제 콜로라도의 학교에서는 유일한 중국계 학생이었다. 거의 한 세기 전 아이들의 증조할아버지가 탄광을 찾아다니며 콜로라도주를 여행했다. 당시에는 중국인이 거의 없었기 때문에 그는 1927년 4월 13일에 있었던 드문 만남을 일기에 기록해놓았다.

오후에 차를 타고 친구와 덴버에 갔다.[14] 눈이 많이 내렸고 기온은 영하였다. YMCA에 들렀다 만다린 찹수이에 가서 저녁을 먹었다. 아주 예쁘고 귀여운 중국인 혼혈 웨이트리스가 있었다. 겨우 열여섯 살이라고 했다.

콜로라도에서 차이차이와 러우러우는 중국 학교의 중국어와 수학 공부를 이어갔다. 쌍둥이는 일주일에 두 번 학교에 가지 않고 집에 있으면서 청두의 과외 선생님과 화상으로 연결했다. 아이들은 계속해서 중국 수학과 씨름했다.

3으로 나누면 2가 남는 어떤 숫자가 있습니다.[15] 4로 나누면 3이 남고 5로 남으면 4가 남습니다. 이런 숫자 중 가장 작은 숫자는 무엇일까요?

콜로라도 학교에서의 첫 주에 애리얼은 책상 위에 다소곳이 팔짱을 끼거나, 두 발을 항상 바닥에 붙이고 있거나, 선생님이 자기를 부를 때마다 일어나지 않도록 자제해야 했다. 3주 째에는 학교가 전교생과 교사들을 버스에 태우고 해발 300미터 가까운 높이에 있는 호수에 가서 사흘간 캠핑을 했다. 학기가 중간을 지날 무렵 나타샤는 실용기술 수업이 제일 좋다고 했다. 나타샤와 급우들은 도서관의 탁자와 의자를 수리하는 것으로 학기를 시작해 나중에는 자동차 타이어 교체하는 법을 배웠다. 어느 날 아침 선생님이 아이들에게 펼치는 사다리의 사용법을 보여주었다. 사다리를 펼쳐서 실용기술 건물 벽에 세워두고 아이들에게 차례로 기어오르게 했다. 높디높은 언컴파그레 고원, 돔 모양의 맑고 푸른 하늘 아래, 아무 난간도 없는 지붕 위에 올라선 나타샤의 가슴이 한없이 벅차올랐다.

감사의 말

사반세기가 넘게 중국 학생들의 목소리를 들을 수 있었던 것은 행운이었다. 우리의 대화는 1996년 9월 2일 푸링의 교실에서 처음 시작됐고, 2019년 9월 4일 청두에서 다시 시작되었다. 학생들이 학교를 졸업한 뒤에도 수많은 편지와 이메일과 설문 답변을 받았다. 나와 인연을 계속해주어 고맙다. 책에 이들을 인용할 때는 화자에게 연락해 허가를 받았고, 각자의 선호에 따라 영어 이름이나 중국어 이름으로 소개했다. 간혹 가명을 사용해달라고 요청한 이는 그렇게 명시했다.

동기생들이 나와 접촉해 연락을 주고받도록 도와준 수많은 제자에게도 감사하고 싶다. 특히 윌리와 노스와 세레나에게 고맙다. 나의 평화봉사단 현장 동기였던 애덤 마이어도 우리가 25년도 더 전에 학생들과 시작한 대화를 지속할 수 있도록 많이 애써주었다.

1998년에 『리버타운』 초고를 완성한 뒤 에밀리에게 보냈다. 에밀리의 의견은 더할 나위 없이 귀중했고, 그로부터 우리는 중국에 관한 글을 쓴다는 것에 대해 줄곧 대화를 나눴다. 교육에 대해서도 수많은 편지와 메시지를 교환했는데, 과거의 학생이자 현재의 교사이며 부모로서 에밀리의 다양한 관점은 내 글에 커다란 영향을 주었다. 자신들의 경험을 내가 글로 쓸 수 있도록 허락해준 에밀리와 타오타오의 너그러움에 감사한다.

내 책 중 세 권이 1990년대 푸링사범대학의 동료이던 리쉐순李雪順에 의해 번역되었다. 쉐순은 번역할 때마다 세심한 공을 들여 그 당시 시공간의 언어를 포착했다. 이 번역본이 없었다면 내가 중국에서 작가로 무엇을 하려고 했는지 비영어권 독자들이 이해하기 훨씬 힘들었을 것이다. 언젠가 쉐순이 이 책과, 아직 중국에 소개되지 않은 나의 다른 책들을 번역해주기를 바란다.

쓰촨대학에서 강의했던 몇 해는 생각했던 것보다 훨씬 더 힘들었다. 팬데믹 때문이기도 했고 정치 환경 때문이기도 했다. 조이 허, 유피 허, 알렉스 쑨, 왕징징, 가빈 탕을 포함해 스쿠피의 일상 행정을 담당했던 성실한 이들에게 감사를 드린다. 영어과에서 정아름, 왕스제, 에밀리 오렐, 리위메이, 데이비드 제프리, 존 라임, 안유영과 같은 훌륭한 동료들과 함께 일할 수 있었던 것도 행운이었다.

청두에서는 해리 우가 좋은 친구로서 코비드 카를 마련하는 일부터 사업가들에게 다리를 놔주는 일까지 온갖 도움을 주었다. 쯔이창 멀리넥스가 우리를 처음 청두에 맞아주었고 그녀의 환대와 우정 덕분에 그 시기를 훨씬 더 쉽게 보낼 수 있었다. 또 다른 평화봉사단 출신 작가인 마이클 마이어가 스쿠피에서 교직을 구할 가능성에 대해 일깨워주었다. 옛 제자인 허위자를 소개해준 것에 대해 그에게 특별히 감사한다. 위자의 연구와 조언은 특히 팬데믹 기간에 더할 나위 없이 소중했다. 무엇보다 위자와 남편 에릭의 우정에 고맙기 그지없다.

장쉐친은 레슬리와 내가 청두의 초등학교 환경을 파악하는 데 도움을 주었고, 청두실험학교에 대해 훌륭한 조언을 해주었다. 학교 지도부는 우리를 더할 나위 없이 환영해주었다. 미중 관계가 어려운 시기에 보여준 놀라운 관대함이라고 하지 않을 수 없다. 장 선생님은 우리에게 있어 언제까지고 중국 교육의 모든 좋은 면을 체현하고 있는 사람이다. 그녀의 관심과 연민 덕분에 나타샤와 애리얼이 학교에 적응할 수 있었다. 수학을 가르치던 위 선생님은 놀라울 만큼 헌신적이었고 영어 선생님 트레이시는 쌍둥이를 수업에 참여시키는 능력이 뛰어났다. 쌍둥이는 첫해에 진허와 레이철 메이와의 중국어 과외 수업을 통해서도 큰 도움을 받았다. 우리가 콜로라도로 돌아온 뒤에도 레이철이 열네 시간의 시차를 감수하고 기꺼이 온라인 수업을 계속하기로 해준 것에 감사한다.

팬데믹 초기에는 우한의 약사 장과 연락을 주고받은 것이 도움이 되었다. 장은 환란의 와중에 의료 종사자로서 일선에서 일하는 부담감에도 불구하고 자주 소식을 전해주었다. 그해 여름 우한을 방문했을 때, 장과 시인 샤오인은 너그럽게도 도시를 안내해주고 지난봄의 기억에 대해 얘기해주었다. 이들의 친구들과 함께 시간을 보낸 것도 큰 기쁨이었다. 최근 그토록 큰 트라우마를 겪은 도시에서 창의적인 에너지를 엿볼 수 있는 좋은 기회였다. 청두에서는 아마존 사업가인 리더웨이를 여러 차례 방문하면서 팬데믹 경제에 대한 이해를 높일 수 있었다. 리더웨이가 수출 사업에 참여하고 있는 다른 이들을 소개해준 것도 도움이 되었다.

당시 존스홉킨스 보건안전센터의 전염병 학자였던 제니퍼 누조와 컬럼비아대학 글로벌 보건 센터의 와파 엘사드르 소장과 여러 차례 긴 통화를 했다. 두 분 과학자 모두 나의 무지한 질문에 참을성 있게 대응해주었고, 중국이 겪은 경험을 좀더 넓은 관점에서 바라보도록 해주었다. 청두에 있는 내내 이언 존슨과 자주 연락을 주고받았다. 그가 꼼꼼히 읽어주어 이 원고의 가닥을 잡는 데 도움이 되었다. 직업적으로 고립되어 있던 시기에 이언과 이야기를 나눌 수 있어서 얼마나 힘이 되었는지 모른다.

『리버타운』의 초고를 처음 읽었던 더그 헌트는 그 뒤로 줄곧 나의 충실한 독자이자 세심한 편집자이며 좋은 친구다. 이 책에 대해 의견을 주어 감사하고, 중국에서 글을 쓰며 그와 나눈 대화가 도움이 되기도 했다.

팬데믹 동안 내가 중국에서 취재하고 글을 쓸 수 있도록 물심양면으로 애써준 『뉴요커』의 편집자 윌링 데이비드슨과 데이비드 렘닉에게 깊은 감사를 드린다. 『뉴요커』 기사들을 위해 부지런히 팩트체크를 해준 한 장, 엘렌 워너, 데니스 저우, 매들린 샤오, 니나 메스핀, 이뉘 스에게도 감사를 전한다.

윌리엄 클라크는 장쩌민 시대부터 내 에이전트였다. 이 책과 다른 모든 책을 맡아주어 고맙다. 펭귄프레스에서는 스콧 모이어스와 일할 수 있어 행운이었다. 카이로에서 청두까지는 먼 여정이었지만 스콧은 그 길을 따라와 이 책에 믿음을 보여주었다. 미아 카운실과 다시 일할 수 있었던 것도 즐거움이었다. 그녀의 참을성과 꼼꼼함이 매우 소중했다.

여동생 앤절라 헤슬러에게도 고맙다. 앤절라가『갑골문자』때부터 그려준 아름다운 지도가 내 책의 너무나도 중요한 일부분이 되었다.

그리고 레슬리. 우리가 함께 나눈 청두의 순간들은 내게 언제까지나 남아 있으리라. 학교를 시작하던 첫날, 지진이 나던 그날 밤, 도시 봉쇄가 해제된 뒤의 첫 식사…… 힘든 상황에서 보여준 레슬리의 판단력과 침착함 덕분에 우리는 이 어려운 시기를 헤쳐나올 수 있었다.

레슬리와 나는 중국어 한마디 못하는 아홉 살배기 둘을 데리고 청두로 이주해갔다. 나타샤와 애리얼. 러우러우와 차이차이. 이 책은 너희와, 너희의 도약을 위해 바친다.

리지웨이, 콜로라도

2023년 12월

앎에서 오는 공감

이 책은 피터 헤슬러의 '중국 3부작'으로 일컬어지는 『리버타운』 『갑골문자』 『컨트리 드라이빙』을 잇는 네 번째 작품이다. 2008년 즈음, 중국 생활 7년째에 접어들며 누적된 객지생활의 스트레스로 몸과 마음이 서서히 무너져가던 나는 『리버타운』을 읽고 구원받았던 경험이 있다. 1978년에 시작된 개혁개방의 열기가 절정에 달했던 2000년대 중국에는 돌이켜보면 미국의 서부 개척 시대와도 같은 달뜬 분위기가 있었다. 중국의 WTO 가입과 함께 온갖 사업 기회에 대한 기대가 넘쳐났고, 도시의 스카이라인이 월 단위로 바뀔 만큼 부동산이 개발되었으며, 중국 기업들은 줄지어 해외로 나가 화려하게 상장했다. 그러나 이렇게 빠른 물질적 성장은 필연적으로 이면에 부조리를 남겼다. 제도가 현실을 따라오지 못했고, 결과가 수단을 정당화했고, 물질적 부 앞에서 타인에 대한 배려가 사라지는 일이 비일비재했다.

우리가 중국에 대해 갖고 있는 부정적 선입견이 상당 부분 이 시기의 접촉에서 비롯되었다고 생각한다. 중국 거주 외국인들은 경제 성장의 과실은 누리면서도 중국인을 타자화해 그들을 경계하고 희화화하기 바빴다. 나도 거기서 자유롭지 못했고 그런 삶이 건강할 리 없었다. 누적된 스트레스가 결국 건강 이상으로 나타났던 무렵 『리버타운』을 만났다. 1990년대 미 평화봉사단의 일원으로 쓰촨의 소도시 사범대학에서 2년의 시간을 보낸 피터 헤슬러의 경험과 시각은 새로웠다. 그가 맺는 인간관계는 이익을 기반으로 하는 단편적인 관계가 아니라 오랜 시간 사제지간, 동료지간으로 맺은 관계였다. 중국에 대한 이해가 전무에 가까웠던 외국 청년이 언어를 익히고 현지생활에 스며들어가는 과정은 경이로웠다. 그가 주변을 미화했다는 뜻은 아니다. 그의 주변에도 내 주변처럼 온갖 부조리로 가득했다. 다만 그는 주변인들에게 애정을 갖고 이해하려고 애썼을 뿐이다. 어떤 매체에서는 피터 헤슬러의 이러한 태도를 "앎에서 오는 공감informed empathy"이라고 불렀다. 공생의 출발은 상대의 입장을 이해하는 데서 비롯된다는, 이 간단하지만 실천하기 어려운 태도의 존재를 깨닫는 것만으로 나는 커다란 위안을 얻었고 스스로 만든 마음의 함정에서 벗어날 수 있었다.

평화봉사단 근무를 마치고 귀국했던 피터 헤슬러는 기자 신분으로 중국에 돌아와 8년가량 머무르며 후속작 『갑골문자』와 『컨트리 드라이빙』을 썼다. 이 두 권의 책에는 충칭 사범대학에서 가르쳤던 제자 수십 명이 졸업 후에 살아가는 인생 이야기가 곳곳에 펼쳐진다. 제자들과 줄곧 편지와 이메일로 안부를 교환하고 있었던 것이다. 여느 특파원들과 달리 피터 헤슬러는 취재원과 오랜 세월에 걸쳐 깊은 인간관계를 맺는다. 거시적인 아이템을 찾아 거기 맞는 취재원을 구하는 것이 아니라, 취재원들을 오래 알아가다보니 그들이 살아가는 중국의 거시 환경이 자연스레 드러나는 식이다.

그 뒤 미국을 거쳐 이집트 특파원으로 몇 년의 세월을 보내고 그는 중국으로 다시 돌아온다. 2019년, 이번에는 대도시 청두의 쓰촨대학에 정식 고용되어 논픽션 글쓰기를 가르친다. 학생들은 과거 1990년대에 가르쳤던 제자들의 자녀뻘이다. 개혁개방과 함께 자랐던 세대와 시진핑 집권 후 십대를 보낸 그 아래 세대, 이 두 세대를 피터 헤슬러의 변함없이 밝은 눈을 통해 비교해 보는 것이 이 책의 큰 줄기다. 『리버타운』의 오랜 독자로서, 이제는 40대 후반이 된 과거의 제자들과 저자가 재회해 인연을 이어가는 장면들을 읽는 것만으로도 뭉클했다.

책에는 몇 개의 줄기가 더 있는데 그중 하나는 저자 본인의 초등학생 쌍둥이 딸을 중국의 현지 학교에 보내는 이야기다. 중국어 한마디 하지 못하던 딸들이 중국 학교에 적응하는 과정을 자세히 그리며 그는 중국식 교육의 장단점을 생각한다. 그리고 그 와중에 코로나19가 발병하고 만다. 미중 관계의 악화로 미국 언론의 특파원들이 대부분 추방당했던 당시, 교사 신분이었던 피터 헤슬러는 저널리스트의 역할을 맡아 우한을 방문하는 등 폭넓은 취재를 벌인다. 그 때문이었을까, 그는 명확한 이유 없이 대학에서 재계약을 거부당해 예정보다 빨리 2년 만에 중국생활을 접게 된다. 이 책은 그 2년간의 기록이다. 공교롭게도 1990년대에 보냈던 2년간의 기록이었던 『리버타운』과 수미상응하는 형태가 되었다.

피터 헤슬러는 '말하지 않고 보여주기show not tell'의 달인이기도 하다. 행간을 보여주는 것으로 유명한 논픽션의 대가 존 맥피에게 대학 시절 직접 글쓰기를 배웠다. 이 책의 번역 작업을 다 마쳤다가 두 번이나 원문 원고가 수정되는 바람에 뜻하지 않게 그가 글을 어떻게 고쳤는지 살펴볼 기회가 있었다. 불필요한 문장을 들어내고, 단락의 호흡을 조절하고, 직접적인 형용사나 부사를 쳐낸 흔적을 보며, 감정과 생각을 독자에게 강요하지 않음으로써 오히려 더 고스란히 전달하는 그의 솜씨를 어렴풋이나마 엿볼 수 있었다.

이런 유의 글쓰기는 자칫 감정의 울림에 과도하게 의존하게 될 수도 있으나 피터 헤슬러는 저널리스트의 꼼꼼함으로 균형을 잡는다. 현상을 둘러싼 사회문화적 배경을 조사해 맥락을 입히고, 사실 여부를 교차 확인하고, 의미를 부여하되 섣불리 일반화하지 않는다. 취재원을 세심하게 배려하는 태도 또한 돋보인다.

물 흐르는 듯하면서도 세심하게 절제된 저자의 문장이 한국어로도 잘 전달될 수 있도록 번역 과정에서 윤영수와 각별히 신경 썼다. 함께 흘러가는 또 다른 강 중국. 공생해야 할 이웃 나라 중국과 점점 멀어져가는 요즘, 긴 호흡으로 동시대 중국인의 초상을 담은 이 책이 한국의 많은 독자에게 가닿았으면 한다.

2024년 10월 서울에서
박경환

주

1장 거절

1. 강의 제목은 2019년 5월에 정했다. 스쿠피의 행정당국에서 학생들의 수강신청을 모아 2019년 6월 5일 내게 이메일로 보냈다.
2. 세레나의 이메일은 2019년 9월 13일에 도착했다.
3. 1996년의 고등교육 기관 진학율은 8.3퍼센트였다. "'Du daxue dengyu hao gongzuo' shi WTO shidai hongli, rujin huanjing yibian" "讀大學等於好工作" 是WTO時代紅利, 如今環境已變['"대학에 다니면 좋은 직장이 보장되던 것'은 WTO 시대의 혜택. 하지만 이제 환경이 바뀌었다"], *Baijiahao*, June 12, 2023, https://baijiahao.baidu.com/s?id=1768497089507271164&wfr=spider&for=pc.
4. 세계은행 자료. https://data.worldbank.org/indicator/SP.RUR.TOTL.ZS?locations=CN.
5. 이 학생의 글은 1996년 9월 20일 글쓰기 수업에서 내준 과제에 대한 제출물이다.
6. 1996년 10월 1일 국경절의 글쓰기 수업의 과제에 대한 어느 학생의 제출물에서 발췌. 나는 학생들에게 자신의 중국에 대한 생각을 부모님의 생각과 비교해 보라고 시켰다.
7. 2001년 10월 14일자 소인이 찍힌 편지.
8. 2002년 12월 25일자 소인이 찍힌 지미의 편지.
9. 2007년 2월 2일자 소인이 찍힌 편지.
10. Daniel Griswold, "*China's Great Migration: How the Poor Built a Prosperous Nation* by Bradley M. Gardner", *Cato Journal* 28, no. 1(2018): 311.
11. 세계은행 자료. 2011년 중국 인구의 49.49퍼센트가 농촌 인구라고 기재했다. https://www.macrotrends.net/countries/CHN/china/rural-population.
12. 세계은행 국제빈곤선 자료. https://www.worldbank.org/en/news/press-

release/2022/04/01/lifting-800-million-people-out-of-poverty-new-report-looks-at-lessons-from-china-s-experience.

13. 2014년 10월 1일 푸링의 옛 제자들에게 보냈던 설문 조사의 답변.

14. 2018년 3월 10일과 11일에 푸링을 방문했다. 친구와의 대화는 3월 11일에 있었음.

15. 에밀리가 2011년 4월 29일에 보낸 이메일. 나는 『리버타운』에서 에밀리의 이름을 앤이라는 가명으로 표기했다. 책이 어떻게 받아들여질지에 관한 불확실성 때문이었다. 『갑골문자』를 비롯해 이후의 모든 글에서는 에밀리라는 이름을 사용했다.

16. 2017년 1월 24일에 학생들에게 설문을 보냈다.

17. 2019년 9월 24일에 제출한 지젤의 에세이.

18. 이 에세이는 1학년 글쓰기 수업에서 나왔다. 2020년 3월 15일에 제출한 글.

19. 2019년 12월 30일에 제출한 펜턴의 에세이.

20. "Height and Body-Mass Index Trajectories of School-Aged Children and Adolescents from 1985 to 2019 in 200 Countries and Territories: A Pooled Analysis of 2181 Population-Based Studies with 65 Million Participants", *Lancet* 396(2020): 1511 – 1524, https://www.thelancet.com/action/showPdf?pii=S0140-6736%2820%2931859-6.

21. 장쩌민의 연설은 1998년 5월 4일, 5·4운동 기념일에 맞추어 행해졌다. 전문은 이곳을 참조. http://www.reformdata.org/1998/0504/4551.shtm.

22. 교육부 수치. See Section 6(高等教育), "2019nian quanguo jiaoyu shiye fazhan tongji gongbao" 2019 年全國教育事業發展統計公報["2019 National Statistical Bulletin on Educational Development"], May 20, 2020, http://www.moe.gov.cn/jyb_sjzl/sjzl_fztjgb/202005/t20200520_456751.html.

23. Peter Hessler, *River Town: Two Years on the Yangtze*(New York: HarperCollins, 2001), 4.

24. Zhang Jie 張潔 "Lizan xin Zhongguo, chang xiang xin shidai'—qingzhu Zhonghua Renmin Gongheguo chengli 70 zhounian Sichuan Daxue jiaozhigong hechang bisai juxing" '禮贊新中國, 唱響新時代'—慶祝中華人民共和國成立70周年 四川大學教職工合唱比賽舉行["신중국을 찬양하고 신시대를 노래하자: 중화인민공화국 성립 70주년 축하 쓰촨대학 교직원 합창대회 개최"], September 22, 2019, https://www.scu.edu.cn/info/1207/11553.htm.

25. 세계은행에 따르면 1978년 중국의 1인당 GDP는 156달러였고, 2019년에는 1만144달러. https://www.macrotrends.net/countries/CHN/china/gdp-per-capita.

26. 세레나의 에세이는 부모님 세대에 대해 써보라는 과제에 대한 제출물이었다.

2020년 6월 22일 제출.

27. 학생들은 2019년 10월 22일에 기사 제안서를 제출했다.

2장 옛 캠퍼스

1. 이러한 대학을 중국에서는 專科學校라고 부른다. 푸링에서 가르치던 시절, 학교
   의 공식 이름은 涪陵師範(高等)專科學校였다.
2. 중국 명칭은 長江師範學院.
3. 2019년 9월 12일에서 14일까지 방문했다.
4. 2011년 1월 10일자 이메일.
5. 충칭 정부에 의하면 1996년의 수치는 18만5900명이었다. Chen Zhiping,
   ed. 陳治平主編, "Chongqing tongji nianjian" 重慶統計年鑒["Chongqing
   Statistical Yearbook"](中國統計出版社, 1997), 42, https://www.zgtjnj.org/
   navibooklist-N2006080076-1.html. 푸링 정부에 의하면 2019년 도시인구
   는 51만2800명이었다. "2020 nian Fuling qu tongji nianjian (jiexuan)" 2020 年
   涪陵區統計年鑒(節選)["2020 Fuling District Statistical Yearbook(Excerpt)"],
   September 8, 2020, http://www.fl.gov.cn/bm/tjj/zwgk_46564/tjxxbf/sjzl/tjxx_
   tjnj/202209/t20220908_11092050.html.
6. 에밀리는 1996년 10월 1일 국경절 글쓰기 수업에서 내준 숙제로 이 글을 썼다.
7. 2023년 3월 23일 에밀리가 보낸 이메일. 에밀리의 요청에 따라 사촌 리우의 실명
   은 쓰지 않았다.
8. 2022년 4월 16일 토론토에서 로버트 힐리어드를 인터뷰했다. 그의 아버지는 어
   윈 힐리어드, 종조부는 로버트 맥아먼드였다. 1940년대 푸링의 자세한 상황
   을 위해 푸링의 또다른 캐나다 선교사 메리 크로포드의 미출판 회고록 "The
   China Times: Six Years in a War Zone Among a Gentle People"을 참고했다.
   로버트 힐리어드로부터 한 권을 얻음.
9. *China White Paper: August 1949*, vol. 1(Stanford, CA: Stanford University Press, 1967),
   IV, https://archive.org/stream/VanSlykeLymanTheChinaWhitePaper1949/
   Van+Slyke%2C+Lyman+-+The+China+White+Paper+1949_djvu.txt.
10. Mao Tse-Tung, "Farewell, Leighton Stuart!" in *Selected Works of Mao Tse-Tung*, vol.
    4, ed. Maoist Documentation Project, https://www.marxists.org/reference/
    archive/mao/selected-works/volume-4/mswv4_67.htm.
11. Daniel Schoolenberg, "The Inside Story of the Peace Corps in China", China

Project, September 30, 2021, https://thechinaproject.com/2021/09/30/the-inside-story-of-the-peace-corps-in-china.

12. Zhang Kuiwu, ed. 張奎武(主編), Ying-Mei gaikuang xia 英美概況: 下[*Survey of Britain and America*, vol. 2](Jilin: Jilin kexue jishu chubanshe 吉林: 吉林科學技術出版社, 1988), 42.

13. Zhang, Ying-Mei gaikuang, 45.

14. Zhang, Ying-Mei gaikuang, 64.

15. Zhang, Ying-Mei gaikuang, 15.

16. Zhang, Ying-Mei gaikuang, 216.

17. Zhang, Ying-Mei gaikuang, 252.

18. Zhang, Ying-Mei gaikuang, 256.

19. 이 기간 동안 에밀리는 선전의 사무실에서 팩스로 내게 편지를 보냈다. 실제 팩스는 남아 있지 않지만 편지의 내용을 1999년 6월 29일 수첩에 기록해놓았다.

20. 1999년 7월 9일의 팩스.

21. Wang Guozhen 汪國真, "Reai shengming" 熱愛生命["Love of Life"], Wang Guozhen shijingbian 汪國真詩精編[Collected Poems of Wang Guozhen], (Wuhan: Changjiang wenyi chubanshe 武漢: 長江文藝出版社, 2014), 98. 번역은 내가 했음.

22. 1998년 9월 28일 소인이 찍힌 편지.

23. 2000년 1월 21일 소인이 찍힌 편지.

24. 1999년 5월 6일 소인이 찍힌 편지.

25. 2000년 12월 20일 소인이 찍힌 편지.

26. 2004년 11월 15일 소인이 찍힌 편지.

27. 2000년 4월 22일 소인이 찍힌 편지.

28. 1999년 11월 7일의 팩스.

29. 2019년 11월 9일에 현장을 방문했다.

30. Dan Levin, "China Says Goodbye in the Key of G: Kenny G", *New York Times*, May 10, 2014, https://www.nytimes.com/2014/05/11/world/asia/china-says-goodbye-in-the-key-of-g-kenny-g.html.

31. Peace Corps, "U.S. and China Sign Peace Corps Agreement; Accord Reached During Presidential Visit", news release, June 29, 1998. For a copy of the agreement, see https://worldjpn.net/documents/texts/USC/19980629.T2E.html.

32. Office of Senator Rick Scott, "Sen. Rick Scott Releases Four Proposals to Help

Bahamas Recover After Hurricane Dorian", news release, September 5, 2019, https://www.rickscott.senate.gov/2019/9/sen-rick-scott-releases-four-proposals-help-bahamas-recover-after-hurricane-dorian.

33. Office of Senator Rick Scott, "Sen. Rick Scott: Peace Corps Ignored Demands to Get out of Communist China", October 9, 2019, https://www.rickscott.senate.gov/2019/10/sen-rick-scott-peace-corps-ignored-demands-get-out-communist-china.

34. For the Peace Corps goals, see https://www.peacecorps.gov/about/#:~:text=To%20promote%20world%20peace%20and,on%20the%20part%20of%20Americans.

35. 2020년 2월 17일의 이메일.

36. 리처드代強는 2016년 8월 30일 온라인에 포스팅한 중국어 에세이에 이 글을 썼다. 에세이의 제목은 "시대와 인생의 기록:『리버타운』을 읽고 글의 힘을 다시금 깨닫다記錄時代與人生: 讀『江城』, 重識文字的力量"였다. 이 웹사이트는 더이상 존재하지 않는다.

3장 새 캠퍼스

1. 2019년 9월 6일의 입학식.

2. George Orwell, *Animal Farm*(New Delhi: Rupa Publications India Pvt. Ltd., 2019).

3. 2020년 3월 23일 논픽션 글쓰기 수업의 학생이 제출한 에세이.

4. 2020년 11월 6일 1학년 학생 글쓰기 수업의 학생이 제출한 에세이.

5. Cross-Border Education Research Team(C-BERT)의 추정치; see https://www.cbert.org/intl-campus.

6. Todd M. Davis, ed., *Open Doors 1996-1997: Report on International Educational Exchange*(New York: Institute of International Education), 9, https://files.eric.ed.gov/fulltext/ED417651.pdf.

7. ChengLi, "China'sMillennials:NavigatingSocioeconomic Diversity and Disparity in a Digital Era", in *China's Youth: Increasing Diversity amid Persistent Inequality*, Li Chunling(Washington, DC: Brookings Institution Press, 2021), 5.

8. "Student Mobility Facts and Figures 2022: China", Open Doors, https://opendoorsdata.org/wp-content/uploads/2023/07/OpenDoors_FactSheet_China_2022.pdf.

9. "Vast Majority of Chinese Students Return Home after Studying Abroad: MOE",

Xinhua News Agency, September 20, 2022, https://english.news.cn/20220920 /38d7b612ced14c5a9aa37216c721051a/c.html.

10. 만리방화벽은 원래 "금방패 프로젝트金盾工程"라고 불렸고, 1998년에 첫 단계에 착수했다. Sonali Chandel et al., "The Golden Shield Project of China: A Decade Later: An In-depth Study of the Great Firewall", *2019 International Conference on Cyber-Enabled Distributed Computing and Knowledge Discovery(CyberC)*, 111-192, https://www.acsu.buffalo.edu/~yunnanyu/files/ papers/Golden.pdf.

11. "Sichuan University-Pittsburgh Institute", Swanson School of Engineering, University of Pittsburgh, https://www.engineering.pitt.edu/scupi.

12. 2019년 가을학기에 1학년 글쓰기 수업으로 두 반을 가르쳤다. 『오만과 편견』과 『베니스의 상인』을 고른 두 학생은 2019년 9월 20일 이 질문에 답변을 제출 했던 반에 속해 있었다. 나머지 내용은 2019년 9월 9일에 답변을 제출한 반 에서 나왔다.

13. 2014년 10월 1일 푸링의 옛 제자들에게 이메일 설문을 보냈다.

14. 학생의 요청에 따라 그의 실제 영어 이름은 사용하지 않았다. 경찰 심문에 대한 빈센트의 에세이는 2019년 10월 17일에 제출한 것이다.

15. 군사훈련에 대한 빈센트의 논증적 에세이는 2019년 12월 5일에 제출한 것이다.

16. 2019년 가을학기에 설문 조사한 42명의 학생 중 88퍼센트에 해당하는 37명은 형제자매가 없었다.

17. 부모님 세대에 대한 글을 써보라는 논픽션 수업 과제에 대한 제출물의 내용. 가 을학기 끝자락인 2020년 1월 8일에 제출한 에세이.

18. Xing Wang et al., "Changes in the Prevalence of Induced Abortion in the Floating Population in Major Cities of China 2007-2014", *International Journal of Environmental Research and Public Health* 16, no. 18(2019): 5, https://www.ncbi. nlm.nih.gov/pmc/articles/PMC6765927/.

19. 2023년 12월 3일의 이메일.

20. 2022년 9월 1일의 이메일.

21. 2016년 2월 2일에 학생들에게 이메일로 보낸 설문. 응답자 33명 중 한 명은 이 미 둘째가 있었다. 나머지 32명 중에는 6퍼센트에 해당되는 오직 두 명만이 둘째를 가질지 고려하고 있다고 답했다.

22. 2014년 8월 24일의 이메일.

23. 2012년 3월 19일의 이메일.

24. 2012년 10월 31일에 통화했다.

25. 맞선 코너에 대한 빈센트의 에세이는 2019년 11월 6일에 제출됨.

26. 이 학생의 에세이는 2019년 11월 17일에 제출됨.

27. 세레나의 에세이는 2019년 11월 9일에 제출됨.

28. 이 부부는 2015년 여름에 중국에 파견되어 2017년 여름까지 복무했다.

29. 2020년 가을학기에 1학년 한 반을 가르쳤다. 2020년 12월 31일, 토론 수업 준비를 위한 설문 중에 동성 결혼에 대한 의견을 물어보았다. 19명의 학생 중 15명이 중국에서 동성 결혼이 합법화되어야 한다고 답했다.

30. 2020년 봄학기 논픽션 수업에서 시켰던 세대차에 대한 글쓰기. 이 학생은 2020년 6월 22일에 에세이를 제출했다.

31. 2021년 9월 22일에 보낸 이메일 설문 조사. 31명의 응답자 중 26명이 동성 결혼 합법화에 반대했다. 16명의 여성 중에는 12명이 반대.

32. 2021년 5월 18일에 그랜트를 방문.

33. Being LGBT I in China: A National Survey on Social Attitudes towards Sexual Orientation, Gender Identity and Queer Expression", United Nations Development Programme(Beijing: Information for United Nations Development Programme, 2016), 26, https://www.undp.org/sites/g/files/zskgke326/files/migration/cn/UNDP-CH-PEG-Being-LGBT-in-China_EN.pdf.

34. 수업 제목은 '愛情婚姻經濟學', 강사는 장인잉張引穎.

35. 수업 제목은 '親屬繼承法', 강사는 장샤오위안張曉遠. 2021년 6월 28일 장을 인터뷰했을 때, 외부에 발표되지 않은 수업 중 설문 결과를 말해주었다.

36. 이디의 에세이는 2019년 12월 2일에 제출되었다. 수업에서 읽은 것은 2019년 12월 4일.

4장 청두실험학교

1. 애리얼의 중국 이름은 張興采, 나타샤는 張興柔.

2. Wang Rui, "John Dewey's Influence on Chinese Education"(PhD diss., Northern Illinois University, 1993), 4, https://www.proquest.com/openview/8f73d65a3790e b4f9e69f845ed33e885/1?pq-origsite=gscholar&cbl=18750&diss=y.

3. Yingyi Ma, *Ambitious and Anxious: How Chinese College Students Succeed and Struggle in American Higher Education*(New York: Columbia University Press, 2020), 173.

4. Jessica Ching-Sze Wang, *John Dewey in China: To Teach and to Learn*(Albany: State University of New York Press, 2007), 16.

5. Sun Youzhong, "John Dewey in China: Yesterday and Today", *Transactions of the*

Charles S. Peirce Society 35, no. 1(1999): 69-88.

6. Sun, "John Dewey in China", 76.

7. Elizabeth J. Perry, "Educated Acquiescence: How Academia Sustains Authoritarianism in China", *Theory and Society* 49(2020), 5.

8. Sun, "John Dewey in China", 77.

9. Sun, "John Dewey in China", 77.

10. 후옌리에 관한 자료는 다음의 기사에서 찾았다. Zhang Hongxia 張紅霞, "Minguo Chengdu laile wei Jiangsu ren, gengyun 12 nian liuxia yi suo bainian mingxiao" 民國成都來了位江蘇人, 耕耘12年留下一所百年名校["During the Republican Era, a Jiangsu Native Comes to Chengdu and Works Hard for 12 Years, Leaving the Legacy of a Century-Old Famous School"], Chuan guan xinwen 川觀新聞, October 28, 2018, https://page.om.qq.com/page/OKlbMcQ7uSE2669rXitXHNug0.

11. 청두실험학교에서 사용하는 1학년 1학기 교재. Zong Zhu, ed. 總主編, "Yuwen: yi nianji, *shangce*" 語文: 一年級, 上冊["Language: First Grade, Volume One"] (Beijing: Renmin jiaoyu chubanshe 北京: 人民教育出版社, 2016).

12. Zong, "*Yuwen*", 2-3.

13. Leslie T. Chang, *Factory Girls: From Village to City in a Changing China*(New York: Spiegel and Grau, 2009), 129.

14. Chang, *Factory Girls*, 135.

15. Chang, *Factory Girls*, 134.

16. 이 글과 *Factory Girls*에 실리지 않은 다른 모든 글은 장선푸의 미출판 일기에서 나왔다. 일기는 레슬리와 허홍링何宏玲이 번역했다. 둘은 세 권의 일기를 번역했는데, 1권은 1926년 1월 1일부터 12월 31일까지, 2권은 1927년 1월 1일부터 6월 10일까지, 3권은 1940년 2월 10일에서 12월 30일까지의 기록이다. 후대에 남겨진 일기는 이것 뿐이다. 나머지는 유실된 것으로 보인다.

17. Chang, *Factory Girls*, 135.

18. 1926년 3월 8일. 장선푸 일기 1권.

19. Chang, *Factory Girls*, 133.

20. 1926년 1월 9일. 장선푸 일기 1권.

21. 1927년 4월 26일. 장선푸 일기 1권.

22. 1927년 5월 22일. 장선푸 일기 1권.

23. Liu Jian, Sun Qiping, and Zhang Dan, eds. 劉堅, 孫企平, 張丹主編, "Shuxue san nianji, shangce" 數學三年級, 上冊["Mathematics: Third Grade, Volume One"] (Beijing: Beijing shifan daxue chubanshe 北京: 北京師範大學出版社, 2014), 21.

24. Liu et al., Shuxue, 9.

25. Wan Zhiyong, ed. 萬志勇主編, Huanggang xiaozhuang yuan: zuoyeben: san nianji shuxue, xia 黃岡小狀元: 作業本: 三年級數學(下)["Little Straight-A Students of Huanggang: Homework Book: Third Grade Math(Second Semester)"](Beijing: Longmen shuju 北京: 龍門書局), 32. (교과서에 부록으로 딸린 과제책.)

26. Jian et al., "Shuxue", 69.

27. Wan, "Huangguang", 58.

28. Wan, "Huangguang", 55.

29. Wan, "Huangguang", 54.

30. 수학 선생은 2020년 1월 12일에 있었던 학부모 회의家長會에서 이 말을 했다.

31. Wan, "Huangguang", 56.

32. 1926년 1월 3일. 장선푸 일기 1권.

33. 나는 프랭크 디츠가 쓴 1929년 10월 28일부터 1931년 6월 19일까지의 일기를 보관하고 있다.

34. Colman James Barry, *Worship and Work: Saint John's Abbey and University, 1856-1980*(Collegeville, MN: Liturgical Press, 1980), 307.

35. 장선생님은 2021년 7월 3일에 있었던 학부모 회의에서 이 말을 했다.

36. 미국의 제너럴리스트식 교육과 중국의 스페셜리스트식 교육의 차이에 대한 논쟁을 보려면 다음을 참조. Lenora Chu, *Little Soldiers: An American Boy, a Chinese School, and the Global Race to Achieve*(New York: HarperCollins, 2017), 285-287.

37. Wu Xin, Larry Swartz, and Beth Levy, eds. 吳欣主編, "Yingyu: san nianji, shangce". 英語: 三年級, 上冊["English: Third Grade, Volume One"](北京: 人民教育出版社, 2014), 33

38. Lu Jie, ed. 魯潔總主編, "Daode yu fazhi san nianji, shangce" 道德與法治三年級, 上冊["Morality and Rules: Third Grade, Volume One"](Beijing: Renmin jiaoyu chubanshe 北京: 人民教育出版社, 2018), 56.

39. Lu, "Daode yu fazhi", 64.

40. Lu, "Daode yu fazhi", 50.

41. Perry, "Educated Acquiescence", 9.

42. Sun, "John Dewey in China", 83.

43. "Looking Back: Aug. 15, 1963", *Georgia Bulletin*, August 15, 2013, https://georgiabulletin.org/news/2013/08/looking-back-aug-15-1963/.

44. Chang, *Factory Girls*, 141.

45. Chang, *Factory Girls*, 144.

46. 1926년 1월 19일. 장선푸 일기 1권.

47. Wang, *John Dewey in China*, 65-70.
48. 이 설문은 푸링의 옛 제자들에게 2021년 9월 22일 이메일로 보냈다. 31명의 응답자 중 8명이 졸업 후 줄곧 같은 학교에서 근무했다.
49. 2016년 2월 이메일로 보냈던 설문에 대한 응답. 이 두 답변은 자신의 삶에서 무엇을 바꾸고 싶은지 물었던 주관식 질문에 대한 대답이었다. 6명이 자신이 가르치는 교재를 바꾸고 싶다는 취지에서 교육을 언급했다.
50. 2017년 1월 24일 이메일로 보낸 설문. 지난 10년간 중국이 거둔 가장 큰 성공이 무엇이냐고 물었더니 응답자 30명 중 13명이 개선된 교통수단을 언급했다. 그다음으로 흔한 답은 개선된 생활 수준. 총 6명이 그렇게 답했다.
51. 2009년의 취업 면접에 관한 에밀리의 묘사는 2011년 4월 11일의 이메일에 포함되어 있었다.
52. 2011년 2월 24일의 이메일.
53. 2011년 2월 24일의 이메일.
54. 2009년 5월 29일의 이메일.
55. Chang, *Factory Girls*, 147.
56. Chang, *Factory Girls*, 384.
57. 2004년 5월 15일의 이메일.
58. 2011년 10월 13일의 이메일.
59. 2020년 12월 11일의 이메일.

5장 지진

1. Javier C. Hernández, "Professors, Beware. In China, Student Spies Might Be Watching", *New York Times*, November 1, 2019, https://www.nytimes.com/2019/11/01/world/asia/china-student-informers.html.
2. 2021년 6월 15일의 인터뷰.
3. 트위터 주소는 @Peidongsun1.
4. 이 댓글들은 재빨리 삭제되었기 때문에 원래 올라온 것은 보지 못했다. 그날 저녁 수업을 하고 있을 때에는 글들이 스크린숏의 형태로 웨이보, 트위터와 다른 소셜미디어 사이트에서 돌고 있었다.
5. 팀의 보고서는 2020년 12월 6일에 제출됐다. 팀이 취재한 커뮤니티는 더우반豆瓣이라는 소셜 미디어에서 활동 중이었고 '摳門男性聯合會'라고 불렸다. 이 사이트를 참조. https://www.douban.com/group/562227.

6. 애나의 보고서는 2020년 12월 6일에 제출되었다.

7. 이 번역은 @LutherFreeman12라는 아이디를 쓰는 트위터 유저가 올렸다.

8. 이 웨이보 포스팅은 재빨리 검열되었지만 내가 스크린숏으로 저장했다. 유저 네임 '咖啡提神奶茶續命'이 쓴 말.

9. 유저 네임 '過期小餅幹'이 쓴 말.

10. 유저 네임 '王凱同學'이 쓴 말.

11. 유저 네임 '民科專家老王的室友'가 쓴 말.

12. 유저 네임 '電氣玉'이 쓴 말.

13. 유저 네임 '林師博馬克two'가 쓴 말.

14. Peter Hessler, *River Town: Two Years on the Yangtze* (New York: HarperCollins, 2001), 99.

15. 존의 에세이 초안은 2019년 11월 30일에 제출됐고, 나의 코멘트는 12월 7일에 추가.

16. 이 강의는 2019년 10월 16일에 있었다.

17. 세레나의 이메일은 2022년 1월 15일에 받음.

18. 毛澤東思想和中國特色社會主義理論體系概論.

19. 習近平新時代中國特色社會主義思想研究.

20. 스콧의 에세이는 2019년 12월 1일에 제출되었다.

21. 롭 슈미츠가 자신의 트위터 계정(@rob_schmitz)에 글을 올렸다. https://twitter.com/rob_schmitz/status/1205393826333876225?s=46&t=iKK5bAp61NXI0X-NyJXaVg.

22. 회의는 2019년 12월 27일에 열렸다.

23. 이 수업은 2019년 12월 16일.

24. 내가 서점을 방문한 날짜는 2021년 7월 19일.

25. 2019년 12월 23일 공연에 참석했다. 여기 인용한 모든 대사는 학생 작가 중 한 명이 제공해준 연극 대본에서 가져온 것이다.

26. 2000년 5월 3일자 소인이 찍힌 메이의 편지.

27. 2019년 12월 5일의 위챗 대화. 메이와 루용의 집은 12월 7일에 방문했다.

28. Maomao Cao and Wanqing Chen, "Epidemiology of Lung Cancer in China", *Thoracic Cancer* 10, no. 1 (2019): 3-7.

29. 2002년 11월 5일 장커우의 지미를 방문했다.

30. 2002년 12월 25일자 소인이 찍힌 지미의 편지.

31. 2003년 4월 17일자 소인이 찍힌 편지.

32. 9월 22일에 이메일로 보낸 설문.

33. 여기 인용한 글들은 2016년 2월 2일 푸링의 옛 제자들에게 이메일로 보낸 설문에 대한 대답이다.

34. 연 1000명 당 0.96명이었던 2000년 중국의 이혼율은 2020년 3.09명으로 올랐다 (https://www.statista.com/statistics/279449/divorce-rate-in-china/). 이와 비교해 미국의 이혼율은 연 1000명 당 2.9명이다(https://factsanddetails.com/china/cat4/sub20/entry-4334.html).

35. 첫 번째 인용문은 2001년 1월 27일의 이메일에 있던 것. 두 번째 인용문은 2006년 12월 25일자 소인의 편지에서. 세 번째는 2021년의 설문에 대한 답변.

36. Sheila Melvin, "The Resurrection of Pearl S. Buck", *Wilson Quarterly*(Spring 2006), 28.

37. Hessler, *River Town*, 3.

38. 1999년 8월 12일자 팩스.

39. 1999년 11월 7일자 팩스.

40. 이 번역본은 내부 열람 목적이었고 외부에 출판되지 않았다. 이 프로젝트에 참여했던 누군가가 내게 보여주었다. 제목은 '江畔城'.

41. 이 지도는 '북쪽의 평평한 산'이라는 뜻의 '北山坪'으로 표기해야 할 것을 '하얀 평평한 산'이라는 뜻의 '白山坪'으로 표기했다. 이 지도는 1995년 7월 1일, 청두지도출판사成都地圖出版社에서 펴낸 『푸링 지역 여행 지도涪陵地區交通旅遊圖』다.

42. 2011년 4월 29일자 이메일.

43. 알렉산드라는 유저 네임을 쓰는 리뷰어의 글. 2022년 11월 15일.

44. 존 티퍼라는 유저 네임을 쓰는 리뷰어의 글. 2022년 9월 26일.

45. 에이미라는 유저 네임을 쓰는 리뷰어의 글. 2023년 1월 24일.

46. 2014년 9월 18일 리를 인터뷰했다. 이 개발 프로젝트의 중국명은 '御臨江山'이었다.

47. Austin Ramzy, "China Cracks Down on Golf, the 'Sport for Millionaires'", *New York Times*, April 18, 2015, https://www.nytimes.com/2015/04/19/world/asia/chinas-crackdown-on-corruption-targets-golf-a-sport-for-millionaires.html.

48. 2018년 3월 11일 리버타운 골프를 방문했다.

49. Sui-Lee Wee and Vivian Wang, "China Grapples with Mystery Pneumonia-Like Illness", *New York Times*, January 6, 2020, https://www.nytimes.com/2020/01/06/world/asia/china-SARS-pneumonialike.html?searchResultPosition=1.

50. Peter Hessler, "Broken Bonds", *New Yorker*, March 16, 2020. See https://www.newyorker.com/magazine/2020/03/16/the-peace-corps-breaks-ties-with-china.

51. 2020년 2월 13일 청두에서 전화로 상원의원 릭 스콧을 인터뷰했다.

52. Pan Gongyu 潘攻愚, "Meiguo zai hua 'Heping Dui,' zouhao, busong" 美國在華 '和平隊', 走好, 不送 ["Farewell, Peace Corps in China, We Won't See You Off"]. Guanchazhe wang 觀察者網, January 20, 2020, https://www.guancha.cn/pangongyu/2020_01_20_532304.shtml.

53. Tom Rogan, "U.S. Rightly Ends Peace Corps Mission in China", *Washington Examiner*, January 19, 2020, https://www.washingtonexaminer.com/opinion/us-rightly-ends-peace-corps-mission-in-china.

54. 이 수치들의 출처는 중국 국가위생건강위원회. http://www.nhc.gov.cn/xcs/yqtb/202002/84faf71e096446fdb1ae44939ba5c528.shtml.

55. 청두의 첫 번째 봉쇄령은 2020년 1월 24일에 내려졌다(http://cdwjw.chengdu.gov.cn/cdwjw/c135633/2020-01/31/content_957c840eccec4877bbc844cf328d9438.shtml). 첫째 주 이후, 봉쇄 규정이 강화되었다(http://cdwjw.chengdu.gov.cn/cdwjw/c135633/2020-01/31/content_2d7bb94972d240cf848f434856653ba0.shtml).

56. https://earthquaketrack.com/quakes/2020-02-02-16-05-42-utc-5-2-9.

6장 멈춰버린 도시

1. 2020년 2월 19일. 봉쇄 기간에 대한 더 자세한 내용은 다음의 기사를 참조. Peter Hessler, "Life on Lockdown", *New Yorker*, March 23, 2020.

2. 2020년 2월 27일에 세어봄.

3. 이 메시지와 인증 메시지들은 2020년 1월 28일에 발송.

4. Tan Jianxing 覃健行, "Xinguan feiyan 'chishao ren' Li Wenliang: Zhen xiangbi pingfan geng zhongyao" 新冠肺炎 "吃哨人" 李文亮: 真想比平反更重要 ["The New Coronavirus 'Whistleblower' Li Wenliang: The Truth Is More Important Than Redress"], Caixin 財信, January 31, 2020, https://web.archive.org/web/20200131074029/http://china.caixin.com/2020-01-31/101509761.html.

5. Jeremy Page, Wenxin Fan, and Natasha Khan, "How It All Started: China's Early Coronavirus Missteps", *Wall Street Journal*, March 6, 2020, https://www.wsj.com/articles/how-it-all-started-chinas-early-coronavirus-missteps-11583508932.

6. Fang Fang, *Wuhan Diary: Dispatches from a Quarantined City*, trans. Michael

Berry(New York: HarperCollins, 2020), 20–21.

7. Michael Berry, *Translation, Disinformation, and Wuhan Diary: Anatomy of a Transpacific Cyber Campaign*(Cham, Switzerland: Palgrave Macmillan, 2022), 16.

8. Fang, *Wuhan Diary*, 119.

9. Fang, *Wuhan Diary*, 85.

10. Fang, *Wuhan Diaryy*, 66.

11. Fang, *Wuhan Diary*, 77.

12. From the Ministry of Education, "Yi shuzihua zhuli jiaoyu qiangguo jianshe" 以數字化助力教育強國建設["Using Digitization to Help Build a Powerful Country in Education"], February 11, 2023, http://www.moe.gov.cn/jyb_xwfb/xw_zt/moe_357/2023/2023_zt01/fzzs/202302/t20230211_1043749.html.

13. From the Ministry of Education, "Guanyu tongchou anpai guojia zhong xiao xue wangluo yun pingtai he Zhongguo jiaoyu dianshitai tigong zhong xiao xuesheng xuexi ziyuan de gonggao" 關於統籌安排國家中小學網絡雲平台和中國教育電視台提供中小學生學習資源的公告["Announcement on the Arrangement of National Primary and Secondary School Cloud Platforms and China Educational Television to Provide Learning Resources for Primary and Secondary School Students"], February 14, 2020, http://www.moe.gov.cn/jyb_xwfb/xw_zt/moe_357/jyzt_2020n/2020_zt03/yw/202002/t20200214_421069.html.

14. 시시포스는 내가 2020년 2월 25일 첫 수업 날 학생들에게 던진 여러 질문에 답하는 중이었다.

15. 이 말은 2020년 5월 23일 라킴이 제출한 논증적 에세이 초안에 포함되어 있었다. 『뉴욕타임스』는 2020년 7월 2일 흑인Black이라는 단어를 대문자로 표기하기 시작했다. Nancy Coleman, "Why We're Capitalizing Black", *New York Times*, July 5, 2020, https://www.nytimes.com/2020/07/05/insider/capitalized-black.html#:~:text=Decades%20later%2C%20a%20monthlong%20internal,and%20cultures%20of%20African%20origin.

16. 2020년 봄 학기에 논픽션 수업 한 반과 1학년 글쓰기 수업 두 반을 맡았고, 첫날 모든 학생들에게 설문을 돌렸다. 1학년 수업은 2월 24일과 25일에 시작했고 논픽션 수업은 2월 24일에 시작했다. 56명의 학생 중 17명이 지난 달 학교 캠퍼스 밖으로 나가본 적이 없다고 답했다.

17. 2020년 3월 5일 어느 1학년 학생이 제출한 에세이.

18. 2020년 3월 2일.

19. 2020년 2월 20일, 청두 정부가 마지막 지역 감염 확진자가 발생했다고 발표

해 총 143명이 되었다(http://cdwjw.chengdu.gov.cn/cdwjw/gzdt/2020-02/21/conten
t_29c16ddd2a0842ca9883a39fbbf0e20e.shtml). 3월 4일에 새로운 확진자의 발생을
발표했지만, 이 확진자는 지역 감염이 아니라 외부 유입이었다(http://cdwjw.
chengdu.gov.cn/cdwjw/gzdt/2020-03/05/content_114bd8c4b4404c2cac7d142ada6157ad.
shtml).

20. 라킴은 할머니에 관한 에세이를 2020년 3월 20일에 제출했다.

21. 자원봉사자들은 1월 28일, 2월 11일, 2월 26일에 우리 집에 들렀다. 2월 11일 내
게 9동의 확진자에 대해 말해주었다.

22. 2020년 2월 26일의 위챗 메시지.

23. 2020년 2월 24일의 위챗 메시지.

24. 2020년 3월 1일의 위챗 메시지.

25. Wan, "Huanggang", 68.

26. Guanghai Wang et al., "Mitigate the Effects of Home Confinement on Children
During the COVID-19 Outbreak", *Lancet* 395, no. 10228(2020): 945-947,
https://www.ncbi.nlm.nih.gov/pmc/articles/PMC7124694.

27. 2020년 3월 13일의 위챗 메시지.

28. 2020년 3월 12일의 전화통화.

29. 푸링에 있는 친구가 2020년 3월 10일에 이 자살 시도에 대해 들었다.

30. Li Xinling 李新玲, "Zhong xiao xuesheng zisha shuju bu gai cheng yanjiu jinqu"
中小學生自殺數據不該成研究禁區["Research on Suicides of Primary and
Secondary School Students Should Not Be a Forbidden Zone"], Zhongguo
qingnian bao 中國青年報, May 30, 2014, http://zqb.cyol.com/html/2014-
05/30/nw.D110000zgqnb_20140530_1-02.htm.

31. "Kebei! Hebei yi xuesheng shang wangke bu jiji bei xunchi tiaolou qingsheng,
fumu huihen chui de tongku" 可悲! 河北一學生上網課不積極被訓斥跳樓輕
生, 父母悔恨捶地痛苦["How Sad! A Student in Hebei Province Was Scolded
for Not Being Active in Online Classes and Committed Suicide by Jumping
off a Building, His Father and Mother Beat the Ground and Cried Bitterly in
Regret"], Baijia hao 百家號, March 4, 2020, https://baijiahao.baidu.com/s?i=1
660231339930242864&wfr=spider&for=pc.

32. 친구는 소년이 2020년 3월 16일 부상으로 인해 사망했다고 했다.

33. 2020년 2월 27일자 에밀리의 이메일.

34. 2020년 3월 13일자 에밀리의 이메일.

35. 2020년 3월 15일자 에밀리의 이메일.

36. Fang, *Wuhan Diary*, 96.

37. 2020년 3월 7일 왕이王怡와 만났다. 주민위원회의 이름은 錦官驛街道水井坊社區.

38. 2020년 3월 1일의 위챗 메시지.

39. "Xi Jinping: Zai tongchou tuijin xinguan feiyan yiqing fangkong he jingji shehui fazhan gongzuo bushu huiyi shang de jianghua" 習近平 : 在統籌推進新冠肺炎疫情防控和經濟社會發展工作部署會議上的講話["Xi Jinping: Speech at the Meeting on Coordinating the Deployment of New Coronavirus Epidemic Prevention and Control and Economic and Social Development"], Xinhua 新華 February 23, 2020, http://www.xinhuanet.com/politics/leaders/2020-02/23/c_1125616016.htm.

40. 2020년 3월 4일의 위챗 메시지.

41. 2020년 3월 7일이었다.

42. 2020년 3월 8일 기준, 중국이 발표한 총 확진자 수는 8만735명이었다(http://www.nhc.gov.cn/xcs/yqtb/202003/f2c83db9f73d4be5be0dc96af731813c.shtml).

43. 청두 정부의 발표에 의하면 한 명은 1월 29일에, 두 명은 2월 15일에 사망했다. "Sichuan tongbao 3 li xinguan feiyan siwang binglie, xiangxi bingqing gongbu" 四川通報3例新冠肺炎死亡並列 , 詳細病情公布["Sichuan Reports 3 Deaths from the New Coronavirus, Detailed Patient Reports"], Jiankang Sichuan 健康四川, February 20, 2020, https://www.sohu.com/a/374558572_116237.

7장 코로나의 아이들

1. 2020년 1월 28일 윌리엄 클라크의 이메일.

2. 2020년 3월 24일 윌리엄 클라크의 이메일.

3. 2020년 3월 5일에 제출한 일레인의 에세이.

4. 원신은 2020년 5월 25일에 제출한 취재 보고서에 아버지의 이 발언을 포함시켰다.

5. 2020년 3월 5일에 제출한 홍이의 에세이.

6. 2020년 3월 30일과 31일에 세 반을 설문했다.

7. 2020년 4월 24일 제출한 앤디와 모모의 보고서. 그 학기와 정부의 바이러스에 대한 접근법에 대한 좀더 자세한 내용은 다음을 참고. Peter Hessler, "How China Controlled the Virus", *New Yorker*, August 17, 2020.

8. 2020년 4월 24일 제출한 시시포스의 인물 취재.

9. "Yiqing qijian bei yiqi chongwu zengduo, duo de chutai guanli guifan" 疫情期間 被遺棄寵物增多, 多地出台管理規範 ["Abandoned Pets Increased During the Pandemic, and Many Places Introduced Management Regulations"], Renmin ribao 人民日報, April 28, 2020, https://baijiahao.baidu.com/s?id=1665171871 258770863&wfr=spider&for=pc.

10. 2020년 5월 29일 제출한 훙이의 에세이.

11. 하이난 항공의 조종사를 2000년 7월 24일 인터뷰했다.

12. Emmie Martin, "70% of Americans Consider Themselves Middle Class—but Only 50% Are", CNBC, June 30, 2017, https://www.cnbc.com/2017/06/30/70-percent-of-americans-consider-themselves-middle-class-but-only-50-percent-are.html.

13. "Tamen wei shenme bu yuan chengren ziji shi zhongchan?" 他們為什麼不願承認 自己是中產? ["Why Don't They Recognize That They Are Middle Class?"], Sou hu 搜狐, April 10, 2017, https://www.sohu.com/a/133094881_422109.

14. 2014년 10월 1일에 보낸 설문 조사.

15. 2020년 5월 29일에 제출한 캐시의 인물 취재.

16. 학부모들이 처음 체온 제출을 요구받았던 2020년 5월 15일부터 2020년 6월 12 일까지의 메시지 총합.

17. 2020년 5월 22일 상하이에서 만났다.

18. Daniel C. Mattingly, *The Art of Political Control in China* (Cambridge, UK: Cambridge University Press, 2020), 155–157.

19. Mattingly, *Art of Political Control*, 158.

20. 세레나는 2020년 2월말부터 자신의 주민위원회를 취재하기 시작해서 2020년 4 월 24일 보고서를 제출했다.

21. "Shunqing xinzeng 1 li! Nanchong leiji quezhen 30 lie fu xinzeng 1 li huodong guiji" 順慶新增1例！南充累積確診30例 附新增1例活動軌跡 ["There Is 1 New Case in Shunqing! A Total of 30 Cases Have Been Diagnosed in Nanchong, and the Activities of the New Case Are Attached"], Nanchong bobao 南充播報, February 7, 2020, https://h5.newaircloud.com/detailArticle/10424168_16599_ jrsq.html?source=1.

22. 2020년 5월 21일 상하이에서 만났다.

23. 2020년 5월 22일에 만났던 전염병 학자.

24. Mattingly, *Art of Political Control*, 181-182.

25. 2023년 2월 17일 줌을 통화 대화를 나누었다.

26. 두 남자는 2021년 1월 4일 우리 집을 찾아왔다.

27. 캠퍼스에 복귀해 열린 첫 강의는 2020년 6월 8일 저녁이었다.

28. 2020년 5월 29일에 제출한 에델의 에세이.

29. 2020년 5월 8일자 애리얼의 일기.

30. 2020년 6월 21일에 제출한 세레나의 에세이.

31. 2020년 7월 5일에 기말 성적을 제출했다. 미국의 일일 신규 감염자 수는 7월 4일에 5만4846명, 7월 5일에 4만5374명이었다(https://covidtracking.com/data/national/cases).

32. 세 반은 2020년 6월 22일과 25일 설문에 대한 답변을 제출했다. 이 질문에는 총 52명의 학생이 답변을 했다.

8장 봉쇄된 도시

1. 2020년 8월 22일에 화난 시장을 처음 방문했고, 8월 28일에 다시 방문했다. 나의 우한 취재에 대한 더 자세한 내용은 다음을 참고. Peter Hessler, "The Sealed City", *New Yorker*, October 12, 2020.

2. Fang Fang, *Wuhan Diary: Dispatches from a Quarantined City*, trans. Michael Berry(New York: HarperCollins, 2020), 219.

3. "Wo zai Wuhan Huanan haixian shichang loushang mai yanjing" 我在武漢華南海鮮市場樓上賣眼鏡["I Sell Eyeglasses on the Second Floor of the Huanan Seafood Market"], Xinhua 新華, February 22, 2020, https://baijiahao.baidu.com/s?id=1659193132000695871&wfr=spider&for=pc.

4. 2020년 8월 28일 우한에서 만났다.

5. 이 통계 수치들의 출처는 후베이성 위생건강위원회. "2020 nian 5 yue 31 ri Hubei sheng xinguan feiyan yiqing qingkuang" 2020年5月31日湖北省新冠肺炎疫情情況["May 31, 2020, Hubei Province COVID-19 Pandemic Situation"], Hubei sheng weisheng jiankang weiyuanhui 湖北省衛生健康委員會, June 1, 2020, http://www.hubei.gov.cn/bmdt/ztzl/fkxxgzbdgrfyyq/xxfb/202006/t20200601_2372980.shtml.

6. 우한 정부가 발표한 수치.

7. 2020년 8월 21일 우한에서 카일 후이를 만났다.

8. 2020년 8월 24일 우한에서 이 의사를 만났다.

9. 2023년 3월 4일의 위챗 메시지.

10. 2020년 8월 23일 우한에서 만났다.

11. 샤오인의 미출판 일기에서. Xiaoyin 小引, Wuhan xiaoxi 武漢消息["Wuhan Information"], January 22, 2020-April 15, 2020, 4.

12. Xiaoyin, Wuhan xiaoxi, 51.

13. Michael Berry, *Translation, Disinformation, and Wuhan Diary: Anatomy of a Transpacific Cyber Campaign*(Cham, Switzerland: Palgrave Macmillan, 2022), 110-111.

14. Berry, *Translation, Disinformation, and Wuhan Diary*, 104 – 105.

15. 2020년 8월 23일 우한에서 이 간호사를 인터뷰했다.

16. 2020년 8월 22일 우한에서 만났다.

17. 중국어로는 有錢能使鬼推磨.

18. 2020년 8월 27일에 방문했다.

19. Wenxin Fan, "Wuhan Tests Nine Million People for Coronavirus in Ten Days", *Wall Street Journal*, May 25, 2020, https://www.wsj.com/articles/wuhan-tests-nine-million-people-for-coronavirus-in-10-days-11590408910.

20. 2020년 5월 21일, 항저우의 중국 실크 박물관中國絲綢博物館에서 이 전시를 보았다.

21. Liu Jia劉嘉, "Xiaoyuan nei xuesheng wu xu peidai kouzhao" 校園內學生無需佩戴口罩["Students Do Not Have to Wear Masks in Schools"], Changjiang ribao 長江日報, August 29, 2020, 2.

22. 광저우의 대학생 수가 가장 많다.

23. 2020년 8월 25일에 방문.

24. 2020년 7월 31일, 이우義烏에서의 일이다.

25. 2020년 9월 11일 나눈 통화.

26. 2020년 11월 20일에 이들을 만났다.

27. Michael Worobey et al., "The Huanan Seafood Wholesale Market in Wuhan Was the Early Epicenter of the COVID-19 Pandemic", *Science* 377, no. 6609(2022): 951-959, https://www.science.org/doi/10.1126/science.abp8715.

28. 워로비의 2022년 12월 26일자 트위터 포스팅(https://twitter.com/MichaelWorobey/status/1497610918712078336).

29. Aaron Blake, "How the COVID Lab Leak Became the American Public's Predominant Theory", *Washington Post*, March 16, 2023, https://www.washingtonpost.com/politics/2023/03/16/lab-leak-theory-polling.

30. 2020년 7월 10일 제니퍼 누조와 통화했다.

31. 2020년 5월 8일에 와파 엘사드르와 통화했다. 인용한 발언은 5월 9일자의 후속 이메일에서.

32. 장과 나는 2020년 8월 27일에 만나 저녁을 먹었다.

33. 2020년 8월 26일에 우한에서 만났다.

34. Berry, *Translation, Disinformation, and Wuhan Diary*, 68.

35. Berry, *Translation, Disinformation, and Wuhan Diary*, 78.

36. Berry, *Translation, Disinformation, and Wuhan Diary*, 79.

9장 네이쥐안 内卷

1. 2020년 8월 10일.

2. 2014년 5월 14일 시진핑의 연설. "Xi Jinping: Qingnian yao zijue jianxing shehui zhuyi hexin jiazhiguan" 習近平: 青年要自覺踐行社會主義核心價值觀 ["Xi Jinping: Young People Should Consciously Practice the Core Values of Socialism"], Renmin ribao 人民日報, May 5, 2014, http://cpc.people.com.cn/n/2014/0505/c64094-24973220.html?ivk_sa=1024320u.

3. Lu Jie, ed. 魯潔總主編, Daode yu fazhi: sannianji, shangce 道德與法治: 三年級, 上冊 ["Morality and Rules: Third Grade, Volume One"] (Beijing: Renmin jiaoyu chubanshe 北京: 人民教育出版社, 2018), 36.

4. Lu, Daode yu fazhi, 56.

5. Lu, Daode yu fazhi, 51.

6. Wu Xin, Larry Swartz, and Beth Levy, eds. 吳欣主編, Yingyu: si nianji, shangce 英語: 四年級, 上冊 ["English: Fourth Grade, Volume One"] (Beijing: Renmin jiaoyu chubanshe 北京: 人民教育出版社, 2014), 55-56.

7. Wu et al., Yingyu, 46-47.

8. Lu, Daode yu fazhi, 55.

9. Qu Yixian, ed. 曲一線主編, "5*3 tiantian lian: Xiaoxue yuwen, si nianji, shangce" 5*3 天天練: 小學語文, 四年級, 上冊 ["5*3 Practice Every Day: Elementary School Language, Fourth Grade, Volume One"] (Beijing: Shoudu shifan daxue chubanshe 北京: 首都師範大學出版社, 2015), 91-92.

10. 리바이의 시 「증왕륜」의 영어 번역은 허위자의 허가를 받아 사용하였다.

11. 2019년 12월 5일에 제출된 에세이.

12. 공대생들은 모두 이과이기 때문에 이 수치는 이과 학생들을 대상으로 한 것이다. 쓰촨성 교육고시원教育考試院에 따르면 2019년에 도합 26만34명의 학생이 가오카오를 치렀고, 이 중 1만5684명이 632점 이상을 받았다(https://www.

sceea.cn/Html/201906/Newsdetail_1032.html).

13. 학과별 가오카오 커트라인은 대학 웹사이트에서 가져왔다(https://zs.scu.edu.cn/info/1101/2062.htm).

14. 2019년의 수치는 1.62퍼센트였다. "Zhaxin zhenxiang! Zuizhong neng jin 985 de haizi jin 1%, 50% de haizi jinbuliao gaozhong, 80% de haizi wuyuan benke" 紮心真相! 最終能進985的孩子僅1%, 50%的孩子進不了高中, 80%的孩子無緣本科["The Distressing Truth! Only 1% of Children Make It into 985 Universities, 50% Can't Make It into High School, and 80% Can't Go to University"], Pengpai xinwen 澎湃新聞, June 6, 2020, https://m.thepaper.cn/baijiahao_7716786.

15. Zhang Jie 張潔, "Lizan xin Zhongguo, chang xiang xin shidai'—qingzhu Zhonghua Renmin Gongheguo chengli 70 zhounian Sichuan Daxue jiaozhigong hechang bisai juxing" '禮贊新中國, 唱響新時代'—慶祝中華人民共和國成立70周年四川大學教職工合唱比賽舉行["'Praise the New China and Sing the New Era'—Celebrating the 70th Anniversary of the Founding of the People's Republic of China, Sichuan University Holds a Faculty and Staff Choral Competition"], September 22, 2019, https://www.scu.edu.cn/info/1207/11553.htm.

16. 논픽션 수업의 에세이였고 2021년 4월 6일에 제출되었다.

17. Liu Xingwang, 劉興旺, "Hengshui erzhong jiaoxuelou an 'tielong' yin zhengyi, xiaofang: buneng yingxiang taosheng he miehuo" 衡水二中教學樓安"鐵籠"引爭議, 消防: 不能影響逃生和滅火["The 'Iron Cage' Installed in the Teaching Building of Hengshui Number 2 Middle School Has Caused Controversy, Fire Department: It Cannot Affect Fire Escape and Fire Fighting"], Pengpai xinwen 澎湃新聞, April 22, 2014, https://www.thepaper.cn/newsDetail_forward_1323714.

18. 논픽션 수업의 에세이였고 2020년 10월 12일에 제출되었다.

19. 2020년 12월 10일에 이 반을 설문했다.

20. 다커 랴오는 1학년 글쓰기 수업의 학생이었고, 이 에세이를 2021년 4월 6일에 제출했다.

21. 세 곳의 수업에서 가오카오에 대해 물어보았다. 2020년 가을학기 1학년 글쓰기와 논픽션 수업, 그리고 2021년 봄학기의 1학년 글쓰기 수업. 총 61명의 학생이 응답했고 이 중 38명이 가오카오가 대폭 바뀌기를 원치 않는다고 답했다.

22. 1학년 글쓰기 수업 중 논증에 관한 부분을 다룰 때 나온 에세이. 2020년 5월 25일 제출.

23. 2021년 5월 10일에 제출한 사린슈타인의 인물 취재.

24. 2021년 5월 14일자 이메일.

25. 2019년 10월 18일의 토론.

26. 세 곳의 수업에서 설문을 실시했다. 2020년 11월 26일의 논픽션 수업. 2020년 11월 25일의 1학년 글쓰기. 2021년 4월 29일의 또다른 1학년 글쓰기 수업. 총 63명의 학생이 응답했고 이 중 47명이 고등학교 시절 스트레스에 시달렸다고 답했다. 49명은 부모가 자신들에게 큰 압력을 가하지는 않았다고 응답.

27. 2020년 12월 21일 인리메이가 제출한 에세이.

28. 이 수치들은 2021년에서 2023년 사이에 안리와 진행한 여러 차례의 인터뷰에서 나왔다. 안리와 동급생들에 대한 더 자세한 내용은 다음을 참고. Peter Hessler, "Going Up", *New Yorker*, January 3 and 10, 2022.

29. 2016년 2월 2일에 이메일로 보낸 설문.

30. 2023년 5월 26일자 월리의 이메일.

31. 2020년 7월 7일에 푸링의 현장을 찾았다.

32. 2020년 11월 9일 상하이에서 게리 리우를 만났다.

33. 2020년 4월 24일에 제출된 인물 취재.

34. 2023년 5월 25일자 월리의 이메일.

10장 상식

1. "Duli xiaoyuan meiti de shengmingxian" 獨立校園媒體的生命線["The Lifeline of Independent Campus Media"], Changshi 常識, September 23, 2015, https://mp.weixin.qq.com/s/K1VPIPwJFDabpZDL1ZTcOg.

2. Daniel C. Mattingly, *The Art of Political Control in China*(Cambridge, UK: Cambridge University Press, 2020), 93.

3. "Tongzhi, ni hao ma?" 同志, 你好嗎?["Comrade, Are You OK?"], Changshi 常識 July 2011, 6–15.

4. 2021년 7월 2일 청두에서 만났다.

5. Georg Simmel, *The Sociology of Georg Simmel*, ed. and trans., Kurt H. Wolff(Glencoe, IL: Free Press, 1950), 402.

6. Simmel, *Sociology of Georg Simmel*, 404.

7. 2020년 11월 16일에 제출한 캐서린의 인물 취재.

8. Michael Berry, *Translation, Disinformation, and Wuhan Diary: Anatomy of a*

    Transpacific Cyber Campaign(Cham, Switzerland: Palgrave Macmillan, 2022), 146.

9. Geremie R. Barmé, "The Good Caucasian of Sichuan & Kumbaya China", *China Heritage*, September 1, 2020, https://chinaheritage.net/journal/the-good-caucasian-of-sichuan-kumbaya-china/.

10. 2020년 7월 23일 청두에서 만났다.

11. Teddy Ng, "China 'Set to Shut U.S. Consulate' in Response to Houston Closure, and Denies COVID-19 Is a Factor", *South China Morning Post*, July 23, 2020, https://www.scmp.com/news/china/diplomacy/article/3094336/us-consulate-chendu-prime-target-china-retaliation-over.

12. 파기 계획과 영사관 폐쇄에 대한 자세한 내용은 이 일에 관여되어 있던 미국인들과의 일련의 인터뷰를 통해 알게 되었다. 이 중 두 명의 중요한 취재원을 2020년 8월 12일, 2021년 3월 3일에 인터뷰했다.

13. Anna Fifield et al., "China Pledges to Retaliate after U.S. Orders Closure of Its Consulate in Houston", *Washington Post*, July 22, 2020, https://www.washingtonpost.com/world/asia_pacific/china-vows-to-retaliate-after-us-orders-closure-its-consulate-in-houston/2020/07/22/41e5c6ea-cbf1-11ea-99b0-8426e26d203b_story.html.

14. 2020년 4월 24일 청두에서 리더웨이와 만났다. 팬데믹 초기의 후속 만남은 5월 14일과 7월 2일에 있었다.

15. 2021년 1월 2일의 전화 통화.

16. 2017년 1월 24일에 옛 제자들에게 이메일로 보낸 설문. 중국이 다당제 민주주의 국가가 되어야 하는지 물었더니 30명의 응답자 중 22명이 아니라고 했다. 향후 10년간 중국의 정치체제에 중대한 변화가 있을 것인가도 물었더니 2명이 그렇다고 했다.

17. 2020년 7월 31일 이우 도매시장에 있는 리장의 점포를 방문했다.

18. 2020년 8월 1일 저장성 샤오싱에 있는 조닌의 공장을 방문했다. 트럼프 깃발과 리더웨이의 사업에 대한 보다 자세한 내용은 다음을 참고. Peter Hessler, "Manufacturing Diplomacy", *New Yorker*, March 15, 2021.

19. 2020년 10월 29일에 두 반을 설문 조사했다. 논픽션 수업과 1학년 글쓰기. 논픽션 수업의 32명 중에 17명이 트럼프가 이길 것으로 예상했다. 20명의 1학년 글쓰기 학생 중에는 11명의 트럼프의 승리를 예상했다.

20. 2020년 9월 25일 리더웨이와 선거에 대한 얘기를 나눴다.

21. John Herrman, "All Your Favorite Brands, from BSTOEM to ZGGCD", *New York Times*, February 11, 2020, https://www.nytimes.com/2020/02/11/style/amazon-trademark-copyright.html.

22. 이 별점 리뷰들은 모두 피트매트 스니커즈에 대한 것이다(https://www.amazon.com/ Feetmat-Athletic-Running-Walking-Sport/dp/B07D16L5NG/ref=sr_1_1?dchild=1&keywo rds=feetmat&qid=1603615294&sr=8-).

23. 여기 인용한 처음 두 답변은 2020년 가을학기 학생들의 것이다. 이들은 학기말 인 2021년 1월 25일에 에세이를 제출했다. 세 번째 답변("그의 성격에 드러나는 약점은")은 2021년 봄학기 학생의 것이고, 2021년 7월 2일에 제출되었다.

24. 2021년 1월 5일에 제출된 에세이.

25. Peter Hessler, *River Town: Two Years on the Yangtze*(New York: HarperCollins, 2001), 22.

26. 2020년 7월 2일에 홍이가 제출한 에세이.

27. 청두방송국의 온라인 보도에 따르면 5일간 검사를 받은 시민의 총 수는 217만 372명이다. Xie Cong 謝聰, "Kangyi qi tian: Pidu qu de zhou yu ye" 抗疫七 天: 郫都區的晝與夜 ["Seven Days of Fighting the Epidemic: Pidu District Days and Nights"], Chengdu dianshitai shenniao zhi xun 成都電視台神鳥知訊, December 17, 2020, https://www.sohu.com/a/439053285_814888.

28. 이 노선들은 2020년 12월 18일에 개통되었다. "China's Chengdu Opens 5 New Metro Lines," Xinhua, December 18, 2020, http://www.xinhuanet. com/english/2020-12/18/c_139600493.htm#:~:text=CHENGDU%2C%20 Dec.,metro%20system%20to%20558%20km.

29. 1월 31일 수업에 29명의 학생이 참석했고, 이 중 20명이 2020년이 좋은 한 해였 다고 답했다.

30. 2021년 1월 6일 빈센트가 제출한 에세이.

31. 2021년 2월 27일에 리더웨이를 방문.

32. 진강은 2021년 1월 20일 위챗으로 사진을 보냈다.

33. Shunsuke Tabeta and Takashi Kawakami, "China's Auto Market Survives 2020 with Just 2% Dent", *Nikkei Asia*, January 7, 2021, https://asia.nikkei.com/ Business/Automobiles/China-s-auto-market-survives-2020-with-just-2- dent.

11장 시진핑 세대

1. 2021년 2월 23일자 에밀리의 이메일.
2. 2021년 5월 16일의 대화.

3. Peter Hessler, *River Town: Two Years on the Yangtze* (New York: HarperCollins, 2001), 352.

4. Zongyuan Zoe Liu, "China Increasingly Relies on Imported Food. *That's a Problem*", Council on Foreign Relations, January 25, 2023, https://www.cfr.org/article/china-increasingly-relies-imported-food-thats-problem.

5. Jayson Beckman et al., China's Import Potential for Beef, Corn, Pork, and Wheat, U.S. Department of Agriculture Economic Research Service, Economic Research Report No. 310, August 2022, https://www.ers.usda.gov/webdocs/publications/104541/err-310.pdf.

6. Ren Zhenxue, ed. 任禎雪主編, "Shijie diyi gudai shuiwenzhan: Baiheliang" 世界第一古代水文站: 白鶴梁 ["The Number One Ancient Hydrometric Station: The White Crane Ridge"] (Beijing: Zhongguo Sanxia chubanshe 北京: 中國三峽出版社 1995), 55.

7. Tao Qing 陶靑, "Baiheliang ti ke: Baohu fang'an dai dingduo" 白鶴梁題刻: 保護方案待定奪 ["White Crane Ridge Inscriptions: Protection Plan to Be Determined"] , Chongqing wanbao 重慶晚報, January 1, 1998, 3.

8. Hessler, *River Town*, 107.

9. 2011년 3월 23일에 바이허량 수중박물관을 방문했다. Peter Hessler, "Return to River Town", *National Geographic*, March 2013.

10. 2021년 3월 20일에 계약의 연장을 요청하는 이메일을 보냈고, 추는 4월 1일에 답신했다. 나는 4월 9일에 다시 이메일을 썼고 추는 4월 12일에 두 번째 설명을 이메일로 보냈다. 그 뒤 내가 장기 계약을 하고 더 많은 강의를 하겠다고 제안했고, 학과장이 4월 17일 추에게 이 제안을 전달했다. 학과장은 그다음 날, 추가 나의 제안을 거절했다고 말해주었다.

11. Lin Yiwu 林一五, "He Wei shi 'waiguo youren,' nali bu duijin?", 何偉式 '外國友人', 哪裏不對勁 ["What's Wrong with Ho Wei as a 'Foreign Friend'?"], March 30, 2021, https://mp.weixin.qq.com/s?__biz=MzI0MzAzNjk2Nw==&mid=2651659123&idx=2&sn=a03f6b61dbd024d818c4057518ac9ad7&chksm=f28a9d3bc5fd142d3a9ce8a33bf969eb7f3e53acf238af0fc5a9e5cd6b3597d3cae4b8c3bf6d&mpshare=1&scene=1&srcid=0331SyHSOCE4Or92FBf2fAn8&sharer_sharetime=1617177388389&sharer_shareid=a3a92d28bd5d33ee5183941eb754be1c&exportkey=AddUhR4ndk3RbqIb%2Bqy8NZU%3D&pass_ticket=xvdt75CCr9vFq%2B19iQlaCHZkS4CEFQ%2Bbdw0jipFjDO6QZZUw9zv0iJzAhU07KzqZ6&wx_header=0#rd.

12. 첫 수업은 2021년 3월 11일이었다.

13. 2021년 3월 25일에 제출한 브루스의 제안서.

14. 2021년 3월 10일에 제출한 린든의 에세이.

15. 2021년 5월 8일에 제출한 밀로의 에세이. 쓰촨대학 학생들과 정치 환경에 대한 좀더 자세한 내용은 다음을 참고. Peter Hessler, "A Bitter Education", *New Yorker*, May 16, 2022.

16. 2021년 7월 8일에 제출한 브루스의 에세이.

17. 마지막 수업은 2021년 7월 1일이었다.

18. 2021년 5월 30일, 허위자가 仙境兎子不忘記라는 유저 네임으로 더우반에 올린 포스팅.

19. "Xi Jinping: Jiang hao Zhongguo gushi, chuanbo hao Zhongguo Shengyin" 習近平: 講好中國故事, 傳播好中國聲音 ["Xi Jinping: Tell Chinese Stories Well, Spread Chinese Voices Well"], Haiwai wang 海外網, June 3, 2021, https://baijiahao. baidu.com/s?id=1701503556700154128&wfr=spider&for=pc.

20. 1996년 가을학기 글쓰기 수업의 중간에 푸링의 학생들에게 자신의 영웅에 대해 써보라고 했다. 유명인사에 대해 쓴 22명 중 15명이 정치인을 골랐다. 마오쩌둥 7명, 덩샤오핑 4명, 저우언라이 4명. 이 설문에 대한 내용은 『리버타운』 132-133쪽에 나온다.

21. 이 단어는 중국에서는 사용되지 않는다. 중국에서 나의 쓰촨대학 학생들 세대는 '2000년 이후 출생'을 뜻하는 '링링허우零零後'라고 불린다. 서양에서는 종종 이 단어가 사용된다. Stephanie Studer, "Young Chinese Are Both Patriotic and Socially Progressive", *The Economist*, January 23, 2021, https://www.economist. com/special-report/2021/01/21/young-chinese-are-both-patriotic-and-socially-progressive.

22. 나는 쓰촨대학에서 가르쳤던 모든 수업의 보고서를 검토했다. 논픽션 네 반과, 1학년 글쓰기 여섯 반이다.

23. Li Chunling, *China's Youth: Increasing Diversity amid Persistent Inequality* (Washington, DC : Brookings Institution Press, 2021), 298-300.

24. Cheng Li, Introduction to *China's Youth*, 17.

25. Cheng Li, Introduction to *China's Youth*, 313.

26. Cheng Li, Introduction to *China's Youth*, 306.

27. 2019년 가을학기 1학년 글쓰기 두 반, 2020년 봄학기의 두 반, 2021년 봄학기의 한 반에서 영웅에 대해 물어보았다.

28. 2020년 9월 27일자 에밀리의 이메일.

29. 이 에세이들은 기말 포트폴리오의 일환으로 학생들에게 부여한 과제다. 칼 및 다른 학생들의 에세이는 2021년 7월 2일에 제출되었다.

30. 2021년 6월 22일 저녁에 만났다.

31 George Orwell, *1984* (New York: Signet Classic, 1983), 12.

32. 2021년 6월 5일의 학부 졸업식.

33. 이들은 2021년 6월 23일에 세레나와 면담했다. 세레나가 공식적으로 대학 시스템을 떠난 바로 다음 날인 7월 5일, 우리는 이 일에 대해 긴 대화를 나눴다.

34. 추는 4월 29일에 이메일을 보냈다. 같은 날, 피츠버그대학이 나의 면담 요청을 거절했다.

35. 2021년 6월 24일자 세레나의 이메일.

36. 2021년 6월 29일.

37. 2021년 6월 28일 양광을 만나 옛 평화봉사단 본부를 방문했다.

38. 이 책은 중국어로 쓰였고, 표지에 영어 제목이 인쇄되어 있다. 중국어 제목은 다르다. Yang Guang 楊光, "Zhonghua wenhua zouchu qu beijing xia: Meiguo duiwai wenhua jiaoliu Zhong de zhengfu juese yanjiu" 中華文化走出去背景下: 美國對外文化交流中的政府角色研究["Background for Chinese Culture Going Global: Research on the Government's Role in U.S. Cultural Exchanges Abroad"](Chengdu: Sichuan daxue chubanshe 成都: 四川大學出版社, 2018).

39. 2021년 7월 11일 싼샤댐을 방문했다.

40. Seth Faison, "Set to Build Dam, China Diverts Yangtze While Crowing About It", *New York Times*, November 9, 1997, https://www.nytimes.com/1997/11/09/world/set-to-build-dam-china-diverts-yangtze-while-crowing-about-it.html.

41. 2021년 7월 10일, 옌시와 지미를 각각 방문했다.

42. 2023년 7월 16일자 윌리의 이메일.

43. 2011년 3월 26일 원양을 방문했다.

44. 2021년 7월 14일에 만났다.

45. 2021년 7월 15일 그랜트의 고향 마을을 방문했다.

46. 폐쇄된 초등학교에 대한 통계는 중앙정부 웹사이트에 나와 있다. "Shi nianjian nongcun mei tian xiaoshi 63 suo xiaoxue: nongcun jiaoyu zouxiang hefang" 十年間農村每天消失63所小學: 農村教育走向何方["During the Past Ten Years, an Average of 63 Rural Elementary Schools Have Closed Every Day: Where Will Rural Education Go?"] Zhongyang zhengfu menhu wangzhan 中央政府門戶網站, November 20, 2012, https://www.gov.cn/jrzg/2012-11/20/content_2270579.htm.

47. 2021년 5월 17일에 캠퍼스를 방문했다.

뒷이야기: 언컴파그레강

1. 2022년 4월 4일에 존에게 이메일을 보냈고, 그가 당일 회신했다. 4월 5일에 화상 회의로 이야기를 나누었다.
2. Li Yijuan, "Joining the Tribe", *Post Magazine*, August 12, 2023; see https://www. scmp.com/magazines/post-magazine/long-reads/article/3230814/first-chinese-chief-africa-does-he-and-others-him-wield-any-real-influence.
3. 2022년 11월 2일 브루스, 빈센트와 저녁을 먹었다. 미국에 남기로 한 결정에 대해 브루스가 한 말은 2023년 5월 8일 콜로라도에서 가졌던 인터뷰 도중 나온 것이다.
4. Li Yuan, "'The Last Generation:' The Disillusionment of Young Chinese", *New York Times*, May 24, 2022, https://www.nytimes.com/2022/05/24/business/china-covid-zero.html.
5. 현수막은 2022년 3월 22일에 걸렸고 당일 오후에 철거되었다. "川大是全體師生的 川大, 不是全體官僚的川大."
6. Lü Xucheng 呂煦成, "Yiqing xia, buyuan liu zai yiyuan de gui pei shengmen" 疫情下, 不願留在醫院的規培生們["During the Pandemic, Graduate Students Who Do Not Want to Stay in the Hospital"], Xin lang wang 新浪網, January 18, 2023, http://k.sina.com.cn/article_6724296968_190cca108001012rpk.html#.
7. 2023년 9월 17일자 이메일.
8. 2023년 6월 2일, 옛 쓰촨대학 학생들에게 보낸 설문에 대한 답변에서.
9. 2023년 8월 30일자 이메일.
10. 에밀리는 2022년 10월 29일에 연설문을 이메일로 보냈다.
11. 2023년 12월 5일자 이메일.
12. 47개 답변 중 26개.
13. 남녀를 통틀어 40명의 응답자 중 23명이 아이를 원치 않았다. 잘 모르기 때문에 답변하지 않은 사람도 7명 있었다. 7명 중 6명은 여성.
14. 1927년 4월 13일. 장선푸 일기 2권.
15. Lu Jinling, ed. 路進玲責任編輯, "Ketang jinglian: Shuxue wu nianji: shangce" 課堂精練: 數學五年級: 上冊["Classroom Training: Fifth Grade Math: Volume One"](Beijing: Beijing shifan daxue chubanshe 北京: 北京師範大學出版社, 2019), 37.

찾아보기

젊은 인민의 초상
개혁개방에서 시진핑 시대까지 중국의 두 세대가 건너온 강

초판인쇄   2024년 10월 17일
초판발행   2024년 10월 30일

지은이   피터 헤슬러
옮긴이   박경환 윤영수
펴낸이   강성민
편집장   이은혜
마케팅   정민호 박치우 한민아 이민경 박진희 황승현
브랜딩   함유지 함근아 박민재 김희숙 이송이 박다솔 조다현 배진성
제작   강신은 김동욱 이순호

펴낸곳   (주)글항아리 | **출판등록** 2009년 1월 19일 제406-2009-000002호

주소   경기도 파주시 심학산로 10 3층
전자우편   bookpot@hanmail.net
전화번호   031-955-2689(마케팅) 031-941-5161(편집부)

ISBN   979-11-6909-315-6 03910

www.geulhangari.com